Dosahování Vyšších světů

Průvodce duchovního odhalení

Michael Laitman

Dosahování Vyšších světů

Průvodce duchovního odhalení

LAITMAN
KABBALAH PUBLISHERS

Michael Laitman

Dosahování Vyšších světů / Michael Laitman.
1. vyd. – Praha: Laitman Kabbalah Publishers, 2020. – 295 s.
ISBN 978-1-77228-030-2

Author © Michael Laitman
Translation: Jindra Ratajová, 2020 (z ruského překladu)
Proofreading: Olga Ljachová
Consultant: Yehudith Wiseman Savalle
Cover Design Adaptation: Richard Monje

Kdo jsem a proč existuji? Odkud jsem přišel, kam jdu, proč jsem se objevil na tomto světě? Je možné, že jsem tady již byl? Přijdu na tento svět znovu? Mohu poznat příčiny toho, co se mi děje? Proč do tohoto světa přichází utrpení a je možné se mu vyhnout? Jak najít klid, spokojenost, štěstí?

Kabala na tyto otázky odpovídá jednoznačně: pouze tehdy, když porozumíme duchovnímu světu, celému vesmíru, můžeme jasně vidět příčiny toho, co se s námi děje, důsledky všech svých činů, aktivně řídit svůj osud.

Metodika odhalení duchovního světa se nazývá „kabala". Kabala umožňuje každému člověku, aby ještě během života na tomto světě pocítil a pochopil duchovní svět, který nás řídí, a žil současně v obou světech. Tím člověk získá absolutní poznání, jistotu, štěstí.

Obsah

Obsah 5
Předmluva 7

Dosahování Vyšších světů (1) 11
Dosahování Vyšších světů (2) 103
Dosahování Vyšších světů (3) 179

Další knihy v češtině 281
Připravujeme 287
O organizaci *Bnei Baruch* 291
Kontakt 294

Předmluva

Mezi všemi knihami a záznamy, které používal můj veliký Učitel Baruch Ašlag,[1] byl jeden zápisník, který měl neustále u sebe. Do tohoto zápisníku zaznamenal, o čem rozmlouval jeho otec, velký kabalista, autor 21dílného komentáře ke Knize *Zohar*, šestidílného komentáře ke knihám Ariho[2] a mnoha dalších knih o kabale.

Jednou se pozdě večer necítil dobře a byl již v posteli, když mi zavolal a předal mi zápisník se slovy: „Vezmi si jej a uč se z něho."

Nazítří brzy ráno můj Učitel zemřel v mém náručí a nechal mě samotného, bez průvodce v tomto světě.

Říkal: „Přeji si tě naučit, aby ses neobracel ke mně, nýbrž ke Stvořiteli – k jediné síle, jedinému zdroji všeho existujícího, k tomu, kdo opravdu může pomoci a čeká na tvoji prosbu.

Pomoc při hledání cesty osvobození z klece tohoto světa, pomoc v duchovním vzestupu nad naším světem, pomoc při hledání sebe samého, svého předurčení. Pouze Stvořitel, který ti sám všechny tyto touhy posílá proto, aby ses na Něho obrátil, ti může dát odpověď a pomoc."

V této knize jsem se snažil předat některé záznamy z tohoto zápisníku, jak mne oslovily. Není možné předat to, co je napsáno, ale pouze to, co je přečteno, neboť každý, v souladu s vlastnostmi své duše, pochopí podobné poznámky svým vlastním způsobem, protože odrážejí pocity každé duše na základě interakce s Vyšším světlem.

Potřeba této knihy vyplynula z otázek studentů v mnoha zemích

---

[1] **R**abi **B**aruch **Š**alom HaLevi Ašlag (רבי ברוך שלום הלוי אשלג), zvaný Rabaš (HaRaBaŠ, הרב"ש), žil v letech 1906–1991.
[2] Rabi Jicchak ben Šlomo Luria Aškenazi (רבי יצחק בן שלמה לוריא אשכנזי), známý pod akronymem Ari (HaARI, האר"י), jenž je odvozen ze slov **A**donenu **R**abenu **J**icchak (אדוננו רבנו יצחק) – náš rabi Jicchak, žil v letech 1534–1572.

světa, otázek, které byly pokládány při výuce, na lekcích, při rozhovorech v mediích, v dopisech z celého světa.

Obtížnost výkladu a studia kabaly spočívá v tom, že duchovní svět nemá v našem světě analogii, a dokonce, i když je předmět studia jasný, je to pouze dočasné, protože je vnímán v duchovní části našeho vědomí, která je Shora neustále obnovována. A proto se člověku dříve osvojený materiál zdá být opět naprosto nejasným. V závislosti na náladě a duchovním stavu se může čtenáři text zdát buď plný hlubokého významu, nebo zcela bezobsažný.

Není zapotřebí si zoufat, že je opět nejasné to, co bylo včera tak srozumitelné. Není zapotřebí si zoufat, že je text absolutně nepochopitelný, zdá se být podivný, nelogický atd. Kabala není studována pro teoretické znalosti, nýbrž proto, aby student začal vidět a cítit. A vlastní rozjímání a odhalení duchovních sil, Světla a stupňů mu poskytnou absolutní znalosti!

Dokud člověk sám neobdrží Vyšší světlo, pociťování duchovních objektů, nepochopí, jakým způsobem je uspořádán vesmír ani jak funguje, protože náš svět neobsahuje analogii studovaného.

Tato kniha člověku pomůže zrealizovat první kroky na cestě k pociťování duchovních sil. A pak se samozřejmě není možné obejít bez přímé pomoci Učitele.

Kniha není rozdělena na kapitoly, protože hovoří jen o jednom: o nalezení cesty ke Stvořiteli. Pojmenovat kapitoly nebo očíslovat si je může sám čtenář.

Nedoporučuje se číst v obvyklém smyslu slova, ale po přezkoumání libovolného odstavce byste si ho měli promyslet, vybírat k němu různé příklady ze života a zapojovat i vlastní prožívání. Vytrvale a více než jednou uvažovat o každé větě, snažit se vstoupit do pocitů autora, číst pomalu, prociťovat chuť řečeného, vracet se k začátku fráze...

Pomůže to k tomu, abyste vstoupili do popisovaného svými pocity, nebo pocítili nepřítomnost pocitů, což je také nezbytná předběžná fáze duchovního vývoje.

Kniha v žádném případě není napsána pro povrchní čtení, ale pro procítění vlastní reakce. Hovoří sice pouze o jednom – o vztahu ke Stvořiteli – hovoří však o tom v různých formách, aby každý mohl najít vhodnou frázi či slovo, na základě kterého se bude moci začít nořit hlouběji do textu.

Kniha sice popisuje touhy a působení egoismu ve třetí osobě, avšak až do doby, dokud člověk není schopen oddělit své vědomí od svých přání, vnímá impulsy a touhy egoismu jako „své vlastní".

Čtení by se mělo mnohokrát opakovat v různých stavech a v různých náladách, abyste se lépe seznámili sami se sebou a s vašimi reakcemi a názory na stejný text. Nesouhlas se čteným je stejně pozitivní jako souhlas; nejdůležitější je text prožívat a pocit neshody znamená předběžný stupeň (*Achorajim*, protikladnou stranu) poznání (*Panim*).

Právě v důsledku pomalého procítění popsaných stavů se rozvíjejí pocity – nádoby – *Kelim*, které jsou potřebné pro pocítění duchovních sil, do nichž poté může vstoupit Vyšší světlo, jež se prozatím nachází kolem nás, a aniž ho pociťujeme, obklopuje naše duše.

Kniha není napsána pro získání vědomostí ani pro memorování. Čtenář by v žádném případě neměl prověřovat, co mu zůstalo v paměti z toho, co četl. Je dobře, když je všechno zapomenuto a znovu čtený text se jeví absolutně neznámým.

Vypovídá to o tom, že člověk plně zaplnil předchozí pocity, jež ustoupily a přenechaly místo práci, naplnění novými, neznámými pocity. Proces rozvoje nových smyslových orgánů se neustále obnovuje a hromadí se v duchovní, nepociťované sféře duše.

Proto je důležité především to, jak čtenář v textu cítí sám sebe během čtení, a nikoliv potom: pocity jsou prožity a projevují se uvnitř srdce a v mysli podle potřeby pro další vývoj dané duše.

Nespěchejte s dokončením čtení knihy, vybírejte místa, kde k vám kniha hovoří. Pouze tehdy vám může pomoci a stát se vaším prvním průvodcem při hledání vašeho vlastního duchovního vzestupu.

Cílem knihy je pomoci čtenáři, aby v sobě vzbudil zájem o příčinu svého narození, o možnost zjevného vstupu do duchovních světů, o možnost poznání Cíle stvoření, o pocítění Stvořitele, věčnosti a nesmrtelnosti a také poskytnutí pomoci pro překonání několika předběžných etap na této cestě.

Dosahování Vyšších světů (1)

Jak jenom zaměříme pozornost na otázku, jež je všem známa, jsem si jist, že všechny vaše pochybnosti o tom, je-li nutné studovat kabalu, zmizí z horizontu, otázka je hořká, spravedlivá, pokládaná každým, kdo se narodil na zemi: "V čem spočívá smysl mého života?"

Rabi Jehuda Ašlag, Předmluva k Učení deseti Sfirot, bod 2

Nadále se na této planetě navzájem střídají generace, avšak každá generace, každý člověk se ptá sám sebe na smysl života zejména během válek, globálních utrpení nebo během nešťastných období, které zakouší každý z nás. Ve jménu čeho existuje náš život, který je nám s jeho nevýznamnými potěšeními tak drahý, když se nám pouhá nepřítomnost utrpení jeví jako štěstí?

Skutečně je oprávněně řečeno: "Nenarodil ses z vlastní vůle, neživješ z vlastní vůle, nezemřeš z vlastní vůle." Každé generaci je určen její hořký pohár a poslední – nejeden.

Ale i zde se setkávám se svou generací, plnou starostí, utrpení a nejistoty, jež nenalezla sama sebe. A to z toho důvodu, že pociťují obzvláště ostře otázku o smyslu našeho života, dokud se ještě nezabydleli a neuvázli v běžné rutině. Opravdu je náš život těžší než smrt a není řečeno nadarmo: "Nežiješ z vlastní vůle."

Příroda nás vytvořila a my jsme nuceni existovat s těmi vlastnostmi, které máme, jako napůl rozumná stvoření: rozumná jen natolik, že si můžeme uvědomit, že jednáme podle charakteristických rysů a vlastností, s nimiž jsme stvořeni, a nemůžeme se proti tomu postavit. A jestliže jsme přenecháni moci přirozenosti, není známo, kam nás ještě zavede tato divoká nerozumná přirozenost, neustále navzájem konfrontující lidi a celé národy ve zhoubném boji mezi sebou, jako to dělají divoká zvířata ve jménu vítězství instinktů. Ale někde podvědomě s tímto pohledem nesouhlasí naše představa o sobě jako o inteligentní bytosti.

Pokud existuje Vyšší síla, která nás vytvořila, proč ji nevnímáme, proč se před námi skrývá? Vždyť kdybychom věděli, co si od nás přeje, nedopouštěli bychom se v životě chyb a nebyli bychom trestáni utrpením!

Jak snadnější by byl život, kdyby se Stvořitel před námi neukryl, nýbrž by ho každý mohl jasně vnímat nebo vidět! Nebyly by žádné pochybnosti o Jeho existenci, bylo by možné na sobě i na okolním světě vidět a pociťovat Jeho vedení, uvědomit si příčinu a Cíl našeho stvoření, vidět důsledky našich činů, Jeho reakci na ně, předem si v dialogu s Ním vyjasňovat všechny naše problémy, prosit o pomoc, hledat ochranu a rady, stěžovat si a prosit o vysvětlení, proč On s námi tak jedná, ptát se na radu ohledně budoucnosti, měnit sebe samé v průběhu neustálého spojení se Stvořitelem a podle Jeho instrukcí, aby to bylo v souladu s Jeho přáním a dobré pro nás.

Jako děti cítí svou matku od okamžiku narození (a Stvořitel by byl pociťován stejně blízko, protože by ho člověk vnímal jako zdroj svého narození, jako svého rodiče, příčinu své existence a svých budoucích stavů), i my bychom mohli být v neustálém styku se Stvořitelem již „od kolébky", učit se správně žít, vidouce Jeho reakci na naše činy, a dokonce i na naše záměry.

Nebyly by zapotřebí vlády, školy, pedagogové – všechno by se omezovalo na krásnou a prostou existenci národů ve jménu zjevného cíle: duchovního sblížení s jasně pociťovaným a viditelným Stvořitelem.

Všichni by byli ve svých činnostech vedeni jasně viditelnými duchovními zákony, zákony působení duchovních světů, nazývanými Přikázání, která by všichni přirozeně plnili, protože by viděli, že by jinak ublížili sobě samým, jako se například člověk nevrhne do ohně nebo z výšky – věděli by, že si tím okamžitě ublíží.

Pokud by všichni jasně viděli Stvořitele i to, jak řídí nás, svět i vesmír, nebylo by nám zatěžko vykonávat nejtěžší práci, neboť bychom viděli, jak velké výhody nám přináší. Například dávat nezištně vše, co máme, neznámým lidem i těm, kteří jsou nám vzdáleni, aniž bychom ani v současnosti, ani v naší budoucnosti přemýšleli o sobě. Protože bychom vnímali vedení Shora, viděli bychom, jaké užitečné důsledky mají naše altruistické činy, nakolik jsme všichni v moci dobrého a věčného Stvořitele.

Pokud by bylo přirozené (i když je to v našem současném stavu skrytého řízení nepřirozené a nemožné) se celou duší oddat Stvořiteli, odevzdat do Jeho moci své myšlenky a touhy, bez ohlížení se a prověřování být takovými, jak chce On, absolutně a ani na okamžik se nestarat o sebe, úplně se od sebe sama odtrhnout, jakoby se úplně přestat vnímat, přenést všechny své pocity vně sebe, jakoby na Něho, snažit se v Něm přebývat, žít Jeho pocity, myšlenkami a přáními. Z výše uvedeného je zřejmé, že nám v našem světě chybí jen jedno – pociťování Stvořitele!

A pouze v tom musí člověk vidět svůj cíl v našem světě a jen ve jménu toho vynaložit veškeré svoje úsilí, protože jen pociťování Stvořitele je jeho spásou jak od všech neštěstí tohoto života, tak i od duchovní smrti ve jménu duchovní nesmrtelnosti, bez nutnosti návratu do tohoto světa. Metodika hledání pociťování Stvořitele se nazývá kabala.

Pociťování Stvořitele se nazývá víra. V pojetí tohoto slova je patrný charakteristický masový omyl, neboť téměř všichni věří, že víra znamená cestu v temnotě bez vnímání a pociťování Stvořitele – to znamená, že toto slovo chápou přímo v protikladném smyslu. Podle kabaly se nazývá Světlem víry nebo prostě vírou Světlo Stvořitele, které naplňuje člověka, Světlo spojení se Stvořitelem, pocit splynutí (*Or Chasadim*).

Víra, Světlo Stvořitele, člověku poskytuje pocit spojení s věčností, porozumění Stvořiteli, pocit úplně jasného kontaktu se Stvořitelem, pocit absolutní bezpečnosti, nesmrtelnosti, velikosti a síly.

Z výše uvedeného je zřejmé, že pouze v dosažení pocitu víry – to znamená pocitu Stvořitele – je naše spása od vysilující honby za přechodnými radostmi naší dočasné existence, jež je plná utrpení.

V každém případě tkví veškerá příčina našich neštěstí, bezcennosti, dočasné povahy našeho života, pouze v nepřítomnosti pociťování Stvořitele. Samotná Tóra nás vyzývá: „Vyzkoušejte a uvidíte, jak dobrý je Stvořitel!"[3]

Účelem této knihy je pomoci čtenáři překonat několik předběžných etap na cestě k pociťování Stvořitele. Ten, kdo si uvědomí opravdu životně důležitou potřebu Stvořitele, dospěje k rozhodnutí studovat kabalu z primárních zdrojů: Knihy *Zohar* s komentáři (*Sulam*), spisů Ariho, Učení deseti *Sfirot* atd.

---

[3] טעמו וראו כטוב ה׳ – *Ta'amu ve-Re'u ki-Tov ha-Šem.*

* * *

Vidíme, kolik utrpení a bolesti strašnějších než smrt lidstvo vytrpělo ode dne stvoření světa. A kdo jiný, ne-li Stvořitel, je zdrojem těchto utrpení větších než smrt? Kdo, pokud ne On, nám to posílá?!

A kolik bylo v dějinách lidstva osobností, jež byly připraveny na jakékoliv utrpení kvůli pochopení Vyšší moudrosti a duchovnímu vzestupu, které dobrovolně přijali nesnesitelnou bolest a útrapy, aby našli byť jen kapku duchovního cítění a rozpoznali Vyšší sílu, aby se spojili se Stvořitelem a našli možnost být Jeho otroky...!
Všichni však prožili své životy bez odpovědi, nedosáhli ničeho, opustili tento svět, jak do něho přišli, bez ničeho...
Ale proč Stvořitel neodpověděl na jejich modlitby, odvrátil se od nich a nevšímal si jejich utrpení?
A oni cítili, že je zanedbává! Vždyť podvědomě cítili, že existuje Vyšší cíl vesmíru a všeho, co se děje, který se nazývá „kapka splynutí člověka se Stvořitelem v jediné", a oni, ještě ponořeni do hlubin svého egoismu, ve chvílích, kdy zakoušeli nesnesitelné utrpení z pocitu odmítání Stvořitelem, najednou pocítili, jak se otevírá jejich srdce, které bylo ode dne stvoření uzavřeno pro pocítění pravdy a cítilo jenom své vlastní bolesti a touhy, že je v něm jakýsi otvor, díky němuž se stali hodni pocítit tuto vytouženou „kapku splynutí", pronikající do srdce skrze jeho rozbitou stěnu...
A všechny jejich vlastnosti se mění na protikladné, podobné Stvořiteli, a začínají si uvědomovat, že právě v hlubinách tohoto utrpení a pouze v něm, jenom tam může člověk pochopit jednotu Stvořitele a tam se nachází On a „kapka splynutí" s Ním.
A v okamžiku pochopení tohoto pocitu, který se jim otevírá a zaplňuje jejich zranění, a díky těmto zraněním z cítěného a uvědomovaného, právě zásluhou strašlivých rozporů, které trýzní duši – konkrétně je, je všechny, sám Stvořitel naplňuje nekonečně krásnou blažeností natolik, že není možné si uvědomit něco dokonalejšího; natolik, že jim připadá, že pro pocit této dokonalosti existuje v utrpeních, která přestáli, jakási hodnota...
A každá buňka jejich těla potvrzuje, že každý v našem světě je připraven si několikrát denně useknout vlastní končetiny, aby alespoň jednou v životě dosáhl podobné blaženosti, kterou pocítili, když se stali součástí Stvořitele.
A příčina mlčení Stvořitele jakožto reakce na prosby tkví v tom, že

se člověk stará jen o svůj postup vpřed, a ne o pozvednutí Stvořitele ve vlastních očích. A proto se podobá tomu, kdo pláče prázdnými slzami... a odchází ze života, jak přišel. Vždyť koncem každého zvířete je porážka a ti, kteří nepoznají Stvořitele, jsou jako zvířata. Jestliže se člověk stará o pozvednutí Stvořitele ve svých vlastních očích, Stvořitel se mu odhalí.

Vždyť každá „kapka jednoty", Cíl stvoření, se vlévá do srdce toho, kdo se stará o velikost a lásku Stvořitele, kdo je z hloubi svého srdce přesvědčen, že vše, co Stvořitel stvořil, stvořil pro něho, a nevlévá se do srdce toho, jenž si egoisticky stěžuje na nespravedlnost Vyššího vedení.

Duchovní není rozděleno na části, ale člověk odhaluje určitou část z celku, dokud neodhalí vše v celistvosti. Proto vše závisí na čistotě touhy a duchovní Světlo proudí do části srdce, která je očištěna od egoismu.

* * *

Pokud se člověk pokusí nahlédnout do situací kolem sebe a stavu lidstva ze strany, bude schopen lépe ocenit stvoření.

A jestli Stvořitel skutečně existuje, jak tvrdí kabalisté, ti, kteří s Ním jakoby přímo hovoří – a On vše řídí a vytváří všechny ty životní situace, které v sobě neustále cítíme – pak není nic rozumnějšího než s Ním být v trvalém a co nejtěsnějším spojení.

Pokud se však pokusíme vnitřně napnout síly a pocítit takový stav, pak vzhledem k ukrytí Stvořitele před našimi pocity pocítíme sami sebe, jako bychom viseli ve vzduchu bez veškeré opory. Vždyť když nevidíme, necítíme a neslyšíme, nedostáváme žádný signál do našich senzorických orgánů, pracujeme jakoby jedním směrem, křičíme do prázdnoty...

Proč nás Stvořitel stvořil tak, abychom Ho nemohli vnímat? Navíc, proč se On před námi potřebuje skrývat? Proč neodpovídá ani tehdy, když k Němu člověk volá, a dává přednost tomu, aby na nás působil skrytě, za rouškou přírody a okolních objektů?

Vždyť kdyby nás chtěl napravit – to znamená opravit Svůj „omyl" ve stvoření – mohl by to udělat už dávno, skrytě, nebo zjevně. Pokud by se nám On odhalil, pak bychom Ho všichni viděli a oceňovali tak, jak můžeme oceňovat prostřednictvím pocitů a rozumu, se kterými nás stvořil, a jistě bychom věděli, co a jak dělat v tomto světě, který On pro nás jakoby stvořil.

A navíc, jakmile člověk začíná směřovat ke Stvořiteli, touží Ho pocítit, sblížit se s Ním, cítí, že jeho touhy po Stvořiteli mizí, zanikají. Ale pokud nám Stvořitel dává všechny naše pocity, proč tuto touhu odebírá tomu, kdo si Ho přeje odhalit, a naopak mu ještě při jeho pokusech o odhalení svého Stvořitele přidává nejrozmanitější druhy překážek?

Takové pokusy, jimiž se člověk snaží přiblížit ke Stvořiteli, jako i odvetné odmítnutí Stvořitele přistoupit na sblížení a působení utrpení těm, kteří Ho hledají, mohou trvat roky! Občas se člověku zdá, že ta pýcha a domýšlivost, kterých se musí zbavit, jak mu říkají, se ve Stvořiteli projevují v nekonečně větší míře!

Člověk nedostává odpověď na slzy a prosby navzdory tvrzení, že je Stvořitel milosrdný zejména k těm, kteří Ho hledají. Pokud můžeme v našem životě sami něco změnit, znamená to, že On nám dal svobodnou vůli, ale neposkytl nám dostatečné znalosti o tom, jak uniknout z utrpení naší existence a bolestné cesty našeho vývoje.

A pokud neexistuje svobodná vůle, existuje v tom případě nějaké kruté zacházení, jež nás nutí trpět desítky let v krutém světě, který On stvořil?! Takové stížnosti samozřejmě mohou pokračovat do nekonečna, protože je-li Stvořitel příčinou našeho stavu, máme Ho za co kritizovat a obviňovat, což naše srdce také dělá, cítí-li takové pocity.

Vždyť pokud je člověk s něčím nespokojen, s tímto svým pocitem se již ani neobrací na Stvořitele, když Ho obviňuje. A dokonce i tehdy, když člověk v existenci Stvořitele nevěří, Stvořitel stejně vidí všechno, co se děje v jeho srdci.

Každý z nás má pravdu v tom, co tvrdí, ať by tvrdil cokoliv. Protože tvrdí to, co v daném okamžiku cítí svými smysly a co analyzuje svým rozumem. Ti, kteří mají mnoho životních zkušeností, vědí, jak se jejich názory v minulosti v průběhu času měnily.

A nemůžeme říci, že by dříve neměl pravdu, a dnes jí má. Musí pochopit, že jeho současné hledisko je také nesprávné, o čemž se přesvědčí zítra. Proto člověk v každém svém stavu vyvozuje závěry, které jsou správné pro tento stav a mohou být naprosto protikladné k jeho závěrům, které učiní v jiných stavech.

Takže ani my nemůžeme přemýšlet o jiných světech, o jejich zákonech, posuzovat jejich vlastnosti podle svých současných kritérií, kritérií našeho světa. Nemáme jiný rozum, pocity a pojmy než pozemské, a proto nemůžeme posuzovat něco neznámého ani činit rozhodnutí. Vždyť vidíme, že se i v rámci našeho světa neustále mýlíme. Duchovní může posuzovat ten, kdo má duchovní vlastnosti. Pokud současně disponuje našimi vlastnostmi, může nám alespoň přibližně něco říci o duchovním. To může být pouze kabalista – člověk našeho světa, který je stvořen se stejnými vlastnostmi jako každý z nás a který současně Shora obdržel jiné vlastnosti, jež mu umožňují hovořit o tom, co se děje v tomto jiném světě.

Proto Stvořitel dovolil některým kabalistům, aby se otevřeli širokým vrstvám společnosti kvůli tomu, aby pomohli ještě dalším a ti se k Němu mohli připojit. Kabalisté nám vysvětlují jazykem, který je srozumitelný pro naši mysl, že v duchovním, nepozemském světě je rozum postaven jinak, funguje podle jiných zákonů a tyto zákony jsou protikladné k našim.

Mezi námi a nepozemským, duchovním světem není žádná stěna. Ale právě to, že duchovní svět je podle svých vlastností antisvět, jej pro nás dělá nepocítitelným natolik, že když jsme se narodili v našem světě – to znamená, že jsme obdrželi jeho přirozenost – zcela zapomínáme na svůj předchozí antistav. Samozřejmě, že je možné tento antisvět pocítit, uchopí-li člověk jeho podstatu, pochopí-li jeho myšlení a získá-li jeho vlastnosti. Jak a v čem bychom měli změnit naši přirozenost na protikladnou?

Základním zákonem duchovního světa je absolutní altruismus. Jak člověk může tuto vlastnost získat? Kabalisté doporučují, aby byl tento vnitřní obrat uskutečněn činností s názvem „víra výše rozumu",[4] protože náš „zdravý rozum" je v podstatě hlavním nástrojem našich skutků, a jak se zdá, člověk není schopen zcela anulovat své argumenty a pokusit se zachytit „oběma rukama" Stvořitele, když jeho nohy visí ve vzduchu bez opory ve formě zdravého rozumu. Vzhledem k tomu, že si člověk v tomto stavu nic neuvědomuje svým rozumem, jak může být zachráněn před valícími se okolnostmi, které naň „vrhá" Stvořitel, a v zoufalé snaze řešit otázky visí ve vzduchu bez opory i bez rozumné odpovědi na otázku, co se s ním děje.

Ale pokud je člověk ve stavu mysli, jež se nazývá „oběma rukama", a nehledě na kritický postoj rozumu se raduje z příležitosti, že se může zachytit Stvořitele, pak alespoň na chvíli může takový stav udržet a poté vidí, jak je překrásný a že se právě v tomto stavu nachází

---

[4] אמונה למעלה מדעת – *Emuna le-Ma'ala mi-Da'at*.

ve skutečné, věčné pravdě, která se zítra nezmění jako všechny jeho názory v minulosti, protože je spojena s věčným Stvořitelem, a on se dívá na všechny události skrze tuto pravdu.

* * *

Jak již bylo jednou zmíněno v předchozích knihách, posun vpřed je možný pouze současně ve třech paralelních liniích, kde je pravá linie nazývána vírou a levá uvědoměním, porozuměním. A tyto dvě linie jsou v rozporu, protože se navzájem vylučují. A proto je možné je vyvážit pouze pomocí střední linie, která se skládá z pravé a z levé současně, a je to linie takového duchovního jednání, kdy se mysl používá pouze v souladu s velikostí víry.

Všechny duchovní objekty se v míře svého postupného příchodu od Stvořitele na svět jakoby vrství a odívají se na Něho. Všechno, co se ve vesmíru navrstvilo na Stvořitele, existuje pouze ohledně stvoření a všechno je to produktem původního stvoření, nazvaného *Malchut*. To znamená, že všechny světy a všechna stvoření, všechno kromě Stvořitele, je jediným stvořením – *Malchut*, jež je nazývána kořenem, zdrojem všech stvoření, které se poté dělí na mnoho malých částí.

A všechna stvoření společně se nazývají *Šchina*. A Světlo Stvořitele, Jeho přítomnost, On sám, zaplňující *Šchinu*, se nazývá *Šochen*.

Doba potřebná pro úplné zaplnění všech částí *Šchiny* se nazývá dobou nápravy (*Zman Tikun*). Během této doby stvoření uskutečňují nápravy svých částí *Malchut* – každé té své části, ze které je stvořeno.

Až do té chvíle, než se Stvořitel bude moci plně spojit se stvořeními – to znamená, dokud se neodhalí v plné míře, dokud *Šochen* nezaplní *Šchinu* – stav *Šchiny* neboli stvoření, ze kterých je složena, se nazývá vyhnanství *Šchiny* (od Stvořitele) (*Galut Šchina*), poněvadž v takovém stavu není ve Vyšších světech dokonalost. A v našem, nejnižším ze světů, v němž každé stvoření musí také nakonec plně pocítit Stvořitele, jsou zatím všichni zaneprázdněni neustálou honičkou za uspokojením malicherných tužeb našeho světa a slepě následují požadavky svého těla.

A tento stav duše se nazývá *Šchina* v prachu (*Šchina be-Afar*, שכינה בעפר), kdy si každý představuje čistá duchovní potěšení jako výmysly a nesmysly a takový stav se nazývá utrpení Šchiny (*Ca'ar Šchina*).

Veškeré utrpení člověka pochází z toho, že jej Shora nutí, aby úplně zavrhl zdravý rozum a slepě následoval víru výše rozumu.

A čím více má inteligence a vědomostí, čím je silnější a chytřejší, tím těžší je proň následovat cestu víry a úměrně tomu tím více trpí, když odmítá svůj zdravý rozum.

A v žádném případě nemůže souhlasit se Stvořitelem, který vybral právě takovou cestu duchovního vývoje, ve svém srdci proklíná nutnost takové cesty a nemá sílu přesvědčit sám sebe a ospravedlnit Stvořitele. A takový stav nemůže vydržet bez podpory, dokud mu nepomůže Stvořitel a neodhalí před ním celý obraz vesmíru.

**

Pokud se člověk cítí ve stavu duchovního pozvednutí, když všechny jeho touhy směřují pouze ke Stvořiteli, je to nejpříhodnější doba proto, aby se ponořil do náležitých knih o kabale a pokusil se porozumět jejich vnitřnímu smyslu. A ačkoli vidí, že navzdory svému úsilí ničemu nerozumí, stejně se musí ponořit do studia kabaly třeba i stokrát a nepodlehnout zoufalství, že ničemu nerozumí.

Smysl těchto úsilí spočívá v tom, že snaha člověka pochopit tajemství Tóry je jeho modlitbou za to, aby se mu odhalilo projevování Stvořitele, aby Stvořitel tuto touhu naplnil, přičemž je síla modlitby určena velikostí jeho úsilí.

Existuje pravidlo: vynaložené úsilí zvyšuje touhu získat to, o co se snažíme, a jeho velikost je určena utrpením z nedostatku požadovaného. Samotné utrpení, beze slov, jenom pociťované v srdci, je modlitbou.

Vycházíme-li z toho, je pochopitelné, že pouze po velkém úsilí o dosažení požadovaného je člověk schopen se modlit tak upřímně, že obdrží očekávané.

Avšak jestliže se při pokusech o ponoření se do knihy srdce nechce osvobodit od cizích myšlenek, pak se ani rozum nemůže zahloubat do studia, protože rozum pracuje pouze na žádost srdce.

Ale aby Stvořitel přijal modlitbu, musí být z hloubi srdce – to znamená, že všechny jeho touhy musí být zaměřeny pouze na to. A proto se musí do textu ponořit stokrát, dokonce i tehdy, když vůbec nic nechápe, aby dosáhl opravdové touhy být vyslyšen Stvořitelem.

A opravdová touha je ta, v níž není místo pro žádnou jinou touhu.

Při studiu kabaly současně studuje činy Stvořitele, a proto se s Ním sbližuje a postupně se stává hoden pocítit, co se učí.

Víra, to jest pociťování Stvořitele, musí být taková, aby člověk cítil, že se nachází před Králem vesmíru. A tehdy je bezpochyby naplněn nezbytným pocitem lásky a strachu.

A dokud takové víry nedosáhl, nemůže se upokojit, protože jen takový pocit mu dává právo na duchovní život a nedovolí mu sklouznout do egoismu a znovu se stát přijímajícím potěšení. Potřeba takového pocitu Stvořitele musí být neustálá, dokud se nestane zvykem člověka stejně jako neustálá touha po předmětu lásky, která neumožňuje žít.

Ale všechno, co člověka obklopuje, v něm tuto potřebu záměrně potlačuje, protože přijetí potěšení z čehokoliv okamžitě snižuje bolest z pocitu duchovní prázdnoty.

Když přijímáme potěšení našeho světa, je tudíž nutné prověřovat, zda tato potěšení nepotlačují potřebu pociťovat Stvořitele, nekradou-li mu tímto způsobem Vyšší pocity.

Obecně je vnitřní potřeba pocítit Stvořitele vlastní pouze člověku, nikoli však každému, kdo má vnější podobu člověka.

Tato nevyhnutelnost vyplývá z potřeby člověka pochopit, kdo je, uvědomit si sebe sama a své poslání ve světě, zdroj svého původu. Právě hledání odpovědí na otázky o sobě nás přivádí k nutnosti hledat zdroj života.

A tato nutnost nás nutí, abychom všemožným úsilím odhalili veškerá tajemství přírody, aby ani v nás samotných, ani v okolním světě nezbylo ani jedno. A pravdivá je pouze touha odhalit Stvořitele, protože On je zdrojem všeho, a co je nejdůležitější, je naším Stvořitelem. Z toho důvodu, i kdyby byl člověk v našem světě sám nebo by byl v jiných světech, stejně ho hledání sebe sama přivede k hledání Stvořitele.

* * *

Ve vnímání vlivu Stvořitele na Jeho stvoření existují dvě linie. Pravá linie je Osobní vedení Stvořitele každého z nás, bez ohledu na naše činy.

Levou linií se nazývá Vedení Stvořitele každého z nás v závislosti na našich činech nebo jinými slovy: trest za špatné činy a odměna za dobré (Vedení odměnou a trestem).

Když si člověk sám vybírá čas, aby byl v pravé linii, musí si říci, že vše, co se děje, probíhá jen podle vůle Stvořitele, podle Jeho plánu, a vůbec nic nezávisí na samotném člověku. V tomto případě nemá žádné provinění, avšak ani zásluhy, neboť jsou všechny jeho činy vynucené pod vlivem tužeb, které dostává zvenčí.

Proto musí děkovat Stvořiteli za vše, co od Něho obdržel. A když si uvědomí, že ho Stvořitel vede k věčnosti, může ke Stvořiteli cítit lásku.

Postupovat vpřed je možné pouze na základě správného spojení pravé a levé linie přesně v jejich středu. Dokonce i tehdy, když se začne pohybovat ze správně zvoleného výchozího bodu, ale přesně neví, jakým způsobem svůj směr neustále prověřovat a upravovat, ihned se ze správného směru odchýlí doprava, nebo doleva.

A navíc, když se v jednom z bodů své cesty odchýlí třeba jen o jeden milimetr na stranu, přestože bude poté pokračovat celou cestou správným směrem, jeho chyba poroste s každým krokem a bude se stále více odklánět od cíle.

Předtím, než sestoupíme po duchovních stupních dolů, je naše duše součástí Stvořitele, Jeho maličkým bodem. Tento bod se nazývá kořen duše.

Stvořitel umístil duši do těla, aby se společně s touhami těla pozvedla a znovu splynula se Stvořitelem, zatímco se nachází v těle.

Jinými slovy, naše duše je umístěna v našem těle, což se nazývá narozením člověka v našem světě, kvůli tomu, aby překonala touhy těla a navzdory nim se ještě během života člověka na tomto světě pozvedla na úroveň, kterou měla před svým sestoupením do našeho světa.

Když duše překonává touhy těla, když dosahuje stejné duchovní úrovně, ze které sestoupila, odhaluje mnohokrát větší potěšení než ve svém původním stavu, když byla součástí Stvořitele, a změní se z bodu na objemné duchovní tělo, jež je 620krát větší než původní bod před svým sestoupením do našeho světa.

Ve svém dokončeném stavu je tedy duchovní tělo duše složeno z 620 částí neboli orgánů. Každá část neboli orgán se nazývá „Přikázání". Světlo Stvořitele nebo sám Stvořitel (což je totéž), naplňující každou část duše, se nazývá Tóra.

Při vzestupu na další duchovní úroveň, což se nazývá vykonáním Přikázání, do nových altruistických tužeb, které byly vytvořeny během tohoto vzestupu, přijímá duše Tóru, potěšení Světlem Stvořitele, samotným Stvořitelem.

Pravá cesta k tomuto cíli vede střední linií, jejíž smysl spočívá ve spojení tří složek do jednoho konceptu: samotného člověka, cesty, kterou musí kráčet, a Stvořitele.

Ve skutečnosti existují pouze tři objekty vesmíru: člověk usilující o návrat ke Stvořiteli, Stvořitel – cíl, o který člověk usiluje, a cesta, kterou člověk může dosáhnout Stvořitele.

Jak již bylo více než jednou řečeno, kromě Stvořitele nikdo neexistuje a my jsme něco, co On stvořil s pocitem vlastní existence. V souladu s mírou svého duchovního vzestupu si to člověk zřetelně uvědomuje a cítí to.

A všechny naše pocity, tedy pocity, které vnímáme jako naše vlastní, jsou Jím stvořené reakce v nás na Jeho působení. To znamená, že naše pocity jsou v konečném důsledku těmi pocity, které On chce, abychom cítili.

Ale dokud člověk nedosáhne absolutního odhalení této pravdy, tři objekty vesmíru – on, jeho cesta ke Stvořiteli a sám Stvořitel – jím nejsou vnímány jako jediný celek, nýbrž jako tři samostatné objekty.

Po dosažení posledního stupně svého duchovního vývoje, tudíž když se člověk pozvedne na stejný stupeň, odkud sestoupila jeho duše, avšak nyní již naplněn touhami těla, plně odhalí celého Stvořitele do svého duchovního těla, které přijímá všechnu Tóru, veškeré Světlo Stvořitele, samotného Stvořitele. A tímto způsobem i tři objekty, které byly předtím ve vnímání člověka rozděleny – člověk, jeho cesta a Stvořitel – se spojují do jednoho objektu, duchovního těla naplněného Světlem.

Kvůli správnému postupu se proto člověk musí na cestě neustále kontrolovat, zda od počátku cesty usiluje stejnou silou touhy o všechny tři objekty, dokud jsou ještě v jeho vnímání rozděleny, jako kdyby je již zpočátku spojil v jedno stejně tak, jak se mu musí odhalit na konci cesty a jaké jsou i nyní, avšak on je tak nevnímá pouze kvůli své nedokonalosti.

A pokud bude o jeden z nich usilovat více než o druhý, okamžitě se odchýlí z pravé cesty. A nejsnazším prověřením pravé cesty je, zda se snaží pochopit vlastnosti Stvořitele, aby se s Ním spojil.

Pokud ne já sám sobě, tak kdo mi pomůže, a pokud jenom já, jak – vždyť já jsem nicotný. Tyto vzájemně se vylučující tvrzení v sobě zahrnují postoj člověka ke svému úsilí dosáhnout cíle, o který usiluje: ačkoli člověk musí tvrdit, že jestliže ne on, tak kdo mu pomůže, a jednat podle principu odměňování dobrých skutků a trestů za špatné s jistotou, že existují přímé důsledky jeho činů a on sám buduje svou budoucnost, ale zároveň sám sobě říkat: kdo jsem já, abych pomohl sám sobě vybřednout ze své přirozenosti, když mi nikdo z mého okolí není schopen pomoci. Avšak jestliže se všechno děje podle plánu a řízení Stvořitele, jaký má člověk prospěch ze svých úsilí? Jde o to, že v důsledku vlastní práce podle principu odměny a trestu člověk obdrží Shora pochopení vedení Stvořitele a vstoupí na úroveň porozumění, kdy je mu jasné, že Stvořitel vše ovládá a všechno je předpokládáno předem. Ale nejprve musí do tohoto stupně dospět. A bez jeho dosažení nemůže tvrdit, že je všechno v moci Stvořitele. A do dosažení tohoto stavu v něm nemůže žít ani jednat podle jeho zákonů. Vždyť řízení světa tímto způsobem vůbec necítí. To znamená, že člověk musí jednat pouze podle zákonů, které cítí.

A pouze v důsledku úsilí v práci podle principu „odměny a trestu" si člověk zaslouží plnou důvěru Stvořitele a zaslouží si vidět pravý obraz světa a jeho řízení. A teprve tehdy, ačkoliv vidí, že všechno závisí na Stvořiteli, sám vyvíjí úsilí jít Stvořiteli vstříc.

* * *

Není možné odstranit egoistické myšlenky a touhy a nechat své srdce prázdné. Pouze když se namísto egoistických tužeb naplní duchovními, altruistickými touhami, je možné nahradit dřívější touhy protikladnými a anulovat egoismus.

Ten, kdo miluje Stvořitele, je rozhodně egoismem znechucen, protože na sobě jasně cítí újmu z každého jeho projevu a nevidí, jakým způsobem se ho může zbavit, a jasně si uvědomuje, že to není v jeho silách, protože tuto vlastnost udělil svým stvořením sám Stvořitel.

Člověk není sto se sám zbavit egoismu, ale nakolik si uvědomí, že egoismus je jeho nepřítelem a vrahem duchovního, natolik ho bude nenávidět a pak mu Stvořitel dokáže pomoci, aby se zbavil nepřítele do takové míry, že bude dokonce schopen egoismus využívat ve prospěch duchovního vzestupu.

* * *

V Tóře se říká: „Já jsem stvořil svět pouze pro absolutní spravedlivé, nebo pro absolutní hříšníky." To, že byl svět stvořen pro spravedlivé, nám je jasné, avšak není jasné, proč nebyl stvořen pro nedokončené spravedlivé nebo pro nedokončené hříšníky, ale pro absolutní hříšníky – pro ně stvořil Stvořitel celý vesmír?

Člověk chtě nechtě přijímá řízení Stvořitele v souladu s tím, jakým se mu řízení jeví: dobré a laskavé, pokud ho cítí jako příjemné, nebo špatné, jestliže trpí. To znamená: jak člověk pociťuje náš svět, za takového považuje Stvořitele – za dobrého, nebo špatného.

A v tomto pociťování řízení světa Stvořitelem jsou možné pouze dva stavy: člověk cítí Stvořitele a pak se mu vše jeví jako překrásné, nebo se mu zdá, že žádné řízení světa Stvořitelem neexistuje a že je svět řízen přírodními silami. A ačkoli rozumem chápe, že tomu tak není, jelikož však o postoji člověka ke světu rozhodují pocity, a nikoli rozum, považuje se za hříšníka, neboť vidí rozdíl mezi pocity a rozumem.

Jestliže člověk chápe, že si Stvořitel přeje nás potěšit – což je možné pouze tehdy, když se ke Stvořiteli přiblíží – pak když cítí od Stvořitele oddálení, vnímá to jako špatnost a považuje se za hříšníka.

Ale jestliže se člověk cítí hříšníkem až do té míry, že nedobrovolně křičí ke Stvořiteli o svou spásu, aby se mu Stvořitel odhalil, a tím mu dal sílu vystoupit z klece egoismu do duchovního světa, Stvořitel mu okamžitě pomáhá.

A pro takové stavy člověka byl stvořen náš svět a všechny Vyšší světy, aby když člověk dosáhne stavu absolutního hříšníka, křičel ke Stvořiteli o pozvednutí na úroveň absolutních spravedlivých.

* * *

Pouze člověk, který se osvobodil z přehnaného sebevědomí a procítil svou vlastní bezmocnost i nízkost svých tužeb, se stává hoden pocítit velkolepost Stvořitele.

A čím důležitější je pro něho blízkost Stvořitele, tím více Ho cítí, protože čím více člověk může nalézt odstínů a odhalení v projevu Stvořitele k sobě samému, a když nadšení vyvolá pocity v srdci, v souladu s tím se začíná radovat.

Proto když vidí, že v žádném případě není lepší než všichni ostatní v jeho okolí, kteří si nezasloužili takový zvláštní postoj Stvořitele, jenž zažívá on, a které ani nenapadne, že existuje vzájemný vztah se Stvořitelem, a ani nepomyslí na možnost pocítit Stvořitele a uvědomit si smysl života a duchovního pokroku, avšak on si neznámo jak zasloužil Jeho zvláštní postoj k sobě tím, že mu Stvořitel poskytuje možnost alespoň občas si vzpomenout na účel života a spojení svého života se Stvořitelem, pokud je schopen ocenit unikátnost a jedinečnost vztahu Stvořitele k sobě, odhalí pocit nekonečné vděčnosti a radosti. A čím více člověk může ocenit své mimořádné štěstí, tím silněji může děkovat Stvořiteli a tím více může pocítit všechny druhy odstínů pocitů v každém stavu a okamžiku svého kontaktu s Vyšším; tím více může ocenit i velkolepost duchovního světa, který se mu otevírá, a sílu všemocného Stvořitele; s tím větší jistotou se předem těší na budoucí sloučení se Stvořitelem.

Podíváme-li se na neslučitelný rozdíl mezi vlastnostmi Stvořitele a stvoření, lze snadno dospět k závěru, že jejich shoda je možná za podmínky, že člověk vykoření svou přirozenost absolutního egoismu. V tomto případě jako by neexistoval a není nic, co by ho od Stvořitele oddělovalo.

* * *

Pouze když v sobě člověk cítí, že bez získání duchovního života umírá stejně, jako umírá naše tělo, když přichází o život, a že vášnivě touží žít, obdrží příležitost vstoupit do duchovního života a nadechnout se duchovního vzduchu.

Ale jakou cestou může člověk dospět do takového stavu, kdy se stane cílem celého jeho života úplné osvobození od vlastních zájmů a starostí o sebe sama a všemi svými silami se bude snažit se rozdat až do té míry, že bez dosažení tohoto cíle vzniká pocit smrti?

Dosažení takového stavu přichází postupně podle principu zpětného účinku: čím více člověk vynakládá sil při hledání duchovní cesty, ve studiu, při pokusech uměle napodobovat duchovní objekty, tím více zjišťuje, že toho není schopen dosáhnout svými silami.

Čím více studuje zdroje významné pro duchovní vývoj, tím zmateněji studované vnímá. Čím více úsilí vynakládá v pokusech, aby se lépe choval ke svým přátelům a ostatním lidem, tím více cítí – pokud opravdu duchovně postupuje vpřed – že jsou všechny jeho činy diktovány absolutním egoismem.

Takové výsledky vedou k principu: „bít, dokud nezačne sám chtít" – člověk se může zbavit egoismu jenom tehdy, když vidí, jak ho egoismus zabijí a nedovoluje mu začít žít skutečným, věčným životem naplněným potěšením. Nenávist k egoismu jej od člověka odtrhává.

* * *

Tím nejdůležitějším je, aby si člověk přál odevzdat Stvořiteli sebe celého na základě pochopení velikosti Stvořitele. (Odevzdat se Stvořiteli znamená rozloučit se s vlastním „já".) A zde si člověk musí představit, ve jménu čeho mu stojí za to pracovat v tomto světě: ve jménu přechodných hodnot, nebo ve jménu věčných? Vždyť nic z toho, co jsme udělali, nezůstane navždy. Vše odejde. Věčné jsou pouze duchovní struktury, pouze altruistické myšlenky, činy, pocity.

To znamená, že když se člověk snaží svými myšlenkami, touhami a úsilím stát podobným Stvořiteli, ve skutečnosti tím tvoří vlastní budovu věčnosti.

Kráčet po cestě a odevzdávat se Stvořiteli může člověk pouze tehdy, když si uvědomuje velikost Stvořitele. A to je podobné tomu, když někdo v našem světě vypadá v našich očích veliký. Takovému člověku s potěšením poskytujeme službu a domníváme se, že jsme to nebyli my, kdo mu poskytl službu, nýbrž on, protože souhlasil s tím, že od nás něco přijme, a když nám tak projevil pozornost, jako by nám něco dal, ačkoliv to od nás přijal.

Z tohoto příkladu je zřejmé, že vnitřní cíl může měnit smysl vnějšího mechanického působení – brát, nebo dávat – na protiklad. Proto ve stejné míře, v jaké člověk zvyšuje velikost Stvořitele ve svých očích, Mu může odevzdávat své myšlenky, touhy a úsilí a zároveň bude mít pocit, že nedává, ale že od Stvořitele přijímá, získává možnost „poskytnout službu", což je příležitost, které se stávají hodni jenom vybraní jedinci v každé generaci.

Z toho vyplývá, že základním úkolem člověka je povznášet Stvořitele ve vlastních očích – to znamená získat víru v Jeho velikost a moc – a to je jediná možnost, jak se dostat z klece egoismu do Vyšších světů.

* * *

Jak je uvedeno v předchozím článku, příčina toho, že člověk pociťuje tak nesnesitelné břemeno v době, kdy chce kráčet cestou víry a nestarat se o sebe sama, je pocit, jako kdyby se on sám odděloval od celého světa; jako kdyby byl zavěšen v prázdnotě bez jakékoliv opory ve formě zdravého rozumu a předchozí životní zkušenosti; jako kdyby opouštěl své okolí, rodinu a přátele ve jménu splynutí se Stvořitelem.

Celá příčina takového pocitu, který v člověku vzniká, tkví pouze v nepřítomnosti víry ve Stvořitele, to jest v nepřítomnosti pociťování

Stvořitele, Jeho existence a toho, že řídí všechna stvoření, tudíž v nepřítomnosti samotného objektu víry.

Jakmile však člověk začne přítomnost Stvořitele pociťovat, je okamžitě připraven se plně odevzdat do Jeho moci a následovat svého Stvořitele se zavřenýma očima. Je připraven se v Něm zcela rozpustit a pohrdá rozumem tím nejpřirozenějším způsobem.

Pocítění přítomnosti Stvořitele je proto nejdůležitějším úkolem člověka. A kvůli tomu stojí za to odevzdat ve jménu pocítění Stvořitele veškerou svou energii a myšlenky, protože při projevení takového pocitu se již okamžitě sám člověk snaží celou svou duší splynout se Stvořitelem.

Z toho důvodu je třeba zaměřit všechny své myšlenky, práci, touhy a čas pouze na to. A toto pociťování Stvořitele se nazývá víra!

Urychlit tento proces je možné, pokud člověk pokládá tento cíl za důležitý. A čím důležitější proň je, tím rychleji dokáže dosáhnout víry, tudíž pociťování Stvořitele. A čím větší je důležitost pociťování Stvořitele, tím větší je samotné pociťování až do té míry, že v něm takový pocit zůstane trvale.

* * *

Úspěch je zvláštní druh řízení Shora, které člověk žádným způsobem nemůže ovlivnit. Shora je však člověku uložena povinnost, aby se sám pokusil dosáhnout změny své vlastní přirozenosti a poté ho již sám Stvořitel, když spočítá úsilí člověka, změní a pozvedne nad náš svět.

Předtím, než člověk vynaloží veškerá úsilí, neměl by v žádném případě spoléhat na Vyšší sílu, úspěch a zvláštní postoj k sobě Shora, nýbrž musí přistupovat k dílu s vědomím, že pokud to neudělá, nedosáhne toho, čeho chce dosáhnout.

Ale poté, co dokončí práci, studium nebo jakékoli jiné úsilí, musí dospět k závěru, že to, čeho dosáhl v důsledku svého úsilí, by se stejně podařilo, dokonce i kdyby vůbec nic nedělal, protože to už bylo Stvořitelem předem naplánováno.

Proto člověk, který si přeje pochopit skutečné řízení, je povinen se již od samého počátku své cesty snažit, aby v sobě v každé životní situaci tyto dva protiklady spojil.

Například, každé ráno člověk musí začít svůj obvyklý den studiem a prací, úplně odstranit ze svého vědomí veškeré myšlenky o Vyšším řízení Stvořitele celého světa a každého z nás. A pracovat, jako kdyby konečný výsledek závisel pouze na něm.

A po skončení práce si v žádném případě nesmí dovolit představovat, že to, čeho dosáhl, je výsledkem jeho úsilí. Naopak, musí si uvědomit, že i kdyby celý den ležel, stejně by toho dosáhl, protože tento výsledek již dříve naplánoval Stvořitel.

Kabalista je proto na jedné straně povinen – jako všichni – ve všem následovat zákony společnosti a přírody, ale na druhé straně současně věřit v absolutní ovládání světa Stvořitelem.

Všechny naše činy mohou být rozděleny na dobré, neutrální a špatné. Úkolem člověka je uskutečňovat neutrální činy a pozvedat je na úroveň dobrých tím, že v mysli spojuje jejich vykonání s vědomím absolutního řízení Stvořitele.

Například nemocný, jenž dobře chápe, že je jeho vyléčení plně v rukou Stvořitele, je povinen přijmout ověřený a známý lék od lékaře, se kterým má dobrou zkušenost, a musí věřit, že mu pouze umění lékaře pomůže nemoc překonat.

Když si však přesně podle předpisu lékaře vezme lék a uzdraví se, je povinen věřit, že by se uzdravil i bez jakéhokoliv lékaře s pomocí Stvořitele. A místo vděčnosti lékaři musí děkovat Stvořiteli. A tímto člověk změní neutrální jednání na duchovní. A když takto postupuje ve všech neutrálních činnostech, postupně se všechny jeho myšlenky stávají duchovními.

Uvádět tyto příklady a vysvětlení je nutné, neboť se podobné otázky stávají překážkou na cestě duchovního vzestupu, a také proto, že ti, kteří jakoby znají principy řízení, se snaží uměle zvýšit sílu své víry ve všudypřítomnost Vyššího řízení namísto práce na sobě, aby se vyhnuli úsilí v prokazování své víry ve Stvořitele, nebo prostě jen kvůli lenosti se ještě před prací rozhodnou, že je všechno v moci Stvořitele, a proto je všechno úsilí zbytečné! A navíc, když v jakoby slepé víře zavírají oči, vyhýbají se tím otázkám o víře, neodpovídají na tyto otázky, a zbavují se tak možnosti duchovně postupovat kupředu.

O našem světě je řečeno: „V potu své tváře budeš jíst svůj chléb." Ale poté, co je něco získáno prací, je pro člověka těžké uznat, že byl výsledek nezávislý na jeho práci a schopnostech a že místo něho vše udělal Stvořitel. A on v sobě musí „v potu své tváře" posílit víru v plné řízení svého Stvořitele.

Ale právě v úsilí a pokusech sjednotit zdánlivé rozpory Vyššího řízení, jež vyplývají z naší slepoty a zejména ze střetů těchto protikladných, a proto nepochopitelných přístupů k činům, které jsou od nás vyžadovány – právě díky těmto stavům roste porozumění a díky nim jsou získávány nové duchovní pocity.

***

Stav před počátkem stvoření se omezuje na existenci Jediného Stvořitele.

Počátek stvoření spočívá v tom, že v sobě Stvořitel vyčleňuje určitý bod tím, že mu v budoucnu přidá vlastnosti odlišné od Sebe samého.

V tom tkví podstata stvoření, neboť když tomuto bodu přidal egoistické vlastnosti, Stvořitel jej jakoby od sebe vyhnal. Tento bod je naše „já". Ale protože neexistuje místo a vzdálenost, je oddálení na základě vlastností tímto bodem vnímáno jako ukrytí Stvořitele – to znamená, že Ho nevnímá – mezi nimi je temnota vytvořená egoistickými vlastnostmi tohoto bodu.

Jestliže si Stvořitel přeje přiblížit tento bod k Sobě, je jím tato temná propast pociťována jako naprosto beznadějná. Pokud se Stvořitel ještě k bodu přiblížit nechce, nebude pociťovat žádnou propast ani vzdálenost od Stvořitele, ani Stvořitele samotného a takové stavy si může jenom představovat.

Temná propast, kterou cítí bod, je obvyklé utrpení způsobené materiálními potížemi nebo nemocemi, dětmi a příbuznými – je to souhrn všeho, co Stvořitel tomuto bodu vytvořil jako prostředí, aby ho právě tímto prostředím mohl ovlivňovat. Jak a proč? Aby člověku ukázal, že se kvůli své spáse od utrpení musí zbavit egoismu, Stvořitel prostřednictvím okolních objektů – dětí, práce, dluhů, nemocí, rodinných problémů – vytváří takový stav utrpení bodu, kdy se život zdá být nesnesitelným břemenem kvůli vlastní zainteresovanosti něčeho dosáhnout, a díky tomu vzniká jediná touha – nic nechtít, to znamená, nemít žádné osobní zájmy, utéci od všech egoistických tužeb, protože vytvářejí utrpení.

A z toho důvodu mu nezbyde žádné jiné východisko než prosit Stvořitele, aby ho osvobodil od egoismu, který ho nutí, aby byl zainteresován v překonávání všech potíží, a tímto způsobem mu přináší utrpení.

V předmluvě k Učení deseti *Sfirot* (bod 2) rabi Ašlag (Ba'al HaSulam)[5] píše: „Pokud však vyslechnete jednu proslulou otázku svým

---

[5] Rabi Jehuda Leib HaLevi Ašlag (רבי יהודה הלוי ליב אשלג), zvaný Ba'al HaSulam (בעל הסולם), dosl. Pán žebříku, podle jeho stěžejního díla – komentáře ke Knize

srdcem, jsem si jist, že všechny vaše pochybnosti o tom, zda je třeba studovat kabalu, zmizí, jako by neexistovaly."

A právě proto, že je tato otázka položena člověkem v hloubi jeho srdce, a ne v intelektu či z učenosti, znamená to, že v jeho srdci křičí otázka o jeho životě, o jeho smyslu, o smyslu jeho utrpení, které mnohokrát převyšuje potěšení, o životě, kdy se smrt zdá snadným osvobozením a spasením, o životě, v němž pokud uděláte jednoduchý výpočet, utrpení mnohokrát převýší potěšení, o životě, ve kterém není vidět konce vířících bolestí, dokud jej, již úplně vyčerpaní a zničení, neopustíme. A kdo se tím v konečném výsledku těší nebo komu tím poskytuji radost nebo co ještě od života očekávám?

A ačkoli tato otázka podvědomě hlodá každého, občas nás však neočekávaně udeří až do zatemnění zdravého rozumu a nemohoucnosti cokoliv dělat, rozbíjí náš mozek a vrhá nás do temné propasti beznaděje a uvědomění si vlastní nicotnosti, dokud se nám nepoštěstí znovu najít řešení známé všem: existovat dále jako včera, plout s proudem života a příliš o něm nepřemýšlet.

Ale jak již bylo řečeno, Stvořitel dává tomuto člověku takové vědomé pocity proto, aby postupně pochopil, že veškeré jeho neštěstí a příčina všech jeho utrpení spočívá v tom, že je osobně zainteresován na výsledcích svých činů, že jeho egoismus, tedy jeho bytost, jeho přirozenost, ho nutí jednat ve jménu svého vlastního „blaha", a proto neustále trpí na základě svých nesplněných přání.

Ale kdyby se zbavil své osobní zainteresovanosti na čemkoliv, okamžitě by se osvobodil z veškerých okovů své bytosti a vše kolem sebe by vnímal bez bolesti a utrpení.

Metodika odchodu z otroctví egoismu se nazývá kabala. A Stvořitel záměrně vytvořil mezi Sebou a námi, mezi Sebou samotným a bodem našeho srdce, náš svět se všemi jeho utrpeními, aby každého z nás přivedl k pocitu nutnosti se zbavit egoismu jako příčiny všech našich utrpení.

Odstranit tato utrpení a pocítit Stvořitele jakožto zdroje potěšení je možné pouze tehdy, když si člověk opravdu přeje, aby se zbavil vlastního egoismu. Přání jsou v duchovních světech činem, protože pravá, celistvá přání okamžitě vedou k akci.

Ale ve skutečnosti sám Stvořitel vede člověka k pevnému a konečnému rozhodnutí, aby se zbavil jakékoli osobní zainteresovanosti ve

---

Zohar s názvem „Žebřík", hebr. Sulam, žil v letech 1884–1954.

všech životních situacích tím, že v nich nutí člověka trpět natolik, že se jeho jediným přáním stává jen jedno přání: přestat pociťovat utrpení, což je možné pouze za nepřítomnosti veškerého osobního, egoistického zájmu při řešení všech životních událostí, které před ním vyvstávají.

Ale kde je tedy naše svobodná vůle, naše právo na svobodnou volbu, jakou cestou jít a co si v životě vybrat? Ano, sám Stvořitel pobízí člověka, aby si zvolil určité rozhodnutí tím, že mu dává situaci plnou tak velkých utrpení, že je mu milejší smrt než tento život. Ale Stvořitel mu nedovoluje ukončit svůj život, a takto utéci od utrpení. A v situaci plné nesnesitelného utrpení najednou jako sluneční paprsek skrze husté mraky zazáří člověku jediné řešení: ne smrt, ne útěk, ale osvobození od osobní zainteresovanosti na výsledku čehokoliv. Jenom toto řešení problému povede ke klidu a odpočinku od nesnesitelného utrpení.

A je samozřejmé, že v tom není žádná svobodná vůle a člověk si chtě nechtě takto vybírá kvůli tomu, aby se vyhnul utrpení. A jeho volba a svoboda rozhodnutí pak spočívají v tom, že maličko vystoupí ze stavu úpadku, v čemž již pocítí příjemnější řešení, a když se v něm posílí, již prostřednictvím činů sám hledá vlastní východisko ze svého minulého hrozného stavu, aby cílem všech jeho myšlenek bylo „kvůli Stvořiteli", neboť život „kvůli sobě" přináší utrpení. A tato nepřetržitá práce a prověřování všech svých myšlenek se nazývá prací očisty.

Pocit utrpení kvůli osobní zainteresovanosti na výsledku životních situací musí být natolik pronikavý, že je člověk připraven „přebývat o kousku chleba, pít vodu a spát na holé zemi", jen aby od sebe odehnal egoismus a osobní zájem v životě.

A když vnitřně takového stavu dosáhne a zároveň se cítí šťastný, pak vstoupí do duchovní oblasti nazvané budoucí svět – Olam Aba.

Pokud tedy utrpení způsobilo, že člověk přijal konečné rozhodnutí, že se pro své vlastní dobro vzdá egoismu, a poté v důsledku vlastního úsilí neustále vzpomíná na přestátá utrpení a toto rozhodnutí v sobě udržuje a posiluje, dosáhl takového stavu, že cíl všech jeho činů spočívá pouze v tom, aby přinesl prospěch Stvořiteli, a pokud jde o něho, dokonce se bojí i jenom pomyslet na svůj vlastní prospěch a blaho nad rámec nejdůležitějších věcí, protože má strach, že znovu pocítí nesnesitelné utrpení, které se objeví okamžitě, když se projeví osobní zainteresovanost. Jestliže od sebe dokázal úplně odpojit osobní motivy, a to i v tom nejnutnějším natolik, že dosáhl konečného bodu zlomu odpoutání se od svých vlastních potřeb – tehdy si již zvykl na tento způsob myšlení v každodenním životě, v komunikaci, v rodině, v práci, ve všech záležitostech našeho světa, zevně se však ničím neliší od ostatních. Když v jeho těle podle principu „zvyk je druhá přirozenost" nezůstaly žádné osobní zájmy, pak může přejít ke druhé části svého duchovního života a začít se těšit tím, že svými činy přináší potěšení Stvořiteli.

A toto potěšení už nepřichází na jeho účet, ale vše jde na účet Stvořitele, protože v sobě „zabil" absolutně všechny své potřeby pro vlastní potěšení. Toto potěšení je nekonečné v čase a nedozírné ve velikosti, protože není omezeno osobními potřebami člověka. A pak vidí, jak dobrý a překrásný je Stvořitel, neboť stvořil možnost dosáhnout takového nadlidského štěstí ve spojení a ve věčné lásce se svým Stvořitelem!

A kvůli tomu existují na cestě člověka pro dosažení tohoto Cíle stvoření dvě po sobě jdoucí etapy. První je etapa utrpení a těžkých útrap, dokud se nezbaví egoismu. Druhá, poté, co člověk dokončil první část cesty a odstranil ze svého těla všechny osobní touhy, může všechny své myšlenky nasměrovat ke Stvořiteli a pak začíná nový život plný duchovních potěšení a věčného klidu, což bylo původně zamýšleno Stvořitelem na počátku stvoření.

Není však nutné postupovat cestou absolutního odmítání všeho natolik, aby se člověk spokojil s kouskem chleba, douškem vody a spánkem na holé zemi, a zvykal své tělo na odmítnutí egoismu tímto způsobem.

Namísto násilného potlačení tělesných potřeb je nám dána Tóra, nebo spíše Světlo Tóry, které je schopno pomoci člověku se zbavit zdroje svého neštěstí – egoismu. Existuje určitá síla, která se nazývá Světlo Tóry, a ta může člověku dát sílu, aby mohl vystoupit nad rámec zájmů svého těla.

Ale tato duchovní síla, jež je uzavřena v Tóře, působí na člověka pouze tehdy, když věří, že mu to pomůže, že to nutně potřebuje, aby přežil a nezemřel, když prožívá nesnesitelná utrpení – to znamená, že věří, že ho studium přivede k Cíli a on obdrží odměnu, kterou za studium Tóry očekává – osvobození od egoistických tužeb.

A protože opravdu prožívá životní nezbytnost, v mysli neustále hledá způsoby osvobození a během studia Tóry hledá instrukce, jakým způsobem se může vymanit z klece svých vlastních zájmů.

Podle toho, jak člověk pociťuje potřebu studovat a hledat, je možné říci, nakolik velkou má víru v Tóru. A pokud se všechny jeho myšlenky neustále zabývají jen hledáním osvobození z egoismu, lze předpokládat, že má úplnou víru, ale to může nastat jen tehdy, pokud skutečně cítí, že když nenajde cestu ze svého stavu, je mu hůře než mrtvému, poněvadž utrpení z osobní zainteresovanosti na výsledcích své činnosti jsou skutečně neomezená.

A jenom tehdy, když hledá svou spásu opravdu usilovně, pomáhá mu Světlo Tóry, které mu přidá duchovní sílu, jež je schopna ho „vytáhnout" z jeho vlastního „já". A pak se cítí opravdu svobodný.

Pro ty, kdož neprožívají takovou nezbytnost nebo nezbytnost obecně, se Světlo Tóry změní v tmu, a čím více se učí, tím více padají do vlastního egoismu, protože nepoužívají Tóru v souladu s jejím jediným posláním.

Z tohoto důvodu, když člověk přistupuje ke studiu Tóry, otevírá stránky, které napsal Rašbi[6], Ari, rabi Ašlag (Ba'al HaSulam) a Rabaš. Ten, kdo otevírá knihy, se zavazuje od Stvořitele získat sílu víry v očekávanou odměnu – že v důsledku studia najde cestu, jakým způsobem změnit sebe samého a stát se hoden toho, aby ho Stvořitel změnil a aby vzrostla jeho víra v očekávanou odměnu, a že získá jistotu, že i v jeho egoistickém stavu je možné dostat Shora takový dar, jako je přechod do protikladného duchovního stavu.

A dokonce, i kdyby ještě neprožil všechna utrpení, která by ho donutila, aby se absolutně vzdal vlastních zájmů v životě, Světlo Tóry mu stejně pomůže a namísto utrpení očekávaných ze strany egoismu obdrží další příležitost, aby prošel svou cestu.

V boji s naší vrozenou tvrdohlavostí, která se projevuje neochotou odmítnout egoismus, a s naší zapomnětlivostí na utrpení, jež nám egoismus přináší, také pomůže Světlo, které vychází z toho, co bylo napsáno velikými syny Stvořitele!

Celá náprava je aktivována modlitbou – tím, co Stvořitel cítí v srdci člověka. Ale opravdová modlitba a odpověď (spasení) přicházejí pouze za podmínky, že člověk vyvinul plné úsilí – udělal vše, co bylo v jeho silách, a to v kvantitě a zejména v kvalitě.

To znamená, že touha po spasení musí být taková, aby se člověk během učení ani na okamžik nevytrhl z myšlenky a touhy najít lék nezbytný pro svoji spásu právě v Tóře, mezi jejími písmeny v jejím

---

[6] **Rabi Šimon bar Jochaj** (רבי שמעון בר יוחאי), zvaný Rašbi (RaŠBI, רשב"י), byl mudrcem ve 2. stol. n. l.

vnitřním smyslu, kde člověk hledá sám sebe a co je řečeno o něm a o tom, jak ze sebe vyvrhnout svoje „já".

Proto, jestliže utrpení ještě „nezahnala" člověka do rohu klece jako vyděšené zvíře, pokud má ještě někde v srdci ukrytu touhu po potěšení, znamená to, že ještě není završeno jeho utrpení a uvědomění, že právě egoismus je jeho jediný nepřítel, a člověk tudíž není schopen vynaložit plnou sumu úsilí, aby v Tóře našel sílu a cestu, jak se dostat z uvěznění v kleci svého egoismu, a proto nedosáhne osvobození.

Ačkoli je člověk na počátku studia pln odhodlání se Tóru učit pouze s tímto cílem, během studia však tato myšlenka od něho chtě nechtě utíká, protože touhy, jak již bylo vícekrát řečeno, určují naše myšlenky a náš rozum – jako pomocný nástroj – pouze hledá způsoby, jak dosáhnout naplnění našich tužeb.

Rozdíl mezi studiem otevřené části Tóry a skryté – kabaly – spočívá v tom, že při studiu kabaly je snadnější najít sílu, která člověku pomáhá se dostat z pout egoismu, protože když člověk studuje kabalu, bezprostředně se učí charakteristiku působení Stvořitele, vlastnosti Stvořitele, svoje vlastnosti a jejich odlišnost od duchovních, cíle Stvořitele ve stvoření a způsoby napravení svého „já".

A proto je nesrovnatelně snazší udržet myšlenku ve správném směru k požadovanému cíli. A za druhé, Světlo Tóry, ta duchovní síla, která člověku pomáhá překonat egoismus, je ve studiu kabaly nesrovnatelně větší než Světlo, které obdrží při studiu otevřené Tóry s jejím líčením duchovních činů jazykem našeho světa, když člověk chtě nechtě začne pronikat do ztělesněných činů nebo soudně-právních diskusí a duchovní činy skryté za těmito slovy mu uniknou.

Z toho důvodu ten, kdo se učí Tóru pro poznání, ji může studovat v jednoduchém vylíčení, ale pro toho, kdo studuje Tóru kvůli své nápravě, je vhodnější, aby ji studoval přímo podle kabaly.

Kabala je věda o systému našich duchovních kořenů, které vycházejí Shora podle přísných zákonů, sjednocují se a poukazují na jediný Vyšší cíl: „odhalení Stvořitele stvořeními v tomto světě".

Kabala – to znamená odhalení Stvořitele – se skládá ze dvou částí: výkladu v písemných dílech kabalistů, kteří již Stvořitele odhalili, a z toho, co mohou odhalit pouze ti, kteří mají duchovní nádoby – altruistické touhy, do nichž je možné přijmout jako do nádoby duchovní pocity – pocity Stvořitele.

Třebaže si knihy o kabale může koupit každý, pouze ten, kdo svým úsilím získal duchovní altruistické touhy, je schopen pochopit a pocítit to, co je v nich napsáno, a své pocity nemůže předat tomu, kdo altruistické vlastnosti nezískal.

* * *

Pokud člověk pokaždé po svém duchovním pozvednutí znovu klesne k nečistým touhám, pak se dobré touhy, které měl v době duchovního pozvednutí, připojují k nečistým. Hromadění nečistých tužeb se postupně zvyšuje. A to pokračuje až do doby, dokud nemůže trvale zůstat ve stavu, kde se nacházejí pouze čistá přání.

Když člověk již dokončil svou práci a odhalil v sobě všechny své touhy, obdrží Shora takovou sílu Světla, která ho navždy vyvede z ulity našeho světa a stane se stálým obyvatelem duchovních světů, o čemž ostatní v jeho okolí nemají ani ponětí...

* * *

Pravá strana nebo pravá linie je stav, ve kterém má Stvořitel vždy v očích člověka pravdu a člověk ve všem ospravedlňuje vedení Stvořitele. A tento stav se nazývá víra.

Hned od svých prvních pokusů o duchovní vývoj a pozvedání se člověk musí snažit jednat tak, jako kdyby již víry ve Stvořitele plně dosáhl, musí si ve své obrazotvornosti představovat, že již celým svým tělem cítí, že Stvořitel řídí svět absolutně dobrým způsobem a že od Něho celý svět přijímá pouze dobro.

A ačkoli člověk při pohledu na svůj stav vidí, že je zbaven všeho, co si přeje, a když se rozhlédne kolem sebe, vidí, jak celý svět trpí, každý po svém, navzdory tomu si musí říci, že to, co vidí, je zkreslený obraz světa, protože tento obraz vidí skrze prizmu vlastního egoismu a skutečný obraz světa uvidí, když dosáhne stavu absolutního altruismu – tehdy uvidí, že Stvořitel řídí svět s cílem přivést stvoření k absolutnímu potěšení.

Takový stav, ve kterém je víra člověka v absolutní dobrotu Stvořitele větší než to, co vidí a cítí, se nazývá víra výše rozumu.

Člověk není schopen posoudit svůj pravý stav a určit, zda se nachází ve stavu duchovního vzestupu, nebo naopak – duchovního pádu. Vždyť se může cítit v duchovním poklesu, ale ve skutečnosti mu Stvořitel chce ukázat jeho pravý stav: že bez sebepotěšení není schopen vůbec nic udělat, ale okamžitě podléhá malomyslnosti, nebo dokonce depresi a hněvá se, protože jeho tělo z takového života nezískává dostatek potěšení.

Ale ve skutečnosti je to duchovní vzestup, protože člověk je v této době blíže k pravdě než předtím, když mu bylo prostě dobře jako dítěti v tomto světě.

Proto je řečeno: ten, kdo zvětšuje znalosti, zvětšuje zármutek. A naopak, když věří, že prožívá duchovní vzestup, může se jednat o falešný stav obyčejného sebepotěšení a sebeuspokojení.

A správně posoudit stav, ve kterém se nachází, může pouze ten, kdo již pociťuje Stvořitele a Jeho výhradní moc nad všemi stvořeními.

Na základě výše uvedeného není těžké pochopit, že čím více člověk postupuje vpřed, když na sobě pracuje a pokouší se napravit vlastní egoismus, čím více úsilí vynakládá, tím více se s každým pokusem, s každým uplynulým dnem, s každou přečtenou stránkou stává zklamaným z nemožnosti dosáhnout čehokoliv.

A čím více je zoufalý ze svých pokusů, tím větší jsou jeho nároky na Stvořitele a požaduje, aby ho osvobodil z této černé propasti (vězení tužeb vlastního těla), v níž pociťuje sám sebe.

A tak to probíhá až do té doby, dokud člověk nevyzkouší všechny své možnosti, neučiní vše, co je v jeho silách, a nepřesvědčí se o tom, že není schopen si sám pomoci; že pouze Stvořitel je jediný, kdo vytváří všechny tyto překážky, aby byl člověk donucen se k Němu obrátit s prosbou o pomoc a zatoužil s Ním najít spojení.

A k tomu účelu musí jeho prosba pocházet z hloubi srdce, což je nemožné, dokud člověk nevyčerpá všechny své možnosti a nepřesvědčí se, že je bezmocný. Teprve tehdy je schopen prosby, která vychází z hlubin celého jeho bytí a stává se jeho jedinou touhou, protože je přesvědčen, že ho před největším nepřítelem, vlastním „já", může zachránit pouze zázrak Shora. Výhradně na takovou modlitbu Stvořitel odpovídá a změní egoistické srdce na duchovní, „kamenné srdce" na srdce živé.

Avšak dokud ho Stvořitel nenapraví, čím více se člověk posouvá vpřed, tím horším se stává ve svých vlastních očích a pocitech. Ve skutečnosti byl však takovým vždy! Prostě nyní již do jisté míry chápe vlastnosti duchovních světů, a proto stále více cítí, jak je svými přáními vůči nim protikladný.

Pokud však člověk, navzdory pocitům únavy a beznaděje při pokusech se vlastními silami vypořádat se svým vlastním tělem a také když provede všechny výpočty a ujistí se, že nevidí východisko z vlastního stavu, nedokáže úsilím rozumu s vědomím pravé příčiny takových pocitů v sobě vyvolat optimistickou a radostnou náladu, která svědčí o tom, že věří ve spravedlnost právě takového uspořádání a ovládání světa i v laskavost Stvořitele, stane se tím duchovně vhodným pro vnímání Světla Stvořitele, protože buduje všechny své postoje k tomu, co se děje; na víře a povyšuje je nad pocity a rozum.

V životě neexistuje žádný duchovně cennější okamžik, než když člověk cítí, že vyčerpal veškerou svou sílu, udělal vše, co si jen dokáže představit, a nedosáhl toho, co si přeje. Protože jen v takovém okamžiku je schopen upřímně volat ke Stvořiteli z hloubi svého srdce, neboť se definitivně přesvědčil, že mu veškeré jeho úsilí již v ničem více nepomůže.

Ale předtím, než vyčerpal veškerou svou sílu při hledání cesty ze svého stavu, byl stále přesvědčen, že je schopen dosáhnout požadovaného sám a že nemůže oklamat sám sebe a pravdivě se modlit za spásu, poněvadž egoismus předstihuje jeho myšlenky a přesvědčuje jej, že je povinen zesílit své úsilí.

A až poté, co se ujistí, že je nejslabší ze všech, jež v životě zápasí se svým egoismem, dospěje k uvědomění si své bezmocnosti a nicotnosti a je připraven se sklonit a prosit Stvořitele.

Ale dokud nedosáhne takového pokorného stavu, tělo nepochopí, že pouze prosba ke Stvořiteli může člověka vyvést z hlubin jeho přirozenosti.

Víra v jedinečnost Stvořitele znamená, že člověk celým svým bytím vnímá celý svět včetně sebe samého jako nástroj v rukou Stvořitele. A naopak, pokud se člověk domnívá, že je schopen nějak ovlivnit to, co se děje, nazývá se to vírou v přítomnost mnoha sil v přírodě, a nikoliv vůlí jednoho Stvořitele.

Z toho důvodu, když člověk ničí vlastní „já", jednoduše se uvádí do souladu se skutečným stavem světa, v němž kromě vůle jediného Stvořitele neexistuje nic více. Pokud však člověk ve svých pocitech dosud k takovému stavu nedospěl, nemá právo jednat tak, jako by na světě byl jen Stvořitel, a sedět se složenýma rukama.

Proto může člověk dospět k pocitu, že na světě není nikoho jiného kromě Stvořitele, jen v důsledku tvrdé práce a rozvíjení odpovídajících přání v sobě samém. A pouze tehdy, když člověk ve všech svých pocitech dosáhne jasného sloučení se Stvořitelem, tudíž se pozvedne na úroveň světa *Acilut*, odhaluje jedinečnost Stvořitele a pak samozřejmě jedná v souladu s touto pravou realitou.

Předtím, než dosáhne tohoto stavu, je povinen jednat v souladu s úrovní, na které se nachází, a nikoliv s tou, kterou si dokáže představit jen ve svých fantaziích a snech.

Skutečná práce na sobě v takovém stavu musí být na počátku práce spojena s vírou ve vlastní sílu i v to, že vše, co bylo dosaženo v důsledku jeho úsilí, by bylo dosaženo i bez úsilí, protože celý vesmír se již od prvopočátku rozvíjí podle plánu Stvořitele, Jeho myšlenky stvoření. Ale tímto způsobem je člověk povinen přemýšlet pouze poté, když uskuteční všechno, co záviselo na něm.

* * *

Pochopení takové duchovní vlastnosti, jako je absolutní altruismus a láska, není v silách člověka, protože rozum není schopen si uvědomit, jak vůbec takový pocit ve světě může být, protože ve všem, co je člověk schopen dělat a po čem touží, musí mít osobní prospěch, jinak nebude schopen sebemenšího pohybu. A proto je taková vlastnost dána člověku pouze Shora a jenom ten, kdo ji pocítil, si to může uvědomit.

Ale pokud je tato vlastnost dána člověku Shora, proč bychom měli vynakládat úsilí, abychom ji dosáhli? Vždyť úsilí samo o sobě přece člověku nic neposkytuje, dokud mu nepomůže Stvořitel a nedá mu Shora nové vlastnosti, novou přirozenost!

Jde o to, že člověk musí „zdola" dát modlitbu – prosbu, touhu po tom, aby Stvořitel změnil jeho vlastnosti. A pouze pokud existuje opravdu silná touha, Stvořitel na ni odpovídá.

Člověk musí vynaložit mnoho úsilí právě na to, aby v sobě vytvořil tak silnou touhu, na níž by Stvořitel odpověděl. A když se sám pokouší dosáhnout cíle, postupně si uvědomuje, že nemá ani touhu, ani možnost cíle dosáhnout. Tehdy v člověku vzniká skutečný požadavek ke Stvořiteli, aby byl osvobozen od vrozených vlastností a získal nové – duši.

Ale to není možné, aniž by člověk do pokusů vložil všechny své síly a sám na sobě se přesvědčil, že je to bezvýsledné. A Stvořitel odpovídá pouze na křik o pomoc z hloubi srdce.

Takovou prosbu o pomoc při změně svých pocitů může člověk vykřiknout až poté, když se přesvědčí, že ani jedna z jeho tužeb, ani jediná buňka jeho těla nesouhlasí se změnou své přirozenosti – odevzdat se Stvořiteli bez jakýchkoliv podmínek. A navíc, nakolik je člověk v přítomnosti otrokem své přirozenosti, natolik je ochoten se stát otrokem altruismu.

A pouze když procítí, že není vůbec žádná naděje na to, že jeho tělo bude s takovou změnou někdy souhlasit, může se začít vřele modlit ke Stvořiteli a prosit o pomoc z hloubi svého srdce. A tehdy již Stvořitel přijímá jeho prosbu a odpovídá na ni tím, že změní všechny jeho egoistické vlastnosti na protikladné, altruistické, a tím se člověk přibližuje ke Stvořiteli.

Ale jestliže člověk přemýšlí o tom, co mu v tomto světě poskytuje veškeré jeho úsilí, dospěje k závěru, že již není tak neuvěřitelné, aby těžce pracoval a pokusil se změnit sám sebe. Vždyť chtě nechtě musí v tomto světě pracovat, a co mu zbyde na konci jeho dnů ze všech jeho úsilí?

A kromě toho má člověk, který dosáhl změny vlastností, obrovské potěšení ze samotných duševních úsilí, protože vidí, ve jménu čeho pracuje, a proto není samotné úsilí vnímáno jako bolestné, nýbrž jako radostné, a čím je větší, tím radostnější je setkání s ním, neboť okamžitě pociťuje obrovskou a věčnou „odměnu" za každé z nich.

Dokonce i na příkladu našeho světa je možné vidět, jak nadšení tlumí tíhu velkého úsilí: pokud si někoho velmi vážíte a on je ve vašich očích největším člověkem na světě, uděláte proň vše, co jste schopni udělat, a uděláte to s radostí, že máte takovou možnost, a jakékoliv úsilí vám naopak bude připadat jako potěšení, jako ten, kdo miluje tanec nebo rád fyzicky cvičí, své úsilí nepovažuje za práci, ale za potěšení.

Proto člověk, který si uvědomuje a cítí velikost Stvořitele, nemá žádné jiné pocity kromě radosti při nejmenší příležitosti uskutečnit alespoň něco příhodného pro Stvořitele. A to, co bylo dříve pociťováno jako otroctví, se ve skutečnosti změní ve svobodu naplněnou potěšením.

Pokud tedy člověk ve svém duchovním úsilí cítí překážky a musí vynakládat neuvěřitelná úsilí, když se pokouší soustředit na duchovní práci, svědčí to o tom, že Stvořitel v jeho očích, tedy v jeho pocitech, ještě není velikým, a pozvolna se zaměřuje na jiné cíle. Během jejich následování nedostane od Stvořitele žádnou podporu, jenom se ještě více vzdálí od cíle.

Avšak i když se člověk zaměřuje na Stvořitele, nedostává od Něho duchovní podporu najednou. Vždyť kdyby ihned cítil nadšení a potěšení ze svého úsilí, pak by se jeho egoismus samozřejmě z takového stavu okamžitě zaradoval a člověk by pokračoval ve svých snahách o potěšení sebe samého. A neměl by žádnou možnost vystoupit nad rámec své egoistické přirozenosti a dosáhnout čistého altruismu, neboť by v duchovní práci na sobě samém viděl větší potěšení než v čemkoli jiném.

* * *

Pokud se člověk zabývá nějakým konkrétním druhem činnosti, postupně začíná získávat zvláštní ostrost v pociťování objektů, se kterými pracuje. Na světě tudíž není nic, co by člověk nemohl začít vnímat na základě zvyku, i kdyby daný objekt zpočátku vůbec nepociťoval.

Rozdíl mezi Stvořitelem a námi je v pociťování či chápání čehokoliv: cítíme sebe a vnímaný objekt odděleně – to znamená, že existuje pociťující a to, co je pociťováno (objekt pocitu), chápající a to, co je chápáno.

Pro pociťování čehokoliv je nutný určitý kontakt mezi pociťujícím a objektem pocitu, tedy něco, co je spojuje, co mají během pocitu společného. Člověk postihuje všechno, co ho obklopuje, jenom pomocí pocitů a to, co cítí, je jím přijímáno jako pravdivá informace.

Protože nemáme možnost objektivně vidět, co nás obklopuje, považujeme za pravdivý obraz, který v nás vytvářejí naše smysly. Nevíme, jak vypadá vesmír mimo naše smysly, jak by si ho představovala bytost s jinými smysly. Celý okolní obraz reality vnímáme pouze prostřednictvím svých pocitů a to, co cítíme, považujeme za věrohodný obraz.

Vycházíme-li z podmínky, že ve vesmíru není nikdo jiný kromě Stvořitele a Jeho stvoření, je možné říci, že obraz a pocity, které vnímá každý člověk, jsou projevem Stvořitele na naše vědomí a na každé úrovni duchovního vzestupu se tento obraz stále více přibližuje k pravému, dokud – na posledním stupni vzestupu – člověk nepostihne samotného Stvořitele a jen Jeho. Proto všechny světy, vše, co vnímáme vně nás, existují pouze ve vztahu k nám, tudíž k člověku, který tímto způsobem pociťuje.

* * *

Pokud člověk v současné době nepociťuje Stvořitele a Jeho vedení sebe samého, je to podobné tomu, jako by byl ve tmě. Zároveň však nemůže v žádném případě tvrdit, třebaže se nachází ve tmě, že v přírodě vůbec neexistuje slunce. Vždyť jsou jeho pocity subjektivní a takto své okolí vnímá pouze on sám.

Ale jestliže si člověk uvědomí, že je jeho odmítání Stvořitele a Vyššího řízení čistě subjektivní a proměnlivé, pak silou vůle, pomocí knih a Učitelů může začít stoupat i z takového stavu a pak si začne uvědomovat, že tyto stavy tmy Stvořitel pro něho vytváří záměrně, aby začal potřebovat pomoc od Stvořitele a byl donucen se k Němu přiblížit.

Stvořitel ve skutečnosti vytváří takové podmínky právě tomu, s kým se chce sblížit. A je nutné si uvědomit, že člověk poskytuje radost svému Stvořiteli právě vzestupem ze stavu tmy, poněvadž čím větší bude tma, ze které se člověk pozvedne, tím jasněji si bude moci uvědomit velikost Stvořitele a náležitým způsobem ocenit svůj nový duchovní stav.

Ale během pocitu tmy, během ukrytí vedení Stvořitele a nepřítomnosti víry v Něho, nezbývá člověku nic jiného než se pokoušet hledat z tohoto stavu jakoukoliv cestu ven silou vůle s pomocí knihy a Učitele, dokud nepocítí třeba jen slabý paprsek Světla – slabý pocit Stvořitele. A když jej posílí neustálými myšlenkami na Stvořitele, dokáže vybřednout ze stínu ke Světlu.

A v případě, že si člověk uvědomí, že jsou takové stavy tmy nezbytné pro jeho postup kupředu, a proto jsou žádoucí a posílané Stvořitelem, pak se přesně z takových stavů raduje – z toho, že v něm Stvořitel vytvořil takový pocit stínu (to znamená nikoliv naprosté tmy), ze kterého má stále ještě možnost hledat zdroj Světla.

Avšak pokud tuto možnost nevyužije a nesnaží se Světla dosáhnout, pak se před ním Stvořitel zcela ukryje, nastoupí úplná tma, pocit nepřítomnosti Stvořitele i Jeho vedení a člověk si už ani nedokáže představit, jak dříve mohl žít jakýmikoliv duchovními cíli a mohl opovrhovat skutečností a svým rozumem. Stav úplné tmy pokračuje, dokud ho Stvořitel znovu neozáří alespoň malým paprskem Světla.

Touhy člověka se nazývají nádoba, do které může přijmout duchovní Světlo nebo potěšení. Ale tyto touhy musí být svou podstatou podobné vlastnostem duchovního Světla, jinak do nich Světlo nemůže vstoupit podle zákona o shodě duchovních objektů. Neboť k přiblížení či oddálení nebo k vzájemnému pronikání a spojení dochází pouze podle principu podobnosti vlastností. Proto se srdce člověka zaplní pocitem Stvořitele v míře, v jaké může očistit své srdce od egoismu podle zákona o shodě vlastností Světla a nádoby.

Z jakéhokoli stavu, v němž se člověk nachází, může začít růst, pokud si představí, že ze všech možných stavů, které by proň Stvořitel mohl vytvořit, od nejvyšších až k nejnižším, Stvořitel vybral právě současný stav jako ten nejlepší pro jeho další duchovní pokrok.

To znamená, že pro něho nemůže existovat lepší ani prospěšnější stav než stav ducha, nálady a vnějších okolností, ve kterých se nyní nachází, ačkoli se zdá, že se ocitl v naprostém úpadku a beznaději.

Od chvíle, kdy si to člověk uvědomí, raduje se a získává možnost se modlit o pomoc ke Stvořiteli a děkovat mu, i když se nachází v nejnižších a beznadějných stavech.

* * *

Duchovní je to, co je věčné a co z vesmíru nezmizí ani po dosažení konečného Cíle. Egoismus – to znamená všechny prvotní vrozené touhy člověka, celá jeho podstata – se nazývá materiální, protože po napravení zmizí.

Existence duchovního „místa" není spojena se žádným prostorem. Závisí pouze na vlastnostech duchovního objektu. Proto všichni, kteří zlepšením svých duchovních vlastností tohoto stavu dosáhnou, vidí (cítí, chápou) totéž.

Tóra se skládá ze 70 stupňů (tváří). Na každém z nich je vnímána jinak, v souladu s vlastnostmi každého stupně. Z toho vyplývá, že člověk, který získal vlastnosti následujícího stupně, vidí novou Tóru a nového Stvořitele.

Všichni, kteří postihnou některou ze 70 úrovní každého duchovního světa, vidí to, co vidí všichni, kteří se na této úrovni nacházejí.[7]

Z toho je možné pochopit, že když mudrci popisují: „tak řekl Abrahám Izákovi," prostě se nacházejí na stejné úrovni jako Abrahám a chápou, co musel Izákovi říci, protože v tomto stavu jsou jako sám Abrahám.

A všechny komentáře k Tóře jsou napsány stejným způsobem,

---

[7] שבעים פנים לתורה – Šivim Panim le-Tora – 70 tváří Tóry.

každým z jeho úrovně porozumění. A každá ze 70 úrovní je objektivně existující a všichni ti, kteří ji postihnou, vidí totéž. Stejně jako všichni, kteří žijí na tomto světě a nacházejí se na jednom konkrétním místě, vidí stejný obraz okolního prostředí.

* * *

Jakmile člověk pocítí dokonce byť i tu nejmenší altruistickou touhu, vstoupí na cestu duchovních vzestupů a pádů. Pak je připraven se plně rozplynout ve Stvořiteli a vůbec o tom nepřemýšlí. Ve skutečnosti je však každá myšlenka na duchovní vzestup odstrkována a zdá se být úplně cizí.

Je to podobné tomu, jako když matka učí dítě chodit. Drží ho za ruce, dítě cítí její oporu, a ona najednou ustoupí a pustí ho. A v tomto okamžiku, i když se dítě cítí naprosto opuštěné a bez opory, musí chtě nechtě nutně učinit krok vpřed směrem k ní a pouze takovým způsobem se může naučit samostatnému pohybu.

Proto, i když se člověku zdá, že ho Stvořitel náhle opustil, ve skutečnosti Stvořitel nyní očekává jeho kroky.

* * *

Říká se, že se Vyšší světlo nachází v absolutním klidu. Klidem je v duchovním světě míněna nepřítomnost změn v přáních.

Všechny činnosti a pohyby v duchovním (altruistickém) světě a v našem (egoistickém) duševním, vnitřním světě každého z nás jsou redukovány na změnu předešlé touhy na novou, a pokud se nezmění, nestane se nic nového, nenastane pohyb.

A to navzdory tomu, že sama neustálá touha může být velmi pronikavá, sžíravá a nenechá člověka na pokoji. Ale pokud je trvalá, konstantní, znamená to, že nedošlo k žádnému pohybu.

Z toho důvodu, hovoří-li se o tom, že je Vyšší světlo v klidu, míní se tím trvalá, neměnná touha Stvořitele nás těšit. Toto Světlo do nás proniká, avšak jelikož je v nás bod, kterému říkáme „já", uzavřen ve skořápce egoismu, necítíme potěšení ze Světla, ve kterém „plaveme".

* * *

Potěšení našeho světa mohou být rozdělena do několika typů: přijímané společností jako prestižní (bohatství, sláva), přirozené (rodina), kriminální (potěšení na úkor druhých), trestní (na úkor vlastnictví druhých), milostné atd. Všechny jsou chápány společností, třebaže se část z nich odsuzuje a trestá. Existuje však jeden druh potěšení, který není přijat v žádné společnosti, vyvolává protest a na boj s ním nelitují ohromného množství peněz, ačkoli bezprostředně společnosti patrně působí zanedbatelnou škodu. Narkomani jsou zpravidla nenároční lidé, kteří nepřekážejí druhým, jsou zahloubáni do svých vnitřních potěšení. Proč tedy nedovolíme lidem, jako jsme my, přijímat potěšení, která pro společnost nejsou nebezpečná? Narkomani jsou obvykle nezaměstnaní. Nejsme schopni jim poskytnout práci stejně jako ještě mnohem většímu počtu členů naší společnosti. Proč by společnost nemohla dávat spolu s dávkami v nezaměstnanosti a obědy zdarma také narkotika, aby nenutila tyto lidi prodat vše, co mají, ponechávat děti bez chleba, dopouštět se krádeží a zabíjení, jsou-li otroky drogového hladu? Proč nenechat lidi, aby se těšili svým nenáročným, klidným druhem zábavy? Vždyť tohoto potěšení není dosahováno na úkor našeho utrpení jako v kriminálních, trestních a ostatních přestupcích. Náklady na drogu také nejsou podstatné ve srovnání s obrovskými prostředky, které společnost vynakládá na boj proti drogové závislosti.

Nejsou stejnými falešnými nositeli potěšení všechny objekty, které nás přitahují? Vždyť nás také odvádějí od skutečného Cíle a my se v honbě za nimi schováváme a trávíme celý život jako v bezvědomí. Místo toho, abychom hledali opravdový zdroj potěšení, a když ho nenajdeme v materiálním, tak se obrátili k duchovnímu, hledáme uspokojení v tom, že neustále měníme módu, standardy, výrobu nových předmětů pro všední život, aby kolem nás nevyschli přitažliví nositelé nových potěšení, jelikož jinak cítíme, že nám život neposkytuje potěšení. Vždyť jakmile člověk dosáhne svého cíle, musí před sebou okamžitě vidět další cíl, protože to, čeho dosáhl, okamžitě ztratí hodnotu a bez naděje na nové potěšení, bez jeho hledání a honby za ním člověk ztratí touhu existovat. Nejsou tedy naše módy, standardy – vše, za čím se neustále pachtíme, stejnou drogou? Jaký je rozdíl mezi potěšením z narkotik a potěšením z jiných předmětů našeho světa?

Proč je Stvořitel, Vyšší vedení, proti narkotickému potěšení (v důsledku čehož my dole přijímáme příslušné zákony)? Proč nejsou namířeny proti materiálním potěšením v obalech předmětů našeho světa?

* * *

Drogy jsou v našem světě zakázány právě proto, že odvádějí člověka od života a staví ho do stavu neschopnosti vnímat všechny údery našeho života, které jsou důsledkem nepřítomnosti egoistického potěšení. Tyto údery jsou prostředkem naší nápravy: z celkové masy lidí přicházejí do kabaly pouze nemnozí. Když se hlouběji zamyslíme, nezdá se podivné a nepochopitelné, že se člověk obrací ke Stvořiteli v potížích, v trápení a v neštěstí, neboť zármutek člověkem otřese.
Ačkoli by se člověk naopak měl odvrátit od Stvořitele, který mu utrpení posílá.
Drogy jsou falešným nositelem potěšení, a proto jsou zakázány.
Člověk se nachází ve stavu falešného potěšení, iluze potěšení, která vylučuje možnost jeho pokroku směrem ke skutečným duchovním potěšením, a proto jsou drogy společností podvědomě vnímány jako nejnebezpečnější záliba, přestože vůbec nejsou nebezpečné pro ostatní a mohly by být dobrou metodou sociální práce s velkou částí neproduktivní populace.

* * *

Omyl většiny těch, kteří se obracejí k náboženskému způsobu života, spočívá v tom, že považují studium zákonů Tóry pro vědomosti a jejich vykonávání za důvod darování Tóry a cíl člověka na tomto světě, za podmínku vyplnění vůle Stvořitele a splnění svého úkolu v tomto životě. Protože je jim předáván nesprávný výklad principu Tóra *Lišma*, věří, že je jejich studium a realizace Přikázání pro splnění této podmínky Tóry již dostačující. A dokonce i ti, kteří touží po duchovním vzestupu v důsledku nesprávné definice *Lišma*, kterou obdrželi, zůstávají na nevyvíjející se duchovní úrovni stejně jako i jejich učitelé.

Existují dokonce ti, kteří studují Tóru pouze kvůli poznání, což je naprosto zakázáno, protože existuje jasný pokyn: „Stvořil jsem zlo a stvořil jsem Tóru pro jeho nápravu"[8] a „Přikázání byla dána pouze pro očištění Izraele",[9] a všem je známo, že studovat Tóru *Lo Lišma* je velký zločin, jelikož student bere lidstvu dar Stvořitele, který je dán

---

[8] בראתי יצר רע בראתי תורה תבלין – *Barati Jecer Ra, Barati Tora Tavlin* – stvořil jsem sklon ke zlu (zlý počátek), stvořil jsem Tóru [jako] koření.
[9] לא נתנו מצות אלא לצרף בהם ישראל – *Lo Natnu Micvot Ela Lecaref ba-Hem Jisra'el* – dosl. Přikázání nebyla dána pro nic jiného než proto, aby se spojili v Izrael.

pouze k vymýcení egoismu, a s pomocí tohoto studia ještě více zvyšuje svůj egoismus (jako ti, kteří studují Tóru a tím spíše kabalu na univerzitách a v kroužcích).

Otevřená Tóra a skrytá Tóra – to je jedna Tóra: odhalení Stvořitele stvořením. A všechno závisí na záměru člověka při studiu Tóry, na tom, co si člověk přeje z Tóry získat. Pokud je jeho cílem znát všechny zákony a jejich důsledky, všechny komentáře, argumenty a způsoby vysvětlení závěrů našich mudrců, potom takový Ben Tóra neodhalí ani nejmenší duchovní úroveň.

Ale pokud je jeho záměrem, aby se přiblížil ke Stvořiteli a byl vodičem Jeho vlivu na svůj egoismus, stává se proň Tóra zdrojem síly a činnosti, k čemuž také byla stvořena – bez dělení na skrytou či odkrytou část. Avšak s pomocí kabaly je možné k *Lišma* dospět rychleji a bezbolestněji.

Problém tkví v tom, že student Tóry nemůže stanovit svoje záměry. I když studuje v *Lo Lišma*, egoismus a společnost ho podporují ve falešném pocitu své vlastní spravedlnosti. Tóra *Lišma* znamená, že se všechny touhy člověka shodují s přáními Stvořitele, že je člověk vodičem působení Stvořitele – avšak náš egoismus je schopen každému z nás dokázat, že právě on je takovým člověkem!

Ten, kdo směřuje k *Lišma* usiluje o to, aby ve všem viděl činy Stvořitele, neustále kontroluje svůj pohled na svět: zda se snaží ve všem vidět pouze Stvořitele, Jeho sílu a působení, nebo opět vnímá sám sebe i ostatní jako nezávisle konající stvoření. Všechny požadavky na záměry člověka jsou popsány v *Talmudu*, ale se zpravidla vynechávají, nebo se čtou jen povrchně při studiu.

Jediné, co Stvořitel stvořil, je náš egoismus, a pokud člověk anuluje jeho vliv, pak znovu cítí pouze Stvořitele a stvoření – egoismus zmizí jako před začátkem stvoření a v tom také spočívá podstata vzestupu (návratu, *Tšuva*) po žebříku Jákoba. V tomto případě v člověku dochází ke spojení živočišného těla a božské duše.

Práce na sobě musí být provedena jak v pociťování vlastní nicotnosti ve vztahu ke Stvořiteli, tak i v hrdosti, že je člověk centrum stvoření (pokud splní jeho cíl; jinak je zvíře). Z pociťování těchto protikladných stavů adekvátně vycházejí dvě oslovení Stvořitele: žádost o pomoc a poděkování za možnost duchovního vzestupu (prostřednictvím plnění Přikázání se záměrem „kvůli sblížení se se Stvořitelem", které se v tomto případě nazývají *Halacha* (הלכה) ze slova *Halicha* (הליכה) – pohyb).

Ale nejdůležitějším prostředkem duchovního rozvoje člověka je jeho prosba ke Stvořiteli o pomoc, aby posílil jeho touhu se duchovně rozvíjet, dal mu sílu k vítězství nad strachem z budoucnosti, když nebude postupovat podle egoistických pravidel, aby posílil jeho víru ve velikost a sílu Stvořitele, v Jeho jedinečnost, a také, aby mu dal sílu k potlačení neustálých silných podnětů k jednání podle vlastního mínění.

Jsou začátečníci, kteří se noří do různých *Kavanot* – záměrů během proseb, modlitby nebo vykonávání nějakých činností. Stvořitel neslyší, co vyslovujeme našimi ústy, nýbrž čte naše pocity v srdci každého. Není nutné se namáhat krásně vyslovovat prázdné fráze bez srdce či nepochopitelná slova, číst v kabalistických modlitebních knihách nepochopitelné znaky nebo *Kavanot*. Jediné, co se od člověka vyžaduje, je nasměrovat srdce ke Stvořiteli, procítit své touhy a prosit Stvořitele, aby je změnil! A dialog se Stvořitelem nikdy nepřerušovat!

Čtenáři, kteří ovládají hebrejštinu, mají možnost se obrátit na následující zdroje a uvědomit si, jak nám Tóra ukazuje vlastnosti naší přirozenosti a cesty k její nápravě.

Nejdůležitější při práci na sobě je ponížení sebe samého vzhledem ke Stvořiteli. Ale to nesmí být umělé, ale jako cíl. Pokud v důsledku práce na sobě člověk postupně cítí projev této kvality, znamená to, že se pohybuje správně.

Talmud, Avoda Zara 20, 2

Člověk se rodí jako absolutní egoista a tato kvalita v něm je tak propracovaná, že tentýž egoismus člověka přesvědčí, že již je spravedlivým a zbavil se egoismu.

Talmud, Chagiga 13, 2

Tóra je světlo Stvořitele a pouze ten, kdo ho přijímá, se nazývá studentem Tóry.

Zohar, Mecora 53, 2

Světlo Tóry je skryté a odhaluje se jenom těm, kteří dosáhnou úrovně spravedlivých.

Talmud, Chagiga 12, 1

Dosáhne-li člověk svou prací stavu, kdy nechce nic kromě duchovního pozvednutí a přijímá jen nezbytné kvůli udržení života těla, a nikoliv kvůli potěšení – je to stupeň, ze kterého začíná vstup do duchovního světa.

Talmud, Psachim 25, 2

Čím níže člověk pociťuje sám sebe, tím blíže je ke svému pravému stavu a tím blíže je ke Stvořiteli.

Talmud, Sota 5, 1

Je zakázáno se učit Tóru za jakýmkoli jiným účelem, než je duchovní vzestup.

Talmud, Sanhedrin 60, 2

Nejvyšší stupeň člověka je dosažení Ma'ase Merkavy (činnosti řízení) – napravit se natolik, aby se skrze něho realizovalo řízení světa.

Talmud, Suka 28, 1

Bezpodmínečná podmínka pozvednutí – neustále usilovat o spojení se Stvořitelem.

Orach Chajim 1, 1; Tóra, Vajikra 4, 39;
Rambam, Hilchot Jesodot Tora Perek 1; Talmud, Suka 39, 1

Nezoufat si na cestě, jelikož nás Stvořitel ujišťuje o úspěchu při náležitém směru úsilí.

Talmud, Pesachim 50, 2; Talmud, Brachot 35, 2;
Talmud, Suka 52, 2

Nejdůležitější v člověku je jeho úsilí, nikoliv úspěch, protože ten je již požadavkem egoismu.

Talmud, Jevamot 104, 2; Talmud, Sota 25, 1

Nakolik člověk musí usilovat o pociťování vrozené nicotnosti, natolik musí být hrdý na svou duchovní práci a cíl.

Talmud, Ta'anit 25, 1; Talmud, Brachot 6, 2

Ten, kdo touží po Stvořiteli, nazývá se Jeho synem.

Talmud, Šabat 66, 2

Poznej Stvořitele.

Divrej Ajamim 1, 28, 9; Talmud, Nedarim 32, 1

Kabala se nazývá tajné (Nistar, נסתר) učení, jelikož je pochopena pouze v té míře, v níž člověk změnil své vlastnosti. Proto to, co člověk postihl, nemůže předat druhým. Může jen, a je povinen jim pomoci překonat stejnou cestu.

Talmud, Chagiga 14, 2; Rambam, Hilchot Jesodot Tora, Perek 4

Kdo si představuje svět, který není naplněn Stvořitelem...

Talmud, Joma 86, 1; Talmud, Šabat 77, 2; Talmud, Menachot 39, 2

Člověk si musí představit, že je na světě sám se Stvořitelem. Množství postav a témat Tóry jsou vlastnosti jednoho, libovolného člověka, etapy jeho duchovní cesty nazvané jmény lidí, které jsou označeny jejich činy a zeměpisnými názvy.

Talmud, Sanhedrin 37, 1; Talmud, Kidušin 40, 2

A člověk by si neměl zoufat, když v souladu s mírou studia a vynaloženého úsilí v práci na sobě samém, při pokusech o duchovní vzestup, se začne považovat za horšího, než byl předtím, před studiem kabaly. Kdo je vyšší než druzí, tomu se více odkrývá pravá povaha egoismu, a proto se považuje za horšího, i když se stal lepším.

Talmud, Suka 52, 2; Talmud, Megila 29, 1

Nemá cenu věnovat pozornost tomu, že se celý svět nachází v neustálé honbě za potěšeními a že ke Stvořiteli stoupají pouze jednotlivci.

Talmud, Roš ha-Šana 30, 1; Talmud, Brachot 61, 2

To nejdůležitější v duchovním pokroku je prosba ke Stvořiteli o pomoc.

Talmud, Brachot 6, 2; Talmud, Ta'anit 11, 2; Talmud, Joma 38, 2

Zásadní nežádoucí vlastností, která se projevuje v egoismu, je domýšlivost, přehnané sebevědomí.

Talmud, Sota 49, 2

Člověk musí přijímat sílu z uvědomování si Cíle stvoření, předem se radovat z bezpodmínečné nápravy celého světa a z příchodu stavu uklidnění lidstva.

Talmud, Šabat 118, 2; Talmud, Truma 135, 1 a 136, 2

Pouze víra je jediným prostředkem spásy, protože ve všech ostatních vlastnostech je egoismus schopen člověka zmást, avšak víra je jediným základem pro vstup do duchovního prostoru.

Talmud, Makot 24, 1; Talmud, Šabat 105, 2

Víra se v člověku nemůže projevit bez pocitu strachu, protože se egoismus sklání pouze před strachem.

Talmud, Šabat 31, 2

I když člověk nic nedělá, jeho egoismus ho podněcuje k nejrůznějším špatným skutkům, a proto ten, kdo nezhřeší, jako by vykonal dobré.

Talmud, Kidušin 39, 2; Talmud, Bava, Mecia 32, 2

Sblížení se Stvořitelem nastává pouze na základě podobnosti vlastností.

Talmud, Sota 5, 1

* * *

Sluch se nazývá víra, protože pokud chce člověk přijmout za pravdu to, co slyší, musí v to věřit. Zatímco zrak se nazývá znalost, protože nemusí věřit v to, co mu říkají, ale v to, co vidí na vlastní oči. Dokud člověk Shora neobdrží namísto egoismu vlastnosti altruismu, nemůže vidět, protože viděné vnímá egoistickými pocity, a vymanit se z egoismu tak bude proň ještě těžší. Proto je nejprve nutné jít poslepu nad tím, co nám říká náš egoismus, a poté uvnitř víry začít chápat, vidět vyšší znalosti.

* * *

Aby bylo možné přeměnit egoismus na altruismus, svůj rozum na víru, je nutné správně ocenit velikost a velkolepost duchovního ve srovnání s naší materiální, dočasnou a vadnou existencí, uvědomit si, nakolik je nesmyslné se starat, sloužit celý svůj život člověku, to jest sobě, místo toho, aby sloužil Stvořiteli, nakolik je mnohem výhodnější a příjemnější udělat něco příjemného Stvořiteli než takové egoistické nule, jako je naše tělo, které stejně nejsme schopni nasytit, a děkovat mu můžeme pouze za to, že nám na okamžik dává pocítit příjemný pocit.

Umístí-li své tělo a Stvořitele vedle sebe, člověk musí zvážit, na koho stojí za to pracovat, čím otrokem stojí za to být. Třetí není zapotřebí. Čím jasněji si člověk uvědomí svou vlastní nicotnost, tím jednodušší proň bude, aby dal přednost práci pro Stvořitele.

* * *

Neživá příroda je dokonalá sama o sobě. A to je patrné z toho, že nic nepotřebuje. Taktéž duchovně neživý dostává sílu, aby zachovával

Tóru a plnil Přikázání, poněvadž získal odpovídající výchovu. A proto se jeho přání neliší od přání jemu podobných – to znamená, že si nepřeje a nemůže uskutečnit vlastní duchovní pohyb.

Duchovní příroda, která má takové vlastnosti, se nazývá neživou, protože se může pohybovat jen společně se všemi. Toto je mimochodem ta nejlepší záruka stálého uchovávání tradice. A pociťování dokonalosti, jež zažívá věřící masa, pochází z Obklopujícího světla, které svítí z dálky (*Or Makif*), a toto vzdálené Světlo jim svítí, přestože jsou svými vlastnostmi protikladní vůči Stvořiteli. Ale člověk nemá jinou cestu nežli začít napravovat sám sebe z úrovně, na které se nachází.

Stejně jako rostlinná příroda roste na základě neživé přírody, duchovně rostlinná úroveň také potřebuje předchozí neživou úroveň.

Takže ten, kdo nechce zůstat na úrovni vývoje duchovně neživého, nesmí přijímat základ, který živí neživou duchovní přírodu, tedy výchovu. A to znamená: nevykonávat všechno, co vykonává, proto, že mu to ukládá společnost, okolí nazývané věřící masy (*Klal Jisra'el*), jež mu daly takovou výchovu.

(Nechť mne čtenář nepochopí nesprávně: vše, co existuje v judaismu, včetně kabaly a všech velkých kabalistů, vyrostlo z této věřící masy – taková je touha Stvořitele, taková je podstata světa, jíž On stvořil. Kabala vyzývá ty, kdož cítí nutnost dále růst, aby ji následovali a nehledali jiné teorie, neboť by se mohli při hledání zmýlit.)

Člověk, který chce dále růst, stát se duchovně rostlinným, mít vlastní duchovní pohyby, které nejsou závislé na názoru, návycích ani výchově společnosti, si přeje tuto závislost ukončit a v mysli odmítá následovat slepě výchovu (vytváří *Sof*, nazývaný *Malchut de-Eljon*).

Z těchto rozhodnutí skončit s automatickými pohyby vznikne zárodek nového, rostlinného duchovního stavu.[10]

Avšak stejně, jako se zrno musí rozložit v půdě, aby mohlo růst, musí také člověk úplně přestat pociťovat jakýkoli duchovní život v neživé existenci mas – natolik, že „neživý život" pociťuje stejně jako smrt. A tento pocit je jeho modlitba.

Ale aby se člověk stal „rostlinným" s vlastními duchovními pohyby, je nutné na sobě provést řadu prací, počínaje „oráním" neživé půdy.

Duchovní pohyby je možné provádět pouze s pomocí odporu

---

[10] מלכות דעליון נעשה כתר לתחתון – *Malchut de-Eljon Na'asa Keter le-Tachton* – *Malchut* Vyššího se stává *Keterem* nižšího.

k touze po sebepotěšení. Proto člověk, který si přeje růst ke Stvořiteli, neustále řídí svá přání a rozhoduje se, jaká potěšení přijme. Vzhledem k tomu, že přáním Stvořitele je ho potěšit, musí přijmout potěšení, ale pouze ta, která může přijmout kvůli Stvořiteli.

Jazykem kabaly je to popsáno následovně: síla vůle (clona, která je v mysli – *Pe de-Roš*) propočítává a zvažuje, jaké množství potěšení je schopen přijmout kvůli Stvořiteli, aby Mu poskytl radost odpovídající jeho lásce ke Stvořiteli (*Or Chozer*), a takové množství člověk také přijme (*Or Pnimi*). Ale množství potěšení, které by přijal, avšak nikoliv z pocitu lásky ke Stvořiteli, nepřijímá (*Or Makif*) ze strachu, aby nezarmoutil Stvořitele.

V tomto případě jsou všechny skutky člověka určeny úsilím poskytnout radost Stvořiteli, nikoliv touhou se k Němu přiblížit nebo strachem z oddálení, neboť to je také egoistická touha. Nezištnou láskou je však touha poskytnout něco příjemného nebo strach, aby nezarmoutil.

Skutečné pocity – radost, smutek, potěšení, strach a podobně – cítíme celým svým tělem, a nikoliv jenom jakousi určitou částí. Proto člověk, který chce ovládat své touhy, musí cítit, zda celé jeho tělo souhlasí s tím, co si myslí.

Například, když čte modlitbu, zda všechny jeho myšlenky, touhy a orgány souhlasí s tím, co vyslovují jeho rty. Nebo zda všechno vykonává automaticky a části vyslovovaného nevěnuje pozornost, protože nechce cítit nesouhlas těla a v důsledku toho nepříjemné pocity, nebo nechápe, jaký prospěch mu přinesou tyto prosby, které automaticky pronáší podle modlitební knížky.

Stojí za to se zeptat svého srdce, co by chtělo modlitbou říci. Modlitba není to, co automaticky říkají rty, ale to, co si přeje celé tělo a rozum. Proto je řečeno, že modlitba je práce srdce, když srdce úplně souhlasí s tím, co vyslovují ústa.

A pouze když v důsledku práce celého těla člověk dostane jeho reakci, která vypovídá o tom, že se žádný orgán nechce zbavit egoismu, a ještě méně o to prosit Stvořitele, tehdy to bude úplná modlitba za spásu z duchovního vyhnanství.

Ve fyzickém plnění Přikázání Stvořitele jsou si všichni lidé rovni. Jak malé dítě nebo nevzdělanec, tak i starý muž nebo mudrc – všichni jsou povinni je plnit stejným způsobem. Existuje pouze rozdíl v závislosti na pohlaví, denní a roční době, rodinném stavu a podobně – na okolnostech, které nám byly stanoveny Shora. A není nic, co by bylo možné přidat, a nic, co by bylo možné odebrat od stanoveného, co a jak vykonávat. Ale veškerý rozdíl může spočívat v tom, kvůli čemu to plnit.

Člověk musí usilovat o to, aby se shodovala příčina činnosti a sama čistě mechanická činnost plnění přání Stvořitele. Stejně jako se jeho tělo chová jako robot podle pokynů Stvořitele, i když nechápe proč a nevidí okamžité výhodné následky, tak i příčina plnění Přikázání musí být „proto, že si to přeje Stvořitel".

Taková činnost se nazývá „kvůli Stvořiteli – *Lišma*". Kontrola příčiny plnění Příkazů Stvořitele člověkem je velmi jednoduchá: pokud je příčina činnosti „kvůli Stvořiteli", tělo není schopno uskutečnit nejmenší pohyb. Pokud je příčinou prospěch člověka v tomto nebo v budoucím světě, pak čím více člověk přemýšlí o odměně, tím více energie se objeví pro uskutečnění činnosti a také nejrozmanitější druhy dodatků ke splnění.

Z výše uvedeného se stává zřejmým, že kvalitu činu určuje právě záměr v mysli (*Kavana*) a že kvantitativní zveličování nemá vliv na kvalitu plnění Přikázání.

* * *

Všechno, co se děje s naším národem, je založeno na působení Vyšších duchovních sil. A my v průběhu staletí, jak se odvíjí čas, na naší zemi pozorujeme kauzální vztah duchovních sil. Moudrým se nazývá ten, kdo nečeká na důsledky toho, co se děje, kdo předem vidí, jaké budou následky určitých událostí, a proto je může předvídat a zabránit nežádoucím následkům.

Ale protože náš svět je světem důsledků působení Vyšších duchovních sil a celá aréna jejich vlivu se nachází nad možnostmi našeho vnímání, pouze kabalista je schopen vidět a varovat před událostmi dříve, než se projeví na Zemi. Ale protože jsou všechny tyto události dány k naší nápravě, bez níž nemůžeme dosáhnout Cíle stvoření, nikdo kromě nás samotných nám nemůže pomoci. Stvořitel nám neposílá utrpení, ale prostředky, které nás probouzejí k nápravě, prostředky k našemu posunu vpřed.

Kabalista není kouzelník, který provádí zázraky. Jeho role mezi námi spočívá ve všeobecné pomoci při zvyšování úrovně lidského vědomí do uvědomění nutnosti sebenápravy a také v osobní pomoci každému z nás, pokud si to člověk přeje.

Naše rozptýlení mezi ostatní národy bude pokračovat, dokud se

53

uvnitř sebe samotných nebudeme chtít zbavit našich „vnitřních gójů" – egoistických přání. A budeme na sobě zakoušet všeobecnou nenávist až do té doby, dokud egoismus nebude sloužit altruismu. Když se Židé sklánějí před egoismem, poskytuje to nad námi moc národům světa. A naopak, kdybychom alespoň trochu upřednostnili altruismus před egoismem, žádný národ by nám nemohl diktovat svou vůli.

Po naší nápravě, jak je uvedeno v Tóře, se od nás přijdou učit všechny národy. A tehdy dostaneme naši zemi a budeme nezávislí. Protože pozemští Židé a gójové, *Erec Jisra'el*[11] a země vyhnanství, nejsou nic jiného než duchovní altruistické a egoistické síly. Ve stejné míře, v jaké se budeme podrobovat našemu tělu, budeme přinuceni se podrobovat jiným národům.

* * *

Člověk nemá nad svým srdcem žádnou moc – ani silný, ani chytrý, ani schopný. To jediné, co může, je mechanicky vykonávat dobré skutky a prosit Stvořitele, aby mu dal jiné srdce. (Srdcem se obvykle míní všechny touhy člověka.) Vše, co se od člověka vyžaduje, je velká touha, a aby byla tato touha jediná, a nikoli jednou z mnoha dalších. Proto je touha, kterou člověk cítí ve svém srdci, modlitba. A velká celistvá touha neponechává místo jiným.

Člověk v sobě může vytvořit velkou touhu jenom každodenním úsilím, úsilím vynakládaným každou hodinu. Dobře si uvědomuje, že se nachází daleko od cíle a že veškeré jeho činnosti v Tóře jsou pro osobní zisk, nehledě na všechny argumenty těla: o únavě, o potřebě tomu věnovat čas..., o tom, že to stejně není duchovní práce, nýbrž egoistická, že když to bude zapotřebí, sám Stvořitel učiní vše Shora stejně, jako ho přivedl do tohoto stavu, že je třeba zkontrolovat dosažené (kdo pracuje bez kontroly), že od doby, co zahájil studium kabaly, začalo být ještě hůře..., že jsou všichni jeho vrstevníci šťastnější, než je on ve svém studiu... a tak až do nekonečna nejrozmanitější podobná obvinění, výčitky a volání k rozumu jak ze strany těla, tak i ze strany rodiny – avšak právě překonáváním těchto obtíží člověk buduje opravdovou touhu.

A je možné je překonat pouze jedním způsobem, jak doporučuje

---

[11] Izraelská země.

sama Tóra: „dát do zubů" egoismu – to znamená ponechat jeho stížnosti bez odpovědi, nebo odpovědět: „Jdu jako hlupák bez jakýchkoli argumentů nebo prověřování, protože to vše mohu činit pouze na základě egoismu, z něhož se musím vymanit. A protože dosud ještě nemám jiné pocity, nemohu poslouchat tebe, ale jen ty veliké, kteří již pronikli do Vyšších světů a vědí, jak by měl člověk skutečně jednat. A to, že se mé srdce stává ještě egoističtější, je proto, že jsem pokročil a nyní mi Shora mohou ukázat ještě trochu mého skutečného egoismu, abych mohl ještě silněji prosit Stvořitele o nápravu."

A tehdy se Stvořitel v odpověď odhaluje člověku, takže člověk cítí velkolepost Stvořitele a chtě nechtě se stává Jeho otrokem. A již ze strany svého těla nezakouší žádná pokušení. A toto se nazývá nahrazením „kamenného" srdce, které cítí pouze samo sebe, „živým" srdcem, které cítí ostatní.

V našem světě se člověk pohybuje dopředu využíváním svých orgánů pohybu – nohou. A když dosáhne svého cíle, použije přijímající orgány – ruce. Duchovní orgány jsou protikladné k našim: člověk postupuje vpřed po příčkách žebříku, pokud se vědomě odříká podpory v podobě zdravého rozumu. A dospět k Cíli stvoření může pouze tehdy, když zvedne ruce nahoru a odevzdává.

* * *

Cílem stvoření je potěšení člověka. Proč nás však Stvořitel k tomuto cíli vede tak bolestivým způsobem?

Poněvadž je člověk stvořen dokonalým Stvořitelem a znamením dokonalosti je stav klidu a protože pohyb je důsledkem nedostatku něčeho, snahou dosáhnout požadovaného, člověk také miluje klid a je ochoten se zříci klidu pouze kvůli tomu, aby se tím zbavil utrpení z nedostatku něčeho důležitého, například potravy, tepla a podobně.

Pocity nedostatku něčeho nezbytného podněcují člověka k činnosti. A čím více trpí nepřítomností žádaného, tím více je člověk odhodlán vynaložit ještě větší úsilí na dosažení požadovaného.

Pokud mu tedy Stvořitel dává utrpení z pociťování nedostatku duchovního, je nucen vynaložit úsilí k tomu, aby ho dosáhl. A když dosáhne duchovního Cíle stvoření, obdrží potěšení, které proň Stvořitel již připravil. Proto ti, kteří si přejí pokročit v duchovním, necítí utrpení ze svého vlastního egoismu jako trest, ale vidí v tom projev dobrého přání pomoci ze strany Stvořitele, namísto prokletí – požehnání.

A pouze po dosažení duchovního člověk spatří, co to vlastně je, jaké je to potěšení, protože předtím jen trpěl na základě jeho nepřítomnosti. Rozdíl mezi materiálním a duchovním spočívá v tom, že při nepřítomnosti hmotných potěšení člověk trpí, a při nepřítomnosti duchovních nikoliv. Proto, aby Stvořitel přivedl člověka k duchovním potěšením, vytváří pro něho pocit utrpení z jejich nepřítomnosti. A z pociťování hmotných potěšení člověk nikdy necítí plné, nekonečné naplnění, které se bezpodmínečně nachází i v nejmenším duchovním potěšení.

* * *

Jakmile člověk začne cítit v duchovním chuť, okamžitě vzniká nebezpečí, že tato potěšení přijme do svých egoistických tužeb a tímto způsobem se ještě více vzdálí od duchovního. Příčina spočívá v tom, že se člověk začíná věnovat duchovnímu proto, že v něm pocítil chuť potěšení větší než v celém svém nenávistném, bezcenném životě a více již nepotřebuje základ duchovního – víru, protože jasně vidí, že stojí za to se tím zabývat ve svůj prospěch.

Stvořitel však takto jedná pouze se začátečníkem, aby ho přitáhl a poté se napravil. A je to podobné tomu, jak matka učí dítě chodit: čím více je schopno se pohybovat samostatně, tím dále matka ustupuje.

* * *

Každý z nás pociťuje, že nejlépe ví, co potřebuje a co je pro něho prospěšné. Tento pocit pochází z toho, že člověk v egoistickém bodě svého „já" cítí jenom sám sebe a nikoho a nic jiného než sebe samého necítí. Proto vnímá sám sebe jako nejmoudřejšího. Vždyť jenom on ví, co si v každé chvíli svého života přeje.

* * *

Stvořitel stvořil náš svět tak, že nás ovládají přísné materiální zákony přírody. Proto nepomohou žádné úskoky, jestliže člověk půjde proti nim: když skočí z útesu – ublíží si, bez kyslíku se udusí a podobně.

Stvořitel schválil takové přírodní zákony v jasné podobě proto, abychom pochopili, že pro přežití je nutné vyvinout úsilí a být opatrnými. V duchovním světě, kde člověk necítí důsledky a nezná zákony přežití, musí na počátku cesty pochopit, že nejdůležitějším zákonem, kterému se nelze vyhnout stejně jako přírodním zákonům našeho světa, je zákon, že není možné se řídit pocitem potěšení, neboť to, co v duchovním životě určuje přínos, nebo újmu, není potěšení, ale altruismus, odevzdávání...

* * *

Tóra je Světlo vycházející ze Stvořitele, které pociťujeme jako ohromné potěšení. Pocítění Tóry neboli Stvořitele (což je totéž, protože necítíme Jeho, ale Světlo, které k nám přichází) je Cílem stvoření.

* * *

Víra je síla, která umožňuje pocítit jistotu, že je možné dosáhnout duchovního života a obživnout z duchovně mrtvého stavu. Její nezbytnost je pociťována v míře, v jaké člověk pociťuje, že je duchovně mrtvý.

* * *

Modlitba – úsilí vynakládaná člověkem, především úsilí v srdci, aby pocítil Stvořitele a prosil Ho o víru v dosažení pravého, duchovního života. Práce, úsilí, modlitba jsou možné pouze při pociťování ukrytí Stvořitele. Skutečná modlitba je prosba člověka o to, aby mu Stvořitel dal sílu jít proti egoismu se zavřenýma očima, aniž by se odhalil, protože největší odměna a stupeň duchovnosti jsou určeny stupněm touhy nezištně odevzdávat. Když si je člověk jistý svými altruistickými silami, může postupně začít přijímat potěšení kvůli Stvořiteli, protože tím poskytuje Stvořiteli radost. A protože je přáním Stvořitele dát člověku potěšení, shoda přání oba sbližuje a člověk kromě potěšení z přijímání Světla Stvořitele obdrží neohraničené potěšení z odhalení úrovně Stvořitele, ze splynutí se samotnou dokonalostí. Toto potěšení je Cílem stvoření.

* * *

Vzhledem k tomu, že egoismus je naší přirozeností, vládne na všech úrovních přírody – od atomově-molekulární, hormonální či živočišné úrovně až po nejvyšší systémy našeho rozumu a podvědomí včetně našich altruistických přání – a člověk není schopen se proti němu vědomě postavit.

Proto ten, kdo se chce vymanit z moci egoismu, musí ve všem, co souvisí s posunem k duchovnímu, jednat proti přáním těla a rozumu navzdory skutečnosti, že pro sebe nevidí žádný prospěch, jinak by se nikdy nemohl vyprostit z omezení našeho světa.

Tento princip práce se v kabale nazývá „bít, dokud nebude sám chtít". A když Stvořitel pomáhá tím, že dá člověku Svou povahu, pak tělo bude chtít pracovat v duchovním klíči a tento stav se nazývá návrat – *Tšuva*.

Změna egoistické přirozenosti na altruistickou probíhá následovně: touha po sebepotěšení stvořená Stvořitelem, egoismus, černý bod, na který bylo vytvořeno zkrácení (*Cimcum*), a proto z něho odešlo Světlo Stvořitele, prochází nápravou nazvanou clona (*Masach*), s jejíž pomocí se egoismus mění na altruismus.

Jak se takový zázrak může stát, nejsme schopni pochopit, dokud to nepocítíme sami na sobě, protože se nám zdá naprosto neuvěřitelné, že je možné změnit základní zákon přírody tak, že tam, kde jsme sami se sebou dokonce ani s úsilím nemohli nic udělat a nemohli jsme jednat, najednou jednat můžeme.

V důsledku toho člověk zjistí, že jeho činy zůstaly stejné jako předtím a on nemůže dát Stvořiteli nic, protože je Stvořitel dokonalý a chce jen člověka naplnit dokonalostí.

A výměnou za neomezené potěšení obdržené od Stvořitele člověk nemůže dát nic jiného než myšlenku, že i když činí stejné skutky jako předtím, nyní je to proto, že tím poskytne radost Stvořiteli.

Ale tato myšlenka také není pro Stvořitele, nýbrž ve prospěch člověka, protože mu umožňuje neomezené potěšení beze studu za chléb zdarma, jelikož dosáhl podobnosti se Stvořitelem a stal se altruistou – tudíž může nekonečně přijímat, poněvadž to není ve svůj prospěch, a proto cítí potěšení.

* * *

Člověk má sílu se přinutit, aby něco udělal fyzicky, ale není schopen změnit svá přání, udělat něco, co není v jeho prospěch. Ne nadarmo je řečeno, že modlitba bez správného záměru v mysli je jako tělo bez duše,[12] jelikož se činnosti vztahují k tělu a mysl k duši. A pokud člověk ještě nenapravil svou mysl (duši), to, kvůli čemu tělo vykonává činnost, pak je i samotná činnost duchovně mrtvá.

* * *

---

[12] תפילה בלי כונה כגוף בלי נשמה – *Tfila Bli Kavana, ki-Guf Bli Nešama* – Modlitba bez záměru je jako tělo bez duše.

Ve všem je všeobecné a individuální. Věřící masa se nazývá všeobecné, duchovně neživé, což vypovídá o možnosti pouze všeobecného pohybu všech součástí masy. Neexistuje žádný osobní duchovní pohyb, protože neexistuje vnitřní potřeba, která pohyb vyvolává. A proto také neexistuje žádný individuální růst, ale pouze všeobecný růst v souladu s pohybem všeobecného řízení Shora. Proto masy vždy cítí svou pravdu a dokonalost.

Duchovně rostoucí – *Comeach* (צומח) – znamená, že každý objekt již má vlastní vnitřní pohyb a růst. A nazývá se již člověkem, Adamem, podle definice Tóry: „člověk je strom v poli".

Vzhledem k tomu, že duchovní růst vyžaduje úsilí k pohybu a pohyb může být vyvolán jen pocitem nějakého nedostatku, člověk neustále cítí své nedostatky, které ho nutí, aby hledal způsoby růstu. A pokud se na jakékoliv úrovni duchovního vývoje zastaví, pak ho v jeho pocitech spustí dolů, aby ho pobídli k postupu a on nezůstal stát. A pokud se pozvedne, není to na minulou úroveň, ale na vyšší.

Takže se člověk buď pohybuje nahoru, nebo klesá dolů, ale nemůže zůstat stát na místě, protože tento stav neodpovídá úrovni „člověk". Pouze ti, kteří patří k mase, stojí na místě, nemohou klesnout ze své úrovně a nikdy necítí pády.

* * *

Pomyslně rozdělíme prázdný prostor vodorovnou linií. Nad linií se nachází duchovní svět. Pod linií je egoistický svět.

Nad linií se může nacházet ten, kdo dává přednost jednání proti svému pozemskému rozumu. Dokonce i tehdy, když existuje možnost vše poznat a vidět, stejně si přeje věřit se zakrytýma očima (kráčet cestou víry[13]) a přeje si duchovní (altruismus namísto egoismu).

Duchovní stupně jsou určovány stupněm altruismu. Podle svých vlastností se člověk nachází na té duchovní úrovni, se kterou se shoduje svými vlastnostmi.

Nad linií je pociťován Stvořitel – čím výše nad linií, tím silněji. Výše či níže je určeno clonou člověka, která odráží přímé, egoistické potěšení ze Světla Stvořitele. Světlo nad linií se nazývá Tóra.

Clona, linie oddělující náš svět od duchovního, se nazývá bariéra (*Machsom*). Ti, kteří projdou bariérou, již nikdy duchovně nespadnou na úroveň našeho světa. Pod linií – vláda egoismu, nad linií – vláda

---

[13] אמונה למעלה מדעת – *Emuna le-Ma'ala mi-Da'at.*

altruismu. Ale souběžně s duchovními altruistickými stupni se od linie vzhůru také nacházejí nečisté stupně – *Olamot*[14] *Asija, Jecira, Bri'a de-Tuma'a*[15], každý po deseti stupních – *Sfirot* – celkem 30.

Od linie vzhůru se nachází celý svět *Asija* a polovinu světa *Jecira*, paralelně s čistými a nečistými stupni, zaujímá oddíl základních nečistých přání – *Mador Klipot*.

Nad třemi čistými světy (z nichž každý má deset stupňů – *Sfirot*, celkem 30) se nachází svět *Acilut*, který se také skládá z deseti stupňů – *Sfirot*.

Acilut je svět plného pociťování Stvořitele a splynutí s Ním. Člověk se postupně pozvedává do světa *Acilut* a získává altruistické vlastnosti. Když člověk dosáhne světa *Acilut*, tedy když získá všechny vlastnosti „odevzdání", ačkoli stojí na nejnižší úrovni světa *Acilut*, začíná „přijímat kvůli Stvořiteli". Pokud předtím získal doplňující altruistické vlastnosti, nyní s pomocí získaných altruistických vlastností začne napravovat (ne ničit!) samotnou podstatu svého bytí – neničí touhu po potěšení, ale opravuje záměr, kvůli čemu se bude těšit.

Na základě toho, že člověk postupně napravuje egoismus na altruismus, se v souladu s tím pozvedává, dokud neobdrží vše, co musí přijmout shodně s kořenem své duše (*Šoreš Nešama*), který byl původně součástí posledního stupně (*Malchut*) světa *Acilut*, ale v důsledku nápravy se pozvedává do plného splynutí se Stvořitelem a přijímá přitom 620krát více než před svým vtělením do lidského těla.

* * *

Všechno Světlo, veškeré množství potěšení, které si Stvořitel přeje dát stvořením, se nazývá společná Duše všech stvoření neboli *Šchina*. Světlo, předurčené každému z nás (duše každého z nás), je součástí této společné Duše. A tuto část Světla musí v souladu s mírou nápravy svého přání obdržet každý.

Člověk může cítit Stvořitele (svoji duši) pouze ve své napravené touze po potěšení. Tato touha se nazývá nádoba (*Kli*) duše. To znamená, že se duše skládá z nádoby a Světla přicházejícího od Stvořitele. Pokud člověk úplně napravil svou nádobu z egoistické na altruistickou, pak se tato nádoba zcela spojila se Světlem, protože získala jeho vlastnosti.

---

[14] עולם – *Olam* – svět, עולמות – *Olamot* – světy.
[15] טומאה – *Tuma'a* – nečistota.

Takto se člověk stává stejným jako Stvořitel, zcela s Ním splývá vlastnostmi. Zároveň člověk zažívá vše, co je ve Světle, které ho naplňuje.

V našem jazyce nejsou žádná slova, která by mohla tento stav popsat. Proto se říká, že celá suma všech potěšení na tomto světě reprezentuje jiskru z nekonečného ohně potěšení duše dosažené sloučením se Stvořitelem.

Stoupat po stupních duchovního žebříku je možné pouze podle zákona střední linie (*Kav Emca'i*). Princip tohoto stavu je možné stručně charakterizovat slovy: „bohatý je ten, kdo je šťasten, že je ovládán". Je pro něho dostačující, jak a nakolik chápe Tóru a Přikázání. A to nejdůležitější pro něho je, že může těmito činy vykonávat přání Stvořitele, protože cítí, jako by plnil přání Stvořitele do všech podrobností, a je přitom šťastný, jako by ho potkal nejlepší osud na světě.

Takový pocit se rodí v člověku, pokud postaví Stvořitele nad sebe jako Krále vesmíru. Pak je šťastný, že si Stvořitel z mnoha miliard vybral právě jeho tím, že mu prostřednictvím knih a Učitelů ukázal, co si On od něho přeje. Takový duchovní stav se nazývá snahou o odevzdávání (*Chafec Chesed*). V tomto případě se jeho vlastnosti shodují s vlastnostmi duchovního objektu nazvaného *Bina*.

Ale to ještě není dokonalost člověka, protože v této práci na sobě člověk nepoužívá svůj rozum a nazývá se „chudý věděním" (*Ani be- -Da'at*), protože neví nic o tom, jak jeho činy souvisejí s jejich duchovními následky. To znamená, že jedná podvědomě, vůbec nechápe, co dělá, jedná pouze prostřednictvím víry.

Proto, aby člověk duchovně jednal vědomě, musí vyvinout velké úsilí, aby pocítil, že myšlenka musí být „kvůli Stvořiteli". A tady začíná cítit, že se duchovně vůbec nepozvedává, ale naopak, pokaždé když něco vykoná, vidí, že je stále více vzdálen od skutečného záměru poskytnout potěšení Stvořiteli v té míře, v jaké si Stvořitel přeje dát potěšení jemu.

V takovém stavu člověk nesmí přijímat více znalostí než ty, jež mu umožní, aby nadále zůstal stejně jako předtím šťastný z dokonalosti. A tento stav se nazývá střední linie (*Kav Emca'i*). A když postupně přidává znalosti, levou linii (*Kav Smol*), dosahuje plné dokonalosti.

Rozebereme znovu práci ve střední linii. Člověk musí začít svůj duchovní vzestup z pravé linie – pocitem dokonalosti v duchovním, štěstím ze svého údělu, touhou bezmezně a nezištně plnit přání Stvořitele. A kolik potěšení má ve svém duchovním hledání? Stačí mu to, co má, neboť věří, že ho osobně vede Stvořitel. Věří, že je přáním Stvořitele, aby se ve svém duchovním hledání cítil takto. Ať by byl jeho stav jakýkoli, pochází od Stvořitele. A díky tomu, že si uvědomuje duchovní vedení a dokonalost, je šťastný, cítí svou vlastní dokonalost a v radosti děkuje Stvořiteli.

Ale v tomto stavu chybí levá linie, když člověk musí provádět kontrolu svého stavu (Chešbon Nefeš, חשבון נפש, dosl. analýza duše). A tato vnitřní práce je protikladná práci pravé linie, kde je tím nejdůležitějším pozvedávání duchovního a Stvořitele bez jakéhokoli spojení se sebou a svým stavem. A když člověk začne prověřovat, co skutečně representuje sám sebou, nakolik je jeho postoj k duchovnímu seriózní, nakolik je on sám dokonalý, vidí, že je ponořen do svého malého egoismu a pro druhé ani pro Stvořitele není schopen se pohnout z místa. A v míře, v níž v sobě odhaluje zlo, si uvědomuje, že se jedná o zlo, a nakolik je velká jeho touha se tohoto zla zbavit, tolik musí vynaložit úsilí, aby zlo překonal, a zároveň musí pozvednout modlitbu o pomoc, protože vidí, že sám není schopen se sebou nic udělat.

Tímto způsobem se v člověku objeví dvě protichůdné linie: pravá cítí, že je všechno v moci Stvořitele, a proto je všechno dokonalé, a proto nechce nic, a proto je šťastný. Levá cítí, že sám nemá k duchovnímu naprosto žádný vztah, že nic nedosáhl, že zůstává ve skořápce svého egoismu jako předtím a neprosí Stvořitele, aby mu nějak pomohl se z tohoto stavu dostat.

Avšak i poté, co v sobě spatřil všechno své zlo a navzdory tomu odmítl zdravý rozum, jenž ho odrazoval od beznadějné práce na nápravě egoismu, stejně neustále děkuje Stvořiteli za svůj stav a věří, že se nachází v dokonalosti, a proto je stejně šťastný jako před kontrolou svého stavu. Vpřed se pohybuje po střední linii. A nutně potřebuje neustálou kontrolu, nikoliv však „přehánět" sebekritiku levé linie, aby byl neustále v radosti ve střední linii – teprve pak člověk „oběma nohama" vstoupí do duchovního.

**

Existují dvě úrovně (nesmí být zaměňovány se čtyřmi úrovněmi přání: neživou, rostlinnou, živočišnou, mluvící) vývoje člověka: živočišná a lidská. Zvíře, jak vidíme ve zvířecím světě, i nadále žije tak, jak se narodilo, nerozvíjí se. A to, co je v něm v den jeho narození, mu stačí na to, aby existovalo po celý svůj život.

Stejně tak člověk, který patří k tomuto typu – jaký byl, když obdržel výchovu a naučil se plnit Přikázání, jaký byl v den *Bar-Micvy*, když začal plnit všechna Přikázání – takový zůstane, plní je s nezměněným rozumem a všechny dodatky jsou pouze v množství.

Zatímco lidský typ je stvořen úplně jiným způsobem: rodí se jako egoista, a když vidí, že se narodil jako egoista, usiluje o nápravu.

* * *

Pokud si člověk skutečně přeje, aby si zasloužil odhalení Stvořitele, pak:
1) tato touha v něm musí být silnější než všechny ostatní – to znamená, že nepociťuje jiné touhy. A kromě toho musí být tato touha trvalá: jelikož samotný Stvořitel je věčný a Jeho přání jsou neměnná, tak i člověk, pokud se chce přiblížit ke Stvořiteli, Mu musí být podobný vlastnostmi čili neměnnou touhou, aby se jeho přání neměnila v závislosti na okolnostech;
2) musí ovládat altruistická přání „odevzdat" své myšlenky a touhy Stvořiteli, což se nazývá úroveň *Chesed, Katnut, Rachamim*, dokud si nezaslouží Světlo víry, které člověku dává jistotu;
3) musí si zasloužit, aby poznal Stvořitele dokonale, absolutně. Výsledek jednání člověka závisí na jeho duchovní úrovni, ale pokud svítí Světlo Stvořitele, pak mezi stupni neexistuje žádný rozdíl, protože nádobu duše a Světlo duše člověk přijímá od Stvořitele současně, a proto je přijaté poznání vnímáno jako dokonalé.

* * *

Obvykle člověk žije se svým tělem zcela v harmonii: tělo mu diktuje svá přání a na oplátku za jeho úsilí mu tělo poskytuje potěšení, která cítí jeho prostřednictvím. Samotné potěšení je duchovní, ale v našem světě musí být vázáno k nějakému materiálnímu nositeli: musí se odít do materiálního obalu (potravin, opačného pohlaví, hudby, zvuků a podobně), aby člověk mohl toto potěšení v materiálním obalu vnímat. A již uvnitř nás, ve vnitřním smyslu, cítíme prostě potěšení, ale stejně jej nemůžeme zcela oddělit od jeho nositele.

Lidé se liší podle typu nositele potěšení – koho co těší. Ale potěšení je samo o sobě duchovní, ačkoli se jeho pociťování odehrává v našem mozku pod vlivem elektrických impulzů. V principu, když náš mozek podráždíme elektrickými signály, je tím možné vyvolat úplné pocítění všech potěšení. A protože jsme již zvyklí je přijímat v určitých oděvech – nositelích, čistá radost vyvolá z paměti vzpomínku na jeho nositele a člověk uslyší zvuky hudby, pocítí chuť jídla atd.

Z výše uvedeného je zřejmé, že se člověk a jeho tělo vzájemně obsluhují: člověk platí za úsilí těla, za jeho práci, potěšením. Pokud tedy člověk vidí, že jeho tělo souhlasí s prací, znamená to, že vidí v důsledku své práce odměnu, jež se označuje obecným slovem „potěšení". (Útěk z nepříjemných pocitů je také přijetí potěšení.) Je to jasné znamení, že to, co dělá, je egoistický čin.

A naopak, pokud člověk vidí, že jeho tělo klade odpor a ptá se: „Ale proč pracovat?" znamená to, že nevidí větší potěšení, než cítí v současném okamžiku, nebo alespoň takové, které by postačovalo k překonání touhy po klidu, nevidí pro sebe změnu stavu výhodnou.

Pokud si však člověk přeje, aby se odtrhl od propočtů těla, a bere v úvahu zlepšení stavu své duše, pak tělo samozřejmě nemůže učinit ani nejmenší pohyb, aniž by pro sebe vidělo jasný prospěch. A člověk ho nedokáže donutit pracovat. Proto zbývá pouze jedno – prosit Stvořitele, aby mu pomohl jít vpřed.

Stvořitel nenahrazuje lidské tělo, nemění zákony přírody a nekoná zázraky. V reakci na skutečnou prosbu, modlitbu, dává Stvořitel člověku duši, sílu jednat podle zákonů pravdy. Samozřejmě, že pokud člověk plní všechny pokyny Tóry, ale necítí žádné překážky ze strany těla, nemá potřebu získat duši, sílu duchovního postupu.

* * *

Nikdy nemohou být šťastní všichni, pokud se těší egoisticky, protože egoismus se těší nejen z toho, co má, ale také z toho, co nemají druzí, neboť všechna potěšení jsou srovnatelná a relativní.

Z toho důvodu není možné vybudovat spravedlivou společnost založenou na základě správného používání egoismu. A bezobsažnost těchto utopií je demonstrována v celé historii lidstva: ve starobylých komunitách, izraelských kibucích i v pokusech o budování socialismu.

V egoistické společnosti není možné potěšit každého: člověk se vždy porovnává s druhými, což je v malých osadách obzvlášť patrné.

Proto Stvořitel, který si přeje dát neomezené potěšení každému, stanovil, že podmínkou takového potěšení je jeho nezávislost na touhách těla. Tyto nejrozmanitější pohnutky, jež nejsou závislé na touhách našeho těla, nazýváme neegoistické, altruistické (*Hašpa'a*).

* * *

Kabala je posloupnost duchovních kořenů, které následují jeden za druhým podle neměnných zákonů, sjednocujících se a poukazujících na jejich jediný Vyšší cíl – „odhalení Stvořitele stvořeními, jež se nacházejí v tomto světě".

* * *

Kabalistický jazyk je neoddělitelně spojen s duchovními objekty nebo s jejich působením. Proto jej lze studovat, a to i v krátké formě, pouze tehdy, když zkoumáme proces, jímž bylo stvořeno stvoření.

* * *

Kabala vysvětluje a poté sám postihující odhaluje, že čas neexistuje a namísto času je řetězec – příčina a její následek, který se zase stane příčinou dalšího následku – zrodem nového činu nebo objektu. V zásadě stejně tak i v našem světě spojujeme koncept času s pociťováním vnitřních kauzálních procesů. Dokonce i věda potvrzuje, že jak čas, tak i prostor jsou relativní pojmy.

Místo nebo prostor – touha po potěšení.

Činnost – potěšení nebo odmítnutí potěšení.

„Na počátku", tedy před počátkem stvoření, existuje pouze jeden Stvořitel. Nemůžeme ho nazývat žádným jiným slovem, protože každé jméno vypovídá o pochopení objektu, a protože v Něm samotném postihujeme jenom to, že On nás stvořil, můžeme Ho nazývat pouze Tvůrcem, Stvořitelem a podobně.

Ze Stvořitele vychází Světlo – je to přání Stvořitele zrodit stvoření a dát mu pocit potěšení Sebou samým. A pouze podle vlastností Světla, které vychází ze Stvořitele, můžeme posuzovat samotného Stvořitele.

Nebo spíše, v souladu s pociťováním Světla neposuzujeme samotného Stvořitele, nýbrž to, jaké pocity si On přeje v nás vyvolat. A proto o Něm hovoříme jako o Tom, kdo si nás přeje potěšit.

Ale toto potěšení se nenachází ve Světle samotném, nýbrž se rodí v nás na základě vlivu Světla na naše orgány duchovních pocitů, jako například v kousku masa není to potěšení, které prožívá ten, který ho jí. Pouze tehdy, když se maso dostane do styku s našimi smyslovými orgány, projeví se v nás odpovídající pocit potěšení.

* * *

Jakákoli činnost, jak duchovní, tak i fyzická, spočívá v myšlence a samotné činnosti, která tuto myšlenku ztělesňuje. Myšlenkou Stvořitele je těšit stvoření a v souladu s tím nám On poskytuje potěšení. Taková činnost se nazývá „dávat s cílem dávat"! Této činnosti říkáme jednoduchá, protože se cíl shoduje s pohybem. Stvoření je stvořeno jako egoistické. To znamená, že člověk nemůže mít žádný jiný cíl než přijímat potěšení. Kvůli tomu může vykonat dvě činnosti – přijímat, nebo dávat, aby získal to, co chce – to znamená, že ačkoli fyzicky dává, stejně vždy sleduje cíl přijímat.

Je-li činnost ve stejném směru jako cíl, tudíž směřuje-li činnost k přijetí a jejím cílem je přijímat, pak je činnost člověka nazývána jednoduchá. Směřuje-li pohyb k dávání, ale cílem je přijmout (a v našem světě nemohou být jiné cíle), pak se tato činnost nazývá složitá, protože se cíl a pohyb neshodují – neshodují se záměrem.

* * *

Nejsme schopni si představit přání a pole jejich působení mimo prostor, a proto nezbývá nic jiného než si představit Stvořitele jako duchovní sílu, která vyplňuje prostor.

* * *

V Tóře se říká, že Stvořitel stvořil člověka jednoduchým výpočtem a lidé jej zkomplikovali.[16]

Čím výše člověk stoupá po duchovním žebříku, tím jednodušší jsou zákony vesmíru, protože stěžejní, základní kategorie jsou jednoduché, nikoliv složené. Avšak jelikož člověk necítí kořeny stvoření, nýbrž vnímá jejich vzdálené následky, vidí zákony stvoření v našem světě jako skládající se z podmínek a omezení, a proto je vnímá jako nesmírně matoucí.

* * *

Vzhledem k tomu, že pravé kabalistické knihy obsahují skryté Světlo a během práce nad textem je zde přítomen autorův vliv, je při studiu textů důležitý správný záměr: proč člověk studuje – zda je to proto, aby pocítil Stvořitele. Během studia je také třeba poprosit o získání

---

[16] אלוהים עשה אדם ישר והם עשו חשבונות רבים – *Elokim Asa Adam Jašar, ve-Hem Asu Chešbonot Rabim* – Stvořitel stvořil člověka jako přímého, ale lidé se pouštějí do četných kalkulací.

takového rozumu a pochopení, jakými disponoval autor, a prosit o spojení s ním, obracet se na něho. A proto je velmi důležité nečíst neautentické spisy, a tím spíše ty, které jakoby také hovořily o duchovním světě, protože i v tomto případě je čtenář ovlivněn jejich autory.

Člověk, který si přeje ovládnout duchovní znalosti, musí ve svém každodenním životě přejít na určitý denní řád: odpojit se od vlivu cizích názorů, nepotřebných zpráv a škodlivých knih. S lidmi by se měl stýkat pouze na základě nevyhnutelnosti v práci nebo ve škole a neukazovat, že je uzavřen do sebe, a neustále kontrolovat, čím se zabývá jeho rozum. Myšlenky by měly být o práci, jen je-li to nutné, a zbytek času – o cíli jeho života.

Dosažení cíle mnohem více závisí na kvalitě úsilí nežli na kvantitě: jeden může sedět celé dny nad knihami, a druhý vzhledem k tomu, že je nucen pracovat a také je zaměstnán rodinnými záležitosti, je schopen věnovat učení jen jednu hodinu denně. Úsilí je měřeno pouze ve vztahu k volnému času – nakolik člověk trpí, že není schopen duchovnímu věnovat více času. Výsledek je přímo závislý na intenzitě záměru, na tom, co přesně chce člověk získat v důsledku svých studií a práce na sobě, když zaplňuje svůj volný čas.

* * *

Existují dva druhy krmení dítěte: první pod nátlakem, bez jeho potěšení. Ale dostane jídlo, které poskytuje sílu a možnost růstu. Tento druh duchovního růstu člověka se v kabale nazývá „na úkor Vyššího". Pokud však „dítě", které si přeje duchovně růst, samo chce přijímat duchovní potravu, protože na ni má chuť (uvědomilo si nezbytnost nebo pocítilo potěšení ze Světla), pak duchovně roste nikoliv pouze chtě nechtě, bolestně, cestou utrpení, nýbrž se přitom také těší procesem života, z duchovního porozumění.

* * *

Výrazný pocit, který člověk cítí při uvědomění si dobrého a špatného, se v kabale nazývá procesem kojení: jako když matka zvedne dítě ke své hrudi a ono v té době přijímá svou stravu, tak také kabalista přijímá Světlo, které se nachází ve Vyšším duchovním objektu, a jasně cítí a uvědomuje si propast mezi dobrem a zlem. A poté, stejně jako matka odnímá dítě z hrudi, tak i kabalista ztrácí spojení s Vyšším a v jeho pociťování mizí jasné rozdělení na dobro a zlo. Tento proces s člověkem probíhá proto, aby prosil Stvořitele o obdržení stejných možností pociťování (*Kelim*) dobra a zla, jako má Vyšší.

* * *

Jak egoismus, tak i altruismus přijímá člověk Shora. Rozdíl spočívá v tom, že člověk přijímá egoistické touhy automaticky, a altruistické pouze na svou naléhavou žádost.

* * *

Člověk musí nejprve dosáhnout stavu, ve kterém si přeje „dávat potěšení Stvořiteli" bez ohledu na jakékoliv své egoistické touhy (stoupání po stupních světů *BJA*[17]) stejně jako Stvořitel dává potěšení jemu, a poté již musí hledat, čím Stvořitele může potěšit. Pak uvidí, že Stvořitele potěší jen tehdy, když se těší on sám. A toto se nazývá *Mekabel al Menat Lehašpi'a*[18] – úroveň světa *Acilut*. Ovládnutí sil různých velikostí touhy pouze nezištně odevzdávat Stvořiteli se nazývá „stupně světů *BJA*" (*Bri'a, Jecira, Asija*). Ovládání síly přijímat potěšení od Stvořitele kvůli Jeho přání se nazývá úroveň světa *Acilut*.

* * *

Bejit Midraš je místo, kde se učí *Lidroš* (לדרוש, požadovat) Stvořitele (požadovat duchovní síly) a kde se učí požadovat pociťování Cíle stvoření, pociťování Stvořitele.

* * *

Jelikož my (naše tělo, egoismus) přirozeně usilujeme o to, co je větší a silnější než my, musíme prosit Stvořitele, aby On pootevřel sám Sebe a my jsme v Jeho světle mohli vidět svoji opravdovou nicotnost a Jeho opravdovou velikost a mohli k Němu přirozeně tíhnout jako k tomu nejsilnějšímu a největšímu. Pro člověka je zásadně důležité to, co dělá. Například bohatí lidé tvrdě pracují, aby jim ostatní záviděli. Avšak pokud by zmizela prestiž bohatství, přestali by jim závidět a bohatí by ztratili svůj smysl, podnět k práci. Hlavním úkolem je tedy získat pocit důležitosti odhalení Stvořitele.

* * *

---

[17] *BJA* (בי"ע) – akronym pro světy *Bri'a* (בריאה), *Jecira* (יצירה) a *Asija* (עשיה).
[18] מקבל ע"מ להשפיע – přijímá kvůli odevzdávání.

Nikdy nenadejde taková doba, kdy bude člověk schopen dosáhnout duchovního bez úsilí, protože tato úsilí jsou nádobou pro přijímání Světla. Před těmi nápravami ve světě, které učinil veliký Ari, bylo poměrně snadnější dosáhnout duchovního než po nich: poté, co Ari otevřel cestu k dosažení duchovního, začalo být mnohem obtížnější opustit potěšení našeho světa. Před Arim byly cesty uzavřeny a Shora nebyla taková připravenost vylévat Světlo. Ari otevřel zdroj Světla, ale začalo být těžší bojovat s egoismem, jenž se stal silnějším a propracovanějším.

To lze vysvětlit touto analogií: před Arim Shora poskytovali 100 jednotek porozumění a bylo možné přijmout za 1 jednotku práce a úsilí 1 jednotku porozumění. Dnes však po nápravách, které v našem světě provedl Ari, je možné získat za 1 jednotku úsilí 100 jednotek porozumění, avšak vynaložit 1 jednotku tohoto úsilí je nesrovnatelně těžší.

Rabi Jehuda Ašlag (Ba'al HaSulam) učinil ve světě takovou nápravu, že člověk není schopen sám sebe klamat, že je dokonalý, a musí následovat cestu víry výše rozumu. A ačkoliv se cesta stala jasnější, generace není schopna dosáhnout požadované kvantity a kvality úsilí jako předchozí generace: třebaže lidé více než kdy jindy jasně pociťují své nedostatky, nepovznášejí však duchovní úroveň do náležité výše tak jako v předchozích generacích, kdy masy ve jménu duchovního vzestupu souhlasily se vším. Příčinou je neúměrně zvýšený osobní a společenský egoismus.

Velkou nápravu ve světě učinil veliký Ba'al Šem Tov.[19] Ve světě mohly dokonce i masy dočasně pocítit trochu více duchovního a dočasně bylo také snazší, aby dosáhl duchovního ten, kdo si to přeje. Kvůli tomu, aby vybral vhodné žáky do své kabalistické skupiny, založil Ba'al Šem Tov *Admorut* – takové rozdělení židovské společnosti, v níž jsou masy rozděleny na části a každá část má vlastního duchovního vůdce – kabalistu.

Tito vůdci – *Admorové* – si vybírali do svých tříd *Chejder* (komnat) vhodné žáky, aby studovali kabalu a aby z nich vychovávali budoucí generace kabalistů, vůdce mas. Ovšem vliv nápravy, kterou učinil

---

[19] Ba'al Šem Tov – Rabi Jisra'el ben Eliezer (רבי ישראל בן אליעזר), zvaný **Ba'al Šem Tov** (בעל שם טוב), dosl. Pán dobrého jména, z čehož je utvořen akronym Bešt (BeŠT, בש״ט), žil v letech 1698–1760.

Ba'al Šem Tov, uplynul a pak již nebyli všichni vůdci generace kabalisté (pociťujícími Stvořitele). Po odchodu Ba'ala HaSulama se náš svět nachází v duchovním pádu, jenž vždy předchází budoucímu vzestupu.

* * *

Pociťovat sebe sama jako stvořené stvoření, znamená se cítit odděleným od Stvořitele.

* * *

Vzhledem k tomu, že se v důsledku naší egoistické povahy instinktivně přirozeně vzdalujeme od toho, co nám způsobuje utrpení, Stvořitel to využívá k tomu, aby nás přivedl k dobru: Stvořitel stahuje potěšení z materiálního světa kolem nás a poskytuje potěšení pouze v altruistických činnostech. Ale toto je cesta utrpení.

Cesta Tóry je odlišná: třebaže i v našem světě existují potěšení, ale vírou v Cíl stvoření, vírou výše rozumu, tedy navzdory tomu, co tvrdí naše tělo a rozum, se můžeme z egoismu, sebelásky, vymanit a pak začít prožívat lásku ke Stvořiteli a cítit, že je to vzájemné. Toto je cesta rovnováhy a potěšení, víry v to, že dlouhá cesta je ve skutečnosti krátká, bez prožívání utrpení.

Existuje duchovní vývoj pod vlivem Obklopujícího světla (*Or Makif*), kdy člověk ještě nemá možnost přijmout Světlo dovnitř (Vnitřní světlo, *Or Pnimi*). Taková cesta duchovního vývoje člověka se nazývá přirozená. Je to cesta utrpení (*Derech Be'ito*) a kráčí po ní celé lidstvo.

Avšak existuje cesta individuálního duchovního vývoje člověka prostřednictvím osobního spojení se Stvořitelem, práce ve třech liniích. Tato cesta se nazývá cesta Tóry (*Derech Tora, Derech Achišena*) a je mnohem kratší než cesta utrpení. Proto se v Tóře říká: „Izrael posvěcuje doby."[20] Ten, kdo si přeje být *Jisra'el*, zkracuje dobu své nápravy.

Věřit, aniž by utrpení nutila uvěřit, je těžké. To nejdůležitější spočívá v tom, že člověk musí věřit, že plody jeho práce závisí pouze na jeho úsilí – to znamená věřit ve vedení odměnou a trestem.

Odměna tkví v tom, že Stvořitel dává člověku dobré myšlenky a touhy. Člověk by měl také získat víru od přátel, kteří s ním studují, a z knih, ale poté, co v sobě pocítí víru, pocit Stvořitele, si musí říci, že

---

[20] ישראל מקדש זמנים – *Jisra'el Mekadeš Zmanim*.

to dostal od Stvořitele.

Tóra je lék – droga života a smrti. (Vzpomeňte si, že „náboženství je opium lidu".) Droga života – pokud dává sílu a touhu pracovat. Droga smrti – jestliže si člověk říká, že všechno, ať se děje cokoli, je prováděno Shora a není závislé na jeho úsilí. Stěžejní úsilí člověka musí spočívat v tom, aby udržel vyšší směr daný Shora. Zpočátku člověku Shora poskytnou duchovní pocit, pozvednou ho a poté nastupuje období práce, úsilí, aby se na této úrovni udržel svými silami. Hlavním úsilím musí být pocítění cennosti obdrženého duchovního pozvednutí. Jakmile člověk začne opovrhovat obdrženým a těší tím sám sebe, začíná tuto úroveň ztrácet.

* * *

Vše, co se nachází pod nadvládou egoismu, nachází se v centrálním bodě stvoření – *Nekuda Emcajit*. Nad tímto bodem se nachází všechno, co nevyžaduje sebepotěšení. Proto je řečeno, že linie sestupování Světla (*Kav*) se stýká (aby byla stvoření oživována, aniž by to pociťovala) a nestýká (nenaplňuje stvoření pocítitelným Světlem Stvořitele) s centrálním bodem.

* * *

Říká se, že těm, kdož si přejí se duchovně přiblížit, pomáhají tím, že jim dají duši, Světlo, část Stvořitele. Člověk začíná pociťovat, že je součástí Stvořitele!

* * *

Jakým způsobem Světlo Stvořitele zrodilo touhu se Jím těšit (*Or Bone Kli*, dosl. Světlo vytvářející *Kli*)? Příklad: Pokud bychom v našem světě dali člověku pocty, o něž předtím neusiloval, a pak mu je odebrali, již by zatoužil po známém potěšení z poct. Tato touha získat zpět potěšení, které měl, se nazývá nádobou (*Kli*). Světlo postupně vyvolává růst nádoby pro potěšení sebou samým (Světlem).

Při uskutečňování úsilí nad svými přáními si člověk musí uvědomit, že jeho tělo nevnímá pojem času, a proto necítí ani minulost, ani budoucnost, ale pouze přítomnost. Například je třeba vynaložit určité poslední úsilí během pěti minut a až pak si zaslouženě odpočinout. Ale tělo klade odpor, protože z budoucího odpočinku necítí žádnou výhodu. I když si člověk pamatuje, že po těžké práci přijde potěšení, tělo stejně neposkytne sílu k dokončení této práce. A když člověk obdrží plat předem, také již nemá přání pracovat. Proto je nutné, aby se boj s tělem neodkládal, ale je třeba mu každý okamžik v přítomnosti odporovat myšlenkami o Vyšším.

Poněvadž je člověk ze 100 % egoista, sám po spojení se Stvořitelem nezatouží. Může si to začít přát pouze v tom případě, pokud si je jist, že je to pro jeho dobro. Jinými slovy, nestačí, aby člověk viděl své zlo a chápal, že mu může pomoci jen Stvořitel – stejně mu to neposkytne sílu k prosbě ke Stvořiteli. Je nezbytné, aby si uvědomil, že jeho spása tkví ve sblížení, ve spojení se Stvořitelem.

Tóra nám namísto cesty utrpení nabízí svoji cestu. Čas mění podmínky: před dvěma tisíci lety, v době rabiho Šimona, se hledáním spojení se Stvořitelem zabývali jednotlivci. V době Ariho a Ramchala[21] se již kabalou zabývaly malé skupiny. V době Ba'ala Šem Tova desítky. A v časech Ba'ala HaSulama ještě více.

A v naší době již zmizela bariéra, která oddělovala kabalu od mas a již k ní není téměř žádný odpor, možná slabý. A v příští generaci budou pocítění Stvořitele za cíl svého života považovat tisíce. Přičemž pokud dříve mohli dosáhnout spojení se Stvořitelem jen obzvlášť silní duchem, pak v současnosti dokonce i začátečníci, aniž by nejprve studovali *Talmud*, (a v příští generaci dokonce i děti) budou schopni pocítit spojení se Stvořitelem bez jakékoliv předběžné přípravy pouze díky tomu, že budou studovat kabalu pod správným vedením.

* * *

V požehnání na konci šabatu říkáme: „Požehnaný ty, Stvořiteli, jenž odděluješ duchovní a každodenní." Člověk není schopen rozlišit dobro od zla – co je pro jeho prospěch a co mu škodí. Člověku v tom může pomoci pouze Stvořitel, když mu otevře oči. Pak člověk vidí všechno a to znamená: „a vyber si život." Ale dokud se člověk nepřesvědčí o zásadní potřebě neustálého spojení, Stvořitel mu neotevírá oči výhradně kvůli tomu, aby člověk prosil o milost.

* * *

---

[21] **Ra**bi **Mo**še **Cha**jim Lucato (רבי משה חיים לוצאטו), známý pod akronymem Ramchal (HaRaMChaL, הרמח"ל), žil v letech 1707–1746.

Uvnitř duchovních pocitů kabalisty se nachází část (*AChaP*[22]) Vyššího stupně, jeho budoucího stavu. Člověk cítí Vyšší duchovní stav jako prázdný, nepřitažlivý, a nikoliv jako plný Světla, protože od Vyšší úrovně nepřijímá. Třebaže je Vyšší plný Světla, nižší stejně vnímá Vyššího v souladu se svými vlastnostmi, a protože ještě není svými vlastnostmi připraven takové Světlo přijmout, necítí ho.

* * *

Vzhledem k ukrytí Stvořitele vynakládá každý z nás neuvěřitelné úsilí, aby dosáhl úrovně existence obvyklé v naší společnosti, slepě následuje vnitřní vnuknutí, neustálé našeptávání zevnitř našeho egoismu. My, jakožto slepé nástroje egoismu, spěcháme, abychom vykonali jeho pokyny, jinak nás potrestá utrpením, což nás popožene, a my se chtě nechtě podřídíme a pak bez přemýšlení splníme jeho vůli.

Náš egoismus je v nás usazen. Už se v nás natolik vžil, že ho přijímáme jako naši přirozenost, jako naše přání. Prostupuje všemi buňkami našeho těla, nutí nás, abychom hodnotili všechny naše pocity podle jeho přání, nutí nás propočítávat podle svého programu, kolik obdrží z našich činů.

* * *

Člověk si ani neuvědomuje, že je možné ze sebe sejmout vliv egoismu, očistit se jako ve fantastickém filmu, vyvrhnout ze sebe egoistický mrak, který je formou podobný našemu tělu, proniká do nás a je oblečen v celém našem těle. Pak zůstaneme bez egoistických přání a tehdy nám Stvořitel dá Svoje – altruistická přání.

Ale dokud se uvnitř nás nachází egoistická bytost, nedokážeme si představit, jaký z toho budeme mít prospěch, ale naopak, altruistické myšlenky a přání se nám zdají být nepřijatelnými, nesmyslnými, lehkomyslnými a neschopnými řídit naši společnost, natož vesmír.

Ale to jenom proto, že se naše myšlenky a touhy nacházejí pod nadvládou egoismu. Aby člověk objektivně posoudil, co se s ním děje, měl by se snažit cítit egoismus jako něco cizího, jako svého vnitřního

---

[22] *AChaP* (אח"פ) – akronym pro *Ozen, Chotem, Pe* (אוזן חוטם פה), dosl. ucho, nos, ústa, označuje nádoby přijímání, dolní část *Parcufu*. Po druhém omezení (*Cimcum Bet*) v *Parcufu Nekudot de-SaG* žádný *Parcuf* nemá dostatečnou sílu na přijímání světla *Chochma* do svých *AChaP* za účelem odevzdávání.

nepřítele, který se vydává za přítele, nebo dokonce za něho samotného (dokonce se s jeho touhami identifikujeme); snažit se ho cítit jako něco cizího, co se v člověku nachází na základě vůle Stvořitele. Taková činnost člověka se nazývá uvědomění si zla (*Hakarat ha-Ra*, הכרת הרע).

Je to však možné pouze v té míře, ve které člověk cítí existenci Stvořitele, Světlo Stvořitele, protože všichni docházíme k porozumění jenom na základě srovnávání, z pociťování protikladů. Proto by člověk měl vynaložit veškeré úsilí a pokusit se pocítit Světlo Stvořitele namísto toho, aby v sobě hledal „zlého hada".

Kromě nás jedná veškeré stvoření podle zákonů altruismu. Pouze člověk a svět kolem něho (náš svět, *Olam Haze*, עולם הזה) jsou stvořeni s protikladnými, egoistickými vlastnostmi. Kdybychom spatřili Stvořitele a všechny duchovní světy, okamžitě bychom zjistili, nakolik je náš svět mikroskopicky malý ve srovnání s duchovními světy a že zákony egoistické přirozenosti působí pouze v zrnku hrachu našeho světa.

Ale proč se Stvořitel ukryl a záměrně nás usídlil ve světě plném tmy, nejistoty a neštěstí?

Když nás Stvořitel vytvářel, ustanovil cílem, že musíme dosáhnout naši existenci ve věčném spojení s Ním, avšak dosáhnout tohoto stavu musíme vlastním úsilím, abychom necítili pocit hanby za nezaslouženě přijaté věčné a absolutní potěšení.

Z toho důvodu Stvořitel stvořil svět k Sobě protikladný, vytvořil vlastnost Sobě protikladnou – touhu po sebepotěšení, egoismus – a přidělil nám ji. Jakmile na sobě člověk pocítí vliv této vlastnosti, když se narodí v našem světě, okamžitě přestane pociťovat Stvořitele.

Toto ukrytí Stvořitele existuje speciálně proto, aby byla vytvořena iluze svobodné vůle při výběru našeho světa, či světa Stvořitele. Pokud bychom navzdory egoismu viděli Stvořitele, pak bychom bezpochyby upřednostnili svět Stvořitele před naším světem, jakožto svět poskytující potěšení, ve kterém neexistuje utrpení.

Svoboda vůle a volby mohou existovat právě v nepřítomnosti pocitu Stvořitele, ve stavu Jeho ukrytí. Pokud však člověk na sobě zakouší již od okamžiku narození absolutní, ohromující vliv egoismu natolik, že jej plně asociuje se sebou samým, jak se pak může svobodně a bez ohledu na egoismus rozhodnout, čemu dá přednost? Jakým způsobem Stvořitel vytváří neutrální stav, ve kterém je možnost volby? A jaká volba vůbec může existovat, jestliže je náš svět plný utrpení a smrti a svět Stvořitele je plný potěšení a nesmrtelnosti? Co v tom případě člověku zbývá na výběr?

* * *

Aby pro nás vytvořil podmínky pro svobodu volby, Stvořitel:
- čas od času se člověku otevírá, aby člověk pocítil velkolepost a upokojení z pociťování moci Vyšších sil;
- nám dal Tóru, při jejímž studiu člověk na sebe vyvolává působení skryté obklopující duchovní záře (*Or Makif*), pokud se opravdu chce dostat ze svého stavu a pocítit Stvořitele.

* * *

Z hlediska probuzení Obklopujícího nepocítitelného světla (*Or Makif*) nepůsobí všechny části Tóry shodně. Nejsilnější probuzení nastává při studiu kabaly, protože kabala učí duchovní struktury, které toto Světlo vyzařují na člověka. Před člověkem je tudíž volba: zda má studovat kabalu, nebo ne, a kolik úsilí má v tomto směru vynaložit.

Spojení člověka se Stvořitelem, počínaje nižším, naším počátečním stupněm, až po nejvyšší, kde se nachází sám Stvořitel, lze přirovnat ke stupňům duchovního žebříku.

Všechny stupně duchovního žebříku se nacházejí v duchovních světech. Na jejich vyšší úrovni se nachází sám Stvořitel a jejich nejnižší úroveň se dotýká našeho světa.

Člověk se nachází pod nejnižším stupněm duchovního žebříčku, protože počáteční egoistická úroveň člověka není spojena s posledním stupněm žebříku, který je zcela altruistický.

Pociťovat Vyšší duchovní stupeň je možné při shodě vlastností člověka a tohoto stupně, přičemž úroveň pocitu je úměrná shodě vlastností.

Možnost pociťovat Vyšší stupeň je způsobena tím, že na žebříku zdola Nahoru nejsou všechny duchovní stupně rozmístěny pouze postupně jeden za druhým, ale také jsou částečně zasunuty do sebe, vzájemně pronikají jeden do druhého: spodní polovina Vyššího se nachází uvnitř vrchní poloviny nižšího (*AChaP de-Eljon* spadly do *GE*[23]

---

[23] *GE* (ג"ע) – akronym ze slov *Galgalta ve-Ejnajim* (גלגלתא ועיניים), dosl. lebka a oči, označuje nádoby odevzdávání, horní část *Parcufu: Keter, Chochmu* a horní polovinu *Biny*.

de-Tachton). Proto se uvnitř nás nachází část nejnižšího Vyššího, tedy posledního duchovního stupně, ale obvykle ji nepociťujeme.

Vyšší stupeň nad námi je nazýván Stvořitelem, protože to je právě On, jenž je pro nás naším Stvořitelem, rodí nás, oživuje nás a řídí nás. Vzhledem k tomu, že tento stupeň necítíme, tvrdíme, že Stvořitel neexistuje.

Pokud je člověk v takovém stavu, že na vlastní oči vidí Vyšší vedení Stvořitele, který řídí všechna stvoření našeho světa, ztrácí veškerou možnost svobodné vůle, víry, volby jednání, protože jasně vidí pouze jednu pravdu, jednu sílu, jednu touhu, která působí ve všem a ve všech.

Poněvadž je přáním Stvořitele dát lidem svobodnou vůli, je nutné Stvořitele před stvořeními ukrýt.

Pouze ve stavu ukrytí Stvořitele je možné tvrdit, že člověk sám nezištně usiluje o sloučení se Stvořitelem, o skutky pro blaho Stvořitele – *Lišma*.

Veškerá naše práce na sobě je možná pouze za podmínek ukrytí Stvořitele, protože jakmile se nám Stvořitel odhalí, okamžitě se automaticky staneme Jeho otroky a jsme naprosto v moci Jeho velikosti a síly. A není možné určit, jaké jsou ve skutečnosti opravdové záměry člověka.

Stvořitel musí sám Sebe skrýt proto, aby člověku poskytl svobodu jednání. Avšak aby člověku vytvořil možnost uniknout z otroctví slepé podřízenosti egoismu, musí Stvořitel sám Sebe odhalit, jelikož se člověk podrobuje jen dvěma silám na světě: síle egoismu, těla, nebo síle Stvořitele, altruismu.

Takže je nezbytná posloupnost stavů: skrytí Stvořitele před člověkem, kdy člověk cítí pouze sám sebe a egoistické síly, které ho ovládají, a odhalení Stvořitele, kdy člověk pociťuje vládu duchovních sil.

Aby člověk, který se nachází v moci egoismu, dokázal pocítit nejbližší Vyšší objekt, tudíž svého Stvořitele, Stvořitel s člověkem vyrovnává část svých vlastností – přidá část svých altruistických vlastností do vlastností egoismu, a tím se vyrovnává s člověkem. (Zvedá svou *Malchut, Midat ha-Din*, do svých *GE*, z čehož jeho *AChaP* získávají egoistické vlastnosti. Zdá se, jakoby jeho *AChaP* „sestupovaly" na duchovní úroveň člověka a vyrovnávaly se s ním vlastnostmi.)

Pokud předtím člověk vůbec nikdy necítil Vyšší stupeň, nyní však v důsledku toho, že Vyšší skryl své altruistické vlastnosti pod egoismem, čímž sestupuje na úroveň člověka, Ho člověk může pocítit.

Ale vzhledem k tomu, že jsou vlastnosti Vyššího člověkem vnímány jako egoistické, cítí, že ani v duchovním světě není nic přitažlivého, co by slibovalo potěšení, inspiraci, jistotu a klid.

A zde vzniká pro člověka příležitost k projevení svobodné vůle, aby si navzdory tomu, co cítí, řekl, že nedostatek radosti a chuti, které pociťuje ve Vyšším, duchovním, v Tóře, je důsledkem toho, že se Vyšší skryl záměrně ve prospěch člověka, protože člověk dosud nemá potřebné duchovní vlastnosti, jimiž je možné pocítit Vyšší potěšení, neboť nad všemi jeho přáními vládne egoismus.

A pro začátečníka je zejména ve stavech úpadku a prázdnoty nejdůležitější, aby v sobě našel sílu (prosbami ke Stvořiteli, studiem, dobrými skutky) tvrdit, že mu je tento stav dán speciálně proto, aby jej překonal. A to, že v úsilí o duchovní necítí potěšení a život, je záměrně učiněno Shora, aby měl možnost volby a sám řekl, že v duchovním necítí potěšení, protože nemá vhodné altruistické vlastnosti, a proto je před ním Vyšší povinen schovávat své skutečné vlastnosti.

Z toho důvodu si člověk musí pamatovat, že počátek pociťování Vyššího je právě v pociťování duchovní prázdnoty.

A pokud je člověk schopen tvrdit, že se Vyšší skrývá kvůli nesouladu jejich vlastností, prosí o pomoc při nápravě svého egoismu a vznese svoji prosbu, *MaN*[24], pak Vyšší objekt sám sebe částečně poodhalí (pozvedne svoje *AChaP*) a ukazuje své pravé vlastnosti, které dříve přikrýval egoismem, a tomu odpovídající potěšení. Člověk začíná pociťovat velkolepost a duchovní potěšení, které v Sobě vnímá Vyšší objekt z přítomnosti těchto duchovních altruistických vlastností.

Tím, že Vyšší pozvedl své altruistické kvality v očích člověka, duchovně člověka pozvedl do poloviny svého stupně (pozdvihl *GE* člověka se svými *AChaP*). Tento duchovní stav člověka se nazývá malá duchovní úroveň, *Katnut*.

Vyšší jakoby pozvedává člověka k Sobě, na svou duchovní úroveň tím, že umožňuje člověku spatřit Svoji velikost, velikost altruistických vlastností. Člověk duchovně stoupá nad náš svět, když vidí velikost duchovního ve srovnání s materiálním. Pociťování duchovního

---

[24] *MaN* (מ"ן) – akronym pro aram. *Mej Nukvin* (מעיין נוקבין), dosl. ženské vody.

nezávisle na vůli člověka mění jeho egoistické vlastnosti na altruistické – vlastnosti Vyššího.

Aby mohl člověk plně ovládnout první vrchní stupeň, Vyšší úplně otevírá sám Sebe, otevírá všechny Své duchovní vlastnosti, vytvoří *Gadlut*. Současně člověk vnímá Vyššího jako jediného dokonalého vládce všeho a dosahuje Vyššího poznání Cíle stvoření a Jeho řízení. Člověk jasně vidí, že je nemožné jednat jinak, než jak tvrdí Tóra. Nyní jej k tomu zavazuje jeho rozum.

V důsledku jasného poznání Stvořitele vzniká v člověku rozpor mezi vírou a znalostmi, pravou a levou linií: má již altruistické vlastnosti, *Kelim de-Hašpa'a*. Ve stavu *Katnut* by člověk rád následoval jenom cestu víry v moc Stvořitele, protože je to známka nezištnosti jeho přání, ale překáží mu v tom to, že mu Stvořitel odhalil Svou moc, *Gadlut* Vyššího. Ze své strany je člověk připraven pohrdat získanými znalostmi.

Prosba člověka za to, aby dával přednost chůzi poslepu a věřil ve velikost Stvořitele nikoliv proto, že si uvědomil Jeho sílu a velikost, a aby používal rozum pouze úměrně k existující víře, nutí Vyššího zmenšit Svoje odhalení.

Toto jednání člověka, které nutí Vyššího, aby zmenšil odhalení všeobecného řízení, všemohoucnosti, Světla (*Or Chochma*), se nazývá clona (*Masach*) *de-Chirik*: člověk zmenšuje odhalení Vyššího rozumu, levou linii, do té míry, v jaké ji může vyvážit svou vírou, pravou linií.

Získaný správný vzájemný poměr mezi vírou a vědomostmi se nazývá duchovní rovnováha, střední linie. Člověk sám určuje stav, ve kterém si přeje se nacházet.

V tomto případě člověk již může existovat jako duchovní objekt, protože je složen ze správného poměru víry a rozumu, nazvaného střední linie, zásluhou které člověk dosahuje dokonalosti.

Ta část poznání, odhalení, levá linie, kterou člověk může použít v souladu s velikostí své víry, pravou linií, když kráčí cestou víry výše rozumu, střední linií, se přidává k duchovním vlastnostem, které dříve získal ve stavu *Katnut*. Nová získaná duchovní úroveň se nazývá *Gadlut* – velký, plný, dospělý.

Poté, co člověk získal svou první plnou duchovní úroveň, stává se svými kvalitami rovnocenným první a nejnižší úrovni duchovního žebříku.

Vzhledem k tomu, že všechny stupně žebříku, jak již bylo zmíněno, částečně vstupují jeden do druhého, navzájem do sebe pronikají svými vlastnostmi, člověk, který dosáhl plného prvního stupně, v sobě může odhalit část Vyššího stupně a podle stejného principu postupovat k Cíli stvoření – úplnému sloučení se Stvořitelem na nejvyšším stupni.

* * *

Duchovní vzestup spočívá v tom, že pokaždé, když v sobě člověk odhaluje čím dál větší zlo, prosí Stvořitele, aby mu dal sílu zlo překonat. A pokaždé obdrží sílu ve formě většího duchovního Světla, dokud nedosáhne skutečné původní velikosti své duše – veškerého svého napraveného egoismu, zcela naplněného Světlem.

Když člověka navštíví cizí myšlenky, věří, že mu brání v pokročilejším zvládnutí duchovního, protože jeho síly jsou oslabeny, mysl je vyčerpána cizími myšlenkami a srdce se naplňuje žalostnými touhami. A z toho všeho přestává věřit, že skutečný život je skrytý pouze v Tóře.

A když člověk navzdory všemu tento stav překoná, vystupuje ke Světlu a obdrží Vyšší světlo, což mu pomáhá ještě více se pozvednout. Cizí myšlenky jsou tedy pomocníkem člověka v duchovním postupu.

Překonat překážky je možné pouze s pomocí Stvořitele. Protože člověk může pracovat jen tehdy, když pro sebe vidí výhodu, a to v jakékoliv formě.

A jelikož naše tělo, srdce ani rozum nechápou, jaký prospěch mohou mít z altruismu, z toho důvodu, jakmile chce člověk učinit nejmenší altruistický čin, nemá sílu jednat ani rozumem, ani srdcem, ani tělem. A jediné, co mu zbývá, je prosit o pomoc Stvořitele. A tímto způsobem se chtě nechtě přibližuje ke Stvořiteli, dokud se s Ním úplně nesloučí.

* * *

Člověk nemá právo si stěžovat, že se narodil nedostatečně chytrý, silný nebo málo odvážný nebo že nemá ještě nějaké jiné kvality jako ostatní lidé, neboť pokud nekráčí správnou cestou, nemá užitek ani z těch nejlepších předpokladů a schopností. Je možné, že se dokonce stane velkým vědcem, dokonce může být znalcem *Talmudu*, ale pokud nedosáhne spojení se Stvořitelem, nesplní svoje předurčení stejně jako všichni ostatní. Protože hlavním úkolem je dosáhnout úrovně spravedlivého. Vždyť pouze v tomto případě může člověk využívat žádoucím směrem všechny schopnosti, které má, a nespotřebuje nadarmo své síly a všechny, dokonce i ty nejslabší a průměrné schopnosti, které mu Stvořitel na to dal, nýbrž je všechny použije ve jménu Vyššího cíle.

* * *

Pokud se člověk nachází ve stavu duchovního poklesu, je zbytečné ho přemlouvat, aby se vzmužil, říkat mu učené moudrosti – nic, co slyší od druhých, mu nepomůže! Ani příběhy o tom, co přečkali a pocítili jiní, a to, co mu radí, ho v žádném případě nepovzbudí, protože se z něho úplně vytratila víra ve vše včetně porozumění druhým.

Ale jestliže říká sám sobě, co říkal a prožil v době, kdy byl ve stavu duchovního vzestupu, kdy byl plný života a nebyl duchovně mrtvý jako nyní, pokud si pamatuje své touhy, duchovní odhalení, může si tím dodat odvahy. Vzpomínky na to, že sám věřil a kráčel cestou víry výše rozumu – pokud si na to vzpomene a vyvolá tím své vlastní pocity – tímto způsobem může sám sobě pomoci, aby se dostal ze stavu duchovní smrti. Proto se člověk musí spoléhat na své vlastní vzpomínky a zkušenosti – pouze ony mu mohou pomoci se dostat z duchovního poklesu.

* * *

Práce člověka, který se pozvedl na jakoukoli duchovní úroveň, spočívá v tom, že v pocitech potěšení, jež k němu přicházejí, okamžitě provádí selekci a tu část potěšení, kterou nedokáže vyvážit vírou, ihned odhazuje jako nevhodnou k použití. V kabale se část potěšení, kterou člověk přijímá kvůli Stvořiteli, aby posílil svoji víru, a nic více, nazývá potrava. Část, kterou nemůže přijmout, se nazývá odpady. Pokud není schopen provést prověření a přeje si vstřebat veškerou potravu, což se v kabale nazývá „opilý" (z přebytku rozkoše), pak ztratí vše a nezůstane mu nic, a to se v kabale nazývá „chudý".

* * *

Člověku vysvětlují, co může a co nelze dělat, a pokud to neplní, je potrestán. Jestliže však člověk předem nepředvídá bolest a utrpení, které mu hrozí, když poruší zákon, pak ho pochopitelně poruší, a jestliže z porušení přijme potěšení, bude potrestán, aby v budoucnu věděl, že takto není možné postupovat.

Například existuje zákon, že nelze ukrást peníze. Ale pokud má člověk velkou touhu po penězích a ví, kde je může ukrást, pak i když ví, že bude za krádež určitě potrestán, nebude schopen posoudit všechno utrpení z trestu. A proto se rozhodne, že je potěšení z peněz mnohem větší než utrpení z trestu. A když zakouší utrpení z trestu, pak vidí, že je mnohem větší, než předpokládal, a větší než potěšení, které získal z krádeže peněz. A proto je nyní schopen dodržovat zákon. Ale při odchodu na svobodu mu říkají: „Věz, že dostaneš ještě větší trest, když to uděláš znovu." A připomínají mu to, protože zapomíná na utrpení, která prodělal. A nyní, když znovu zatouží ukrást, vzpomene si, že bude z trestu za druhou krádež trpět ještě více. Proto je možné, aby před krádeží sám sebe zadržel.

Z tohoto a dalších příkladů z našeho života, které může najít kolem sebe sám čtenář, je zřejmé, že utrpení nasměruje člověka dokonce i na cestu, po které by sám podle přání vlastního egoismu nikdy nešel, jelikož ukrást je mnohem jednodušší než vydělat, je snazší odpočívat než přemýšlet a pracovat a těšit se je příjemnější než trpět.

Tím spíše, pokud se člověk rozhodne studovat Tóru nebo dodržovat Přikázání, musí již skutečně vědět, že to je pro jeho prospěch. To znamená, že musí pochopit, že z toho bude mít zisk jeho egoismus. Neboť vzít na sebe práci, která je absolutně nezištná, nezaplacená penězi ani poctami, potěšením či sliby do budoucnosti, není schopen nikdo z nás.

Navíc, není člověk schopen pracovat, aniž by viděl důsledky práce, její plody; když dokonce ani nevidí, nepozoruje to, co dělá, že někomu dává, že někdo přijímá; nevidí, pro koho pracuje – to znamená, že vynakládá úsilí do prázdného prostoru. Náš egoistický rozum a tělo na to samozřejmě nejsou připraveny, protože byly Stvořitelem stvořeny kvůli tomu, aby se těšily!

A pouze skrze utrpení, které člověk pociťuje ve veškerém životě kolem sebe, když naprosto ztratí chuť k životu, v němž není sebemenší potěšení, a na základě úplné jistoty, že nemůže získat ani to nejmenší potěšení z čehokoliv kolem sebe (v jakékoliv formě: klid, radost atd.), je donucen si začít přát a začít jednat „altruisticky" v naději, že na této nové cestě najde spásu.

A ačkoli to ještě není altruismus, protože cílem jednání je osobní blaho a spása, tyto činy však již mají k altruismu blízko a člověk k němu postupně přejde pod vlivem Světla skrytého v jeho činech.

Protože když jedná altruisticky ve svůj prospěch – dává, aby přijal – člověk začíná ve svých činnostech pociťovat skryté Světlo – potěšení z tohoto Světla, jehož povaha je taková, že napravuje člověka.

***

V přírodě můžeme pozorovat následující: vydatné deště se mohou vylévat na zemi, ale ne na místa, kde je to zapotřebí, například místo na pole – na poušť, kde z nich nebude žádný užitek. Avšak z malých srážek na potřebném místě vyroste mnoho plodů. Podobně může člověk bez přestávky studovat Tóru, ale nevidí ovoce, které by mělo vzejít z jeho studia – duchovní odhalení Stvořitele, a naopak, vloží-li do studia kabaly méně práce a studuje-li na potřebném místě, obdrží ze své práce požehnanou úrodu.

A také při studiu již samotné kabaly, jestliže se v mysli veškeré studium zaměřuje na hledání Stvořitele, a nikoliv na získání znalostí, pak se veškerá životodárná vláha Tóry rozlévá na správné místo, protože je kvůli tomu dána. Ale pokud se člověk učí kvůli znalostem, nebo – ještě hůře – aby ukázal svůj intelekt a byl naň pyšný, pak nepřinese ovoce ani kabala. Ale v takovém případě může kabala člověku odhalit požadovaný cíl studia a poté již sám člověk vynakládá úsilí tímto směrem.

Tento proces hledání potřebné myšlenkové orientace se děje po celou dobu studia kabaly, neboť veškerá práce člověka spočívá právě v tom, aby sám sebe nasměroval na správnou stranu, aby jeho myšlenky a činy byly zejména během studia kabaly jednotné s Cílem stvoření, protože pro přiblížení se k duchovnímu neexistuje silnější prostředek.

***

Egypt je v Tóře personifikací našeho egoismu (proto se nazývá *Micrajim*, ze slova *Mic Ra* – koncentrát zla), „Amálek" je kmen, který bojoval s *Jisra'elem* (ישראל – Izrael, ze slov *Jašar El*, ישר אל – přímo ke Stvořiteli, tedy s těmi, kteří chtějí směrovat přímo ke Stvořiteli) a ztělesňuje náš egoismus, který nám v žádném případě nechce dovolit, abychom se dostali z jeho moci.

Egoismus se projevuje (útočí) pouze v pocitech člověka, jenž se chce vymanit z egyptského zajetí, z egoismu. Přičemž, i když se tento člověk nachází na samém začátku cesty, okamžitě mu jeho cestu překříží Amálek.

Tento pocit egoismu, který v člověku zesiluje, je posílán samotným Stvořitelem. Pouze vyvoleným, kterým Stvořitel dává touhu Ho odhalit, posílá Amáleka kvůli tomu, aby byl pro ně nezbytný sám Stvořitel a aby neusilovali pouze o zlepšení svých vlastností, nesnažili se například prostě být „dobrými" lidmi.

A takový člověk začíná pociťovat při zlepšování svých činů velké obtíže, bývalá silná touha se učit mizí do té míry, že se pro tělo stává obtížné vykonávat nezbytné činy.

Boj s tělem v zásadě probíhá tím způsobem, že tělo (rozum, naše „já") chce pochopit, kdo je Stvořitel, kam je třeba jít a proč, zda mu (tělu) bude dobře z každého jeho úsilí. Jinak ani naše mysl, ani naše tělo neposkytnou žádnou energii ani motivaci k uskutečnění čehokoliv. A mají pravdu, protože je hloupé dělat cokoliv, aniž by bylo předem známo, co z toho může vzniknout.

Neexistuje jiný způsob, jak se dostat nad rámec naší přirozenosti do duchovního antisvěta, než získat jinou inteligenci a touhy tohoto antisvěta. Ty jsou protikladné k našim, protože vše, čemu rozumíme, co cítíme, vše, co nám poskytuje obraz toho, co nazýváme naším světem, rámcem našeho světa, jsou pojmy egoistického rozumu a egoistického srdce.

Proto je možné vejít do duchovního světa pouze tehdy, když je změníme na protikladné – na víru namísto rozumu a na odevzdávání namísto přijímání.

Ale jelikož ovládáme pouze nástroje, se kterými jsme byli stvořeni – rozum a egoismus (přičemž naše mysl slouží jen našemu egoismu), pak jen zvenku, tedy od Stvořitele, můžeme získat jiné nástroje rozumu a pocitů.

Proto nás také Stvořitel „přitahuje" k Sobě a současně ukazuje, že my sami se nedokážeme předělat. A chtě nechtě musíme hledat a vytvářet spojení se Stvořitelem, což je zárukou našeho duchovního spasení.

Člověk by neměl prosit Stvořitele o možnost vidět, pociťovat zázraky, prohlašovat, že mu to pomůže jít proti sobě samému a poskytne mu to sílu namísto slepé víry ve velikost duchovního. Tóra před tím varuje příkladem: Ihned po opuštění Egypta na člověka zaútočí Amálek. A Mojžíš ho porazil právě tím, že zvedl ruce a prosil o sílu víry.

V důsledku našeho duchovního vzestupu však neustále získáváme

Vyšší rozum, na každém stupni stále větší. A musíme neustále zvyšovat sílu naší víry, aby byla výše rozumu, jinak znovu spadneme do moci egoismu. A to tak dlouho, dokud se plně nespojíme se Stvořitelem.

V tomto stavu dosahujeme absolutního poznání, maximálního přijímání Světla (*Or Chochma*) bez jakékoliv gradace, jak je řečeno v Tóře: „Světlo stvořené první den stvoření, ve kterém viděl první člověk od jednoho konce světa až do druhého konce," nebo jak je řečeno v kabale: „Na počátku stvoření bylo vše naplněno Vyšším světlem." To znamená, že když Světlo svítí všem bez rozdílu úrovní a vše je naprosto jasné, nemá začátek (*Roš*) ani konec (*Sof*), nemá žádné odstíny a vše je úplně pochopitelné.

* * *

Je cesta Tóry a je samotná Tóra. Cesta Tóry je obtížné období přehodnocování smyslu života, zkoumání sebe sama, své přirozenosti, přesného určení směru svých tužeb, pravdivého vnímání motivace k činům, úsilí překonat touhy těla a požadavky rozumu, plné uvědomění svého egoismu, dlouhé období utrpení při hledání ukojení přání, zklamání z nemožnosti nalézt pravou „náplň" svých úsilí, pochopení, že skutečný únik ze zdroje utrpení, egoismu, spočívá v altruistických myšlenkách bez jakýchkoli myšlenek o sobě, postupné pociťování slasti v myšlenkách o Stvořiteli – do té míry, že člověk chce přemýšlet pouze o Něm.

Teprve poté, co člověk projde všemi obdobími svého přípravného duchovního vývoje, který se nazývá cestou Tóry, postihne samotnou Tóru – Vyšší světlo, jež mu postupně svítí stále víc a více v míře jeho stoupání po stupních duchovního žebříku, jenž vede k úplnému sloučení se Stvořitelem.

Celá naše cesta se tudíž skládá ze dvou částí: cesty Tóry a Tóry samotné. Cesta Tóry je období přípravy nových myšlenek a přání, během kterého člověk cítí utrpení. Ale poté, co projde tímto přechodem, koridorem, který vede ke komnatám Stvořitele, vstoupí do duchovnosti, do království Světla, a dosahuje Cíle stvoření – Tóry, plného pociťování Stvořitele.

* * *

Generací potopy se nazývá období práce v srdci, generací stavitelů Babylonské věže se nazývá období práce v rozumu...

***

Veškerý rozdíl mezi lidmi spočívá v tom, čím se každý z nás přeje těšit, počínaje prvním okamžikem života až po jeho poslední chvíle. To znamená, že veškerý rozdíl tkví ve formě, v jaké si člověk přeje přijímat potěšení – samotné potěšení je duchovní. A jen vnější slupka nám vytváří iluzi jeho materiálnosti.

Proto se nevědomky snažíme změnit vnější slupky (oděvy) potěšení a doufáme, že ho pocítíme v čisté, odhalené podobě Světla Stvořitele. Protože však rozdíl mezi lidmi spočívá v usilování o různé vnější slupky potěšení, člověka soudíme podle názvů (jmen) těchto slupek. Některé oděvy potěšení přijímáme jako běžné, obecně přijaté, například lásku k dětem, jídlo, teplo atd., některé společností přijímány nejsou (například drogy) a člověk svou touhu po nich musí skrývat.

Celým lidstvem je však přijat souhlas se vzájemně vyváženým používáním svého egoismu v přijatém rámci bez veškerého ostychu. Přičemž má každý stanovené hranice na využívání vlastního egoismu a tyto hranice jsou v podstatě diktovány módou. Diktát nejvíce žádaných slupek (vnějších oděvů potěšení) se neustále mění podle míry rozvoje společnosti. A každý z nás během svého života pod vlivem věku, tedy pod obecným „přirozeným" vlivem Stvořitele Shora, také mění slupky, pomocí kterých uspokojuje svou potřebu po potěšení.

Přičemž občas dochází k výraznému přerodu, ke změně slupek potěšení, dokonce i v jednom člověku. Například dívenka má radost z panenky, ale není schopna mít potěšení z péče o skutečné dítě, zatímco její matka už nemůže přijímat potěšení z panenky, ale také nemůže přesvědčit svou dceru, aby se těšila z živého kojence.

Z pohledu dívky, jak může soudit podle svých pocitů, její matka tvrdě pracuje s živým dítětem, aniž by z toho měla potěšení. (A jakou radost je přitom možné mít ze živého dítěte – není to panenka!) Pravděpodobně za to bude v budoucím světě odměněna.

„Chci se těšit v tomto světě, a proto si hraji s panenkou!" Dítě si to myslí a je nemožné s ním nesouhlasit, protože ještě nedorostlo do stavu, ve kterém může nalézt potěšení ve skutečných objektech, a najde ho v hračkách, tedy ve falešných, neskutečných objektech.

My všichni, Boží stvoření, tíhneme pouze k potěšení, které přichází od Stvořitele. A vše, co můžeme, je toužit pouze po Něm a jenom v tom cítit život. A tím se nelišíme ani od našich duší před jejich sestoupením do našeho světa a odění se do našeho těla, ani od stavu, kdy se po všech našich kolobězích života všichni vrátíme ke Stvořiteli. Jsme stvořeni tak, že si přejeme se těšit Světlem, které z Něho vyzařuje, a to nelze změnit a ani to není potřeba! Vše, co se od nás vyžaduje a kvůli čemu nás také Stvořitel stvořil, je to, abychom změnili vnější slupku našich potěšení, vyměnili panenku za živé dítě – a opravdu se těšili!

* * *

Člověk si přeje, stejně jako kojenec při krmení, pouze přijímat to, co chce. Ale chtě nechtě souhlasí, že vynaloží úsilí, pokud si je jist, že jeho výsledkem bude získání potěšení. Jestliže si však člověk přeje prostřednictvím studia Tóry pracovat na sobě, pak se jeho tělo okamžitě zeptá: proč je to zapotřebí?

Na tuto otázku jsou čtyři odpovědi:
1) proto, abychom naštvali ostatní – nejhorší cíl, protože usiluje o způsobení utrpení druhým;
2) proto, abychom se stali velkým *Ravem*, získali dobrou pozici, pocty, peníze, úspěšně se oženili – tento cíl je lepší než předešlý, protože z toho budou mít lidé prospěch – nazývá se to práce pro druhé, protože mu druzí platí;
3) proto, aby o jeho studiu a práci na sobě samém věděl pouze Stvořitel a lidé to nevěděli: nechce přijímat pocty od lidí, ale přeje si odměnu od Stvořitele. To se nazývá práce pro Stvořitele, protože od Něho očekává odměnu;
4) proto, aby Stvořitel obdržel všechny plody jeho práce, ale na oplátku od Něho neočekává žádnou platbu. A pouze v tomto případě se ho egoismus ptá: co z toho budeš mít? A takový člověk nemá nic, co by sám sobě odpověděl, a zbývá mu jen kráčet navzdory svému rozumu a pocitům, to znamená výše svého rozumu a pocitů[25].

* * *

Veškerá jeho práce tedy spočívá v tom, že úplně zabraňuje svému myšlení a svým pocitům kritizovat a prověřovat svůj stav, důvěřuje svému Stvořiteli a sám vynakládá plnou míru svých sil na to, aby vždy

---

[25] למעלה מדעת – *Le-Ma'ala mi-Da'at*.

byly všechny jeho myšlenky a pocity neustále o Stvořiteli a velikosti duchovního života. Ale na všechny výzvy svého vnitřního hlasu rozumu se všemi jeho argumenty o nutnosti se postarat o nejrozmanitější problémy současného života odpovídá, že plní vše, co je od něho vyžadováno, ale všechny své myšlenky a touhy zaměřuje pouze na blaho Stvořitele. A nechce vnímat žádnou kritiku vnitřního hlasu. Tímto způsobem člověk jakoby visel ve vzduchu bez veškerého rozumného bodu podpory, což se také nazývá výše rozumu a pocitů[26].

* * *

Čím více se člověk těší z něčeho, co získal, tím více si toho cení. A čím více si toho cení, tím více se bojí, že to ztratí.

Avšak jak člověk může dospět k uvědomění a pocítění důležitosti duchovního, pokud ho nikdy nepocítil? To k němu přichází na základě jeho úsilí právě ve stavech duchovní prázdnoty, kdy prožívá, že ani trochu necítí duchovní velikost, že je nesmírně vzdálen od Stvořitele a není schopen se změnit.

Právě v tomto stavu je úsilí člověka nazýváno každodenní prací a vzbuzuje v něm pocit důležitosti duchovního vnímání nazývaného sobota, kdy už nepotřebuje (je zakázáno) pracovat na sobě, ale pouze ochraňovat (sobotu), aby neztratil tento dar Stvořitele.

* * *

Je známo, že má-li člověk o něco osobní zájem, pak již chtě nechtě nemůže objektivně posuzovat cokoli, co je spojeno s tímto objektem. Pokud je tudíž někomu řečeno přímo, že se chová nesprávně, nikdy s tím nebude souhlasit, neboť takto je to pro něho pohodlnější, a proto je přesvědčen, že jedná správně.

Jestliže však člověk na sebe přece přijme povinnost jednat, jak mu říkají, postupně odhaluje, že pravda nespočívá v jeho minulých činnostech a myšlenkách, nýbrž v tom, co mu doporučují. Tento princip se v Tóře nazývá „učiníme a uslyšíme".[27]

* * *

Vzhledem k tomu, že Cílem Stvořitele je těšit stvoření (což jsme

---

[26] למעלה מדעת – Le-Ma'ala mi-Da'at.
[27] נעשה ונשמע – Na'ase ve-Nišma.

pouze my, neboť vše ostatní je Jím stvořeno pouze k pomocným účelům), dokud člověk nepocítil dokonalost v potěšení, ale může v něm odhalit (podle kvality, stupně, po nějakém čase atd.) nějaký nedostatek, je to příznak toho, že dosud nedospěl k Cíli stvoření.

Ale aby bylo možné získat potěšení, Cíl stvoření, je nutné nejdříve provést nápravu touhy přijímat potěšení – tudíž přijímat jen proto, že si to přeje Stvořitel. Přičemž by se člověk neměl starat o získání potěšení, protože ho pocítí ihned v tom okamžiku, jakmile se sám napraví. Takže musí přemýšlet pouze o tom, jak se má napravit.

Je to podobné člověku, který si přeje koupit byt. Neměl by přemýšlet o tom, jak ho získá, nýbrž o tom, jak za byt zaplatí, jak na to vydělá, protože jakmile bude mít peníze, byt již bude jeho. Všechna úsilí by tedy neměla být zaměřena na byt, ale na peníze.

Stejně tak musí být i v odhalování duchovního veškeré úsilí zaměřeno na vytvoření podmínek pro přijímání Světla, a nikoli na samotné Světlo – to znamená na vytváření altruistických myšlenek a tužeb – a pak bude okamžitě pocítěno duchovní potěšení.

**

Přínos pokroku lidstva spočívá v tom, že navzdory skutečnosti, že se lidstvo neustále mýlí a zdá se, že se z vlastních chyb nepoučilo, proces hromadění utrpení probíhá ve věčné duši, a nikoliv ve smrtelných tělech.

Žádné utrpení tudíž nezmizí a vede lidské tělo v nějakém koloběhu života v tomto světě k uvědomění si nezbytnosti hledat způsoby, jak se zbavit utrpení zásluhou duchovního pozvednutí.

Vyšší duchovní světy můžeme vzhledem k nám oprávněně nazvat antisvěty, protože v našem světě jsou všechny zákony přírody postaveny na egoistickém základě, na přání uchvátit a pochopit, avšak podstatou Vyšších světů je absolutní altruismus, přání dát a věřit.

A tyto dva protikladné póly duchovní a materiální přírody jsou natolik inverzní, že si navzájem vůbec nejsou podobné, a všechny naše pokusy si představit, co se tam děje, nám v žádném případě neposkytnou ani tu nejmenší představu. Duchovní pocity je možné získat pouze záměnou přání srdce z „uchvátit" na „odevzdat" a přání rozumu z „pochopit" na „věřit" navzdory rozumu.

Obě tato přání jsou navzájem propojena, ačkoli se přání uchvátit nachází v srdci a přání pochopit v rozumu. A to proto, že jejich základem je egoismus.

* * *

V kabale je řečeno, že pořadí zrodu duchovního objektu začíná tím, že „otec vyvede ven matku", aby porodil syna: dokonalost „vystrkuje" rozum z procesu analýzy okolí, aby bylo možné získat nový, Vyšší rozum, který není závislý na touhách, a je tudíž skutečně objektivní.

* * *

Prostá víra ve Stvořitele nestačí. Tato víra také musí být ve jménu Stvořitele, a nikoliv pro vlastní blaho.

* * *

Modlitbou se nazývá pouze taková prosba ke Stvořiteli, jejímž prostřednictvím se zamýšlí vyvolat ve Stvořiteli přání pomoci, aby ten, kdo se modlí, získal pocit důležitosti a velikosti Stvořitele. Pouze tehdy, cítí-li Stvořitel takovou touhu, reaguje pozvednutím prosícího do Vyššího světa, kde se mu odkrývá velikost Stvořitele, která mu dává sílu k pozvednutí se nad vlastní přirozeností.

* * *

Pouze když člověk obdrží Světlo Stvořitele, které mu dá sílu, aby čelil svému egoistické přirozenosti, získá pocit, že dosáhl věčnosti, stability, protože se v něm již nemůže nic změnit. Nikdy se nevrátí zpět k egoismu a bude již navždy žít v duchovním světě. Proto se v jeho pocitech stává přítomné i budoucí shodné a vzniká pocit dosažení věčnosti.

* * *

Poněvadž se náš Stvořitel nachází ve stavu absolutního klidu, tak i my, jeho stvoření, toužíme po stavu klidu – po dosažení kýženého. Stvořitel pro náš rozvoj stvořil dvě síly: podněcující zezadu čili utrpení, jež nás nutí utéci z našeho stavu, a přitahující, která vábí potěšením zepředu. Ale pouze tyto dvě síly současně, a nikoliv každá zvlášť, jsou schopné nás popostrčit z místa a donutit nás k pohybu.

A člověk by si v žádném případě neměl stěžovat, že ho Stvořitel stvořil líným, že je to vina Stvořitele, že je proň tak těžké se pohnout z místa. Je to však naopak: člověk se nesnaží bezděčně a impulzivně v životě hledat nějaké malé záliby právě proto, že je líný, tudíž dlouho přemýšlí, zda má cenu ztrácet síly na to, co mu náhodou padlo do oka.

A od utrpení neutíká okamžitě, ale posuzuje, proč a za jakým účelem je obdržel, učí se z nich, aby se jim v budoucnu vyhnul, neboť ho nutí k jednání a k pohybu, což je pro něho tak obtížné uskutečnit.

* * *

Ve všech životních situacích by chtěl člověk využívat svůj veškerý egoismus. Ale okolí mu tímto způsobem neumožňuje jednat. Všechny naše zákony lidského soužití jsou postaveny na vzájemné dohodě o využívání svého egoismu každým tak, aby přitom co nejméně trpěli druzí, protože chceme z každého soužití vytěžit maximální zisk: prodávající by chtěl získat peníze bez předání zboží a kupující by chtěl získat zboží zdarma. Zaměstnavatel sní o pracovnících, kterým by nemusel platit, a zaměstnanec chce získat plat, aniž by pracoval.

Naše touhy mohou být měřeny pouze silou utrpení z nepřítomnosti toho, po čem toužíme: čím větší je utrpení z nepřítomnosti žádaného, tím větší pak je touha po dosažení žádaného.

* * *

Říká se: „Stvořitel si přeje žít v nižších stvořeních" – vytvořit tyto podmínky v nás samotných je Cílem stvoření a naše předurčení.

* * *

Uctívání idolů (*Avoda Zara*) je následování egoistických přání těla, jakožto protiklad k duchovní práci, *Avodat ha-Šem*, *Avodat ha-Kodeš* – následování altruistických přání nebo cílů (pokud ještě nejsou žádná přání).

* * *

Duchovní sloučení je úplná podobnost vlastností dvou duchovních objektů.

* * *

Duchovní láska je důsledkem pocitu úplného sloučení. Vzhledem k tomu, že se tím míní sloučení dvou protikladných vlastností, člověka a Stvořitele, pak kontrola – je-li to láska nebo podřízení – spočívá v tom, že pokud člověk nemá touhu se vrátit ke své moci, vládě svých přání, pak je to známka opravdové lásky ke Stvořiteli.

* * *

Shoda znamená, že stejně jako má Stvořitel radost z dobrého vlivu na stvoření, tak i člověk má radost z toho, že může něco dát Stvořiteli.

* * *

Návrat, *Tšuva*, znamená, že se člověk během svého života na tomto světě vrátí do duchovního stavu, ve kterém se nacházel při stvoření své duše (stav prvního člověka před pádem do hříchu).

* * *

Existují dva orgány činnosti, dva principy, které v člověku působí od počátku – rozum a srdce, myšlení a touha. A na obou principech člověk musí pracovat, aby přetvořil jejich egoistický základ na altruistický.

Všechna naše potěšení cítíme v srdci. Pokud je člověk schopen se zříci jakéhokoliv pozemského potěšení kvůli získání duchovních vlastností, zaslouží si obdržet skutečné potěšení Shora, protože už nepoužívá svůj egoismus.

Mysl necítí potěšení z toho, že rozumí tomu, co dělá. Je-li člověk schopen jednat bez porozumění jenom na základě síly víry, proti tomu, co mu říká rozum, nazývá se to „kráčet vírou výše rozumu" navzdory tomu, že rozum chápe a přemýšlí odlišně, což znamená, že člověk v mysli vyloučil svůj egoismus a může jednat podle rozumu Stvořitele, a nikoliv podle svého vlastního intelektu.

* * *

Světlo Stvořitele proniká vším, co bylo stvořeno, včetně našeho světa, ačkoliv to vůbec necítíme. Toto Světlo se nazývá Světlem, jež oživuje stvoření. Díky němu existují stvoření, světy; jinak by se nejenže zastavil život, ale zmizel by i materiál, z něhož sestávají. Toto oživující Světlo projevuje své působení ve všech oděvech materiálních objektů a jevů našeho světa před našima očima.

* * *

Všechno, co nás obklopuje, i my sami – to všechno není ničím jiným než Světlem Stvořitele, a to jak v Tóře, tak ve hmotě, i v tom nejvíce hrubém stvoření. A rozdíl cítíme jenom my, kteří vnímáme vnější obaly, oděvy Světla. Ve skutečnosti však uvnitř všech stvoření působí jediná síla – Světlo Stvořitele.

Většina lidí nevnímá Světlo Stvořitele, nýbrž pouze jeho vnější oděv. Jsou lidé, kteří pociťují Světlo Stvořitele pouze v Tóře. A jsou lidé, kteří cítí Světlo Stvořitele ve všem. Cítí, že vše kolem je Světlo, které vychází ze Stvořitele a samo Sebou všechno zaplňuje.

Stvořitel se rozhodl stvořit člověka v našem světě, aby člověk mohl z nejnižšího počátečního stavu duchovně vystoupat na úroveň Stvořitele, stát se podobným Stvořiteli. Proto Stvořitel stvořil vlastnost egoismu – touhu po sebepotěšení. Toto pociťování egoismu se nazývá „první stvoření".

Vzhledem k tomu, že Stvořitel je Světlo, první stvoření bylo přirozeně naplněno Světlem – potěšením.

Na počátku stvoření tedy Světlo – potěšení – úplně zaplňovalo všechen stvořený prostor – egoismus. Bezmezně zaplňovalo všechny touhy po potěšení, jaké jen ve stvořeném egoismu existují.

Poté Stvořitel omezil šíření Světla, skryl ho a na jeho místě se ve stvoření, v touze po potěšení, v egoismu, objevila bolest, prázdnota, tma, smutek – vše, co je možné si představit při naprosté nepřítomnosti potěšení z čehokoliv.

Kvůli tomu, aby v člověku byla zachována minimální touha po životě, aby nespáchal sebevraždu z nepřítomnosti jakéhokoliv potěšení, nám Stvořitel dává přání se těšit malou částí světla, *Ner Dakik* (נר דקיק, dosl. tenoučká svíce), jež se odívá do různých objektů našeho světa, o které proto usilujeme.

Z toho důvodu se podvědomě a automaticky nacházíme v neustálé honbě za Světlem Stvořitele a jsme otroky této přirozené touhy.

Člověk však musí věřit, že ukrytí Stvořitele, pociťování beznaděje během nepřítomnosti potěšení, je stvořeno Stvořitelem záměrně, ve prospěch člověka, protože pokud by Světlo Stvořitele naplnilo egoismus, člověk by pak neměl svobodnou vůli jednat nezávisle, neboť by se stal otrokem potěšení, které ho naplňuje.

A pouze tehdy, je-li člověk odtržen od Světla Stvořitele, když pociťuje Jeho ukrytí a cítí se jako naprosto nezávislá, samostatná bytost, existuje možnost samostatného rozhodování a jednání.

Tato samostatnost se však projevuje pouze za určitých podmínek. Vždyť přestože se Stvořitel před námi skryl, náš egoismus v nás zůstal a řídí všechny naše myšlenky a pocity.

Proto skutečná svobodná vůle vzniká pouze tehdy, když:
1) člověk necítí vliv Stvořitele a
2) může jednat nezávisle na svém těle.

***

Tato možnost nám je poskytnuta výlučně v našich pozemských podmínkách, proto se v nich také nacházíme. A člověk musí věřit, že na světě není nikdo a nic kromě Stvořitele.

A dokonce i on sám je jakési nezávislé uvědomění si svého „já" právě v důsledku egoismu, který byl vytvořen v jeho pocitech, a kdyby se této kvality zbavil, znovu by se stal součástí Stvořitele.

Člověk musí věřit, že je ukrytí Stvořitele pociťováno pouze jím samotným v jeho pocitech a že je ukrytí Stvořitele vytvořeno speciálně ve prospěch člověka. Neboť do té doby, dokud člověk nebude připraven poznat pravdu, musí věřit, že pravda není taková, jakou ji nyní vnímá ve svých pocitech. A pochopit ji je možné postupně a jen v míře, ve které člověk dosahuje dokonalosti svých vlastností.

Veškerá práce člověka je tedy možná pouze ve stavu, kdy jsou před ním skryta duchovní potěšení, aby si i přes ukrytí Stvořitele mohl říci, že cítí nepřitažlivost duchovního jenom proto, že je to přání Stvořitele, a ve skutečnosti neexistuje nic více dokonalého.

A pokud člověk navzdory pociťování tmy, sklíčenosti a prázdnoty, navzdory argumentům rozumu, může vyvíjet úsilí a pokoušet se o pocítění Stvořitele, o duchovní sblížení, což se nazývá, že kráčí výše svého rozumu a pocitů podle principu „*víra výše rozumu*",[28] pak se mu Stvořitel odhalí, jelikož člověk hledá a očekává ve všech svých stavech jenom toto.

Tímto způsobem se v člověku rodí skutečná touha pocítit Stvořitele, což je nezbytná podmínka pro odhalení Stvořitele.

Síla víry v to, že je možné pocítit Stvořitele, se měří pociťováním hloubky pádu, ze kterého se člověk může dovolávat Stvořitele.

Ale člověk musí chápat, že pokud na pocítění Stvořitele ještě není připraven, chtě nechtě se tímto nadpozemským pocitem potěší egoisticky.

Proto člověk musí Stvořitele prosit: (1) aby byl připraven pocítit Vyšší potěšení a (2) aby mu Stvořitel dal sílu k tomu, aby se udržel ve víře výše rozumu nehledě na odhalení Stvořitele.

***

Ze strany nečistých sil (*Klipot*) existují dva druhy překážek, které

---

[28] אמונה למעלה מדעת – *Emuna le-Ma'ala mi-Da'at.*

v sobě máme: zadržení (*Achizat Klipot*) a kojení (*Jenikat Klipot*).

Když člověk ve studiu a v práci na sobě necítí žádnou chuť a kráčí vpřed s přemáháním, pak mu *Klipa* ukazuje všemožné nedostatky duchovního života: člověk cítí, že v duchovním nic není.

V důsledku toho mají *Klipot* příležitost člověku „zabránit" ve studiu, jelikož nevidí velikost duchovního. Takový stav je nazýván projevením Stvořitele v prachu (*Šchina be-Afar*).

Ale pokud se člověk silou vůle i nadále pokouší jít vpřed a začne v sobě cítit chuť v duchovní práci, pak se *Klipa* začne „kojit" tím, čeho v duchovním dosáhl, tudíž tím, co si člověk vysloužil (duchovní potěšení). Nyní si to chce vzít pro sebe, a proto zasévá do člověka myšlenky, že by měl pokračovat v práci, ale nikoliv proto, že si to přeje Stvořitel, nýbrž pro své vlastní potěšení.

A když člověk těmto myšlenkám podlehne, pak veškeré potěšení přechází do jeho egoismu. A toto se nazývá „kojení" *Klipot*. V tomto případě musí člověk požádat Stvořitele, aby mu On pomohl se vypořádat s takovými svůdnými myšlenkami.

Závěr: Zpočátku člověk musí prosit Stvořitele, aby v Tóře pocítil potěšení, a poté, aby toto potěšení nepřijímal do svého egoismu.

* * *

Námitky těla proti duchovní práci, když z ní nezískává ani potěšení, ani jistotu budoucí odměny, se nazývají „zlý jazyk" – *Lašon Ra*. Kvůli tomu, aby se člověk vyhnul pokušení, musí předstírat, že je hluchý vůči volání těla a také slepý a představovat si, že Světlo Tóry existuje a pouze on ho nevidí. A poté mu Stvořitel otevírá oči a uši a on Světlo Tóry vidí a slyší to, co Stvořitel říká jenom jemu.

* * *

Úsilí, která člověk vynakládá ve všech svých činnostech, aby odhalil duchovní, se postupně shromažďují v takové míře, že se jejich množství stává dostatečné na vytvoření nádoby (*Kli*) nebo oděvu (*Levuš*) pro vnitřní přijetí Světla Stvořitele, pro získání lidské duše.

(Část úsilí, která odpovídá *Sfiře Hod*, vytváří kolem člověka objemný obraz, jenž považuje za svůj duchovní svět, podobně jako vnímáme náš vesmír, svět, který nyní cítíme, a proto říkáme, že se v něm nacházíme.)

Není nic jiného kromě Světla – Stvořitele a člověka stvořeného tímto Světlem, jenž se nachází uvnitř tohoto Světla a je schopen (více či méně v závislosti na shodě svých vlastností se Světlem) Světlo pociťovat.

Pokud se vlastnosti člověka a Světla neshodují, člověk Světlo vůbec nepociťuje – to znamená, že necítí Stvořitele. Zpočátku je člověk umístěn v podmínkách naprosté vlády egoismu, jež nazýváme „naším světem".

Jenom prostřednictvím svého úsilí v sobě člověk může postupně kultivovat takovou touhu a vědomí nezbytnosti odhalení Stvořitele (nádobu pro Světlo Stvořitele), aby ho začal pociťovat. Úsilí člověka spočívá v tom, že se snaží všemi svými silami napravit sám sebe, a když se přesvědčí o své bezmocnosti, dovolává se ke Stvořiteli o pomoc modlitbou za osvobození od egoismu a sloučení se Stvořitelem. Tento proces může trvat měsíce i roky, pokud se provádí pod vedením Učitele-kabalisty, nebo několik životů (*Gilgulim*, dosl. vtělení), jestliže jím člověk prochází samostatně, cestou utrpení.

Pouze náležité úsilí správným směrem vytvoří nádobu duše, uvnitř které se člověku odhaluje Stvořitel.

* * *

Příčiny činů člověka se v kabale nazývají otcové a důsledky činů synové (správné duchovní činy).

* * *

Nenarodil ses z vlastní vůle: Stvořitel tě nutí k tomu, aby ses skrze utrpení zrodil duchovně (obdržel duši – Světlo Stvořitele), a je ve tvé moci, abys to samostatně uskutečnil cestou Tóry.

Nežiješ ze své vůle: pokud nebudeš jednat podle své (egoistické) vůle, obdržíš skutečný, věčný duchovní život a pouze ten je možné nazvat životem.

Neumíráš ze své vlastní vůle: pokud nechceš (duchovně) zemřít nebo být duchovně mrtvý (být bez duše – Světla Stvořitele), nesmíš jednat podle své vlastní vůle.

* * *

Práce ve střední linii duše začíná pravou linií: bílé Světlo (*Loven de--Aba*)[29], Světlo moudrosti (*Or Chochma*) vstupuje do 320 jisker (*Nicocim*) a vláda (*Malchut*, dosl. království) egoismu sestupuje na své

---

[29] Viz *Šamati*, článek č. 112.

místo, protože je na ni učiněn zákaz používání (*Cimcum Alef*). Takto je to řečeno jazykem kabaly. A v jazyce našich pocitů: protože *Or Chochma* odhaluje egoismus jako zlo (*Ovijut*, dosl. hrubost), člověk cítí, že už neexistuje činnost, která by byla odpornější, než je práce pro sebe sama. Ale přesto nemá sílu pracovat pro druhé, odevzdávat. Proto je nezbytná levá linie: červené Světlo (*Odem de-Ima*, אודם דאמא), které dává člověku altruistické touhy a síly.

Samotné orgány duchovních smyslů jednají analogicky s našimi pěti orgány (zrak, sluch, čich, řeč, hmat) v souladu s určitým cílem, který sami vybíráme.

Při působení bílého Světla si člověk uvědomí, že pro něho není výhodné využívat těchto pět smyslových orgánů pro sebe sama, že nemá smysl pracovat na egoismus.

Nepřítomnost touhy po sebepotěšení, která podněcuje těchto pět smyslových orgánů k práci, vede k nedostatku energie k uskutečnění jakéhokoli pohybu, to znamená k pasivitě a nečinnosti. Člověk si ještě neuvědomil, že cílem může být práce pro odevzdávání, altruistické činy.

Proto je nutné působení ještě jedné duchovní vlastnosti, která je nazývána červeným Světlem, levou linií, *Malchut de-Memuteket ba Bina*,[30] aby jeho touha po potěšení souhlasila s altruistickou prací (vlastností *Biny*).

Když člověk přijímá energii k duchovnímu, altruistickému posunu, začíná jednat na základě spojení vlastností pravé linie a levé linie (ve střední linii) a přijímá do svých nových přání Světlo Stvořitele, potěšení dokonalostí.

* * *

Pokud člověk souhlasí s přijetím síly víry, altruismu, *Mituk de-Bina*, *Chasadim Mechusim*, *Katnut*, *le-Ma'ala mi-Da'at*, pak v důsledku toho může získat Vyšší rozum, *Chasadim Megulim*.

* * *

Princip zřeknutí se sebepotěšení, který si vybralo jedno ze světových náboženství, a princip potěšení, který si zvolilo jiné, pocházejí z ne-

---

[30] מלכות דממותקת בא בינה – *Malchut de-Memuteket ba Bina* – oslazení *Malchut Binou*.

čistých (egoistických) sil (*Klipot*) pravé a levé linie duchovního stoupání.

Tam, kde se v Tóře říká o omezení sebe sama, má se na mysli přípravné stádium práce na sobě, pokus o to, aby se vlastními silami zřekl záměru těšit sebe sama.

Je možné jasně vidět kořeny všech náboženských přesvědčení, proudů, skupin a náboženských filozofií v různých *Klipot*, obklopujících levou a pravou čistou duchovní linii, které se živí uchvácením – zadržováním (*Achiza*) nebo kojením (*Jenika*).

Cíl práce však spočívá ve střední linii, v pozvednutí se do Nekonečna – to znamená tam, kde není konec, hranice, tedy k potěšení od Stvořitele, které není omezeno našimi vlastnostmi.

* * *

Místo se v duchovním pojetí nazývá přání, touha. Nepřítomnost touhy se nazývá nepřítomností místa. Stejně jako když v našem světě člověk říká, že nemá místo v žaludku, aby přijal potravu, protože mu chybí přání.

Duchovní místo, touha člověka pocítit Stvořitele se nazývá nádoba (*Kli*) jeho duše nebo *Šchina*. Do této nádoby přijímá Světlo Stvořitele, odhalení Stvořitele, jež se nazývá duše člověka. Samotný Stvořitel se nazývá *Šochen*.

Protože jsou všechny naše touhy prodchnuty egoismem (*Racon Lekabel*), dochází k ukrytí Světla Stvořitele (*Galut Šchina* – vyhnanství *Šchiny*). Místo se očišťuje v míře, ve které je egoismus vyhnán z našich přání. Nenapravená touha se nazývá *Gój*, a protože je jich mnoho, nazývají se „národy světa".

Napravená touha se nazývá *Jisra'el*.

Na osvobozeném místě – v napravené touze – se odkrývá Světlo Stvořitele; sám Stvořitel působí tajně, je před námi skrytý.

Proces odhalení Stvořitele v míře nápravy, očištění (*Hakšara*, הכשרה, ze slova *Kašrut*, כשרות – rituální čistota) našich přání, míst, nádob (*Kelim*), je námi vnímán jako příchod Světla. Ve skutečnosti neexistuje žádný pohyb, ale podobně jako v procesu vyvolávání fotografického snímku se Světlo postupně projevuje v našich pocitech.

Vzhledem k tomu, že nevnímáme samotné Světlo, ale jeho působení na naši nádobu, nazýváme i samotného Stvořitele (*Šochen*) jménem Jeho odhalení – *Šchina*, avšak Jeho samotného můžeme posuzovat pouze na základě pocitů, které v nás vyvolává.

Odhalení Stvořitele se proto nazývá *Šchina*. Pokud se Stvořitel skrývá, říká se, že se *Šchina* nachází ve vyhnanství, *Šochen* se skrývá. A pokud si člověk zasloužil odkrytí Stvořitele, nazývá se to návratem z vyhnanství.

Míra odhalení Stvořitele v člověku se nazývá duše (*Nešama*). Jakmile člověk dokáže napravit jakoukoliv svou touhu na altruistickou, okamžitě začne vnímat Stvořitele. Proto se říká, že je duše člověka součástí samotného Stvořitele.

Ve stavu Konečné nápravy (*Gmar Tikun*) naplní Stvořitel všechny naše touhy. To znamená, že se nám odhalí v míře, v jaké si přeje se odhalit stvořením, úměrně čemuž On stvořil naše přání již na počátku stvoření.

Šchina je souhrn všech dílčích duší. Každá duše je částí společného odhalení Stvořitele.

Nemůžeme odpovědět na otázku, jaká příčina vyvolala ve Stvořiteli přání nás stvořit, aby nám poskytl potěšení, poněvadž se tato otázka týká procesu před počátkem stvoření, a my postihujeme maximálně to, co se nám odhaluje až po tomto okamžiku vývoje.

Výchozí stupeň, ze kterého začínáme postihovat stvoření, je pocit potěšení pocházející ze Stvořitele. Proto nazýváme Cílem stvoření „přání Stvořitele těšit stvoření", která ho odhalí.

Všechny otázky výše tohoto stupně jsou výše našeho porozumění. Člověk musí neustále pamatovat na to, že všechny naše představy a znalosti vycházejí pouze z osobního porozumění.

* * *

Naše touha po potěšení je to jediné, co v nás je. Všechny možnosti našeho těla, jeho schopnosti, mysl, veškerý náš pokrok – to vše je jen proto, aby nám to obsluhovalo naši jedinou touhu mít potěšení z různých objektů, které vytváříme, vyvíjíme, hledáme, vnímáme jako potřebné, módní, nezbytné, důstojné a tak dále, a to vše jen z toho důvodu, abychom měli možnost, ať jsme kdekoliv, nepřetržitě přijímat potěšení podle libovolného vkusu a charakteru.

Nemůžeme si stěžovat na to, že jsou variace touhy po potěšení nekonečné. Stvořiteli stačilo, aby stvořil pouze tuto jedinou touhu, abychom se nadále cítili samostatnými (přejícími si) stvořeními a mohli samostatně jednat na základě tohoto našeho jediného instinktu, „instinktu výběru maximálního potěšení".

Volba maximálního potěšení nastává prostřednictvím zapojení všech našich rozumových, podvědomých, fyzických, morálních a mnoha dalších dispozic, možností, paměti na všech úrovních – od atomové, molekulární, biologické, živočišně-tělesné atd. až po Vyšší schopnosti naší mysli.

Jednoduchý příklad: člověk miluje peníze, ale pod hrozbou smrti je připraven dát všechno bohatství lupiči. Vymění tedy jedno potěšení – bohatství – za jiné ještě větší – zůstat naživu.

Není možné zrealizovat činnost, pokud si člověk není jistý, že tím v konečném důsledku něco vyzíská ve srovnání se současným stavem, přičemž zisk může být jakéhokoliv druhu, jakéhokoliv charakteru. To hlavní však je, že konečné potěšení bude větší než nynější – teprve pak člověk může jednat.

Jaký je rozdíl v tom, získává-li člověk potěšení z egoismu, z přijímání, nebo z altruismu, dávání?

Jde o to, že je zákaz používání egoismu způsoben pocitem studu, který přitom jistě vzniká v přijímajícím. Přijímá-li však ve prospěch dávajícího, nepociťuje stud a jeho potěšení je dokonalé.

Protože primární duchovní bytost, nazývaná „společná Duše" nebo „první člověk" (*Adam HaRišon*), nebyla schopna takový převrat ve svých záměrech provést. Když získala od Stvořitele obrovské potěšení, byla rozdělena na 600 tisíc částí (duší). Každá část, každá duše, přijímá „břemeno" ve formě egoismu, který je povinna napravit. Když budou napraveny všechny části, znovu se sloučí do „společné napravené Duše". Tento stav společné Duše se nazývá Konečná náprava – *Gmar Tikun*.

To je podobné tomu, jako když člověk v našem světě dokáže sám sebe zadržet před krádeží malého množství peněz, malým potěšením, kvůli strachu z trestu nebo studu, ale pokud je potěšení větší než všechny jeho síly odporu, není schopen se udržet.

Z toho důvodu, když Stvořitel rozdělil Duši na mnoho částí a každou část na mnoho po sobě jdoucích etap práce v podobě různorodých oděvů v lidských tělech (*Gilgulim*) a každý stav člověka na množství vzestupů (*Alijot*, עליות) a sestupů (*Jeridot*, ירידות) v touze změnit svou přirozenost, vytvořil pro nás podmínky svobodné vůle k překonání egoismu.

Pokud člověk cítí lásku ke Stvořiteli, musí se okamžitě pokusit k tomuto pocitu připojit také pocit strachu: není-li jeho pocit lásky egoistický. A pouze v případě, že existují oba tyto pocity, je v záměru ke Stvořiteli dokonalost.

Ten, kdo má touhu po duchovním odhalení, ale ještě nepociťuje Stvořitele, je plný duchovního zmatku. A přestože je mu Shora dána touha Stvořitele poznat, stále ještě není připraven, aby tímto směrem sám učinil krok vpřed, dokud Shora neobdrží takovou touhu, která by ho pobídla a umožnila mu pochopit, že jsou všechny jeho pocity a životní okolnosti takové, protože jsou prodchnuty přáním Stvořitele upoutat na Sebe pozornost a podnítit ho, aby Mu šel vstříc. A pak je možné vidět výzvu Stvořitele ve všem kolem sebe, a to osobně ke každému z nás.

Vždyť právě proto vnímáme obraz světa čistě individuálně a všemu, co se děje, poskytujeme svou interpretaci. Pravidlo „kolik lidí – tolik názorů" přesně vyznačuje jedinečnost každého z nás.

Z toho důvodu, naslouchá-li člověk svým pocitům, může začít dialog se Stvořitelem na základě principu „člověk je stínem Stvořitele". To znamená, že jak se stín pohybuje shodně s pohybem člověka a všechny pohyby stínu jenom opakují pohyby člověka, tak i vnitřní pohyby člověka – jeho touhy, aspirace, vnímání, veškerá jeho duchovní podstata, jeho pohled na svět – opakují pohyby, tudíž přání Stvořitele ohledně daného člověka.

Pokud tedy člověk náhle dostal touhu pocítit Stvořitele, měl by si okamžitě uvědomit, že to není výsledek nějakých jeho činů, ale že Stvořitel učinil krok směrem k němu a chce, aby se k Němu člověk cítil přitahován, pocítil k Němu náklonnost.

Na počátku cesty se Stvořitel při každé příležitosti obrací k člověku a působí v něm soužení a stesk po duchovních pocitech. Pokaždé však Stvořitel očekává, že na poskytnutou náklonnost k člověku dostane ze strany samotného člověka stejnou reakci. To znamená, že pokud člověk chápe, že se stejnou silou pocitů, s níž chce cítit Stvořitele, chce také Stvořitel cítit jeho a tyto pocity se v sobě snaží rozvíjet a posilovat, tímtéž se pohybuje Stvořiteli vstříc, dokud se s Ním nesjednotí svými přáními a vlastnostmi.

Ale poněvadž na počátku cesty člověk ještě Stvořitele necítí a nerozumí mu, po několika neúspěšných pokusech o vykročení vstříc Stvořiteli mu najednou začíná připadat, že si sblížení se Stvořitelem přeje jen on sám a Stvořitel ho zanedbává. A člověk namísto toho, aby ve svém úsilí přidal až do nezbytného předělu a sloučil se Stvořitelem, v srdci začíná Stvořitele obviňovat, že ho zanedbává, a zlobí se, přičemž úplně zapomíná, že po něm Stvořitel touží přesně stejnou měrou, a proto mu dal po Sobě takové touhy.

A dokud v sobě člověk nemá plnou víru v jedinečnost Stvořitele, nevyhnutelně se bude kolem dokola vracet ke stejným chybám až do té doby, dokud Stvořitel, který sčítá veškeré úsilí člověka o udržení myšlenky, že svou náklonnost ke Stvořiteli obdržel od Stvořitele, nezíská potřebný souhrn úsilí člověka a nepomůže mu tím, že se mu odkryje a ukáže mu celé skutečné panoráma světů a Sebe sama.

* * *

Člověk může plně splynout se Stvořitelem pouze v případě, pokud všechny své touhy nasměruje ke Stvořiteli s radostí. A to se nazývá „celým svým srdcem" – to znamená dokonce i tím, co není požadováno pro podobnost se Stvořitelem.

Jestliže je člověk schopen úplně ponížit všechny egoistické touhy, které se v něm projevily, a zároveň ve svém srdci pociťuje radost, vytváří podmínky pro naplnění svého srdce Světlem Stvořitele.

* * *

Dosahování Vyšších světů (2)

To nejdůležitější v práci člověka na sobě je dosáhnout pocitu potěšení z toho, že vykonává něco příjemného pro Stvořitele, protože všechno, co dělá pro sebe, jej od Stvořitele vzdaluje. Veškeré úsilí by proto mělo směřovat k nalezení toho, co je v prosbě ke Stvořiteli příjemné, a k nalezení sladké chuti v myšlenkách a pocitech o Něm.

* * *

Když se člověk cítí naprosto prázdný, zničený, je to ten správný čas na hledání velikosti Stvořitele a opory v Něm. A čím více zničený a bezmocný se cítí, čím velkolepějšího si dokáže představit Stvořitele, tím výše se může pozvednout, prosí-li Stvořitele o pomoc v duchovním stoupání, o to, aby mu Stvořitel odhalil Svou velikost, a to jen pro získání síly k posunu vpřed.

V takovém stavu člověk potřebuje Stvořitele a Jeho pomoc, poněvadž mu rozum v tomto čase říká přesný opak. Pocit vlastní prázdnoty tudíž přichází právě proto, aby ji člověk naplnil pocitem velikosti Stvořitele, který se nazývá víra.

* * *

Spravedlivým se nazývá ten, kdo:
1) ve všem, co cítí, ať je to dobré nebo špatné, ospravedlňuje působení Stvořitele navzdory pocitům, které vnímá tělem, srdcem a rozumem. Ospravedlňuje-li všechny pocity, které mu Stvořitel posílá, uskutečňuje jakoby krok kupředu vstříc Stvořiteli, takzvaný „pravý" krok;
2) v žádném případě nezavírá oči před svou skutečnou situací ani před pocity bez ohledu na to, jak nepříjemné by byly. Nesnaží se

je potlačit dokonce ani tehdy, když nerozumí tomu, proč jsou takové stavy nezbytné. Postupuje-li tímto způsobem, jakoby učinil „levý" krok vpřed.

Dokonalost v duchovním pokroku spočívá v tom, že se člověk neustále pohybuje vpřed tím, že střídavě mění tyto dva stavy.

* * *

Absolutním spravedlivým se nazývá člověk, který ospravedlňuje všechny činnosti Stvořitele, co se týče jeho samého i veškerého stvoření. To znamená, že dosáhl toho, že má možnost nevnímat pocity ve svých egoistických přáních, neboť se již od nich odpoutal a přeje si se pouze radovat.

V takovém stavu se člověk nemůže ocitnout v duchovních propadech, protože vše, co se mu stane, neposuzuje z hlediska vlastního prospěchu, a proto všechno, ať by se dělo cokoli, vede jen k lepšímu.

Avšak v tomto nespočívá Cíl Stvořitele ve stvoření. Cíl stvoření tkví v tom, aby se stvoření těšila právě svými pocity. Z toho důvodu ještě není dosažení úrovně spravedlivého konečným stavem člověka. Proto poté, co člověk dosáhne úrovně spravedlivého, k sobě musí postupně začít znovu vracet svůj egoismus, který během dosažení úrovně spravedlivého potlačil.

Tento znovu navrácený egoismus však spravedlivý připojuje k získané touze pracovat pro Stvořitele, a proto již může nejen dávat, ale i přijímat potěšení do svých navrácených tužeb, čímž přináší radost Stvořiteli.

Je to podobné tomu, jako když se altruista našeho světa snaží konat dobro, protože se narodil s takovými sklony a neobdržel je od Stvořitele jako odměnu za práci na sobě, a jakoby nechce nic pro sebe, protože je takovým způsobem vytvořen jeho egoismus, takže má potěšení z toho, když lidem dává, a tímto způsobem jedná kvůli naplnění svého egoismu a nemůže jednat jinak.

A je to podobné situaci, kdy je člověk na návštěvě u svého přítele: s čím větší chutí a potěšením jí to, co je mu nabízeno, tím větší radost poskytuje dárci, a kdyby neměl hlad, nemohl by svého přítele potěšit.

Vzhledem k tomu, že při přijímání potěšení vzniká v přijímajícím pocit studu, pak pokud jednou v dostatečné míře pohoštění odmítne, vytvoří se v něm pocit, že když jí, prokazuje tím laskavost hostiteli – a tehdy zmizí pocit studu a potěšení je pociťováno v plné míře.

V duchovních pocitech neexistuje sebeklam, že by si sám spravedlivý nepřál přijímat žádné potěšení. Dosáhne-li stupňů spravedlnosti, ve skutečnosti odmítá egoistické potěšení s pomocí Stvořitele, jenž vymění jeho egoistickou přirozenost za altruistickou, a proto se doopravdy snaží jen o poskytování radosti Stvořiteli.

A jelikož již vidí, že Stvořiteli poskytuje potěšení pouze to, že se Jeho stvoření radují z potěšení, které z Něho vychází a které není zmenšeno, ani dokonce zničeno pocitem studu, spravedlivý je donucen znovu používat svůj egoismus, ale již s jiným cílem: těšit se kvůli Stvořiteli.

Ve výsledku se Stvořitel a člověk plně shodují v záměru a činnostech: každý se snaží potěšit druhého, a proto se těší. A pro přijímání potěšení tímto způsobem nejsou žádná omezení. Naopak, čím je pociťované potěšení větší, tím vyšší je duchovní úroveň a vzniká dodatečné potěšení ze sloučení se Stvořitelem – to znamená potěšení z toho, že postihuje nekonečnou sílu, autoritu, moc, bez jakékoliv péče o sebe sama.

Z toho důvodu není úroveň spravedlivého dostatečná k dosažení Cíle stvoření, to jest k potěšení ze Světla vycházejícího ze Stvořitele, nýbrž je to jen nezbytný stupeň nápravy našich záměrů „kvůli čemu se chceme těšit". Dosažení stupně spravedlivého nám pouze umožňuje, abychom se zbavili pocitu studu, když přijímáme potěšení od Stvořitele.

* * *

Nakolik je egoismus, přirozenost člověka našeho, „tohoto" světa, prostou kategorií, univerzálním zákonem života hmoty, a altruismus kategorií utopickou, natolik opačně jsou vnímány jakožto stupně v duchovním světě.

Ztížení nastává v důsledku ukrytí (*Hastara*) Stvořitele. Člověk má potěšení pouze z naplnění svých přání, avšak Tóra říká, že je to zlo, které mu není ku prospěchu. A člověk nechápe, proč tomu tak je. Vždyť z utrpení nemůže cítit žádné potěšení. Musí však věřit, že je to pro jeho dobro.

Proto člověk mnohokrát propočítává každý čin či myšlenku. Přičemž, čím blíže je ke vchodu do duchovního světa (*Machsom*), tím je vše složitější a pochopitelná se stává jen jedna pravda: „Mnoho myšlenek je v srdci člověka, ale vyřeší je pouze rada Stvořitele".[31]

* * *

Člověk, který se chce duchovně pozvednout čili nabýt duchovní vlastnosti, vlastnosti Stvořitele, se liší od člověka, jenž plní přání Stvořitele za odměnu a na základě obdržené výchovy tím, že věří v odměnu a trest, a plní přání Stvořitele díky tomu. V tomto případě je pro něho Stvořitel jako ten, kdo mu dává práci, platí mu plat, a člověk je jako pracovník, který si neváží zaměstnavatele, ale je pro něho důležitý plat: odměna potěšením, nebo potrestání utrpením v tomto nebo v budoucím světě. A to mu dává sílu k tomu, aby plnil Přikázání a neptal se sám sebe, proč plní vůli Stvořitele. Vždyť věří v odměnu.

Ale ten, kdo si přeje, aby touhy Stvořitele neplnil kvůli platu, se sám sebe neustále ptá: Proč to dělám? Je-li to přání Stvořitele, nač to Stvořitel potřebuje? Vždyť On je úplný, dokonalý! Co Mu přidají naše činy? Očividně to, co nám samotným. A člověk začne zkoumat, jaký prospěch má z plnění přání Stvořitele. A postupně si uvědomuje, že odměnou za plnění je náprava sebe samého, dokud Shora neobdrží svoji duši – Světlo Stvořitele.

* * *

Tóra říká, že egoismus se hříšníkům zdá jako malá překážka, jako nit, a spravedlivým jako vysoká hora. Vzhledem k tomu, že Tóra hovoří pouze o jednom člověku a nazývá jeho vlastnosti, myšlenky a touhy různými jmény našeho světa, pod pojmy hříšníci a spravedliví se rozumí stavy jednoho člověka.

Ukrytí znamená nejen ukrytí Stvořitele, ale také ukrytí podstaty člověka před ním samotným. Neznáme sami sebe – naše pravé vlastnosti jsou nám odhalovány jen do té míry, ve které je dokážeme napravit. (Člověk je jako krabice s odpadky: čím více se v sobě hrabe, tím více cítí nečistot a zápachu.)

Proto Stvořitel odhaluje těm, kteří jsou ještě na začátku cesty, hříšníkům, že jejich egoismus není tak nepřekonatelný, aby člověka neopustily síly z vyhlídky na příliš obtížnou práci.

---

[31] רבות מחשבות בלב איש, ועצת ה' היא תקום – *Rabot Machšavot be-Lev Iš, ve-Ecat ha-Šem Hi Takum.*

Avšak těm, kteří jsou již na cestě, v míře, v jaké získali sílu k odporu vůči egoismu a cítění důležitosti nápravy, Stvořitel odkrývá skutečný rozsah jejich zla.

A spravedlivým, tedy těm, kteří se chtějí stát spravedlivými, Stvořitel odhaluje plnou velikost jejich egoismu a pak se jim egoismus představuje jako vysoká, nepřekonatelná hora. Takže se člověku v souladu s úrovní jeho postupu odhaluje stále více jeho vlastního zla do té míry, ve které ho může napravit. Jestliže tedy v sobě člověk náhle objeví něco negativního, musí si vzpomenout, že pokud to ucítí, pak se s tím dokáže vypořádat. To znamená, že by neměl podlehnout zoufalství, nýbrž prosit Stvořitele, aby ho napravil.

Například v době, když na sobě člověk začal pracovat, cítil ve všech potěšeních okolního světa jen 10 gramů potěšení a mohl si toho nevšímat. A pak mu Stvořitel dává chuť potěšení v 15 gramech. A začíná práce, protože se člověk cítí z přidané chuti po potěšení nižší (z pocitu usilování o potěšení, které ho předtím nelákala) a slabší (z rozdílu mezi silou přitažlivosti k potěšení a silou svého odporu).

Ale v takovém stavu musí člověk prohlásit, že je to proto, že mu Stvořitel přidal chuť v potěšeních o 5 gramů. A pak se s tím musí pokusit sám vypořádat, a když si uvědomí, že toho není schopen, prosit Stvořitele. Ale poté, co získal sílu se vyrovnat s 15 gramy potěšení, okamžitě dostane další přídavek chuti potěšení o dalších 5 gramů a znovu se cítí slabší a nižší atd.

* * *

Veškerá informace o duchovním objektu se akumuluje v konceptu *TaNTA – Ta'amim* (hudební znaky, dosl. chutě), *Nekudot* (body), *Tagin* (znaky nad písmeny) a *Otijot* (písmena) v pojmech a v jazyce kabaly. V jazyce duchovní práce jsou Ta'amim chutě, které jsou pociťovány z přírůstku Světla. Proto člověk, který si přeje vyzkoušet chuť skutečného života, musí zaujmout vnímavý postoj k duchovnímu bodu ve svém srdci.

Každý člověk má bod v srdci, který však obvykle nevykazuje známky života, nesvítí, a proto ho člověk nevnímá. V tomto případě se nazývá černý bod. Tento bod je část, zárodek duše člověka (*Nefeš de-K'duša*).

Vlastnost tohoto bodu je altruistická, protože je semenem budoucí nádoby duše a jejího Světla – částí Stvořitele. Ale jeho počáteční stav je v člověku skrytý, a proto se tento stav nazývá vyhnanství (Stvořitel ve vyhnanství), neboť si ho člověk necení. Tento stav duše se nazývá „body" (*Nekudot*).

Pokud člověk pozvedne důležitost tohoto bodu nad své „já", nad hlavu jako znaky nad písmeny (*Tagin*), nesrovnává jej s popelem, ale s korunou na své hlavě, pak tento bod nalévá Světlo do těla (*Otijot*, dosl. písmena) a z potenciálního bodu se změní ve zdroj síly pro duchovní pozvednutí člověka.

Proto musí být místo všech našich žádostí o pomoc ke Stvořiteli jedinou naší modlitbou modlitba o uvědomění si důležitosti pociťování Stvořitele jako prostředku naší nápravy kvůli Němu.

* * *

Schopnost vykonávat dobré (altruistické) činy není prostředkem, nýbrž odměnou pro člověka, který si přeje být podobný Stvořiteli.

* * *

Posloupnost procesu vycházení člověka z egoismu do duchovního světa je popsána v Tóře jako odchod z Egypta. Odchodem z Egypta se nazývá projevení altruistických přání v člověku (*Kelim de-Hašpa'a*). Altruistické touhy však znamenají, že člověk dává přednost cestě víry před znalostmi, a vymanit se z egoismu je možné pouze pod vlivem vize duchovního, Světla poznání, *Or Chochma*, rozetnutím hraničního moře (*Jam Suf*, ים סוף, Rudé moře), překonáním hranice mezi dvěma světy.

Stvořitel proto vykonává zázrak – dává člověku Světlo poznání, ačkoli člověk ještě nemá odpovídající nádobu (*Kli Gadlut*), aby toto Světlo přijal.

Člověk s pomocí tohoto Světla překonává hranici (*Machsom*) a pak zázrak přejde. Ale jakmile jednou vstoupí do duchovního světa, již se nevrátí na úroveň našeho světa. Další etapa spočívá v tom, že člověk nyní musí sám získat nádobu pro přijímání Světla – poznání. Děje se to obtížnou cestou postupování duchovní pouští, dokud se nestane hoden toho, aby obdržel Světlo Tóry a vystoupil na „horu Sinaj".

Plnění Přikázání probíhá silou víry výše rozumu,[32] když člověk staví své myšlenky a touhy níže víry, malý stav, *Katnut, Malchut Ola*

---

[32] אמונה למעלה מדעת – *Emuna le-Ma'ala mi-Da'at*.

le-Keter[33] – to znamená, že *Malchut* v takovém stavu představuje jenom bod *Keteru*, *Or Keter* nebo *Nefeš* v *Nekuda Šel Malchut*.[34] Nečisté (egoistické) síly člověka jej v takovém svém minimálním stavu nemohou přemoci, protože postavil víru nad vědomosti a pocity. Takový stav se nazývá malý, protože člověk, který nemá sílu na konfrontaci s egoismem, jej prostě nebere v potaz. Je to podobné tomu, jako když člověk nemá sílu, aby si vzal jen malé množství jídla, a proto odmítá celou porci.

Avšak spojení s Tórou, světlem Stvořitele, může nastat pouze tehdy, když je člověk schopen v sobě toto Světlo přijmout, tudíž když může se svým egoismem pracovat altruisticky. A pokud člověk napraví svůj egoismus na altruismus, vstoupí Světlo Tóry do napravených nádob. Takový stav duchovní nádoby (korigovaný egoismus, *Kli*) člověka se nazývá velký, *Gadlut*: *Malchut* sestupuje z *Keteru* na tu úroveň, do té *Sfiry*, na jejíž úrovni je člověk schopen čelit touze po sebepotěšení a nepřijímat pro potěšení sebe sama. Plně přijmout veškeré Světlo Tóry, pocítit celého Stvořitele, úplně se s Ním sloučit, je možné pouze tehdy, když je egoismus plně využíván ve službě altruismu. Takový stav se nazývá Konečná náprava (*Gmar Tikun*). A to je Cílem stvoření.

Všechny naše pocity jsou čistě subjektivní a obraz světa, který vidíme, závisí na našem vnitřním stavu – duševním, fyzickém, náladě a podobně. Ale v duchovním vnímání je pocit samotnou skutečností, protože tam, kde se člověk nachází duchovně, tam také vnímá přítomnost.

Naším světem se nazývá náš současný pocit. Budoucí svět je to, co budeme cítit v příštím okamžiku. Čas neexistuje. Existuje pouze změna pocitů. Pokud člověk vše vnímá vírou výše rozumu, pak plně žije v budoucnosti...

* * *

V našem každodenním životě například člověk, který má vlastní podnik, systematicky shrnuje výsledky své práce a zisky. A když shledá, že se jeho výdaje a úsilí nevyplácejí – to znamená, že jsou zisky menší než výdaje – pak s tímto podnikáním skončí a začne nové, protože má před svýma očima očekávaný zisk. A v žádném případě neklame sám

---

[33] מלכות עולה לכתר – *Malchut Ola le-Keter* – *Malchut* se pozvedává ke *Keteru*.
[34] נקודה של מלכות – *Nekuda Šel Malchut* – bod v *Malchut*.

sebe, ale přesně vypočítá svůj zisk ve formě peněz, cti, slávy, klidu a podobně: ve formě, ve které jej chce mít.

Proč však člověk nedokáže tímto způsobem shrnout svůj život, například jednou za rok – kvůli čemu ho prožil? Ale pokud se bude alespoň trochu věnovat svému duchovnímu vývoji, začne se na to ptát sám sebe každou minutu.

Náš svět je světem lži, a proto tyto otázky nechce samo tělo, jelikož na ně nemůže odpovědět. Opravdu! Co může člověk odpovědět na konci roku nebo na konci života? Všechno uplynulo, dobré i špatné. A co mu zbylo? Proč pracoval na své tělo? Neexistuje žádná odpověď, protože za prožité nedostane odměnu. A proto tělo nepovoluje pokládat takové otázky.

Zatímco duchovní, poněvadž je to pravda a odměna v něm je věčná, pokaždé samo člověku pokládá otázku o jeho duchovním zisku, aby člověka probudilo k ještě většímu zisku z jeho úsilí, aby se více napravil a získal větší věčnou odměnu.

Proč Stvořitel dává člověku v životě v našem světě klamné lekce? Proces vytvoření duchovní nádoby je mimořádně složitý, a proto dlouhý. Vždyť je člověk povinen prožít ve svých pocitech veškerý univerzální egoismus, tudíž pocítit všechen egoismus ve vší jeho nízkosti a okusit všechna jeho falešná potěšení až na samotné dno. Tato práce hromadění zkušeností neprobíhá v našem světě v jednom koloběhu života.

Ale všechny informace se hromadí v duši a projeví se ve správnou chvíli. A před tím je proces akumulace člověku skryt a on cítí pouze svůj současný stav. Vzhledem k tomu, že veškerou naší podstatou je touha po potěšení, Stvořitel dává „život" nazývaný klamný těm, kteří dosud nejsou zralí pro duchovní vzestup, aby měli odkud brát sílu k životu.

* * *

Je Světlo, které přináší nápravu tužeb – nádoby, a je Světlo, které přináší znalosti a potěšení. Ve skutečnosti je to stejné Světlo Stvořitele, ale sám člověk z něho vybírá tu vlastnost, kterou chce použít pro duchovní cíl.

* * *

Náboženské masy používají pojmy odměny a trestu především ve vztahu k budoucímu světu. Kabalista však používá tyto pojmy pouze ve vztahu k našemu světu, a nikoliv ve vztahu k budoucnosti, ačkoliv to existuje i v budoucím světě.

Odměna se nazývá potěšením a trest utrpením. Když člověk na základě vzdělání nebo svého vlastního prospěchu plní pokyny Tóry kvůli sobě samému, pak očekává odměnu nebo trest v budoucím světě, protože pouze v budoucím světě pocítí potěšení z plnění Tóry a Přikázání a strádání z nesplnění.

Kabalista dostává odměnu nebo trest v tomto světě: cítí potěšení z možnosti přijímat Světlo víry nebo trest z jeho nepřítomnosti.

* * *

„Zanech zla a konej dobro." První stádium práce na svojí nápravě je uvědomění zla, protože jakmile se člověk přesvědčí, že egoismus je jeho nejhorší smrtelný nepřítel, nenávidí ho a odloží ho. Tento stav je však nesnesitelný. To znamená, že není třeba, aby člověk utíkal od zla, nýbrž pouze musí procítit, co je zlem, a potom se instinktivně od škodlivého odkloní.

Uvědomění si toho, co je zlem, se děje výhradně pod vlivem dobrých skutků čili při plnění Přikázání a při studiu kabaly, protože během toho člověk začíná usilovat o duchovní dokonalost a cítí, co mu brání v tom, aby začal žít.

Ukrytí (*Hastara*) Stvořitele před člověkem je vnímáno jako utrpení, pochybnost o Vyšším vedení, nejistota, rušivé myšlenky, a nazývá se „nocí".

Odhalení (*Giluj*) Stvořitele člověku je pociťováno jako potěšení, víra ve Vyšší řízení, pocit příslušnosti k věčnému, porozumění zákonům celé přírody, a nazývá se „dnem".

Ve stavu ukrytí Stvořitele musí člověk pracovat, aby získal víru v to, že je takový stav pro něho prospěšný, protože Stvořitel ve všech stavech dělá jen to nejlepší a nejvýhodnější pro člověka. A pokud by byl člověk připraven přijmout Světlo Stvořitele, aniž by si sám ublížil, Stvořitel by se mu nepochybně odhalil.

Ale protože se člověk není schopen vyrovnat s potěšeními, která vnímá, Stvořitel mu ze Svého světla nemůže přidat takové ohromné potěšení, jehož otrokem by se člověk okamžitě stal, takže by se již nikdy nevymanil z pout svého egoismu a zpoza toho by se ještě více vzdálil od Stvořitele.

* * *

Hodnotu a krásu věcí, objektů, jevů a kategorií pro sebe vždy znovu definuje každá generace a většina. Kromě toho každá generace popírá standard předchozí. Proto neexistuje absolutní standard a v každém národě a v každé generaci diktuje svůj vlastní standard většina a všichni se jej snaží dodržovat. Proto se neustále objevují nové režimy a nové objekty napodobování.

Všechno, co diktuje většina, se nazývá krásné a ti, kteří se toho drží, získají úctu a čest. Dosáhnout toho, co je oceňováno v očích společnosti, je považováno za čest a člověk je na to připraven vynaložit značné úsilí.

A dosáhnout duchovních vlastností je tak těžké pouze proto, že tento cíl většina nepovažuje za prestižní, neváží si ho tak jako třeba nové módy.

Je však opravdu důležité postihnout duchovní? Objektivně je duchovní velmi důležité, ale abychom jej nezkazili, je vytvořen zvláštní fenomén nazývaný ukrytí (*Hastara*), abychom neviděli celou velikost duchovního světa. A člověk může jen věřit, že je pociťování Stvořitele nesmírně důležité, avšak podle mínění většiny je důležitost duchovního odhalení rovna nule a téměř všichni jím opovrhují.

A to i přesto, že na vlastní oči vidíme, jak bezvýznamné osobnosti určují všechny standardy krásy, priority, normy chování, zákony společnosti a další normy a neustále je mění, což jenom dokazuje nepřesvědčivost těch, kdo diktují, a také lež standardů.

* * *

Víra výše rozumu poskytuje člověku možnost cítit svým rozumem svého nejhoršího nepřítele – to, co mu brání dosáhnout dobra. A v míře, v jaké člověk věří výše rozumu v duchovní potěšení, pociťuje a uvědomuje si zlo.

* * *

Objektivně není nikdo jiný kromě Stvořitele (ale to je nejvyšší úroveň kabalistického porozumění a až do pochopení této úrovně člověk ve světě vnímá i sám sebe). V procesu poznání je však rozlišována existence:
1) Stvořitele;
2) prvního stvoření;
3) stvoření;
4) potěšení, které si Stvořitel přeje dát stvořením.

Celá posloupnost se samozřejmě nerozvíjí v čase, ale v řetězci „příčina-následek".

Existuje Stvořitel. Stvořitel si přeje stvořit stvoření, aby ho těšil. Stvořitel vytváří touhu po potěšení právě tím (množstvím a formou) potěšením, které On chce dát. Stvoření (v tomto čase) přijímá potěšení, a to absolutní potěšení, protože přijímá právě to, co si přeje.

Toto první stvoření se nazývá *Malchut*. Stav plného potěšení *Malchut* se nazývá „Svět nekonečna" (*Ejnsof*), protože se *Malchut* nekonečně těší Světlem Stvořitele, které ji úplně naplňuje. Ale když současně s potěšením pocítí i samotného Stvořitele, Jeho přání těšit, *Malchut* se snaží se Mu stát podobnou (být dávající jako Stvořitel). To vede k tomu, že *Malchut* vyvrhne Světlo.

Toto jednání *Malchut* se nazývá zkrácením (snížení přijímání Světla – *Cimcum*). *Malchut* se může stát podobnou Stvořiteli, když přijímá potěšení kvůli Stvořiteli, protože si to přeje Stvořitel. V tomto případě se z přijímající mění na odevzdávající, poskytuje Stvořiteli potěšení z vlastní svobodné vůle.

Prázdná *Malchut* je rozdělena na části – duše, z nichž každá zvlášť uskutečňuje nápravu egoismu. Mikroporce *Malchut* zbavené Světla Stvořitele se nacházejí v podmínkách, které se nazývají „náš svět". Postupně, jedna po druhé, vycházejí tyto části, které se nacházejí v těchto podmínkách, z touhy po uspokojování sebe samých a získávají touhu těšit. Síla, která pomáhá duši vystoupit z egoistických přání, se nazývá „vynášející" (Mesiáš).

Úrovně postupné duchovní nápravy se nazývají duchovní světy a jejich vnitřní stupně se nazývají *Sfirot*. Konec nápravy spočívá v návratu k původnímu stavu přijímání potěšení, před zkrácením (*Cimcum*), nikoliv však pro sebe, ale kvůli Stvořiteli. Takový stav se nazývá Konec nápravy (*Gmar Tikun*).

* * *

Všechny otázky, které v člověku vznikají o Cíli stvoření, účelu jeho úsilí – „je-li to nutné?" „stejně to Stvořitel učiní podle svého plánu a přání, proč tedy potřebuje něco ode mne?" a tak podobně – jsou člověku posílány přímo Stvořitelem. A vzniká ještě další otázka: „a proč?"

Pokud by všechny otázky posilovaly člověka na jeho cestě k duchovnímu, pak by byl smysl otázek jasný. Ale začátečník má ustavičné myšlenky na obtíže, marnost a nevýhody takové cesty. Kromě Stvořitele neexistuje žádná jiná síla a přání a všechno je stvořeno Stvořitelem proto, abychom dosáhli našeho Cíle stvoření, samozřejmě včetně těchto „překážejících" otázek, myšlenek a sil, jež se vzpírají našemu postupu k Němu.

Stvořitel vytvořil mnoho překážek na cestě, kterou On vybral k duchovnímu pozvednutí, právě proto, aby člověk získal pocit strachu, že nedosáhne Cíle, že navždy zůstane ve svém nízkém stavu, pokud nezíská pocit velikosti Stvořitele, na základě čehož se jeho srdce poddá altruismu.

Člověk musí pochopit, že mu pouze Stvořitel může otevřít oči a srdce, aby pocítil velkolepost duchovního. V člověku vznikají „rušivé" otázky, aby to cítil jako nevyhnutelnost.

Jedna ze stěžejních otázek, které vznikají v začátečníkovi, je formulována v následující podobě: „Kdyby Stvořitel chtěl, On by se mi odhalil. A kdyby se mi odhalil, pak bych já (moje tělo, můj nynější diktátor) okamžitě automaticky souhlasil, že změním své egoistické činy na altruistické činy a mým diktátorem se stane Stvořitel. Nechci si sám svobodně volit své činy. Věřím, že má Stvořitel pravdu, že to nejlepší pro mě je nepřemýšlet o svém prospěchu. Teprve pak vyhraji opravdu navždy. Ale vždyť nemohu změnit sám sebe. Takže nechť přijde Stvořitel a udělá to. Koneckonců to On mě stvořil tak, že pouze On sám může napravit to, co stvořil."

Stvořitel samozřejmě může dát člověku touhu po duchovním, což se nazývá probuzením Shora (*Hit'orerut mi-le-Ma'ala*), ale pak člověk pracuje kvůli potěšení bez svobodné vůle pod diktátem egoistické touhy po sebeuspokojení. Tato práce se nazývá „ne ve jménu Stvořitele" (*Lo Lišma*).

Cíl Stvořitele spočívá v tom, aby si člověk sám a ze své svobodné vůle v životě vybral správnou cestu, čímž ospravedlní činy Stvořitele ve stvoření, které je možné pochopit pouze v podmínkách úplného osvobození se od egoismu, nezávisle na osobních potěšeních.

Proto Stvořitel vytvořil podmínku pro duchovní pozvednutí – přijetí víry v Něho a ve spravedlivost řízení (víra nad rozumem)[35]. V tomto případě se naše práce omezuje na toto:
1) Věřit, že existuje Ten, jenž řídí svět.

---

[35] אמונה למעלה מדעת – *Emuna le-Ma'ala mi-Da'at*.

2) Uvědomit si, že ačkoli pro nás víra není důležitá, Stvořitel nám vybral právě tuto cestu.
3) Věřit, že je nutné kráčet cestou „odevzdání", nikoliv „přijímání".
4) Když pracujeme „pro Stvořitele", musíme věřit, že On přijímá naši práci bez ohledu na to, jak práce vypadá v našich očích.
5) Projít ve svém vývoji dvěma druhy víry výše rozumu: (1) člověk kráčí vírou výše rozumu, protože nemá jinou volbu; (2) dokonce když již obdrží poznání a už nemusí věřit a kráčet vírou výše rozumu, stejně si pro sebe vybírá cestu víry výše poznání.
6) Vědět, že pokud se práce uskutečňuje v rámci egoismu, plody všech úspěchů, v jejichž dosažení ve své představivosti doufá, slouží jen pro jeho vlastní dobro, zatímco když miluje Stvořitele, člověk odevzdává veškeré blaho, všechny plody svého úsilí, druhým.
7) Děkovat Stvořiteli za minulost, protože na tom závisí budoucnost, jelikož v míře, v jaké člověk oceňuje minulost a děkuje za ni, si cení toho, co obdržel Shora, a bude schopen si pomoc obdrženou Shora uchovat, aniž by ji ztratil.
8) Stěžejní práci uskutečňovat postupováním v pravé linii, tudíž s pociťováním dokonalosti. Člověk je šťastný, když má byť i jen nepatrné spojení s duchovním, je šťasten, že si zasloužil obdržet od Stvořitele sílu a touhu udělat v duchovním alespoň něco.
9) Kráčet po levé linii – to však stačí 30 minut denně kvůli tomu, aby pro sebe propočítal, nakolik dává přednost lásce ke Stvořiteli před láskou k sobě. A ve stejné míře, v jaké člověk pocítí své nedostatky, se musí obrátit ke Stvořiteli s modlitbou, aby ho k Sobě přiblížil opravdovou cestou, konkrétně ve spojení dvou linií.

V práci samotné člověk musí soustředit své myšlenky a touhy na to, aby:
1) poznával cesty Stvořitele a tajemství Tóry, aby tyto znalosti pomohly naplnit přání Stvořitele. To je nejdůležitější cíl člověka;
2) se snažil úplně napravit svou duši a tímto způsobem se vrátil ke svému kořenu, Stvořiteli;
3) snažil se postihnout Stvořitele, spojit se s Ním v uvědomění si Jeho dokonalosti.

* * *

O Stvořiteli se říká, že se nachází ve stavu absolutního klidu. Člověk do tohoto stavu vstoupí také, když dosáhne Cíle stvoření. Je zřejmé, že stav klidu je možné ocenit pouze tehdy, když byl předtím realizován pohyb, úsilí, práce. A poněvadž je tím míněn duchovní klid, jedná se o práci duchovní.

Duchovní práce spočívá v úsilí přinášet radost Stvořiteli. Veškerá tato práce probíhá jen tak dlouho, dokud naše tělo vzdoruje práci bez jakéhokoli prospěchu pro sebe sama, když nechápe smysl altruistické práce a nepociťuje odměnu.

Je zapotřebí vynaložit obrovské úsilí, aby člověk čelil v zásadě spravedlivým stížnostem těla: „Vždyť již trvá dlouho, jak se trýzníš tím, že se pokoušíš postihnout něco duchovního, a co získáš na oplátku? Znáš někoho, komu se to podařilo? Opravdu Stvořitel chce, aby ses tak trýznil? Pouč se ze svých zkušeností! Nu, čeho jsi dosáhl? Je to vůbec pro tebe zdravé, abys sám sebe tak mučil? Přemýšlej o sobě a své rodině, o dorůstajících dětech. Pokud si to Stvořitel bude přát, tak tě povede dále, stejně jako Tě přivedl ke kabale! Vždyť vše řídí pouze Stvořitel!"

Všechny výše uvedené a mnohé podobné stížnosti těla (stížnosti občas vyslovované příbuznými se také vztahují k tělu) jsou naprosto oprávněné. A namítnout není co. Ano! A není to ani zapotřebí! Protože pokud si člověk přeje vystoupit nad rámec přání svého těla, musí je prostě ignorovat a říkat si: tělo má pravdu, jeho argumenty jsou logické, jeho stížnosti jsou pravdivé, ale chci vyjít z těla, to znamená vystoupit z jeho přání, a proto jednám na základě víry, a ne zdravého rozumu. To jen v našem světě je můj rozum považován za logický. Ale v duchovním světě, i když tomu nerozumím, protože ještě nemám duchovní rozum a vidění, vše funguje podle jiného zákona, který nám jenom připadá podivný a zdá se nám, že nemá skutečný základ – podle zákona všemohoucnosti Stvořitele a v Jeho úplném dobrovolném mentálním a citovém otroctví, a proto i v plné víře v Jeho pomoc navzdory námitkám těla.

Taková práce člověka na sobě se nazývá „odevzdávání pro odevzdání"[36], což je čistě altruistické jednání: odevzdává všechno jednoduše proto, že si přeje odevzdat, „malý" stav (*Katnut*), pravá linie (*Kav Jamin*). Přijímané potěšení z takové práce z podobnosti se Stvořitelem – neboť pouze dává jako Stvořitel – se nazývá Světlo víry nebo milosrdenství (*Or Chasadim*).

---

[36] משפיע ע"מ להשפיע – *Mašpi'a al Menat Lehašpi'a*.

A pokud se člověk snaží postupovat takto, odhaluje se mu Stvořitel a člověk získá pocit nekonečné vznešenosti a všemohoucnosti Stvořitele. Víra přenechává místo poznání, tělo začíná pociťovat důležitost Stvořitele a je pro Něho připraveno dělat všechno, protože pocit důležitosti, souhlas Velikého něco od člověka přijmout, je pociťován jako přijetí potěšení.

Ale v takovém případě člověk cítí, že opět skáče, jak píská tělo. A není to velikost Stvořitele, ale radost a vlastní jistota v práci na samotného Velikého, jež určují jeho jednání. To znamená, že opět padá do náruče egoismu a osobního zájmu. A bylo to právě období úplné nepřítomnosti pocitu Stvořitele, které mu umožnilo si potvrdit, že všechno dělá kvůli Stvořiteli, altruisticky, duchovně. Odkrytí Stvořitele se nazývá levá linie (*Kav Smol*) a poznání je Světlo moudrosti (*Or Chochma*).

Z toho důvodu vyvolává odhalení Stvořitele nutnost přísného omezení v přijímání znalostí o řízení a pociťování velikosti, aby mohl víru a poznání vyvážit ve správném poměru. Nepřítomnost pociťování potěšení Stvořitelem je nutná, aby neupadl zpět do moci egoismu.

Když člověk do počátečního stavu *Katnut* přidává malé množství egoismu, které může používat (a přesto jít, jako by nic neznal stejně jako ve stavu *Katnut*), vyvažuje pravou linii malým množstvím levé – vytváří střední linii (*Kav Emca'i*). Část levé linie v *Kav Emca'i* určuje výšku duchovního stupně člověka. Samotný stav se nazývá „velký" (*Gadlut*).

Následný postup až k nejvyššímu, poslednímu stupni, kde se člověk a Stvořitel zcela spojují vlastnostmi a přáními, nastává pozvolným nárůstem střídavě pravé a poté levé linie a jejich vyvažováním na každém stupni duchovního žebříku.

***

Ve stavu pravé linie (*Kav Jamin, Katnut, Chafec Chesed*) musí být člověk šťastný bez veškeré příčiny, jen z jediné myšlenky, že v jeho světě existuje Stvořitel. A ke štěstí nepotřebuje žádné jiné podmínky. Takový stav se nazývá „šťastný z existujícího". Pokud ho z tohoto stavu nic nemůže vyvést, pak se stav nazývá dokonalým.

Ale když začne svůj duchovní stav prověřovat, vidí, že se přitom vůbec nepřibližuje ke Stvořiteli. A protože již vyzkoušel, že se sám nedokáže napravit, poprosí o to Stvořitele. Světlo Stvořitele, které pomáhá člověku překonat egoismus těla, se nazývá duše.

* * *

Nejspolehlivější kontrola, zda se jedná o altruistický čin, nebo o egoistický, spočívá v tom, že se člověk cítí připraven ignorovat jakýkoli výsledek, potěšení, odměnu, ve svůj prospěch navzdory skutečnosti, že prožívá ohromnou touhu se z výsledku své práce potěšit. Pouze v tomto případě může člověk, který přijímá potěšení, tvrdit, že to dělá kvůli Stvořiteli, a ne pro sebe sama („přijímání pro odevzdání").[37]

Celá cesta postupného duchovního vzestupu je postupným odmítáním, nepřijímáním stále větších potěšení: nejprve potěšení našeho světa a poté skutečných duchovních potěšení – pociťování Stvořitele.

Kvůli tomu, aby dal Stvořitel člověku možnost postupně vstoupit do této práce, skryl sám Sebe. Ukrytí Stvořitele proto musí být chápáno jako součást naší nápravy a o to, aby se nám odhalil, musíme Stvořitele prosit. Vždyť jakmile Ho dokážeme pocítit, aniž bychom si tím jakkoli ublížili, okamžitě se nám odkryje.

Pokud by člověk vnímal potěšení z pociťování Stvořitele v počátečním, egoistickém stavu, nikdy by neměl sílu se odpoutat od egoismu – prosit Stvořitele, aby mu dal sílu vůle se netěšit. Jako noční motýli, kteří létají k ohni a zemřou v něm, stejně tak by shořel v ohni potěšení i člověk a nemohl by se od něho odpoutat. Každý alespoň jednou v životě pocítil svou bezmocnost před velkým potěšením, a dokonce i tehdy, když se sám za sebe stydí, ví, že se nedokáže udržet, je-li potěšení větší než síla vůle, než uvědomění zla.

Proto ve stavu ukrytí Stvořitele můžeme jednat, „neprodávajíce se" potěšení, silou víry, že taková je Jeho vůle pro naše vlastní dobro. Ale pokud chceme něco vykonat, naše tělo okamžitě vyžaduje předběžný propočet – jestli má cenu to vykonat, protože bez cíle ve formě odměny potěšením není schopno pracovat a hledá v našich duchovních úsilích všemožné druhy nedostatků (*Avonot*, עוונות – hříchy) a očerňuje (*Mekatreg*, מקטרג) naše cíle.

Naše tělo se zpočátku ptá, proč se tím potřebujeme zabývat – v tomto případě se to nazývá zlým přáním – *Jecer ha-Ra* (dosl. sklon ke zlu, zlý počátek). Poté nám brání ve vykonávání zamýšleného – v tomto případě se to nazývá Satan, protože nás chce odvést z cesty

---

[37] מקבל ע"מ להשפיע – *Mekabel al Menat Lehašpi'a*.

(*Satan*, שטן – ze slova loupeživost – *Listot*, לסטות)[38]. A potom duchovně zabíjí člověka tím, že z jeho studia kabaly odebírá veškeré duchovní pocity a dává mu potěšení výlučně z objektů našeho světa – v tomto případě se to nazývá anděl smrti (*Mal'ach Mavet*).
A odpověď na všechny nároky těla může být pouze jedna: jdu vpřed silou víry tobě na truc, protože to vyžaduje Stvořitel. A tato podmínka Stvořitele se nazývá zákon Tóry (*Chukat Tora*).

* * *

Člověk není schopen se udržet a nepřijímat potěšení používáním egoismu, pokud se nepřesvědčí, že je to proň škodlivé – to znamená, že postaví proti srdci rozum. Avšak v tomto případě to bude jen jednoduchý výpočet toho, co je pro něho výhodnější: potěšení nyní a utrpení potom, nebo odmítnutí potěšení a přebývání ve stavu, ve kterém se nachází. Ale vždy, když se vzdá potěšení, musí dát tělu přesné vysvětlení, proč nestojí za to se těšit tím, co se mu samo nabízí.

Proto člověk může tělu odpovědět v jazyce, který jeho tělo chápe. V jazyce potěšení: že stojí za to se dnes vzdát zbytečných potěšení kvůli rajské blaženosti. Nebo v jazyce utrpení: nestojí za to si užívat a pak trpět věčná muka v pekle. A takovým způsobem buduje obyčejný člověk svoji obranu proti tělu. Ale přitom může žízeň po potěšení stejně oklamat střízlivý propočet a nakreslit nesprávný obraz vzájemného vztahu potěšení a utrpení.

Spolehlivým řešením může být pouze odpověď tělu, že se člověk rozhodl pracovat v duchovním bez jakéhokoliv osobního prospěchu, protože v takovém případě je odstraněna veškerá spojitost mezi jeho jednáním a tělem a tělo se již nemůže vměšovat do propočtů, zda se tato práce vyplatí, nebo ne. Tato odpověď se nazývá prací v srdci, protože srdce hledá potěšení.

Odpověď rozumu musí být tato: „Věřím, že Stvořitel slyší všechny moje prosby – modlitby o pomoc." Pokud je člověk schopen na svých odpovědích trvat, Stvořitel se odhalí a člověk vidí a cítí pouze Stvořitele.

* * *

Člověk se skládá ze 70 základních přání, nazvaných 70 národů světa, neboť duchovní prototyp člověka – odpovídající duchovní objekt

---

[38] Písmena *Šin* a *Samech* je možné číst stejně – jako „s".

(*Parcuf Ze'ir Anpin*) – se ve světě *Acilut* skládá ze 70 *Sfirot*.
Jakmile se člověk začne snažit o přiblížení se ke Stvořiteli, obdrží Světlo Tóry a okamžitě v sobě začne cítit přání, o kterých neměl ani tušení.

Všech 70 přání má dva kořeny, protože člověk postupuje vpřed díky spojení dvou linií – pravé a levé. Proti činnosti člověka v pravé linii se nachází jeho nečistá (egoistická) síla (skořápka, *Klipa*) proti práci v srdci, nazvaná *Klipa* Izmael. Proti činnosti člověka v levé linii se nachází jeho nečistá síla proti práci rozumu, nazvaná *Klipa* Ezau.

Když však člověk postoupí ve své práci dále, vidí, že proto, aby vstoupil do duchovního světa, je povinen se těchto dvou *Klipot* zbavit, jelikož nechtějí přijmout Tóru. Jak je uvedeno v Tóře, Stvořitel předtím, než dal Tóru *Jisra'eli*, nabídl ji Ezauovi a Izmaelovi, ale ti odmítli.

Teprve poté, když člověk vidí, že mu ani jedna z těchto sil neposkytne Tóru – Světlo Stvořitele, začne se držet pouze střední linie – *Jisra'ele* v souladu se zákonem „konat a potom uslyšet" (*Na'ase ve--Nišma*), což znamená přijímat kvůli Stvořiteli.

* * *

Jelikož je člověk všemi svými myšlenkami, záměry a touhami plně ponořen do svého egoismu, není schopen nezávisle, objektivně a nesobecky myslet, a proto není schopen kontrolovat sám sebe.

V zásadě není nutné, aby člověk kontroloval sám sebe, neboť předem ví, že vše, co si myslí a dělá, je založeno na egoistických touhách. Když však člověk pracuje na sobě, vynakládá úsilí na rozvoj duchovních přání, musí kontrolovat svůj stav, prověřovat jej kvůli sobě, a nikoliv kvůli Stvořiteli, který tak jako tak náš stav dobře zná.

Nejspolehlivější metodou prověření pravého duchovního stavu člověka je zkouška, zda má z práce pro Stvořitele radost. Zkouška tudíž neznamená těžké fyzické, nýbrž morální úsilí, a to jak ve stavu, kdy nepřijímá ani to nejnutnější, jak se mu zdá, tak i ve stavu, kdy od Stvořitele přijímá.

Kabala hovoří o člověku jako o celém světě. To znamená, že uvnitř člověka je vše, co se nachází kolem nás: vesmír, národy – přání, gójové, spravedliví národů světa, *Jisra'el*, Chrám, a dokonce i samotný Stvořitel – duchovní bod v srdci.

Tóra nám především vypráví o těchto našich vnitřních vlastnostech a teprve poté o jejich důsledcích, o vnějších objektech, jež tato jména označují, přičemž na duchovním stavu těchto vnitřních vlastností přímo závisí duchovní stav vnějších objektů a jejich vliv na nás. Počáteční duchovní stav člověka se nazývá „gój". Pokud se začne snažit o přiblížení se ke Stvořiteli, pak se nazývá „spravedlivý národů světa". Jak může člověk sám sebe prověřit, zda se již nachází na tomto stupni?

Vzhledem k tomu, že gój má pouze egoistické touhy, všechno, co mu chybí, aby nasytil svůj egoismus, pociťuje tak, jako by mu to bylo odňato – jako kdyby měl to, co chtěl, a pak o to přišel.

Tento pocit pochází z naší duchovní „minulosti": na Vyšší duchovní úrovni má naše duše všechno a při duchovním sestupu do našeho světa vše ztrácí. Z toho důvodu, jakmile člověk po něčem touží, je to rovnocenné tomu, že je v tom okamžiku plný stížností na Stvořitele kvůli tomu, že mu to odebral, nebo kvůli tomu, že mu nedává to, co si přeje.

Jestliže tedy člověk ve svém srdci dokáže potvrdit, že vše, co Stvořitel dělá, je všechno pro jeho dobro, a zároveň mít radost a cítit ke Stvořiteli lásku, jako kdyby od Stvořitele obdržel vše, co by si jen mohl přát, a ve všem řízení Stvořitele ospravedlňuje, pak tímto způsobem úspěšně projde zkouškou svého záměru (*Kavana*) a nazývá se „spravedlivý národů světa".

Pokud člověk dále pracuje na nápravě egoismu s pomocí Stvořitele, pak již neprověřují jeho myšlenky, nýbrž jeho činy: Stvořitel mu dává vše, co jen si člověk přeje, avšak člověk musí být připraven skoro všechno vrátit a přijmout pouze část – tu část, kterou je schopen přijmout kvůli Stvořiteli.

Přičemž je prověřování často vnímáno jako volba ze dvou možností: člověk cítí, že ho polovina jeho přání přitahuje jedním směrem a polovina druhým. (Obvykle v sobě člověk vůbec nepociťuje žádný boj mezi protichůdnými silami dobra a zla, neboť v něm dominují jen síly zla a cíl se redukuje na rozhodnutí, jakou z nich použít pro větší výhru.)

V případě rovnováhy sil však člověk nemá žádnou možnost výběru upřednostnění jedné před druhou, vnímá sám sebe mezi dvěma silami, které na něho působí, a jediným řešením je prosit o pomoc Stvořitele, aby ho přesunul na správnou stranu.

Proto všechno, co se s ním v životě děje, musí člověk považovat za zkoušku Shora, a pak velmi rychle dospěje k Cíli stvoření.

***

Pochopit stvoření jako celek a to, co se konkrétně s námi děje, je možné pouze na základě pochopení konečného Cíle stvoření. Pak pochopíme, jaké jsou činy Stvořitele, protože jsou všechny určeny pouze konečným Cílem. Stejně tak nemůžeme pochopit smysl činů člověka ani v našem světě, pokud nejsme obeznámeni s budoucím výsledkem. Jak se říká, hlupákovi neukazují nedokončenou práci.

Stvořitel představuje celé stvoření, Světlo. Jeho cílem je tímto Světlem těšit člověka. Proto jediné, co Stvořitel musel stvořit, je touha se těšit. Neboť vše, co je stvořeno, je Světlo a touha se těšit. Všechno, co bylo stvořeno kromě člověka, bylo stvořeno jenom proto, aby mu to pomohlo dosáhnout Cíle stvoření.

Nacházíme se v samotném Stvořiteli, v oceánu Světla, které vše Sebou naplňuje, avšak Stvořitele můžeme vnímat pouze v míře, v jaké jsme Mu podobní vlastnostmi; pouze přání, která jsou podobná přáním Stvořitele, mohou vstoupit do Světla.

V míře, v jaké se od Stvořitele lišíme vlastnostmi a přáními, Ho necítíme, protože do nás nevstupuje Jeho světlo. Pokud jsou všechny naše vlastnosti protikladné k Jeho vlastnostem, pak Ho vůbec necítíme a sami sebe si představujeme, jako bychom byli v tomto světě jediní.

Stvořitel si přeje nám poskytnout potěšení. Jeho vlastností je „touha dávat". Proto stvořil všechny světy a objekty, které je obývají, s opačnou vlastností – „touhou přijímat".

Všechny naše egoistické vlastnosti byly stvořeny Stvořitelem a nízkost naší přirozenosti není naší vinou. Stvořitel si přeje, abychom napravili sami sebe, a tím se Jím zaslouženě naplnili, stali se jako On.

Světlo oživuje veškeré stvoření v neživé, rostlinné, živočišné a lidské materii. V našem světě je Světlo skryté. Nepociťujeme ho. Plaveme v oceánu Světla Stvořitele. Pokud do nás vstoupí určitá část Světla, nazývá se duší.

Vzhledem k tomu, že Světlo Stvořitele dává život, životodárnou sílu a potěšení, ten, kdo nedostává Světlo, ale přijímá jen nepatrnou záři pro udržení fyzické existence, se nazývá duchovně mrtvý, nemající duši.

Pouze jednotlivci v našem světě, kteří jsou nazýváni kabalisté (kabala – ze slova *Lekabel*, přijímat – je učení o tom, jak přijímat Světlo), ovládají techniky přijímání Světla.

Každý člověk ze svého počátečního stavu – úplného nepociťování oceánu Světla, v němž „plave", musí dosáhnout úplného naplnění Světlem. Tento stav se nazývá Cílem stvoření nebo Konečnou nápravou (*Gmar Tikun*), přičemž člověk tohoto stavu musí dosáhnout ještě v životě na tomto světě v jednom ze svých koloběhů života.

Stádia postupného naplňování člověka Světlem Stvořitele se nazývají duchovní stupně nebo světy.

Postupovat k Cíli stvoření nutí člověka utrpení: pokud egoismus namísto potěšení zakouší velké utrpení, je připraven se kvůli jejich ukončení sám vzdát touhy „přijímat", protože je lepší nic nedostávat než přijímat utrpení. Utrpení všeho druhu nás pronásledují až do té doby, dokud se úplně nezřekneme „přijímání" a nebudeme chtít pouze „dávat".

Rozdíl mezi lidmi spočívá jenom v tom, jakého druhu si každý přeje přijímat potěšení: živočišná (tělesná, která mají i zvířata), lidská (sláva, čest, moc), poznávací (vědecké objevy, úspěchy). V každém člověku se touhy k těmto druhům potěšení spojují ve zvláštním poměru, který je charakteristický pouze pro něho.

Rozum člověka je pouze pomocným nástrojem k dosažení požadovaného cíle. Touhy člověka se mění, ale stejný rozum mu pomáhá najít způsoby, jak dosáhnout kýženého.

Pod vlivem utrpení egoismus odmítá touhu po potěšení a získává touhu „dávat". Doba nezbytná pro úplné anulování egoismu se nazývá 6 000 let. Nemá to však nic společného s časem.

Egoismus se nazývá tělem a stav, kdy ho člověk nepoužívá, se nazývá „smrtí těla". Tohoto stavu se dosahuje v pěti etapách postupného odmítnutí egoismu: od nejsnazší části až k nejegoističtější.

Do přání, která odmítají egoismus, člověk přijímá Světlo Stvořitele. Tímto způsobem postupně přijímá pět druhů Světla, jež se nazývají *Nefeš, Ruach, Nešama, Chaja, Jechida*.

Etapy duchovního výstupu člověka:
1) Honba za egoistickými rozkošemi tohoto světa. Tímto způsobem může člověk završit svůj život do příštího návratu na tento svět, pokud nezačne studovat kabalu – pak přechází na druhý stupeň.
2) Uvědomění si, že egoismus je pro něho zlem, a odmítnutí jej používat.

V samém středu egoistických přání člověka je zárodek duchovní touhy. V určitém bodě života ji člověk začíná pociťovat jako svou touhu po poznání, po osvojení si a studiu duchovního.

Pokud člověk jedná v souladu s touto touhou, rozvíjí ji a nepotlačuje ji, začíná růst a postupuje-li se správným záměrem pod vedením Učitele, začíná ve svých nově zrozených duchovních touhách pociťovat dříve nepociťované Světlo, které mu svou přítomností pomáhá získat pocit jistoty a síly pro další nápravu egoismu.

3) Dosažení stavu absolutně nezištného přání těšit Stvořitele svými činy.

4) Náprava získaného přání „odevzdávat" na přání „přijímat kvůli Stvořiteli". Kvůli tomu člověk k práci přitahuje své touhy po potěšení, ale pouze s jiným záměrem: „pro Stvořitele". Začátek této práce se nazývá „vzkříšení mrtvých" – již odmítnutých egoistických přání. Když člověk postupně napravuje své egoistické touhy na protikladné, vyhrává dvakrát: těší se Stvořitelem i podobností s Ním. Dokončení nápravy egoismu na altruismus se nazývá „Konečná náprava" (Gmar Tikun).

Pokaždé, když člověk napraví určitou část svých přání, obdrží do nich část své duše a toto Světlo mu umožňuje pokračovat v napravování svých přání, dokud se člověk zcela nenapraví a plně neobdrží svoji duši, to Světlo, tu část Stvořitele, která odpovídá jeho původnímu egoismu, jak ho stvořil Stvořitel.

Když člověk všechen svůj egoismus změní na altruismus, úplně tím zničí překážku pro přijímání Světla Stvořitele, naplnění sebe sama Stvořitelem, a tímto způsobem se úplně spojí se Stvořitelem – vnímá kolem sebe celý oceán Světla a těší se jím.

* * *

Již několikrát bylo řečeno, že jsou naše možnosti poznání světa omezené, že ve stejné míře, v jaké nemůžeme poznat sami sebe, nemůžeme poznat ani Stvořitele, že jsou všechny naše znalosti důsledkem subjektivních pocitů, přesněji, reakcí našeho těla na vnější vlivy, jež je schopno pocítit.

Jinými slovy, přijímáme a vnímáme pouze informace, které nám jsou selektivně zasílány vzhledem ke kvalitě – vlastnostem a množství – hloubce možností našeho vnímání.

Nemajíce spolehlivé informace o struktuře a fungování námi nepostihnutelných Vyšších substancí, které nevnímáme, dovolíme si filozofovat a polemizovat o jejich možné struktuře a působení, což se

obecně podobá dětským svárům, kdo má pravdu o tom, co nikdo neví.
Pokusy všech náboženských, sekulárních, vědeckých a pseudovědeckých filosofií, jež vysvětlují, co je duše a tělo, se omezují na čtyři základní pohledy:

1) Věřící

Vše, co „je" v jakémkoli objektu, je jeho duše. Duše jsou od sebe navzájem odděleny svými kvalitami, které jsou nazývány duchovními vlastnostmi člověka. Duše existují nezávisle na existenci našeho těla: před jeho narozením, před vtělením do těla a po jeho smrti – čistě biologického procesu rozkladu proteinové hmoty na její složky. (Pojem věřící se neshoduje s pojmem náboženský.)

Proto smrt fyzického těla nemůže mít vliv na samotnou duši, je pouze příčinou oddělení duše od těla. Duše je něco věčného, protože není složena ze hmoty našeho světa. Svou podstatou je duše jediná a nedělitelná, neskládá se z mnoha složek, a proto se nemůže rozdělit ani rozpadnout, a tudíž ani zemřít.

Tělo je vnější obal duše, jakoby její oděv, do něhož se duše obléká. A když působí skrze tělo, projevuje své mentální, duchovní vlastnosti, svůj charakter – stejně jako člověk, který řídí stroj, během celého provozu stroje projevuje svoje přání, charakter a intelekt.

Kromě toho dává duše tělu život, umožňuje jeho pohyb a stará se o zachování těla natolik, že bez duše je tělo zbaveno života a pohybu. Samotné tělo je mrtvý materiál, jak můžeme pozorovat poté, co duše opustí tělo v okamžiku smrti. Okamžikem smrti nazýváme odchod duše z těla, a proto jsou všechny znaky života lidského těla určeny duší.

2) Dualistický

V důsledku vývoje vědy se objevil nový pohled na tělo člověka: naše tělo může existovat i bez jakési duchovní substance, která by byla do něho vložena a oživovala ho; může existovat naprosto samostatně, nezávisle na duši, což můžeme dokázat pomocí biologických a lékařských zkušeností, když oživujeme tělo nebo jeho části.

Ale tělo v této podobě je pouze samostatně existující biologický objekt, forma existence bílkovinné hmoty, a to, co mu dodává různé osobní vlastnosti, je duše, jež do něho sestupuje Shora, což také odpovídá prvnímu přístupu.

Rozdíl tohoto pohledu od předchozího spočívá v tom, že ačkoliv se podle prvního má za to, že duše dává tělu jak život, tak i rozum a duchovní vlastnosti, pak podle druhého dává duše tělu jen duchovní vlastnosti, protože je ze zkušeností zřejmé, že tělo může existovat samo o sobě bez pomoci jakýchkoliv doplňujících Vyšších sil.

A proto duši zbývá pouze úloha zdroje rozumu a dobrých kvalit charakteristických pro duchovní, ale ne pro materiální.

Navíc tento přístup tvrdí, že ačkoliv tělo může existovat samostatně, je produktem duše. Duše je primární, protože je příčinou vzniku, zrození těla.

3) Nevěřící

Popírá existenci duchovních struktur a přítomnost duše v těle; uznává pouze hmotu a její vlastnosti. A protože duše neexistuje, rozum a všechny vlastnosti člověka jsou produktem jeho těla, které je mechanismem, jenž je řízen přenosem elektrických signálů nervovými drahami. (Nevěřící není adekvátní pojmu nenábožensky).

Všechny pocity těla pocházejí z interakce nervových zakončení s vnějšími stimuly a jsou přenášeny nervovými vodiči do mozku, kde se analyzují a rozpoznávají jako bolest nebo potěšení a v souladu s tím diktují výkonnému orgánu typ reakce.

Všechno je konstruováno tak jako v mechanismu se snímači – tudíž přenosem signálů mozkovým zařízením na zpracování a předání signálu výkonnému aparátu a kontrolou výkonu pomocí zpětné vazby. A mozkový aparát funguje na principu oddálení se od bolesti a přiblížení se k potěšení – na základě těchto signálů je v člověku budován přístup k životu a je tím určeno jeho jednání.

A náš rozum, který vnímáme, není nic jiného než obraz procesů, jež probíhají v našem těle; jakoby jejich fotografie. A veškerý rozdíl mezi člověkem a zvířetem spočívá v tom, že člověk má natolik rozvinutý mozek, že jsou všechny procesy, které v těle probíhají, shromažďovány do takového úplného obrazu, že je cítíme jako rozum a logiku. Avšak celá naše mysl je jen důsledkem našeho tělesného pocitu a uvědomění.

Není pochyb o tom, že ze všech přístupů k tomuto problému je tento přístup nejrealističtější, je vědecký a srozumitelný, protože se spoléhá pouze na zkušenost a zabývá se pouze lidským tělem, a nikoliv něčím nepostřehnutelným, což nazýváme duší, a je tudíž zcela spolehlivý v tom, co se týká lidského těla.

Problém tohoto přístupu spočívá v tom, že neuspokojuje dokonce ani nevěřící a odrazuje tím, že představuje člověka jako robota v rukou slepé přírody (předurčené charakterové vlastnosti, zákony vývoje společnosti, požadavky našeho těla na udržení života a hledání potěšení atd.), což nás naprosto zbavuje postavení inteligentních bytostí.

Vždyť je-li člověk pouhým mechanismem, který je nucen jednat v souladu s programem daným přírodou, jež je do něho vložen, a pravidly, které mu diktuje společnost, pak to popírá veškerou svobodu vůle a volbu činů, a tedy i objektivní myšlení.

Vždyť ačkoli je člověk vytvořen přírodou, sám se považuje za moudřejšího než ona. A proto tento názor nemohou přijmout ani ti, kdo nevěří ve Vyšší rozum. Vždyť v tomto případě si představují, že jsou zcela předáni do moci slepé přírody, jež nemá žádnou myšlenku ani cíl a hraje si s nimi, inteligentními bytostmi, neznámo jak a proč a neexistuje žádný rozumný důvod ani jejich života, ani smrti.

Abychom nějakým způsobem napravili tak dalece vědecky věrohodný, ale duševně nepřijatelný přístup k existenci člověka, lidstvo v naší době postupně přijímá „současný" pohled.

4) Současný

Obzvláště v poslední době se stal módní (třebaže člověk plně přijímá předchozí čistě materialistický přístup k vesmíru jako vědecky spolehlivý a jemu srozumitelný), neboť souhlasí s tím, že v člověku existuje něco věčného, neumírajícího, duchovního, co se odívá do materiálního tělesného obalu, a že právě toto duchovní, jež se nazývá duše, je podstatou člověka a naše tělo je jenom jeho oděvem.

Příznivci tohoto pohledu však stejně nemohou vysvětlit, jakým způsobem se duše obléká do těla, jaká je mezi nimi spojitost, co je zdrojem duše, co duše je. A proto, zakrývajíc si oči před všemi těmito problémy, lidstvo používá starou vyzkoušenou metodu uspokojení – zapomenout ve víru povrchních starostí a radostí dnes, jako i včera...

Kdo však může pochopit, co je tělo a co je duše, jaká je mezi nimi souvislost, proč sami sebe vnímáme jako složené ze dvou částí (materiální a duchovní) a ve které z těchto dvou složek jsme my sami, naše věčné „já", a co se děje s naším „já" před narozením a po smrti: je-li toto „já", které nyní cítí samo sebe, když se nachází v těle, také vně těla před narozením a po smrti?

A to hlavní: všechny tyto otázky a obrazy různých variant proměn a reinkarnací duší a těl se rodí, vznikají v našem materiálním vědomí, kde jsou zkoumány naším tělesným rozumem, jsou-li pravdivé, nebo zda jsou jenom výplodem fantazie. Jde o pravé, či imaginární obrazy duchovního světa, které z něho přicházejí do našeho světa a jsou zde zobrazovány a předávány našemu hmotnému mozku? Ale vždyť jsou v našem mozku tvořeny analogicky s jeho pozemskými představami, protože v něm nejsou žádné další informace a náš mozek je schopen pracovat a poskytovat nám fantazie a předpoklady pouze na základě obrazů našeho světa, které jsou v něm uchovány. Nemůžeme si například představit mimozemskou bytost, která nám není vůbec podobná a nemá prvky našeho těla.

* * *

Pokud však vše, co si dokážeme představit a na základě čeho budujeme svoje teorie, je jenom jakousi hrou na „představ si to, nevím co, co si nedokážu představit", a proto přijímáme za pravdu to, co nám mozek předává analogicky s naším světem, jelikož nemáme jinou odpověď, existuje pak vůbec pro nás, kdož se nacházíme v rámci vnímání našeho světa, odpověď na otázku „co je duše a tělo?"

Na jiném místě[39] jsem již psal o tom, že je naše poznání omezené: ve stejné míře, v jaké nemůžeme skutečně vidět, cítit a zkoumat ani jeden objekt našeho světa, nemůžeme pravdivě posoudit nejen naši duši, ale ani naše tělo. Ze čtyř kategorií poznávání objektu – materiálu objektu, vnější formy objektu, abstraktní formy objektu a podstaty objektu – chápeme jen jeho vnější formu, jak ji vidíme, a materiál, ze kterého je objekt vytvořen, jak si ho představujeme podle výsledků našeho výzkumu, ale abstraktní forma objektu (čili jeho vlastnosti vně materiálního obalu) a jeho podstata jsou pro nás naprosto nepochopitelné.

Kabala se nazývá tajným učením, protože tomu, kdo jí rozumí, odhaluje to, co před ním bylo dříve skryto, utajeno. A pouze ten, kdo rozumí, vidí skutečný obraz vesmíru, který se před ním otevírá, jak píše náš Učitel rabi Jehuda Ašlag (Ba'al HaSulam) ve verši:

Vám rozzáří se zázračná pravda
a ústa jenom ji vysloví.
A vše, co otevře se v odhalení,
uvidíte vy, a nikdo jiný!

---

[39] Laitman, M.: Kniha *Zohar*, Volvox Globator, Praha 2011, s. 15 n.

Kabala je tajné učení, protože je skryto před prostým čtenářem a odhaluje se pouze za určitých podmínek, které se studentovi postupně vyjasňují na základě samotného učení pod zvláštním vedením „mentální orientace" Učitelem.

A pouze ten, pro něhož se kabala již stala z tajného učení zjevným učením, vidí a rozumí tomu, jak je uspořádán „svět" a takzvaná „duše" a „tělo". Ale předávat ostatním obraz stvoření, který vnímá, není schopen, ani nemá právo jej předat s výjimkou jediné pravdy: podle úrovně duchovního vzestupu je ve stvoření postihována jediná pravda – není nikdo jiný kromě Stvořitele!

* * *

Jsme stvořeni s takovými smyslovými orgány, že z celého vesmíru cítíme jen jeho malou část, kterou nazýváme „naším světem". Všechny přístroje, které jsme vynalezli, rozšiřují pouze rozsah našich stávajících smyslových orgánů a my si ani nedokážeme představit, o jaké další smyslové orgány jsme ochuzeni, protože nepociťujeme jejich nedostatek stejně, jako není možné, aby člověk cítil potřebu šestého prstu na ruce.

Nemáme-li orgány pro vnímání jiných světů, nemůžeme je pocítit. Takže navzdory tomu, že jsme obklopeni podivuhodně bohatým obrazem, vidíme jen jeho nevýznamný fragment, přičemž i tento námi vnímaný fragment je neobvykle zkreslený vzhledem k tomu, že ačkoliv zachycujeme jen jeho malou část, budujeme na tomto základě svoje představy o struktuře celého vesmíru.

Stejně jako ten, kdo vidí jenom v rentgenovém spektru, pozoruje pouze skeletální obraz objektů, které v předmětech zachycuje rentgenové záření, také i my vidíme zkreslený obraz vesmíru.

A stejně jako nelze podle rentgenového vidění posuzovat skutečný obraz vesmíru, ani my si nedokážeme představit pravý obraz vesmíru na základě výsledků vjemů našich smyslů. A žádnou fantazií nemůžeme nahradit to, co nemůžeme pocítit, neboť všechny naše fantazie jsou také vybudovány na našich předchozích pocitech.

Přesto se pokoušíme si ve své fantazii ve formě, které rozumíme, spekulativně představit nadpozemský (tudíž nacházející se pouze v našich představách, nepostihnutelný našimi smysly) takzvaný duchovní svět.

Pro začátek si představte: stojíte v prázdnotě. Od vás, od místa, kde se nacházíte, se v této prázdnotě do dáli vine cesta. Podél cesty stojí v určitém rozmezí značky – od nuly, kde stojíte, až po konečnou. Těmito značkami je celá cesta rozdělena na čtyři části.

K posunu vpřed podél cesty nedochází střídavým pohybem nohou jako v našem světě, ale střídavou změnou přání. V duchovním světě neexistuje místo, prostor a pohyb podle našich obvyklých představ. Duchovní svět je svět pocitů vně fyzických těl. Objekty jsou pocity. Pohyb je změna pocitů. Místo je určitá kvalita. Místo je v duchovním světě určeno jeho vlastnostmi. Pohyb proto spočívá ve změně vlastností objektu, což je podobné tomu, jako když v našem světě hovoříme o duševním pohybu jako o pohybu pocitů, a nikoliv o fyzickém přesunu. Z toho důvodu je cesta, kterou se snažíme si představit, postupná změna našich vnitřních vlastností – přání.

Vzdálenost mezi duchovními objekty je určena a měřena rozdílem jejich vlastností. Čím blíže jsou si vlastnosti, tím blíže jsou si objekty. Přiblížení nebo oddálení objektů je dáno poměrem změny jejich vlastností. A pokud jsou vlastnosti naprosto shodné, pak se dva duchovní objekty slévají do jednoho, a když se v jednom duchovním objektu objeví něco nového, tato vlastnost se oddělí od prvního a tímto způsobem vzniká nový duchovní objekt.

Na opačném konci cesty od nás se nachází sám Stvořitel. Jeho poloha je určena Jeho vlastnostmi – naprosto altruistickými.

Jelikož jsme se v našem světě narodili s absolutně egoistickými vlastnostmi, jsme od Stvořitele polárně vzdáleni a cíl, který On před nás staví, spočívá v tom, abychom během života v tomto světě dosáhli Jeho vlastností, čili se s Ním duchovně spojili. Naše cesta není nic jiného než postupná změna našich vlastností až k úplné podobnosti vlastnostem Stvořitele.

Jedinou vlastností Stvořitele je nepřítomnost jakéhokoliv egoismu, z čehož vyplývá nepřítomnost jakékoliv myšlenky o sobě, o svém stavu, o svém vlivu a moci – o všem, co tvoří veškerou podstatu našich myšlenek a tužeb.

(Ale jelikož se v tomto světě nacházíme v těle jako v jakémsi materiálním obalu, starost o minimum kvůli zachování jeho existence není považována za egoismus. Obecně lze jednoduchou kontrolou určit, zda je nějaká myšlenka nebo touha těla egoistická: pokud by se člověk chtěl této myšlenky zbavit, ale nemůže vzhledem k objektivní nutnosti udržet svoji existenci, pak taková myšlenka nebo čin jsou považovány za vynucené, a nikoliv za egoistické, a neoddělují člověka

od Stvořitele.)
Stvořitel posouvá člověka k cíli takto: Dává člověku „špatné" přání nebo utrpení, což je podobné pohybu vpřed levou nohou, a pokud v sobě člověk nalezne sílu prosit Stvořitele o pomoc, pak mu Stvořitel pomáhá tím, že mu dává dobré přání nebo potěšení, což je podobné pohybu vpřed pravou nohou... a člověk opět obdrží Shora ještě silnější špatné přání nebo pochybnost o Stvořiteli a znovu ještě větší silou vůle prosí Stvořitele o pomoc a Stvořitel mu opět pomáhá tím, že mu dává ještě silnější dobré přání atd.

Tímto způsobem se člověk pohybuje vpřed. Pohyb zpět neexistuje. A čím čistší je přání, tím dále je člověk od výchozího bodu, od absolutního egoismu.

Pohyb vpřed může být popsán v mnoha variantách, ale vždy se jedná o opakující se procházení pocity, střídání pocitů: existoval pocit něčeho duchovního, to znamená podvědomý pocit existence Stvořitele, a proto i jistota a radost. Poté začal tento pocit mizet, jako by se roztavil. To znamená, že se člověk pozvedl na vyšší úroveň svého duchovního vzestupu, kterou ještě nemůže pocítit, protože nemá smyslové orgány, jež jsou nezbytné pro pociťování vlastností této úrovně. Pocity této další etapy se dosud nenarodily, jelikož si je člověk ještě nevytrpěl, nevysloužil, nevytvořil na ně odpovídající orgány vnímání.

Nové smyslové orgány pro následující stupeň (to znamená touha po potěšení, které se nachází na tomto stupni, a tudíž pocit utrpení v důsledku jeho nepřítomnosti) je možné v sobě rozvinout dvěma způsoby:
1) cestou Tóry: člověk získá pocit Stvořitele, který pak zmizí. Je pociťováno utrpení kvůli nedostatku potěšení a utrpení je pro pociťování potěšení nezbytné. Tímto způsobem se na každém stupni rodí nové orgány pro pociťování Stvořitele. Stejně jako v našem světě: bez přání člověk není schopen odhalit potěšení v objektu. Veškerý rozdíl mezi lidmi a mezi lidmi a zvířaty spočívá v tom, čím se každý z nás chce těšit. Proto není duchovní pokrok možný bez předcházející touhy, tudíž bez utrpení z nepřítomnosti toho, co je požadované;
2) cestou utrpení: jestliže jsem se nemohl vynaložením úsilí, studiem, prosbami ke Stvořiteli ani vjemy od přátel ze skupiny pozvednout k novým touhám, na novou úroveň lásky ke Stvořiteli, k rozechvění před Stvořitelem, pak se objevuje lehkost myšlenek,

opovrhování duchovním, přitahování k nízkým potěšením – a člověk klesá do nečistých (egoistických) světů *ABJA*[40]. Utrpení způsobují, že se jich člověk snaží zbavit do takové míry, že se tento pocit utrpení stává nádobou, do níž může obdržet nový pocit Stvořitele stejně jako při odhalení tohoto pocitu cestou Tóry.

To znamená, že rozdíl mezi postupováním cestou Tóry a cestou utrpení spočívá v tom, že při pohybu vpřed cestou Tóry člověk obdrží Světlo Tóry – to znamená pocit přítomnosti Stvořitele – a pak mu je odebrán. Z nepřítomnosti potěšení se objevuje pocit nedostatku Světla a přitahování ke Světlu, což je nádoba, nové smyslové orgány, a člověk se do nich snaží přijmout pocit Stvořitele a skutečně jej přijímá, což znamená, že ho přání přitahují dopředu.

Při postupování cestou utrpení je člověk hnán zezadu utrpením, a není k potěšení přitahován jako v prvním případě.

Stvořitel nás řídí podle svého plánu přivést každého z nás a celé lidstvo jako celek v tomto nebo v našich následujících životech do koncového bodu této cesty, kde se nachází On. Celá naše cesta je tvořena etapami sblížení našich vlastností se Stvořitelem.

Pouze když se sloučíme se Stvořitelem vlastnostmi, plně pochopíme celý pravý obraz vesmíru, uvidíme, že ve světě není nikdo jiný kromě Stvořitele a že všechny světy a objekty, které je obývají, vše, co jsme cítili kolem sebe, i my sami – toto vše je jenom Jeho součástí, nebo spíše Jím samotným.

Všechny myšlenky a jednání člověka jsou určeny Jeho přáními. Mozek pouze pomáhá člověku dosáhnout toho, co si přeje. Přání člověk přijímá Shora od Stvořitele a pouze Stvořitel je může změnit.

Je to záměrně Stvořitelem vytvořeno proto, aby když člověk pochopí, že vše, co se nám přihodilo v minulosti, co probíhá v přítomnosti a co nastane v budoucnosti v materiálním (rodinném, společenském) a duchovním, ve všech našich stavech, zcela závisí jenom na Něm a jenom na Něm záleží, zda dojde ke zlepšení našeho stavu, že pouze On je příčinou toho, co se s námi děje, a abychom, když si to uvědomíme, nutně potřebovali spojení s Ním, od Jeho absolutního odmítání na počátku cesty až k plnému splynutí s Ním na konci cesty.

Je možné říci, že jsou značky podél naší cesty měřítkem našeho

---

[40] *ABJA* (אבי״ע) – akronym pro světy *Acilut* (אצילות), *Bri'a* (בריאה), *Jecira* (יצירה) a *Asija* (עשיה).

spojení, blízkosti se Stvořitelem a celá naše cesta probíhá z bodu úplného odtržení až k úplnému sloučení s Ním.

Pokud člověk náhle pocítí touhu se přiblížit ke Stvořiteli, touhu a chuť k duchovnímu, nebo když prožívá duchovní uspokojení, je to důsledkem toho, že Stvořitel přitahuje člověka k Sobě a dává mu takové pocity.

A naopak, když „poklesl" ve svých úsilích, nebo dokonce ve svých materiálních, společenských a jiných pozicích, přes neúspěchy a strádání si člověk začíná postupně uvědomovat, že je to učiněno Stvořitelem záměrně, aby člověk mohl pocítit závislost na Zdroji všeho, co se mu děje, i to, že „pouze Stvořitel mu může pomoci, jinak bude ztracen".

A je to učiněno Stvořitelem záměrně, aby v člověku vznikla silná žádost ke svému Stvořiteli o změnu svého stavu, aby člověk potřeboval spojení s Ním, a pak jej v souladu s jeho touhou již Stvořitel může přivést blíže k Sobě.

Stvořitelova pomoc při záchraně člověka z ospalého nebo uspokojeného stavu, aby ho posunul kupředu směrem ke Stvořitelem určenému cíli, spočívá zpravidla v posílání neúspěchů a ztrát, jak duchovních, tak i materiálních, prostřednictvím důvěrných přátel, rodiny, kolegů, společnosti.

A proto jsme stvořeni Stvořitelem tak, že vše, co cítíme jako příjemné, je z přiblížení se k Němu a naopak, všechny nepříjemné pocity kvůli oddálení se od Něho.

Z tohoto důvodu byl náš svět stvořen tak, že je v něm člověk závislý na zdraví, rodině, na lidech ve svém okolí, jejich lásce a úctě, aby Stvořitel prostřednictvím těchto životních okolností mohl člověku posílat negativní vlivy a přinutil jej hledat cesty z tíživých stavů, dokud člověk neodhalí a neuvědomí si, že všechno závisí pouze na Stvořiteli.

A tehdy, pokud v sobě najde sílu a trpělivost, bude odměněn tím, že bude vše, co se s ním děje, okamžitě spojovat s přáním Stvořitele, a nikoliv s jakýmisi jinými příčinami, nebo dokonce se svými činy a myšlenkami v minulosti. To znamená, že si uvědomí, že pouze Stvořitel, a nikdo jiný, ani on sám není příčinou ničeho, co se stane.

* * *

Cesta, kterou jsme představili, je cesta jak jednotlivce, tak celého lidstva jako celku.

Počínaje nejnižším bodem, kde se nacházíme v souladu s našimi současnými přáními nazvanými „náš svět", až do Konečného cíle, do kterého musíme všichni chtě nechtě dospět a který je nazvaný „budoucí svět", je naše cesta rozdělena do čtyř etap neboli stavů:
1) Absolutní nepociťování (ukrytí) Stvořitele.

Důsledkem toho jsou: nevíra ve Stvořitele a vedení Shora, víra ve vlastní síly, v síly přírody, okolnosti a náhody. Na této etapě (duchovní úrovni) se nachází celé lidstvo.

Pozemský život v této fázi je procesem shromažďování zkušeností v naší duši prostřednictvím různých druhů utrpení posílaných člověku. Proces shromažďování zkušeností duše probíhá cestou opakovaných návratů téže duše do tohoto světa v různých tělech. Když duše dosáhne určité zkušenosti, člověk obdrží pocity následujícího, prvního duchovního stupně.
2) Nejasné pociťování Stvořitele.

Důsledkem tohoto je: víra v odměnu a trest, víra, že utrpení je důsledkem oddálení se od Stvořitele a potěšení je důsledkem přiblížení se ke Stvořiteli.

Přestože se člověk pod vlivem velkého utrpení může na chvíli znovu vrátit do prvního nevědomého procesu shromažďování zkušeností, tak či onak tento proces pokračuje, dokud si člověk neuvědomí, že mu sílu k posunu vpřed dá pouze plné pocítění řízení Stvořitele.

V prvních dvou stavech má člověk svobodu víry v řízení Shora. A když se člověk snaží navzdory všem „vznikajícím" překážkám (zasílaným Shora) posílit ve víře a v pociťování řízení Stvořitele, pak mu po určitém množství úsilí Stvořitel pomáhá tím, že před ním odhalí sám Sebe a obraz vesmíru.
3) Částečné odkrytí obrazu řízení světa.

V důsledku toho: člověk vidí odměnu za dobré skutky a trest za špatné, a proto není schopen se zdržet vykonávání dobrého a oddělí se od špatného, protože nikdo z nás není schopen se vyhýbat příjemnému nebo si zjevně škodit.

Ale tato fáze duchovního vývoje ještě není konečná, jelikož v této fázi jsou všechny lidské činy vynuceny vzhledem k očividné odměně a trestu.

Proto existuje ještě další etapa duchovního vývoje – pochopení toho, že vše, co činí Stvořitel, je Jím činěno s absolutní láskou k nám.

4) Odhalení úplného obrazu řízení světa.

Důsledkem toho je: jasné uvědomění, že řízení světa Stvořitelem není založeno na odměně a trestu za odpovídající skutky, ale na absolutní a bezmezné lásce k Jeho stvořením.

Tato etapa duchovního vývoje je odhalena a pochopena v důsledku toho, že člověk vidí, jak Stvořitel vždy jedná se všemi stvořeními vcelku i s každým jednotlivě, s dobrými i špatnými, bez ohledu na jejich skutky pouze s pocitem neomezené lásky, a to za každých okolností.

Jakmile na sobě člověk zakusí Vyšší úroveň potěšení, předem se těší z budoucího stavu všech, kteří toho doposud nedosáhli: stejně jako oni – každý jednotlivě a všichni vcelku – dosáhnou toho samého. Tento stav je člověkem dosahován v důsledku toho, že před ním Stvořitel odkrývá celý obraz stvoření a Svůj vztah ke každé duši v každé generaci během celé existence všech světů stvořených výhradně s cílem těšit stvoření, což je jediná příčina, jež určuje všechny činy Stvořitele ve vztahu k nám od počátku až do konce stvoření, kdy všichni společně a každý jednotlivě dosáhne neomezeného potěšení ze sloučení se svým Zdrojem.

V důsledku toho, že člověk jasně vidí, jaké jsou veškeré úmysly a činnosti Stvořitele s Jeho stvořeními, je naplněn pocitem neomezené lásky ke Stvořiteli a v důsledku shody pocitů se Stvořitel a člověk spojí do jednoho celku. A protože je takový stav Cílem stvoření, první tři stupně pochopení řízení jsou pouze příprava pro odhalení čtvrtého stupně.

* * *

Všechny touhy člověka se nacházejí jakoby v jeho srdci, protože jsou v něm fyziologicky vnímány. Proto srdce vnímáme jako představitele přání celého těla, celé podstaty člověka. Změny přání srdce vypovídají o změnách osobnosti.

Od narození čili od objevení se v tomto světě je srdce člověka zaměstnáno pouze péčí o tělo, naplňuje se a žije jenom jeho přáními.

Ale v hloubi srdce, v hlubině touhy, je takzvaný vnitřní bod (*Nekuda Šebalev*, נקודה שבלב), ukrytý za všemi povrchními touhami, námi nepociťovaná potřeba duchovních pocitů. Tento bod je částí samotného Stvořitele.

Pokud člověk vědomě a volním úsilím překonává pasivitu těla

a hledá v Tóře cesty, jak se přiblížit ke Stvořiteli, tento bod se postupně naplňuje dobrými a čistými touhami a člověk vnímá Stvořitele na první duchovní úrovni, na úrovni světa *Asija*.

Poté, když ve svých pocitech projde všemi stupni světa *Asija*, začne pociťovat Stvořitele na úrovni světa *Jecira* atd., dokud nedosáhne Vyšší úrovně – odhalení Stvořitele na úrovni světa *Acilut*. A pokaždé tyto vjemy pociťuje ve stejném vnitřním bodě svého srdce.

V minulosti, kdy bylo jeho srdce pod nadvládou tužeb těla – to znamená, že bod v srdci naprosto vůbec nepociťoval Stvořitele – mohl přemýšlet pouze o přáních, o kterých ho nutilo přemýšlet tělo, a adekvátně tomu si přát jenom to, co si přálo tělo. Nyní, když prosbami a požadavky ke Stvořiteli o svou duchovní spásu postupně naplňuje své srdce čistými přáními osvobozenými od egoismu a začíná nabývat pocit Stvořitele, je schopen přemýšlet pouze o Stvořiteli, protože se v něm rodí myšlenky a touhy charakteristické pro danou duchovní úroveň.

Takže si člověk vždy přeje jenom to, co je donucen si přát na základě duchovního vlivu, který přijímá ze stupně, na kterém se nachází.

Z toho je pochopitelné, že by se člověk neměl sám snažit změnit své myšlenky, ale měl by prosit Stvořitele, aby je změnil, protože všechny naše touhy a myšlenky jsou důsledkem toho, co přijímáme, přesněji, do jaké míry vnímáme Stvořitele.

Vzhledem k veškerému stvoření je jasné, že všechno pochází od Stvořitele. Sám Stvořitel nás stvořil s určitou svobodnou vůlí, avšak tuto možnost ovládat své touhy mají pouze ti, kdož postihují stupně *ABJA* – čím výše se člověk duchovně pozvedává, tím vyšší je jeho stupeň svobody.

Proces rozvoje duchovní osobnosti je pro větší názornost možné srovnat s rozvojem materiální přírody našeho světa.

Poněvadž celá příroda a celý vesmír představují pouze jedno – osobní touhu po sebepotěšení v každém stvoření, v míře zvětšování této touhy se v našem světě objevují rozvinutější bytosti, neboť touha nutí mozek pracovat a rozvíjet inteligenci kvůli uspokojení svých potřeb.

Myšlenky člověka jsou vždy důsledkem jeho tužeb, následují jeho touhy a směřují pouze k dosažení žádoucího, nic více.

Ale myšlenka má zároveň zvláštní roli – s její pomocí může člověk zvýšit svou touhu. Pokud neustále myšlenku na něco prohlubuje a rozšiřuje a neustále se k tomu vrací, tak se tato touha v porovnání s jinými touhami postupně začne zvětšovat.

Tímto způsobem může člověk změnit poměr svých přání. Neustálými myšlenkami na malou touhu je schopen z malé touhy udělat velkou, která začne ovládat všechny ostatní touhy a určí samotnou podstatu člověka.

Nejnižší úroveň duchovního vývoje je neživá stejně jako neživá část přírody: kosmická tělesa včetně naší planety, minerálů atd. Neživá úroveň duchovního vývoje neumožňuje jednat samostatně, vůbec v ničem není individuální, protože se její nicotná touha po potěšení omezuje pouze na touhu zachovat svoje vlastnosti beze změny. Na této úrovni chybí samostatný pohyb. Celá její úloha se omezuje na slepé, automatické plnění přání Stvořitele, který ji stvořil.

A poněvadž Stvořitel chtěl, aby se neživé objekty chovaly pouze tímto způsobem, dal jim nejnižší úroveň přání, jež v nich nevyvolávají nutnost se vyvíjet. Proto nemají žádná přání s výjimkou těch, které v nich původně vytvořil Stvořitel, slepě plní svoji úlohu a starají se pouze o potřeby duchovně neživé přírody bez pociťování okolního prostředí.

A lidé, kteří jsou ještě duchovně neživí, také nemají žádná osobní přání, ale řídí se pouze přáními Stvořitele, který je vede, a musí podle své podstaty povinně a nevědomě dodržovat program stanovený Stvořitelem.

Ačkoli Stvořitel vytvořil takovou přirozenost lidí kvůli Svému cíli, v tomto duchovním stavu lidé nemohou pociťovat nikoho jiného než sami sebe. Proto nemohou nic udělat pro druhé a mohou pracovat pouze pro sebe. A z toho důvodu se tato úroveň duchovního vývoje nazývá neživou.

Vyšší stupeň vývoje se nachází v rostlinné přírodě. Vzhledem k tomu, že Stvořitel přidal jejím objektům větší úroveň přání po potěšení ve srovnání s neživou přírodou, toto přání v rostlinách vyvolává potřebu určitého pohybu a růstu, aby uspokojily své potřeby.

Tento pohyb a růst jsou však kolektivní, a nikoli individuální. Podobně tomu i lidé, kteří se nacházejí na rostlinné úrovni přání, mají v souladu s programem zadaným Stvořitelem určitou míru duchovní nezávislosti, a poněvadž Stvořitel stvořil celou přírodu na základě absolutního egoismu (to znamená úsilí o uspokojování sebe sama), tito jedinci již touží svou „rostlinnou" úrovní přání vystoupit z přání v nich vytvořených a dělat něco pro druhé, takže jednají jakoby proti vlastní přirozenosti.

Stejně jako rostliny v našem světě, třebaže rostou vzhůru a do šířky a mají určitou svobodu pohybu, tyto pohyby jsou však kolektivní a ani jedna rostlina není schopna – kvůli nedostatku odpovídajícího přání – si dokonce ani představit, že je možný individuální pohyb. Stejně tak ani člověk s „rostlinnou" úrovní přání není schopen usilovat o individuální projevy, oponovat názoru kolektivu, společnosti, výchově a přeje si pouze zachovávat a plnit všechna přání a zákony své „rostlinné" přírody – stejné skupiny lidí s „rostlinnou" úrovní vývoje.

To znamená, že stejně jako rostlina, tak ani člověk na této úrovni přání nemá individuální, osobní život a jeho život je součástí života společnosti, ve které je jenom jedním z mnoha. Všechny rostliny a všichni lidé této úrovně tudíž mají jeden společný život, a nikoliv individuální život každého.

Stejně jako mohou být všechny rostliny přirovnány k jedinému rostlinnému organismu, kde je každá z nich podobná samostatné větvi rostliny, tak i lidé „rostlinné" duchovní úrovně, ačkoliv určitým způsobem mohou jít proti své vlastní egoistické přirozenosti, ale poněvadž je rostlinná úroveň duchovního přání ještě malá, jsou v zajetí zákonů společnosti nebo svého okruhu a nemají individuální přání, a proto ani sílu jednat proti společnosti a výchově, třebaže již mohou jít proti své vlastní přirozenosti čili jednat pro dobro ostatních.

Podle duchovní úrovně vývoje se nad rostlinnou nachází takzvaná živočišná úroveň, jelikož přání, která jí dal Stvořitel, rozvíjejí její nositele natolik, že kvůli jejich uspokojování dochází dokonce k samostatnému pohybu nezávislému na druhých a k samostatnému myšlení ve větší míře než u rostlin.

To znamená, že každé zvíře má svůj individuální charakter a pocity nezávislé na okolním prostředí. Proto člověk této úrovně vývoje může směřovat proti egoistické přirozenosti a je již schopen jednat pro dobro svého bližního.

Ale třebaže již není závislý na kolektivu a má svůj vlastní osobní život (to znamená, že jeho vnitřní život nemusí záviset na názoru společnosti), stále ještě není schopen pociťovat nikoho jiného kromě sebe samého.

Ten, kdo se nachází na lidské, takzvané mluvící úrovni vývoje, již je schopen jednat proti své přirozenosti a není podřízen kolektivu jako rostlina, takže je ve svých přáních naprosto nezávislý na společnosti, pociťuje jakákoliv jiná stvoření, a proto se může starat o druhé, pomáhat jim při nápravě tím, že na rozdíl od zvířete trpí jejich utrpením, cítí minulost a budoucnost, a z toho důvodu je schopen jednat na základě uvědomění si Konečného cíle.

* * *

Všechny světy a stupně, na které se dělí, jsou jako posloupnost clon, které stojí za sebou a skrývají před námi (Světlo) Stvořitele.

* * *

V míře, v jaké se v nás zrodí duchovní síly pro odporování vlastní přirozenosti (odpovídající každé síle), zmizí příslušná clona, jako by se rozplynula.

Posloupnost clon před námi skrývá Stvořitele. Tyto clony existují v nás samotných, v našich duších, a kromě našich duší, které mají zadržující „clony", je všechno vně nás sám Stvořitel.

Můžeme pocítit pouze to, co do nás proniká přes clonu. Všechno, co je vně nás, vůbec nepociťujeme. Stejně jako v našem světě vidíme jenom to, co se objeví ve zrakovém poli a otiskne se na vnitřním povrchu oka.

Všechny naše znalosti o duchovních světech pocházejí z toho, co postihly a pocítily duše kabalistů a co nám o tom kabalisté předali. Avšak i oni postihli jen to, co bylo v jejich duchovním zorném poli. Proto všechny světy, které známe, existují pouze ohledně duší.

Na základě výše uvedeného je možné rozdělit celý vesmír na tři části:
1) Stvořitel
   O Stvořiteli nemůžeme hovořit z důvodu, že můžeme posuzovat pouze to, co zasáhne naše duchovní pole vidění a projde clonami.
2) Myšlenka stvoření
   To, od čeho můžeme začít hovořit – to znamená, odkud začínáme postihovat Myšlenku Stvořitele. Tvrdí se, že spočívá v potěšení stvoření.

Kromě tohoto spojení Stvořitele s námi o Něm nemůžeme říci nic více vzhledem k tomu, že nemáme žádnou jinou informaci. Stvořitel zatoužil, abychom Jeho vliv na nás pocítili jako potěšení, a stvořil naše smysly tak, abychom Jeho působení vnímali jako potěšení.

A protože vše je pociťováno pouze dušemi, o samotných světech nemůžeme hovořit bez spojení s člověkem, který je pociťuje, protože nejsou-li vnímány duší, světy samy o sobě neexistují. Světy představují právě zeslabující clony, které stojí mezi námi a Stvořitelem. „Svět" (aram. *Alma*, עלמא, hebr. *Olam*, עולם) pochází ze slova ukrytí (aram. *Alama*, עלמא, hebr. *He'elem*, העלם). Světy existují jenom kvůli tomu, aby duším předaly určitou část potěšení (Světla), jež vyzařuje ze Stvořitele.

3) Duše

Něco, co stvořil Stvořitel a co se cítí jako individuálně existující. Tento pocit je však čistě subjektivní. Duše – tedy my – jej cítí jako svoje „já" a takto to v nás záměrně stvořil Stvořitel. Co se týče Stvořitele, jsme Jeho integrální součástí.

Celá cesta člověka z jeho počátečního stavu až do úplného sloučení podle vlastností se Stvořitelem je rozdělena do pěti stupňů, z nichž každý se skládá z pěti dílčích podstupňů, které se ještě dále dělí na pět podstupňů – což je celkem 125 stupňů.

Každý, kdo se nachází na určitém stupni, v něm vnímá stejné pocity a je ovlivňován stejně jako všichni ti, kteří se nacházejí na tomto stupni a mají stejné duchovní smyslové orgány, a proto cítí totéž, co všichni, jež nacházejí se na tomto stupni. Je to podobné našemu světu, kde mají všichni stejné smyslové orgány a v souladu s tím také stejné pocity a nemohou pociťovat jiné světy.

Knihy o kabale proto mohou pochopit pouze ti, kteří dosáhli stupně, o kterém se v nich vypráví a na kterém se nachází jejich autor, poněvadž tehdy mají čtenář a autor společné pocity stejně jako běžný čtenář knihy a spisovatel, jenž popisuje, co se děje v našem světě.

Pocit blízkosti Stvořitele, duchovní potěšení a osvícení získané na základě spojení s Ním a díky pochopení Jeho přání a zákonů Jeho řízení, takzvané Světlo Stvořitele, pociťování Jeho samotného, získává duše z duchovních světů. Pocit přiblížení se ke Stvořiteli je postihován v míře postupného pohybu po naší duchovní cestě. Proto na každé etapě cesty vnímáme jinak Tóru – projevení se Stvořitele. Těm, kteří postihují jenom náš svět, se Tóra jeví jako kniha zákonů a historických příběhů, které popisují chování člověka v našem světě. Ale v míře duchovního postupování po naší cestě člověk začíná za jmény objektů a událostí z našeho světa vidět duchovní činnosti Stvořitele.

Z výše uvedeného je pochopitelné, že ve stvoření jsou pouze dva aktéři – Stvořitel a člověk, kterého stvořil, a všechny obrazy, jež se objevují před člověkem, jako například pocit našeho světa, nebo dokonce pocit Vyšších světů, jsou různé stupně projevování, odhalení Stvořitele na cestě přibližování se k člověku.

Celý vesmír může být popsán jako funkce se třemi parametry: světa, času a duše, které jsou zevnitř ovládány vůlí a přáním Stvořitele.

Svět je celý neživý vesmír. V duchovních světech – neživá úroveň přání.

Duše je všechno živé včetně člověka.

Čas je kauzální posloupnost událostí, ke kterým dochází s každou duší a s celým lidstvem, což je podobné historickému vývoji lidstva.

Zdrojem existence je plán rozvoje událostí, které probíhají v každém z nás a v celém lidstvu jako celku, plán, jak řídit celé stvoření, aby bylo přivedeno do předem zvoleného stavu.

Když se Stvořitel rozhodl stvořit světy a v nich člověka, aby ho k Sobě krůček po krůčku přiblížil, postupně ho od Sebe oddaluje cestou oslabení Svého světla, Své přítomnosti, až do stvoření našeho světa.

Etapy postupného ukrytí Přítomnosti Stvořitele (Shora dolů) se nazývají světy:
1) *Acilut* – svět, v němž jsou ti, kdož se v něm nacházejí, absolutně sloučeni se Stvořitelem;
2) *Bri'a* – svět, v němž jsou ti, kdož se v něm nacházejí, spojeni se Stvořitelem;
3) *Jecira* – svět, v němž ti, kdož se v něm nacházejí, pociťují Stvořitele;
4) *Asija* – svět, v němž ti, kdož se v něm nacházejí, téměř nebo vůbec nevnímají Stvořitele, včetně našeho světa jakožto posledního, nejnižšího a nejvzdálenějšího od Stvořitele.

Tyto světy vycházejí jeden z druhého a jsou jako kopie jeden druhého. Každý níže stojící svět, to jest vzdálenější od Stvořitele, je pouze hrubší (ale přesnou) kopií předchozího. Přičemž jde o kopii všech čtyř parametrů: světa, duše, času, zdroje existence.

Takže v našem světě je všechno přesným důsledkem procesů, které se již objevily ve Vyšším světě, a to, co se v něm stane, je následkem procesu, který se objevil dříve v ještě Vyšším světě atd. – v místě, kde se všechny čtyři parametry – svět, čas, duše, zdroj existence – spojují v jediném zdroji všeho existujícího – ve Stvořiteli! Toto

„místo" se nazývá svět *Acilut*.

Odívání Stvořitele do obalů světů *Acilut*, *Bri'a*, *Jecira* (Jeho projevení se nám cestou záření skrze oslabující clony těchto světů) se nazývá kabala. Odívání Stvořitele do obalu našeho světa, světa *Asija*, se nazývá písemná Tóra.

Závěr: mezi kabalou a Tórou našeho světa není žádný rozdíl. Zdrojem všeho je Stvořitel. Jinými slovy, studium a život podle Tóry nebo studium a život podle kabaly závisí na duchovní úrovni samotného člověka. Jestliže se člověk duchovně nachází na úrovni našeho světa, vidí a vnímá náš svět i Tóru stejně jako všichni ostatní.

Pokud se však člověk duchovně pozvedne, uvidí jiný obraz, protože obal našeho světa zmizí a zůstanou jen obaly světů *Jecira* a *Bri'a*. Tehdy se mu Tóra a veškerá skutečnost budou jevit jinými, jako je vidí ti, kdož obývají a dosahují světa *Jecira*.

A Tóra, kterou vidí, se z Tóry našeho světa, vyprávějící o zvířatech, válkách, objektech našeho světa, změní na kabalu – popis světa *Jecira*.

A když se člověk pozvedne ještě výše – do světa *Bri'a*, nebo do světa *Acilut* – uvidí jiný obraz světa a jeho řízení v souladu se svým duchovním stavem.

A mezi Tórou našeho světa a kabalou – Tórou duchovního světa – není rozdíl. Rozdíl je pouze v duchovní úrovni lidí, kteří ji studují.

A ze dvou lidí, kteří čtou stejnou knihu, v ní jeden vidí historii židovského lidu a druhý obraz řízení světů Stvořitelem, kterého jasně pociťuje.

Ti, kteří se nacházejí ve stavu úplného ukrytí Stvořitele, zůstávají ve světě *Asija*. Proto se jim ve výsledku zdá, že na světě je všechno špatné a svět je plný utrpení, poněvadž nemohou cítit jinak v důsledku toho, že se Stvořitel před nimi skrývá. A pokud mají nějaké potěšení, tak jenom takové, které následuje po utrpení, jež mu předcházelo.

A teprve tehdy, když člověk dosáhne světa *Jecira*, částečně se mu odhaluje Stvořitel a on vidí vedení prostřednictvím odměny a trestu, a proto v něm vzniká láska (závislá na odměně) a strach (z trestu).

Následující, třetí stupeň – láska nezávislá na ničem – vzniká v člověku v důsledku uvědomění, že mu Stvořitel nikdy nezpůsobil zlo, nýbrž pouze dobro. A to odpovídá světu *Bri'a*.

A když Stvořitel člověku odhalí celý obraz vesmíru a vedení všech stvoření, pak v něm vzniká absolutní láska ke Stvořiteli, protože vidí absolutní lásku Stvořitele ke všem stvořením. A toto porozumění ho povznese na úroveň světa *Acilut*.

Náš vztah ke Stvořiteli je tudíž důsledkem pochopení Jeho působení a závisí pouze na tom, nakolik se nám odhalí, protože jsme stvořeni tak, že nás Stvořitel ovlivňuje (naše myšlenky, naše kvality, naše činy) automaticky a my Ho můžeme pouze prosit, aby nás změnil.

Ačkoli jsou všechny činy Stvořitele absolutně dobré, On však záměrně stvořil síly působící zdánlivě proti Jeho přání, jež vyvolávají kritiku Jeho činů, a proto jsou nazývány nečistými.

Na každém stupni, od počátku naší cesty až do jejího konce, existují dvě protichůdné síly stvořené Stvořitelem: čistá a nečistá. Nečistá síla v nás úmyslně vyvolává nedůvěru a odstrkuje nás od Stvořitele. Jestliže však bez ohledu na to usilovně prosíme Stvořitele, aby nám pomohl – to znamená, že navzdory této síle posilujeme spojení se Stvořitelem – obdržíme místo ní čistou sílu a pozvedneme se na Vyšší stupeň. A nečistá síla na nás přestává působit, protože již splnila svou roli.

Snaha nečisté síly světa *Asija* (první stupeň): aby člověk pojímal vše, co se děje, tak, že popírá existenci Stvořitele.

Snaha nečisté síly světa *Jecira* (druhý stupeň): pokouší se přesvědčit člověka, že svět není řízen na základě odměny a trestu, ale libovolně.

Snaha nečisté síly světa *Bri'a* (třetí stupeň): neutralizovat v člověku povědomí o lásce Stvořitele k němu, které vyvolává lásku ke Stvořiteli.

Snaha nečisté síly světa *Acilut* (čtvrtý stupeň): dokázat člověku, že Stvořitel vždy nejedná se všemi stvořeními s pocitem neomezené lásky, aby člověku zabránila dosažení pocitu absolutní lásky ke Stvořiteli.

* * *

Je tedy zřejmé, že pro vystoupení na každý duchovní stupeň, pro každé pozvednutí, odhalení Stvořitele a potěšení ze sblížení s Ním, člověk musí nejprve odpovídající silou a charakterem porazit opačnou sílu ve formě myšlenek nebo přání a teprve poté se může pozvednout o jeden stupeň, udělat ještě jeden krok po naší cestě vpřed.

Z výše uvedeného je jasné, že celá stupnice duchovních sil, pociťování čtyř světů *Asija – Jecira – Bri'a – Acilut*, odpovídá stupnici protikladných a paralelních sil a pocitů – čtyřem nečistým světům *Asija –*

Jecira – Bri'a – Acilut, přičemž postup vpřed nastává výhradně střídavým způsobem: pokud člověk silou vůle překoná nečistou sílu, tudíž veškeré překážky, které mu poslal Stvořitel, a prosí-li Stvořitele, aby se odhalil a on tímto způsobem našel sílu překonat nečisté síly, myšlenky a přání, v souladu s tím dosáhne čistého stupně.

* * *

Od narození se každý z nás nachází ve stavu absolutního nepociťování Stvořitele. Aby začal postupovat po cestě, kterou jsme popsali, je nutné:
1) procítit svůj současný stav jako nesnesitelný;
2) alespoň implicitně cítit, že Stvořitel existuje;
3) procítit, že závisíme pouze na Stvořiteli;
4) uvědomit si, že nám může pomoci jenom On.

Poodhalením Sebe sama může Stvořitel okamžitě změnit naše touhy, vytvářet v nás kvalitativně nový rozum. Zrození silných tužeb okamžitě vyvolává nárůst sil pro jejich dosažení.

To jediné, co definuje člověka, jsou jeho touhy. Jejich soubor je podstatou člověka. Náš rozum existuje jenom proto, aby nám pomohl dosáhnout toho, co chceme. To znamená, že rozum není nic jiného než pomocný nástroj.

* * *

Člověk prochází svou cestu postupně, krok za krokem postupuje kupředu, střídavě je ovlivňován nečistou (levou) egoistickou silou a čistou (pravou) altruistickou silou. Když člověk s pomocí Stvořitele překoná levou sílu, získá vlastnosti pravé.

Tato cesta je jako dvě kolejnice, levá a pravá, dvě síly, odstrkující a přitahující ke Stvořiteli, dvě přání: egoismus a altruismus. Čím je naše cesta dále od počátečního bodu, tím jsou tyto dva protiklady silnější.

Pohyb vpřed je funkce připodobnění se Stvořiteli přáními a láskou. Vždyť je láska Stvořitele jediným citem k nám a z toho vyplývá vše ostatní: činit nám jen dobro, dovést nás k ideálnímu stavu a tím může být pouze stav podobný stavu Stvořitele – nesmrtelnost s neomezeným potěšením z pocitu nekonečné lásky ke Stvořiteli, který vyzařuje podobný pocit.

Jelikož je dosažení tohoto stavu Cílem stvoření, všechna vedlejší přání se nazývají nečistá.

Cíl, který Stvořitel před Sebe postavil – dovést nás ke stavu podobnosti se Sebou samým – je povinným cílem pro každého z nás i pro celé lidstvo, ať chceme, či ne.

Nemůžeme to chtít, jelikož když se nacházíme v našem světě, nevidíme ta obrovská potěšení ani osvobození od všech utrpení, které nám přináší spojení se Stvořitelem.

Utrpení jsou nám posílána Stvořitelem, neboť pouze tímto způsobem je možné nás popostrčit kupředu, přimět nás, abychom chtěli změnit své názory, prostředí, návyky a činy, protože člověk se instinktivně chce zbavit utrpení.

Nemůže být potěšení bez předcházejícího utrpení, nemůže být odpověď bez otázky, sytost bez předchozího pocitu hladu atd. To znamená, že pro získání nějakého pocitu je nezbytné nejprve zažít pocit k němu přímo protikladný.

Abychom zažili touhu po Stvořiteli a lásku k Němu, je proto nutné zažít opačné pocity, jako je nenávist, oddálení v názorech, návycích, přáních.

V prázdnotě nemůže vzniknout žádný pocit. Bezpodmínečně musí existovat touha tento pocit zažít. Jako je například zapotřebí naučit člověka porozumět hudbě, a proto ji i milovat. Neznalý člověk nemůže pochopit radost vědce, jenž po dlouhém úsilí objevil něco nového, o co velmi usiloval.

Touha po něčem se v kabale nazývá nádoba (*Kli*), protože tento pocit nedostatku je podmínkou potěšení z naplnění a na jeho velikosti závisí velikost budoucího potěšení.

I v našem světě vidíme, že velikost potěšení z jídla nezávisí na velikosti žaludku, ale na přání, pocitu hladu. To znamená, že velikost nádoby, velikost budoucí radosti, určuje právě stupeň utrpení z nepřítomnosti požadovaného.

Potěšení, které naplňuje touhu se těšit, se nazývá Světlo, protože dává nádobě přesně takový pocit plnosti a uspokojení.

Předcházející touha až k pocitu utrpení z nepřítomnosti požadovaného je nutná, aby byl člověk opravdu připraven přijmout naplnění, které si tolik přál.

***

Důvod stvoření nečistých sil (přání), které se nazývají *Klipot*, spočívá právě v tom, aby v člověku vytvořily nekonečně velkou touhu.

Kdyby nebyla přání *Klipot*, člověk by nikdy nechtěl nic více, než potřebuje tělo a zůstal by na dětské úrovni vývoje. Právě *Klipot*, které člověka tlačí k hledání nových potěšení, jelikož v něm neustále vytvářejí nové touhy vyžadující uspokojení, nutí člověka, aby se vyvíjel.

* * *

Dosažení vlastností světa *Acilut* se nazývá vzkříšení mrtvých, protože tímto člověk převádí všechny své nečisté – to znamená bývalé mrtvé touhy – na čistou stranu. Před světem *Acilut*, když člověk jakoby kráčí po dvou kolejích, pouze mění své touhy na protikladné, ale nenapravuje je na čisté.

Nyní, když vstupuje do světa *Acilut*, může znovu vzít své minulé touhy a napravit je, a tak se pozvednout ještě výše. Tento proces se nazývá vzkříšení mrtvých (tužeb). Samozřejmě, že se nejedná o naše hmotné tělo – to se stejně jako těla všech ostatních stvoření, která obývají tento svět, rozloží, když z něho odejde duše; samo o sobě bez duše nic neznamená.

* * *

Jestliže v důsledku práce na sobě člověk dosáhne stavu, že ho neovládají neužitečné myšlenky a neodvádějí ho od spojení se Stvořitelem, ačkoliv cítí, že v něm stále existují, tento vnitřní stav se nazývá *Šabat*.

Ale pokud odvrátí své myšlenky a touhy od Stvořitele buď sám, nebo když poslouchá cizí myšlenky a vpustí je do sebe, nazývá se to porušením *Šabatu*. A tehdy již nepovažuje tyto myšlenky přijaté zvenčí za cizí, nýbrž je považuje za své vlastní a je přesvědčen, že jsou správné tyto myšlenky, a nikoliv ty, které ho předtím vybízely bez váhání následovat Stvořitele.

Pokud velký odborník v nějakém řemesle vstoupí do prostředí špatných pracovníků, kteří ho přesvědčují, že je výhodnější pracovat průměrně a nevkládat do své práce celou duši, pak takový specialista zpravidla postupně ztrácí své mistrovství.

Ale pokud se nachází mezi špatnými pracovníky jiné specializace, ti jej nepoškodí, protože mezi nimi není žádné pracovní spojení. Proto ten, kdo chce skutečně uspět ve svém řemesle, se musí snažit dostat do prostředí specialistů, kteří mají ke své práci vztah jako k umění, mistrovství.

Kromě toho výrazný rozdíl mezi odborníkem a prostým řemeslníkem spočívá také v tom, že odborník má větší potěšení ze samotné

práce a z jejího výsledku než z platu za vykonanou práci.
Proto jsou ti, kteří se chtějí duchovně pozvednout, povinni přísně prověřovat, v jakém prostředí, mezi jakými lidmi, se nacházejí. Pokud jsou to nevěřící, pak jste jako odborníci v různých oblastech: vaším cílem je duchovně růst a jejich cílem je se těšit tímto světem. A proto není třeba se obávat jejich názorů. Dokonce, i kdybyste na chvíli přijali jejich hledisko, za okamžik pochopíte, že tento názor je přijat od nich, a znovu se vrátíte k vašim životním cílům.

Jsou-li tito lidé věřícími, avšak nijak zvlášť se nestarají o správný cíl při plnění Přikázání, jelikož je plní proto, že se již předem těší na odměnu v budoucím světě, měli byste se jim rozhodně vyhnout. A čím bližší jsou k vašim cílům a myšlenkám, tím dále se musíte od nich držet.

A od těch, kdož sami sebe nazývají „kabalisty", je zapotřebí utíkat o překot, poněvadž vám mohou nepostřehnutelně pokazit vaše umění v řemesle, které je pro vás nové...

* * *

Je třeba, aby se ukázalo podivným, že v lidech, které celý svět nazývá Židy, vzniká otázka, kdo vlastně jsou. A otázka samotná, nemluvě již o četných odpovědích, je podezřele nejasná jak pro ty, kteří jsou povinni se nazývat Židy, tak i pro ty, kdo je takto nazývají.

Co míní kabala slovem *Jehudi* (Žid), *Ivri* (Hebrej), *Jisre'eli* (Izraelita), *Bnei Abraham* (synové Abraháma) a dalšími označeními určité skupiny lidí v Tóře?

Kabala představuje vesmír sestávající pouze ze dvou aspektů: Stvořitele a touhy se těšit Jeho blízkostí, kterou On stvořil. Tato touha (je jako každá naše touha, avšak existuje bez tělesného obalu) se těšit blízkostí Stvořitele jako zdroje nekonečné absolutní radosti se nazývá duše.

Příčina a Cíl stvoření je přání Stvořitele poskytovat potěšení duším. Touha duše spočívá v těšení se Stvořitelem. Přání Stvořitele a touha duše se vyplní, když se k sobě přiblíží, splynou.

Sloučení, sblížení, se uskutečňuje cestou shody vlastností, přání. Jako ostatně i v našem světě nazýváme blízkým člověkem toho, kterého jako takového cítíme, a nikoli toho, kdo se nachází blízko z hlediska vzdálenosti. A stejně jako v našem světě, s čím většího počátečního oddálení dochází ke spojení, čím obtížněji se získává požadované, tím větší je potěšení ze spojení s kýženým.

Proto Stvořitel umisťuje duši do stavu od Něho velmi vzdáleného: (1) úplně se Sám jakožto zdroj potěšení skrývá; (2) vkládá duši do těla, do touhy se těšit vším, co ji obklopuje.

Pokud člověk navzdory (1) ukrytí Stvořitele a (2) překážejícím touhám těla rozvíjí přání se spojit se Stvořitelem, může právě díky odporu těla dosáhnout mnohokrát větší touhy po potěšení se Stvořitelem, než jakým se těšila jeho duše před oděním do těla.

Metodika neboli instrukce pro opětovné spojení se Stvořitelem se nazývá kabala, od slovesa *Lekabel* (přijímat), přijímat potěšení od Stvořitele.

Kabala nám pomocí slov a pojmů našeho světa vypráví o událostech z duchovního světa.

V paschálním (velikonočním) příběhu se říká, že zpočátku byli naši předkové modloslužebníci a poté Stvořitel vybral jednoho z nich, Abraháma, a přikázal mu, aby se oddělil od svého kmene a usadil se na jiném místě. Původní obyvatelé tohoto místa nazývali Abraháma Abrahám Hebrejský (*Avram Ivri*, אברהם עברי), protože k nim přišel z druhé strany (*mi-Ever*, מעבר) řeky. Odtud pochází slovo Hebrej (*Ivri*, עברי). (Slovo „Hebrej" nemá v hebrejštině žádný kořen a pravděpodobně pochází ze slova „očekávat" – *Lecapot*, לצפות – příchod Mesiáše – *Lecapot le-Mašiach*, לצפות למשיח).[41]

Vzhledem k tomu, že podle kabaly je všechno, co se říká v Tóře, řečeno proto, aby se člověk naučil cestu k Cíli stvoření (slovo *Tora*, תורה, pochází ze slova *Hora'a*, הוראה – učení), kabala v těchto slovech spatřuje následující smysl: „na počátku" – na začátku práce na sobě, na počátku cesty sbližování se Stvořitelem – „naši předci" – počáteční stav tužeb člověka – „byli modloslužebníci" – všechny touhy člověka byly zaměřeny jen na to, aby se těšily tímto krátkým životem – „a potom Stvořitel vybral jednoho z nich" – ze všech přání si člověk najednou vybral přání se duchovně povznést a pocítit Stvořitele – „a nařídil mu, aby se oddělil od svého kmene a usadil se na jiném místě" – aby člověk pocítil Stvořitele, musí ze všech svých přání vyčlenit pouze jediné: touhu pocítit Stvořitele a oddělit se od ostatních přání.

Pokud je člověk schopen vyčlenit ze svých přání jedno, vychovat ho a žít jen s touto touhou – sjednotit se se Stvořitelem – pak přechází do jiného života, do sféry duchovních zájmů a nazývá se hebrejský

---

[41] Někdy se uvádí jako kořen slovo *La'avor* (לעבור) – projít (z materiálního do duchovního světa).

(*Ivri*).
Pokud si člověk klade za svůj cíl úplné sloučení se Stvořitelem, pak se nazývá *Jehudi* (יהודי), ze slova *Ichud* (יחוד, jednota), přestože tohoto cíle dosud nedosáhl.

Pokud chce člověk jít nebo již jde přímou cestou vstříc Stvořiteli, pak se nazývá *Jisra'el* (ישראל), ze slova *Jašar* (ישר, přímo) a *El* [čti: *Kel*] (אל, Stvořitel).

To je pravý původ těchto slov a jejich duchovní význam. Bohužel, neexistuje způsob, jak přesně rozdíl mezi těmito jmény popsat, protože by kvůli tomu bylo zapotřebí vysvětlit etapy duchovního vzestupu, z nichž každá má jiné jméno.

* * *

Stvoření světa v sobě zahrnuje jeho stvoření a jeho řízení, aby svět mohl existovat a posouvat se podle předem stanoveného plánu k Cíli, pro který byl stvořen.

Pro realizaci řízení Shora a svobody volby v činech člověka jsou vytvořeny dva systémy řízení tak, že jakékoliv pozitivní síle odpovídá negativní síla, která se jí rovná: jsou stvořeny čtyři pozitivní světy *ABJA* a také jsou vytvořeny k nim protikladné, čtyři negativní světy *ABJA*, přičemž v našem světě, světě *Asija*, není viditelný rozdíl mezi pozitivními a negativními silami, mezi člověkem, který duchovně stoupá ke Stvořiteli, a tím, který se duchovně nevyvíjí.

A sám člověk nemůže pravdivě posoudit, zda se pohybuje kupředu, nebo zda stojí na místě, a nemůže ani určit, zda v něm momentálně působí kladná, nebo záporná síla touhy. Proto je nadšení a pocit přesvědčení o pravdivosti cesty klamný a zpravidla není důkazem správnosti volby jednání ani toho, že je zvolená cesta správná.

Ale pokud se člověk nachází na počátku své duchovní cesty, jak se tedy může pohybovat ve směru, který je žádoucí vzhledem k Cíli stvoření a pro jeho existenci?

Jak bez jasného a přesného cítění a představy, že je dobro a zlo vytvořeno kvůli jeho Konečnému cíli, pro jeho skutečný věčný blahobyt, a ne pro zdánlivé a dočasné uspokojení, bude v tomto světě schopen nalézt svou pravou cestu?

Celé lidstvo svorně chybuje a je na omylu, když si pro sebe vybírá teorii smyslu existence a cesty k příslušným vykonstruovaným cílům. A dokonce ani ten, kdo se nachází v počátečním bodě správné cesty, nemá žádný viditelný orientační bod a není schopen určit, zda je každá jeho myšlenka a touha pravdivá.

Mohl nás Stvořitel stvořit bez jakékoliv pomoci v naprosto beznadějném, bezmocném stavu?

Vždyť dokonce i náš zdravý rozum naznačuje, že by bylo nerozumné cokoliv vytvořit s jasným cílem a pak celý proces nechat v moci slepých a slabých stvoření. A Stvořitel to samozřejmě nemohl udělat a očividně nám dal možnost, abychom za jakýchkoliv okolností našli správnou cestu.

A opravdu existuje jedno velmi důležité ověření správnosti zvolené cesty – a v tom tkví pomoc Stvořitele! Ti, kteří následují cestu nečistých, egoistických světů *ABJA*, nedosahují duchovního cíle a vyčerpávají své síly, dokud nakonec nenarazí na stěnu beznaděje, protože nedostanou pomoc od Stvořitele ve formě odhalení celého obrazu vesmíru, a naopak ti, kdož následují cestu čistých světů *ABJA*, jsou odměňováni tím, že vidí a cítí celý vesmír jako požehnání ze strany Stvořitele a dosahují Vyššího duchovního cíle.

A to je v našem světě (čili v našem stavu) jediné ověření, jakou cestou se ubírat, jaké činy a myšlenky si volit jako nezbytné pro dosažení Cíle ze všech myšlenek a přání, které jsou nám dodávány jak z čistého světa *Asija*, tak i z nečistého světa *Asija*.

Rozdíl mezi tím, kdo postupuje správnou cestou, a zbloudilým spočívá v tom, že první musí být odměněn požehnáním Stvořitele Shora tak, že se mu Stvořitel odhalí a přiblíží se k němu.

Pokud tedy člověk vidí, že mu není odhaleno tajemství Tóry, znamená to, že je jeho cesta nesprávná, třebaže je plný nadšení, síly a představuje si, že již dosáhl duchovních sfér. Toto je obvyklý úděl amatérského studia kabaly nebo „tajných" filozofií.

Celá naše cesta duchovního vzestupu po stupních světů *ABJA* pro nás vždy představuje střídavý vliv právě té síly, na jejímž stupni se nacházíme.

Každá z těchto sil je zobrazena určitým písmenem naší abecedy. To znamená, že každé písmeno naší abecedy symbolizuje duchovní sílu, která ovládá určitý stupeň ve světech *ABJA*.

Pouze jedna síla je schopna člověka zachránit – to znamená vyvést jej zpod nadvlády egoistických tužeb – a to je síla požehnání Stvořitele, která je zobrazena písmenem *Bet*. V nečistých světech *ABJA* nemá odpovídající protikladnou sílu, poněvadž požehnání vychází z jedinečného Stvořitele, a proto v nečistých světech nemůže existovat nic, co by k Němu bylo protikladné. Z toho důvodu svět existuje pouze s pomocí síly požehnání Stvořitele a jenom s Jeho pomocí je možné skutečně odlišit dobro od zla, přesněji, co je pro člověka dobré a co je pro něho zlé, odlišit čisté síly od nečistých a překonávat nečisté na celé cestě člověka až do dosažení Cíle stvoření, přesně určit, zda člověk sám sebe klame, nebo skutečně vchází do duchovních světů.

Každá síla existuje v systému sil zla díky tomu, že přijímá podporu od odpovídající protikladné síly ze systému čistých sil, s výjimkou síly požehnání Stvořitele.

A proto nemohl být svět stvořen žádnou jinou silou, kromě síly požehnání Stvořitele, která vychází ze Stvořitele bez jakéhokoliv zmenšení na nejnižší úroveň světů až do našeho světa, a proto je schopna napravit stvoření a přidávat jim sílu, aby se napravila a začala se pozvedávat.

S pomocí takové síly byl stvořen svět, a proto nečisté egoistické síly nemohou její působení snížit ani ji využívat, neboť nečisté síly mohou zasahovat pouze tam, kde je slabina v čistých silách.

Z toho důvodu taková pomoc stačí k objasnění, jaké myšlenky má člověk čisté a jaké nikoliv, protože nejsou-li myšlenky zaměřovány na Stvořitele, síla požehnání okamžitě zmizí.

Barva samohlásek (*Nekudot*) symbolizuje průchod Světla, pociťování Stvořitele. Vzhledem k tomu, že jakékoli pociťování Stvořitele a jakýkoli duchovní pocit graduje, skládá se z deseti *Sfirot*, pak počínaje nejvyšším z nich (*Keterem*) odpovídá barvě samohlásek: 1 – *Kamac*, 2 – *Patach*, 3 – *Segol*, 4 – *Cere*, 5 – *Šva*, 6 – *Cholam*, 7 – *Chirik*, 8 – *Kubuc*, 9 – *Šuruk*, 10 – je bez samohlásky, nezní, tudíž odpovídá *Malchut* – poslednímu stupni, který se nikdy nezaplní pociťováním Stvořitele.[42]

---

[42] Systém samohlásek v hebrejštině:

Znak	Název	Výslovnost	Znak	Název	Výslovnost
א	Kamac	a, o	אֹ / א	Cholam	o
א	Patach	a	אִ / א	Chirik	i
א	Segol	e	א	Kubuc	u
א	Cere	e	אוּ	Šuruk	u
א	Šva	e, němá hláska			

* * *

V tomto procesu občas člověk během postupu směrem k Cíli najednou prožívá pocit své vlastní nicotnosti a bezmocnosti, protože nezná Tóru a není schopen vykonávat žádné nesobecké činy a všechny myšlenky jsou jenom o dosažení úspěchů v tomto světě.

A člověk propadne sklíčenosti a říká si, že přiblížení se ke Stvořiteli je dáno pouze mimořádným osobnostem, jež mají od narození zvláštní síly a vlastnosti, myšlenky a touhy, které odpovídají tomuto Cíli, a jejichž srdce inklinuje k Tóře a k práci na sobě.

Ale poté k němu přichází pocit, že místo vedle Stvořitele má připravené každý a že se postupně vše včetně něho stane hodno duchovních potěšení ze sloučení se Stvořitelem, že si člověk nemůže zoufat, ale musí věřit, že je Stvořitel všemohoucí a plánuje cestu každého, slyší a cítí vše, co cítí každý z nás, vede nás a čeká, až se na Něho obrátíme s prosbou o sblížení.

Potom si člověk vzpomene, že si to sám sobě již několikrát řekl, a stejně se nic nezměnilo. Nakonec zůstává pohroužen do myšlenek o nicotnosti, o vlastní slabosti.

Pokud však k němu přichází myšlenka, že je mu tento stav poslán Stvořitelem speciálně proto, aby jej překonal, a začne na sobě silou vůle pracovat, pak ihned obdrží povzbuzení a sílu z budoucího stavu, o který usiluje.

To znamená, že mu Světlo jeho budoucího stavu svítí zdáli, jelikož ještě nemůže svítit uvnitř něho samotného, poněvadž jsou jeho touhy stále egoistické a Světlo (duchovní potěšení) do takových tužeb nemůže vstoupit a zářit (potěšit) v nich...

Stvoření je shluk egoistických tužeb a nazývá se člověkem. Stvořitel je naprosto altruistický.

Proto není návrat ke Stvořiteli, sloučení se Stvořitelem, pociťování Stvořitele, ničím jiným než shoda s Ním na základě vlastností. A tento návrat ke Stvořiteli se nazývá *Tšuva*.

Člověk může tvrdit, že učinil *Tšuvu*, když to potvrdí sám Stvořitel tím, že Ho člověk bude schopen neustále cítit, což člověku umožní být stále v myšlenkách se Stvořitelem a oddělit se tímto způsobem od přání svého těla.

Pouze samotný člověk a nikdo jiný necítí, zda učinil *Tšuvu*. A s pomocí sil získaných z pocitu Stvořitele se k Němu člověk dokáže postupně úplně vrátit, změnit své egoistické touhy na altruistické, a čím více „špatných" přání měl na začátku své cesty, tím více práce nyní může na sobě vykonat a ve větší míře se spojit se Stvořitelem. Proto by člověk neměl litovat, že má špatné kvality, nýbrž jen prosit o nápravu, a to pokaždé, když k němu přicházejí myšlenky o vlastní nicotnosti. Poněvadž se v něm tyto myšlenky projevují z oddáleného vnímání Stvořitele a Stvořitel je neposílá každému, ale pouze jemu. Ostatní lidé nepociťují sami sebe jako špatné, neuvědomují si svůj egoismus, ale naopak tvrdí, že jsou téměř spravedliví, nebo strojeně vykřikují, že jsou hříšníci, protože je napsáno, že člověk musí sám sebe cítit takto.

Tyto myšlenky Stvořitel neposílá člověku proto, aby trpěl a propadl malomyslnosti, ale aby volal ke Stvořiteli a požadoval osvobození od sebe samého, své přirozenosti. Pokaždé, když člověk opět cítí svou slabost a pokud tento pocit již v minulosti prožil a zdá se mu, že by neměl znovu opakovat pocity propadu, které již prožil, je třeba si uvědomit, že pokaždé prochází novými nápravami, které se hromadí, dokud je Stvořitel neshromáždí dohromady.

Všechny tyto negativní pocity odcizení od Stvořitele, nespokojenost s duchovními cestami a stížnosti na beznaděj člověk zakouší v míře nezbytné k tomu, aby se stal hoden proniknutí k pociťování Vyšších sil Stvořitele a potěšení, které z Něho vychází. Tehdy se otevírají „brány slz", neboť pouze jimi je možné vejít do sálů Stvořitele.

I když je člověk ohromen silou a pevností svého egoismu, nemá právo tvrdit, že mu Stvořitel dal málo sil k tomu, aby čelil egoismu, nebo že má od narození málo schopností, vytrvalosti či duchaplnosti mysli a tyto předpoklady mu Shora nebyly dány, a proto se nemůže napravit a dosáhnout toho, čeho by mohl na jeho místě dosáhnout kdokoli jiný na světě, a také nesmí tvrdit, že trpí za minulé hříchy nebo činy v minulém životě, že to tak má zaznamenáno ve svém osudu. A nemá právo si zoufat a zahálet, protože když bude své malé síly a schopnosti správně používat, dosáhne velkých úspěchů. A všechny charakteristické rysy a vlastnosti, které mu dal Stvořitel, a to i ty nejnižší a nicotné, vše se mu dnes nebo v budoucnu bude hodit k dosažení jeho předurčení – nápravy své vlastní duše.

Je to podobné zrnu. Když bude zaseto do úrodné půdy a dostane se mu patřičné péče, vyklíčí a dá plody.

Proto člověk nutně potřebuje vedení a vhodnou půdu, prostředí, kde by mohly být všechny jeho vlastnosti zušlechtěny a vyváženy takovým způsobem, aby mohly každá z nich a všechny společně v odpovídajícím poměru přispět k dosažení jeho základního Cíle.

Všechny otázky, které vyvstávají v mysli člověka, jsou posílány Stvořitelem a očekávají od člověka patřičnou odpověď. A odpověď na otázky těla (rozumu), na egoistické otázky typu „a proč?" – je pouze jedna, a to výše chápání těla: „Je přáním Stvořitele, abych k Němu přišel právě touto cestou".

Všechna slova Tóry a všechny rady spočívají pouze o tom, jak se přiblížit ke Stvořiteli a spojit se s Ním, protože náš veškerý nedostatek tkví v tom, že necítíme velikost Stvořitele. Vždyť sotva k Němu začneme směřovat, ihned Ho již chceme vnímat našimi pocity.

Ale to není možné do té doby, dokud nebudeme mít clonu (*Masach*), jež odráží Světlo Stvořitele, což znamená, že pokud neexistují žádné altruistické nádoby, neexistují ani příslušné pocity.

A dokud nemáme takové vlastnosti, můžeme přijímat pocit Stvořitele pouze z dálky, takzvané Obklopující světlo (*Or Makif*), které člověku může svítit, dokonce i když je od Stvořitele velmi vzdálen svými vlastnostmi.

Obklopující světlo je vždy větší než Vnitřní světlo (*Or Pnimi*), které je přijímáno s pomocí clony (*Masach*), jestliže jsou v člověku přítomny určité altruistické síly, neboť Obklopující světlo (*Or Makif*) je sám Stvořitel, ale Vnitřní světlo (duše) je jenom ta „část" Stvořitele, kterou člověk může postihnout, když do určité míry napraví své vlastnosti.

Jak však může člověk obdržet Světlo Stvořitele v době, kdy ještě nenapravil své vlastnosti? Odpověď je jednoduchá: pouze zásluhou zvětšování záře Obklopujícího světla, tím, že člověk povznáší, zvyšuje ve svých očích velikost Stvořitele a neustále usiluje o to, aby Ho cítil jako zdroj všeho, co nastává, aby si ve všech případech pevně uvědomoval, že to, co se s ním děje, jsou všechno skutky Stvořitele a na světě není nic jiného.

Veškeré úsilí však člověk musí zaměřit na to, aby si za žádných okolností nezačal najednou myslet, že to, co se s ním děje, je náhoda, osud nebo důsledky jeho minulých činů či vůle a přání jiných lidí, a snažil se nikdy nezapomínat na Stvořitele.

* * *

Text jakékoliv části Tóry by v žádném případě neměl být interpretován podle našeho vnímání a přirovnáván k popisu událostí v našem světě.

Například, jak jsem již uvedl v předchozích částech knihy, podvodník Laban, o kterém se zmiňuje Tóra, je nejvyšší úroveň naplnění duše Světlem Stvořitele a Faraón je symbolem veškerého našeho egoismu.

V *Tanachu* je řečeno, že do města dorazil člověk jménem Ptachia, který kolem sebe shromáždil prázdné lidi, a všichni odešli do pouště. Takže: *Ptachia* (פתחיה) ze slova *Lifto'ach* (לפתוח, otevřít) je člověk, který lidem otevírá oči. Shromáždil kolem sebe „prázdné" lidi, kteří ve svých životech cítili prázdnotu, a vyvedl je z města do pouště. Odhalil jim poušť jejich existence, jak je uvedeno v *Tehilim* (Žalmech): „Pojď," říká člověku Stvořitel, „za Mnou v poušti"[43] a pociť, že tvůj život je bez duchovního jako vyschlá poušť bez kapky vody, než se ti nejmenší záblesk spásy z pocitu nicotnosti zobrazí jako „chladné zřídlo pro unavenou duši".[44]

Náš nejdůležitější příběh je o odchodu z Egypta, z duchovního zajetí u Faraona, z našeho egoismu: „A tak zemřel Faraon". Konečně člověk spatřil, že egoismus není v jeho prospěch: zabíjí ho, nutí ho, aby vyplýtval celý svůj život pouze na sebe. A tento symbol a princip v jeho očích zemřel. Avšak dokud si neuvědomil, že je egoismus jeho jediný nepřítel, považuje svůj život a práci v Egyptě (v zajetí přání těla) za svůj dobrý stav. Dokonce i potom čas od času (v duchovním pádu) pláče pro „hrnce s masem a chlebem", kterých měl v Egyptě dosyta (když sloužil vlastnímu egoismu).

Dokud ještě žil (v srdci) Faraon (egoismus), král (vládl v jejich myšlenkách a přesvědčeních) egyptský, byly jím chtě nechtě diktovány všechny myšlenky a činy, což také znamená nacházet se v egyptském zajetí (Egypt – *Micrajim*, מצרים, ze slova *Mic Ra'a*, מיץ רעה – koncentrace zla), v zajetí všech možných druhů egoistických přání. Pro nás samotné je nepochopitelné, že vláda naší přirozenosti nad námi je zlo, dokud Stvořitel neprokáže člověku službu, aby „zemřel král egyptský" – takže člověku v životě poskytne takové okolnosti, na základě kterých si uvědomí, že je egoismus jeho nepřítel, a tento symbol

---

[43] לך אחרי במדבר – *Lech Acharaj ba-Midbar* – následuj Mne v poušti.
[44] מים קרים על נפש עייפה – *Majim Karim al Nefeš Ajefa* – chladivá voda pro unavenou duši.

zla v něm zemře a on pak okamžitě pocítí, že už není schopen takto existovat a pracovat zbytečně.

A „synové Izraele křičeli z tvrdé práce" a zjistili, že se bez svého egoistického prospěchu nemohou ani pohnout, když ještě nemají duchovní, altruistickou povahu, „a tato modlitba se dostala ke Stvořiteli a uslyšel ji" – pouze pokud člověk opravdu křičí z hloubi svého srdce (a to je možné jen tehdy, když už dospěl k nejzazší hranici své trpělivosti a utrpení), pouze tehdy mu Stvořitel pomáhá a tato pomoc přichází neočekávaně. Člověk předem nikdy nemůže tušit, která kapka jeho slz bude poslední. Všechny kapky prostě musí být jako poslední, avšak pomoc Stvořitele[45] se objevuje náhle a vždy nečekaně!

Knihu Zohar mnozí nezasvěcení nazývají morálním učením na základě kabaly,[46] protože Zohar je psán jazykem přikázání, tudíž toho, co člověk musí udělat. Je pochopitelné, že když takto hovoří o Knize Zohar, pokoušejí se touto cestou popřít její tajemství, její skrytou podstatu, která se ve stejné míře nachází v každé knize Tóry, a celou Tóru omezují na plnění „přání Stvořitele, abychom dodržovali Přikázání". Proč je plnit? – tato otázka zůstává otevřená. Pro splnění Přikázání v tomto případě není Stvořitel v zásadě vůbec zapotřebí, a pokud Ho člověk nepotřebuje, nač tedy sám Stvořitel je? Autoři Knihy Zohar napsali tuto knihu, která hovoří pouze o struktuře a fungování duchovních světů vědeckým právně-poučným jazykem, speciálně proto, aby čtenář vůbec nepochyboval, že to nejdůležitější v Tóře není moudrost, nýbrž „dávající moudrost", že tím hlavním v Tóře a Přikázání je nezbytná potřeba Stvořitele a přiblížení se k Němu vlastnostmi své duše.

* * *

Všechny překážky, které člověk na své cestě ke Stvořiteli pociťuje, jsou kvůli tomu, aby vstoupil do duchovní sféry, a nejsou ničím jiným než znamením přiblížení se ke Stvořiteli, k branám do duchovního světa. Neboť není stav, který by byl vzdálenější od Stvořitele, než stav člověka, jenž si vůbec neuvědomuje existenci duchovního světa nebo nemá touhu ho pocítit.

A pokud člověk pocítí, že je daleko od duchovního světa, znamená

---

[45] ישועת ה׳ כהרף עין – Ješu'at ha-Šem Keheref Ajin – spása od Stvořitele [přichází] v okamžiku.

[46] מוסר על פי קבלה – Musar al Pi Kabala – dosl. morálka v souladu s kabalou.

to, že mu Stvořitel dává možnost, aby pocítil svůj skutečný stav, a tímto způsobem ho probouzí ke sblížení. A kdyby v nás podobné pocity oddálení od Stvořitele nevznikaly, neměli bychom žádnou možnost se s Ním začít sbližovat. Proto je pocit oddálení znamením počátku sblížení. Takže během celé cesty ke Stvořiteli člověk neustále cítí nejrůznější obtíže, které mu překážejí. Ve skutečnosti to však není nic jiného než pomoc ze strany Stvořitele, jejímž cílem je v nás vyvolat rozhořčení, nespokojenost se současným stavem a žádost ke Stvořiteli, aby ho změnil.

A všechny překážky, které člověk při svém duchovním postupu musí překonat, jsou nutné kvůli tomu, aby si zvykl kráčet po linii oddálení a pocítil, že když se vzdaluje od Stvořitele, stále více si uvědomuje svůj egoismus. Tento pocit však stejně neovlivňuje jeho činy, protože předem ví, že to je odhalení jeho skutečného stavu a že se již dříve také nacházel ve stavu, který nebyl lepší než současný, pouze o tom nevěděl.

A takto to bude až do té doby, dokud člověka nepřestane znepokojovat péče o vlastní stav a všechny myšlenky a touhy se nebudou omezovat jenom na touhu se starat o svůj stav, nýbrž o to, jak vypadá v očích Stvořitele. A to bude určovat všechny jeho činy a myšlenky. A co přesně chce Stvořitel v člověku vidět, cítí člověk sám v míře studia kabaly, plní-li všechny pokyny Tóry pouze kvůli tomuto nejvyššímu Cíli, a tehdy se celá Tóra stává nástrojem sblížení se Stvořitelem.

Dokud člověk nezačne všechny své činy a myšlenky uvádět do souladu s přáním Stvořitele, vše, ať by dělal cokoli, činí podle přání druhých. Člověk nemá možnost udělat cokoliv nezávisle – buď je ovlivněn druhými, jemu podobnými, a ti určují jeho chování a jednání, nebo jeho myšlenky a činy určuje snaha o soulad s přáními Stvořitele, nikdy však člověk nejedná naprosto svobodně.

* * *

Ukrytí Stvořitele před námi je pro naše dobro. Stejně jako v našem světě každý ještě plně nepoznaný objekt přitahuje více než ten, který již byl prozkoumán, je i ukrytí duchovního světa nezbytné kvůli tomu, aby v sobě člověk mohl kultivovat vědomí, že je odhalení duchovního světa důležité.

Ačkoli člověk nikdy není schopen patřičně ocenit velikost Stvořitele a duchovních světů (částečného projevení Stvořitele), právě kvůli ukrytí, a to v míře, v jaké mu Stvořitel posílá pocit ukrytí a oddálení, se v něm probouzí touha pocítit Stvořitele a také vědomí, že je pochopení skrytého důležité.

Na druhou stranu je velikost ukrytí určována potřebou člověka poznat skryté. A tak člověk postupně získává vědomí, že je důležité pochopení toho, co je před ním skryto až do takové míry, že se mu zdá, jako by byl od vytouženého velmi vzdálen.

* * *

Pocty, které jsou člověku udělovány, naplňují jeho ego, a proto poškozují jeho duši natolik, že velcí spravedliví, kteří se stali široce známými a získali obdivovatele, věří, že takovou proslulost svého jména dostali od Stvořitele za trest.

Avšak ty veliké, které si Stvořitel přeje ochránit, aby neztratili ani tu nejmenší část své duchovní úrovně, ochraňuje tím, že jim posílá nepřátelské, závistivé lidi a odpůrce jejich názorů, kteří jsou připraveni ze všech sil spravedlivé očerňovat, aby se odpovídajícím způsobem vyrovnávaly pocty, jež jsou jim udělovány, utrpeními, která jsou nuceni zakoušet od svých současníků.

Nakolik těžké je pro člověka, který ještě nevstoupil do duchovních světů a ještě necítí duchovní síly a touhy udržet své činy a myšlenky ve správném směru, natolik je pro něho snadné a přirozené jednat v souladu s povahou duchovních světů, pokud obdržel duchovní síly a vstoupil do duchovních světů a získal jinou, Vyšší přirozenost.

* * *

V okamžiku duchovního pádu zmizí všechna předchozí duchovní porozumění, touha sloužit Stvořiteli a spojit se s Ním, bojovat se sebou samým a být pouze ve stavu duchovního rozletu, zmizí dokonce i samotná vzpomínka a ponětí, že vůbec může existovat takové přání, jako je duchovní vzestup. A pokud je to někomu dáno, může se před množstvím třeba i malých potěšení tohoto světa ochránit pouze s pomocí Vyšších myšlenek. Ale obyčejný člověk, jakým se nyní cítí, má kromě duchovních úsilí ještě cíle v tomto světě. A jak může mít prostý člověk nějaký vztah se Stvořitelem, natož možnost se s Ním spojit – vždyť samotná myšlenka na to se nyní zdá být tak podivná a vzdálená...

Právě o takových okamžicích je řečeno: „Tam, kde se nachází velikost Stvořitele, tam najdeš i Jeho skromnost," neboť Stvořitel poskytl možnost, aby se s Ním spojilo každé stvoření. A když člověk během nějakého času opět znovu vyroste svým duchem, je povinen na tyto předchozí stavy duchovních pádů nezapomenout, aby náležitě ocenil duchovně zvýšené stavy touhy po sloučení se Stvořitelem jako osobní, individuální dar Stvořitele. V tomto případě není nutné, aby v budoucnosti docházelo k duchovním pádům, protože již dříve prací na sobě, povýšením víry výše rozumu, učením a dodržováním ustanoveného pořádku činností a svých myšlenek člověk vytvoří duchovní nádobu pro postupný duchovní vzestup.

* * *

Snadnější cesta duchovního pozvedání je cesta Tóry. Cesta utrpení na člověka čeká chtě nechtě, když nemá žádnou jinou metodu, která by naň působila, aby dosáhl dokonalosti.

Jak již bylo zmíněno, cesta Tóry spočívá v tom, že člověku Shora dají možnost, aby v sobě vytvořil přání potřebná pro duchovní růst, ukazují mu prostřednictvím duchovního vzestupu a pádu, že duchovní Světlo je potěšením a jeho nepřítomnost utrpením. Tímto způsobem se v člověku vytváří touha po Světle – duchovním pozvedání a cítění Stvořitele. Ale bez naplnění člověka Vyšším duchovním světlem a jeho následným zmizením není možné vytvořit touhu po Světle. A čím větším Světlem Stvořitel naplní člověka a poté Světlo „odebere", tím silněji člověk po tomto Světle touží.

A tato cesta se nazývá cesta Tóry, tedy Světla. Existuje však také cesta utrpení: když člověk namísto touhy se znovu vrátit k duchovním potěšením hledá způsoby, jak uniknout z nesnesitelného utrpení, které ho v životě pronásleduje, a nevyvolává v sobě touhu být naplněn duchovním Světlem – životodárným zdrojem jeho spásy... Obě cesty vedou k jednomu Cíli, avšak jedna zepředu přitahuje potěšením a dokonalostí a druhá postrkuje zezadu a nutí k útěku z bolesti.

Aby člověk mohl analyzovat vnější vlivy a vnitřní pocity, má vytvořeny dva typy jejich vnímání: hořké a sladké – vnímané srdcem, lživé a pravdivé – vnímané myslí.

Postihnutí duchovního není možné pocítit v srdci – to je naprosto protikladné jeho přirozenosti, a proto je pociťováno jako hořké a jakékoliv osobní potěšení je vnímáno jako sladké. Proto se práce na sobě ve prospěch změny směru touhy nazývá prací srdce.

Práce mysli je zcela odlišná, jelikož se člověk absolutně nemůže spoléhat na svůj vlastní rozum a logiku v analýze toho, co se děje, avšak zároveň je nucen se na svůj egoistický přirozený rozum chtě nechtě spoléhat. Nemůže se od něho odtrhnout ve snaze pochopit, co se děje, protože byl tímto způsobem stvořen Stvořitelem.

Existuje tedy pouze jedna cesta – zcela opustit přirozený přístup k porozumění a věřit radám mudrců, které jsou uvedeny v kabalistických knihách a předávané Učitelem, jenž dosáhl duchovní úrovně poznání.

Pokud je člověk schopen s pomocí Stvořitele dokončit byť i jen malou analýzu pomocí víry, a nikoliv rozumu, a ve svém srdci cítí hořkost egoismu, okamžitě k němu Shora přichází duchovní porozumění dosažené úrovně, osvícení a síly.

Poté Stvořitel člověku odhalí jeho další, dříve skrytý, nižší egoistický stupeň. Dříve skrytý – aby člověk neklesl na mysli z pohledu na množství práce nad jeho síly, pokud by ihned pocítil celou hlubinu svého egoismu bez dostatku sil k tomu, aby se s ním vypořádal. Člověk by měl pochopit, že se v něm od počátku nachází veškerý světový egoismus, ale je před ním skrytý a je pociťován postupně v míře, ve které od Stvořitele přijímá síly a schopnosti k nápravě.

Z toho důvodu člověk, který se pohybuje po duchovních stupních, postupně překonává „svůj" rozum, s každým krokem vpřed se cítí čím dál více nechápajícím a hloupým ve srovnání s pokyny mudrců v kabalistických knihách a Učitele-kabalisty a ve stejné míře, v jaké snižuje význam své „mysli", získává Vyšší rozum a nakonec se místo toho, aby se stal hloupějším, když odmítá používat naši pozemskou, egoistickou logiku, stává nejmoudřejším ze všech!

A proto ten, kdo ještě nepostihl Vyšší rozum, nezměnil svou metodu logické analýzy a necítí namísto hořkosti v nesobeckých myšlenkách sladkost ani pravdu víry, se může místo svého lživého rozumu omezeného povahou našeho světa pohybovat kupředu pomocí již napravené analýzy svého Učitele, jestliže ho ve všem poslouchá a ve všem ho následuje.

Rada Tóry spočívá v tom: postupovat podle pokynů mudrců. Vždyť kdyby za sebou vedl lidstvo byť i jen jediný kabalista s pravým duchovním vnímáním v mysli a v srdci, byli by všichni schopni dosáhnout Cíle stvoření snadnou a bezbolestnou cestou Tóry, nikoliv cestou utrpení! Avšak stojí-li v čele národa, který byl vyvolen projít tuto cestu jako první a s nímž Stvořitel především počítá a více a v první řadě jej potřebuje, lidé, kteří ve Vyšším záměru a řízení ničemu nerozumí, pak je naším údělem hoře a trvalý neúspěch.

Všichni můžeme jasně vidět ruku Stvořitele a Jeho pomoc pouze během válek, katastrof nebo jiných velkých neštěstí, když se zdá, že neexistuje žádné řešení našich problémů. Zde se však jedná jen o kritické okamžiky, ve kterých jsme se ocitli, nepřejíce si znát a používat kabalistické znalosti o řízení vesmíru.

* * *

Proč se lidé rodí s různými schopnostmi cítit jemné vlivy a s různými schopnostmi rozumně a logicky pochopit podstatu věcí? A čím je vinen člověk, kterému to není dáno, kterého Stvořitel nestvořil takovým, jako stvořil génie a myslitele nebo jemné povahy s hojnými pocity? A vůbec, proč rodíce se, obdržíme od Stvořitele rozdílné počáteční duševní a duchovní touhy a schopnosti?

Lidé, kteří se narodili s velkými touhami, širokým srdcem a bystrou myslí, se v Tóře nazývají chytří, protože jsou schopni získat Vyšší rozum. A naproti tomu se rodí lidé, kteří jsou ve svých duševních a mentálních schopnostech omezeni. Ty Tóra nazývá hloupými.

Ale jelikož má každá duše své vlastní předurčení, kvůli kterému „sestoupila" do tohoto světa, ani jeden z nás by se neměl za své vrozené vlohy stydět. Vždyť takto je v každém z nás stvořil Stvořitel. A za naše špatné myšlenky bychom se také neměli stydět. Ty nám také posílá Stvořitel. Avšak za to, jak na špatné myšlenky reagujeme, zda s nimi bojujeme, nebo je slepě přijímáme, zda chceme sami sebe napravit – každý podle svých přirozených schopností – a co pro to děláme, právě za to by se člověk měl stydět. A na to se také ptá Stvořitel.

Jak však může hlupák dosáhnout duchovních výšin? Stvořitel řekl: „Já jsem stvořil moudré a Já jsem stvořil hloupé. A umístil jsem moudré do každé generace, abych těmto hloupým pomohl se celým svým srdcem přimknout ke stoupajícím a oni také mohli dosáhnout úplného sloučení se Mnou."

Ale proč na světě potřebujeme hlupáky? Vždyť jich je ve srovnání s několika mudrci na světě drtivá většina! Ve skutečnosti jde o to, že každá duchovní vlastnost vyžaduje vlastního nositele. A právě lidé s omezenými duchovními schopnostmi jsou nositeli egoismu. A mudrci, kteří si přejí nekonečný duchovní vzestup, aby sloužili Stvořiteli, potřebují pracovat na egoismu hlupáků poté, co napraví svůj egoismus, protože kvůli trvalému stoupání jsou povinni neustále absorbovat „cizí" egoismus a napravovat ho a tímto způsobem se pozvedávat.

A proto se všichni potřebují navzájem. Poněvadž však masy mohou dát moudrému jen svůj nicotný egoismus (touhy po malicherných, přechodných potěšeních našeho světa), pro každého mudrce na světě existují miliardy hlupáků. Ale když hlupáci jednají v souladu s pokyny mudrců, pokud mudrce vědomě následují, mohou všichni dosáhnout cíle své existence: absolutního sloučení se Stvořitelem.

* * *

Ačkoli se duchovní práce na povýšení altruismu nad egoismem vyskytuje v srdci a na povýšení víry nad tvrzeními rozumu v mysli, to vše se však týká odmítnutí člověka používat svůj rozum a přání po sebepotěšení a prosazování sebe sama, které nám byly dány přírodou od narození. Vždyť i když člověk pracuje s altruistickými cíli, stejně raději vidí a ví, komu dává a kdo přijímá plody jeho práce. Ale v tomto případě člověk nemá nic kromě víry v existenci Stvořitele a v to, že On přijímá plody jeho úsilí.

A zde je odhalována jedinečnost Stvořitele podle principu: „Není nikoho jiného kromě Stvořitele", který posílá vše, co je pociťováno a vnímáno v mysli, vytváří v nás právě takový chod myšlenek, který vede přesně k těmto závěrům a rozhodnutím, pomáhá člověku najít správný pohled na vše, co se děje, i na nápravu svých přání a myšlenek v souladu se záměry Stvořitele.

* * *

Tóra hovoří jenom o Stvořiteli a Jeho činech. Proto je řečeno, že celá Tóra není nic jiného kromě jmen Stvořitele. Je to podobné tomu, jak nám jméno člověka říká, o koho se přesně jedná. Každé slovo v Tóře je jméno Stvořitele, protože vyjadřuje Jeho určitý čin, říká, co nám přesně v daný okamžik posílá.

A o nás Tóra hovoří jako o části Stvořitele, kterou od Sebe oddělil, a k této oddělené části přidal egoismus. Proto se lidská duše skládá ze dvou protichůdných částí. Božské části, která vyjadřuje svoji touhu pociťovat Stvořitele (v některých z nás), a tehdy člověk začíná hledat cosi duchovního, aby naplnil sám sebe, a už se nemůže spokojit se vším tím, co těší a naplňuje ostatní. Druhou částí duše je v plné míře pociťována naše záměrně vytvořená egoistická přirozenost – touha se všeho zmocnit, vše poznat, udělat, vidět výsledek svých činů, tudíž ve všem plně vidět část svého „já".

Tato egoistická část naší duše je stvoření samo o sobě – to jediné, co bylo stvořeno, protože altruistická část duše je součástí samotného Stvořitele. Poté, co vzal Svoje přání a přidal mu doplněk egoismu, tím On od Sebe oddělil tuto část, jež začala být nazývána duší existující odděleně od Něho – stvořením. A nazývá se stvořením právě proto, že obsahuje část nového – svůj egoismus, stvořenou vlastnost, jež předtím neexistovala. Vždyť samotný Stvořitel takové přání nemá.

A pouze o tomto objektu – duši, která se skládá z části Stvořitele a části nově vytvořeného egoistického cítění „všechno přijmout do sebe" – se hovoří v Tóře. A ne o těle, které je z masa a kostí. To je živočišné stejně jako všechna těla a jeho úděl je stejný jako u všech zvířat: shnít a znovu se proměnit na prvky tohoto světa.

Sami sebe cítíme jako tělo, protože necítíme naši duši. Avšak v míře, v jaké člověk začíná duši cítit, čím dál méně pociťuje své fyzické tělo, jeho přání, jeho bolest, protože v něm čím dál více hovoří duše. Ten, kdo je ještě pokročilejší, přání svého těla necítí vůbec, protože poslouchá pouze to, co mu říká jeho duše – část Stvořitele v něm. A tehdy pod slovem „tělo" chápe sám sebe jakožto přání své duše, svoji nově nalezenou podstatu, a nikoliv tělesná přání, která prakticky necítí.

Tóra nehovoří o našem fyzickém těle, o kilogramech masa a kostí, ale o dvou aspiracích duše: o touze božské části pociťovat Stvořitele a spojit se s Ním a touze egoistické části po sebeuspokojení, seberealizaci, pociťování sebe samého namísto Stvořitele. Obě tyto touhy jsou v Tóře nazývány tělem – buď tělem egoistickým, tělem fyzickým, tělem našeho světa, protože pouze náš svět je charakterizován egoismem, či duchovním tělem, neboť altruistické touhy jsou přání Stvořitele a jsou charakteristické pro duchovní svět.

Tóra vždy a ve všem hovoří o tom, co se děje v těch či oněch případech s naší duší, s našimi přáními, jak je Stvořitel mění a jak je můžeme změnit my, přesněji, požádat Jeho, aby je změnil On, protože my sami je změnit nejsme schopni.

* * *

Základem a tím nejdůležitějším pro začátečníka je, aby prostřednictvím všech neustále vznikajících nejrůznějších myšlenek a přání silou vůle vytrvale zachytával a udržoval myšlenku, že to pochází od Stvořitele, že jsou tyto nejrůznější a občas i nejnižší myšlenky a přání posílány Stvořitelem. A Stvořitel to dělá proto, aby byl člověk houževnatý a navzdory těmto překážkám s Ním neztrácel kontakt a udržoval v sobě víru, že všechny tyto myšlenky a touhy, které mu posílá Stvořitel, jsou posílány kvůli tomu, aby bojem s těmito překážejícími myšlenkami posiloval svou víru a pocit, že všechno pochází od Stvořitele. A v míře, ve které v sobě toto přesvědčení posílí, bude schopen dosáhnout stavu, že v něm tento pocit bude žít neustále, nehledě na stále rostoucí překážky, které budou ustavičně posílány Stvořitelem jenom kvůli tomu, aby se v něm posílil tento pocit. A do stálého pocitu víry ve Stvořitele jakožto podstaty veškerého bytí vstoupí pocit Jeho přítomnosti. Stvořitel se „oblékne" do samotného člověka, a to již určí všechny jeho myšlenky a přání a on se stane součástí Stvořitele.

Člověk musí pocítit, že právě pocit oddálení od Stvořitele je tím nutným pocitem, s pomocí kterého a v němž pak může cítit samotného Stvořitele. Právě tyto dva pocity jsou v kabale nazývány *Kli* (nádoba) a *Or* (Světlo) – touha pociťovat Stvořitele, která se postupně v člověku rodí pod vlivem rušivých myšlenek a přání, které záměrně odvádějí pozornost od myšlenek na Stvořitele, na Jeho jedinečnost, a tím člověka nutí, aby silou vůle zvětšoval sílu víry a udržoval myšlenky na Stvořitele. Světlo je již odpovědí na touhu člověka cítit Stvořitele, a když se do této touhy „obléká" sám Stvořitel, Světlo vstoupí do nádoby.

Řád duchovního růstu je takový, že se člověk probudí k touze po duchovním, k pociťování Stvořitele, k potřebě poznat sám sebe jen pod vlivem Světla, když cítí život, nadšení z přiblížení se k duchovním pocitům, a cítí se dokonalejší.

Poté ho začnou navštěvovat cizí myšlenky a on pod jejich vlivem z této úrovně padá a vrací se ke svým obvyklým touhám a myšlenkám. Pak v něm po nějaké době začíná vznikat lítost nad svými přechodnými a nicotnými starostmi a myšlenkami, a to vyvolává hořkost a hněv na sebe sama a někdy i na Stvořitele, který mu posílá myšlenky a touhy, jež ho odstrkují od duchovního.

A jako odpověď na hořký pocit lítosti nad svým duchovním stavem člověk obdrží Světlo, pocit sblížení s Vyšším, cítí, že je připraven dát všechno za toto pocítění Stvořitele, za pocity bezpečí, jistoty a nesmrtelnosti, které cítí, když se přiblíží k absolutní a věčné dokonalosti vyzařované Stvořitelem.

A nestydí se za svoje bývalé myšlenky a pocity a nebojí se v tomto světě ničeho, protože v té době cítí svou nesmrtelnou duši jako součást věčného Stvořitele, ve všem se Stvořitelem souhlasí a ve všem ospravedlňuje Jeho činy se stvořeními a je připraven se zříci svého rozumu a následovat svého Stvořitele. Tento pocit, který je důsledkem naplnění duše člověka Světlem Stvořitele, z něho činí absolutního otroka duchovních pocitů.

Ale po určité době v něm opět vzniká vedlejší myšlenka... a tak pozvolna, z mnoha rušivých myšlenek, které postupně člověka navštěvují, a vzápětí za nimi následujících pocitů duchovního vzestupu se v něm rodí natolik celistvý pocit potřeby duchovního, že přijímá stálé Světlo Stvořitele.

* * *

Rav Baruch se zeptal svého dědečka Ba'ala Šem Tova: „Je známo, že ti, kdo si přáli postihnout Stvořitele, se v dávných dobách neustále podrobovali omezením, a ty jsi je zrušil v souladu s tím, co bylo řečeno, že každý, kdo se podřizuje dobrovolnému odříkání, je narušitelem Tóry a musí za to nést odpovědnost. Tak co je tedy nejdůležitější v práci člověka na sobě?" Ba'al Šem Tov odpověděl: „Přišel jsem na tento svět, abych ukázal jinou cestu – člověk by se měl snažit ovládat tři věci: lásku ke Stvořiteli, lásku k národu, lásku k Tóře – a pak není dobrovolné odříkání nutné."

* * *

Možnost děkovat Stvořiteli je již sama o sobě požehnáním, které je dáno Stvořitelem. Milost Stvořitele spočívá v tom, že Ho můžeme milovat, a Jeho síla tkví v tom, že se Ho můžeme bát.

* * *

Jaká je příčina toho, že člověk, který se snaží přiblížit ke Stvořiteli a cítí, že k Němu má již do určité míry blízko, najednou pociťuje oddálení? Odpověď Ba'ala Šem Tova: „Je to podobné dítěti, když ho učí chodit: podporují ho a ono udělá několik kroků a tím se přiblíží k otci, ale otec, který chce svého syna naučit samostatně chodit, ustupuje, dokud se syn nenaučí chodit sám."

* * *

Ba'al Šem Tov řekl: „Práce člověka na sobě spočívá v tom, že neustále

až do posledního dechu bojuje s egoismem a že na místo egoismu opakovaně vnáší Stvořitele."
  Stvořitel sedí uprostřed svého paláce stejně jako velký vládce. Na cestě k Sobě postavil mnoho stěn a překážek, rozptýlil mezi zdmi Svého paláce bohatství a rozdává pocty a posty těm, kteří překonali překážky. Když je člověk obdrží, je spokojen. Avšak pouze ten, kdo se zřekne všeho a touží být blízko Stvořitele, se stává hoden možnosti k Němu vejít.

* * *

Jako je nezbytný přechodný stav úplného rozkladu mezi zrnem obilí a klíčkem, který z něho klíčí, stav absolutního rozložení zrna, absolutního zániku, stejně tak člověk, dokud nedosáhne stavu úplného popření jeho „já", nemůže získat novou duchovní povahu. Stvořitel stvořil „já" člověka z „ničeho". Abychom se spojili se Stvořitelem, je třeba se vrátit ze stavu „já" zpět k „nic". Proto se říká, že se spasitel (Mesiáš) narodil v den zničení Chrámu. A pokaždé, když člověk dospěje do stavu úplného zoufalství a dochází k závěru, že „vše je prach a marnost nad marnost", právě z tohoto stavu začíná nová úroveň jeho duchovního růstu, protože se všeho může zříci.

* * *

Magid z Mežriče (Ukrajina), velký kabalista minulého století, řekl, že existuje deset pravidel duchovní práce.
  Třem pravidlům je možné se naučit od malého dítěte:
1) Raduje se nezávisle na čemkoli.
2) Dokonce ani na minutu není klidný.
3) Žádoucí vyžaduje ze všech sil.
  Sedm pravidel je možné se naučit od zloděje:
1) Pracuje v noci.
2) To, čeho nedosáhl minulou noc, se snaží dosáhnout během následující.
3) Je oddán svým přátelům.
4) Jde s kůží na trh kvůli získání dokonce i nepatrných věcí.
5) Toho, co ukradl, si necení a prodá to za drobné.
6) Dostává výprask, ale nepřestane.
7) Vidí výhody ve svém počínání a nepřeje si ho měnit.
  A dodal, že ke každému zámku je klíč, ale pokud zámek nepovolí, odvážný zloděj ho rozláme. Stvořitel miluje člověka, který láme své

srdce, aby se dostal do domu Stvořitele.

* * *

Člověk se stává ve svých očích nicotným teprve tehdy, když dosáhne duchovní úrovně. Pak se může sklonit před Stvořitelem a přitom cítí, že nic nepotřebuje: ani vlastní duchovní spásu, ani duchovní pozvednutí, ani věčnost – pouze Stvořitele.

* * *

Během duchovního propadu se člověku zdá, že Stvořitel skrývá sám Sebe a těžko si udržuje víru v Jeho existenci a vládu. Ale pokud člověk cítí, že se před ním Stvořitel skrývá, pak už to není ukrytí Stvořitele, ale stav, od něhož Stvořitel očekává úsilí člověka pro sblížení se s Ním.

Stvořitel se nazývá místem (*Makom*, מקום) právě proto, že do Něho člověk musí vstoupit celým svým bytím, aby ho Stvořitel obklopil a byl tím místem, kde přebývá. (Jak již bylo řečeno, nacházíme se v oceánu Světla Stvořitele a musíme to postihnout.)

* * *

Celá Tóra je určena pro vyhlazení našeho egoismu. Proto je přikázání „miluj bližního svého" přirozeným důsledkem sloučení se Stvořitelem, neboť není nikdo jiný kromě Něho, a když to člověk pochopí, vše stvořené včetně našeho světa se v jeho vjemu sjednotí v jednom Stvořiteli. Z toho je pochopitelné, jak mohli praotcové dodržovat celou Tóru ještě předtím, než ji obdrželi.

* * *

Požadavek fyzického vykonávání Přikázání je podmíněn nutností nápravy „neživé" úrovně lidské duše. Ten, kdo naplňuje Přikázání na základě výchovy (*be-Tmimut*, בתמימות, – výchovou z domu), se nachází na „duchovně neživé" úrovni, na které není pociťováno spojení se Stvořitelem.

* * *

Důsledek duchovního pozvednutí se projevuje také v tom, že člověk začíná milovat nejzatvrzelejší nepřátele a nevraživce ze všech národů. Proto pak může největší práce spočívat v modlitbě za své nepřátele.

Když začali útočit na rabiho Leviho Jicchaka z Berdičeva pro jeho rozsáhlou práci ve výuce správné služby Stvořiteli, donesly se o tom zvěsti k rabimu Elimelechovi z Liženska. Řekl: „Neudivuje mne to! Děje se to neustále! Kdyby tomu tak nebylo, nemohl by nás zotročit žádný národ."

* * *

Existují dvě období boje s egoistickými touhami: zpočátku za nimi člověk spěchá, a když od nich začíná utíkat, odhalí, že ho neustále pronásledují.

* * *

Popírající jednotu Stvořitele (*Kofer*, כופר) je ten, kdo ještě pociťuje, že Stvořitel a vše, co se děje ve světě a s ním samotným, není absolutně totožné.

* * *

Rabi Jechiel Michal (Magid mi-Zločiv), kabalista minulého století, žil ve velmi velké bídě. Jeho učedníci se ho zeptali: „Jak můžeš pronášet požehnání Stvořiteli, že ti dal vše, co potřebuješ?"[47] Odpověděl: „Mohu dát požehnání Stvořiteli, který mi dal všechno, jelikož právě bída je očividně nutná pro sblížení s Ním. Proto mi ji dává."

* * *

Neexistuje nic, co by více popíralo vedení Stvořitele než sklíčenost. Přičemž do tohoto pocitu spadne každý člověk z nejrozmanitějších příčin: z utrpení, pocitů vlastní bezmocnosti, nepřítomnosti žádoucího a podobně. Je nemožné přijímat rány a radovat se bez uvědomění si jejich nezbytnosti a veliké výhody, kdy je každá rána již vnímána jako lék. Jediné, co by mělo člověka znepokojovat, je to, proč je zneklidněn. O utrpeních sdělil rabi Moše z Kovrinu, že nejsou špatná, protože na světě není nic špatného, ale jen hořké, protože to je opravdová chuť léku.

Nejvýznamnější úsilí musí být vynaloženo k „léčení" pocitu sklíčenosti, poněvadž důsledkem víry je radost a před sklíčeností může být člověk zachráněn pouze získáním víry. Proto k tomu, co bylo řečeno

---

[47] שעשה לי כל צרכי – *Se'asa Li Kol Carchi* – Kdo splnil všechny mé potřeby.

v *Mišně*: „Člověk je povinen děkovat za špatné," *Talmud* okamžitě dodává: „Je povinen přijmout s radostí," protože na světě žádné zlo není!

* * *

Poněvadž člověk vnímá pouze to, co vejde do jeho pocitů, co nezůstane venku, i Stvořitele vnímáme podle Jeho působení na nás. Proto všechny naše pocity, které popírají jedinečnost jejich zdroje, přicházejí právě kvůli tomu, abychom nakonec odhalili a pocítili jedinečnost Stvořitele.

Je řečeno, že poté, co prošli mořem, uvěřili ve Stvořitele a začali zpívat. Pouze víra umožňuje velebit.

* * *

Pokud se člověk domnívá, že je schopen se prací na sobě sám napravit, musí prověřit svůj postoj k víře ve všemohoucnost a jedinečnost Stvořitele, protože pouze s pomocí Stvořitele, modlitbou o změnu, je možné v sobě něco přeměnit.

* * *

„Svět byl stvořen pro potěšení člověka."[48] *Olam* (עולם, svět) pochází ze slova *He'elem* (העלם), aram. *Alama* (עלמא) – ukrytí. Právě na základě toho, že člověk cítí protikladnost ukrytí a odhalení, dosahuje potěšení. A v tom tkví smysl řečeného: „Stvořil pomoc proti tobě."[49]

Egoismus byl vytvořen proto, aby člověku pomohl: v boji s ním člověk postupně získá smyslové orgány, které jsou nezbytné pro duchovní vnímání. Člověk proto musí vnímat překážky a utrpení s plným vědomím jejich účelu: že mají člověka pobídnout k tomu, aby prosil Stvořitele o pomoc, o spásu před utrpením. Tehdy se egoismus a všechno nepříjemné přemění v „pomoc proti tobě" – proti samotnému egoismu.

Je možné si to představit i jiným způsobem: že egoismus stojí „proti nám" namísto Stvořitele, že před námi Stvořitele stíní, skrývá, jak je řečeno: „Já stojím mezi Stvořitelem a vámi" – „já" člověka stojí

---

[48] בראתי עולם כדי להיטיב – *Barati Olam Kedej Lehitiv* – Já jsem stvořil svět, abych přinesl dobro.
[49] עזר כנגדו – *Azer ke-Negdo* – pomoc proti němu (egoismu).

mezi ním a Stvořitelem. Proto také existuje Přikázání: zpočátku „vědět, co udělal" nám Amálek, a poté na něho „vymazat všechny vzpomínky".
Člověk by v sobě neměl hledat rušivé myšlenky. Musí se Stvořitelem spojit zejména to první, co vzniká v srdci a v myšlenkách člověka v okamžiku probuzení. A v tom tkví pomoc „překážek", jež vracejí člověka k myšlence na Stvořitele. Největší zlo proto spočívá v tom, že člověk zapomíná na Stvořitele.

Nakolik egoismus tlačí člověka ke hříchu, natolik ho pobízí, aby byl přílišným „spravedlivým" – v obou případech se člověk odklání od pravdy. Nakolik může člověk hrát spravedlivého před cizími? Natolik, nakolik necítí, že klame sám sebe, a je si jist, že je ve skutečnosti spravedlivý.

Rabi Jakob Isaac Horowitz z Lublinu[50] řekl: „Miluji více hříšníky, kteří vědí, že jsou hříšníci, než spravedlivé, kteří vědí, že jsou spravedliví. Avšak hříšníci, kteří se považují za spravedlivé, se nikdy nebudou moci dostat na pravou cestu, protože se jim dokonce i na prahu pekla zdá, že tam byli přivedeni, aby zachraňovali ostatní."

**

Cílem pravého učitele-kabalisty je to, aby žák respektoval a bál se Stvořitele více než jeho, věřil ve Stvořitele více než v něho, závisel na Stvořiteli více než na něm.

**

Rabi Nachum z Ružin (Ukrajina), kabalista minulého století, našel své učedníky hrát dámu. Tehdy jim řekl o podobnosti pravidel této hry s duchovními: za prvé je zakázáno provádět dva pohyby ve stejnou dobu; za druhé je možné jít jen dopředu, ale nikoliv nazpět; za třetí ten, kdo dojde až do konce, má právo jít podle svého přání.

**

Pokud má člověk podezření, že o něm lidé mluví, pak má zájem je slyšet. Žádané, ale skryté se nazývá tajemstvím. Když člověk čte Tóru a cítí, že se tam hovoří o něm, je pokládán za toho, kdo přistoupil ke

---

[50] Ja'akov Jicchak HaLevi Horovic (יעקב יצחק הלוי הורוביץ), známý jako Vizionář z Lublinu (ha-Choze mi-Lublin, החוזה מלובלין), žil v letech 1745–1815.

studiu skryté Tóry,[51] v níž se o něm hovoří, ale pro něho to ještě zůstává tajemstvím. A v míře duchovního postupu se dozví, co o něm Tóra říká, a Tóra se ze skryté stane odkrytá, zřejmá.[52] Kdo prostuduje Tóru bez otázek o sobě samém, necítí v Tóře skrytou, nebo již zjevnou část, tomu se Tóra jeví jako historie nebo jako soubor právnických zákonů. V *Talmudu* je řečeno: „Celá Tóra hovoří pouze o přítomnosti."

* * *

Z hlediska egoismu není nic více podivného a nepřirozeného, neskutečného a hloupého než „se prodat" Stvořiteli do otroctví, vymazat v sobě všechny myšlenky a touhy a přenechat sebe celého Jeho vůli, ať by byla jakákoliv, aniž by ji předem znal.

Při oddálení se člověka od Stvořitele se mu zdají být duchovní požadavky nesmyslné. A naopak, jakmile cítí duchovní vzestup, okamžitě s tímto stavem souhlasí bez veškerého odporu a kritiky rozumu. A již se nestydí za své myšlenky a činy, které směřují k tomu, aby se stal otrokem Stvořitele.

Tyto protikladné stavy jsou člověku dány speciálně proto, aby cítil, že spása od egoismu je nadpřirozená a nastane pouze na základě vůle Stvořitele.

* * *

Člověk se nachází ve stavu nespokojenosti, protože srovnává současný stav s minulostí či s nadějemi a trpí nedostatkem požadovaného.

Kdyby však věděl, jak velké potěšení by mohl přijímat, ale Shora ho nedostává, trpěl by nesrovnatelně více. Ale on je, co se týče duchovních potěšení, jako v bezvědomí – necítí jejich nepřítomnost. Proto je tím nejdůležitějším pocítit Stvořitele a poté, i když tento pocit zmizí, již se bude přirozeně snažit, aby Ho znovu pocítil. Žalmy (*Tehilim*) 42: „Jako laň touží po vodním zdroji, tak moje duše touží po Tobě, Stvořiteli."

Touha pociťovat Stvořitele se nazývá touha „pozvednout"

---

[51] תורת הנסתר – *Torat ha-Nistar.*
[52] תורת הנגלה – *Torat ha-Nigle.*

Šchinu – pociťování Stvořitele – z prachu,⁵³ z nejnižšího stavu v našich očích, když je všechno v našem světě mnohem cennější než pociťování Stvořitele.

Ti, kteří plní Přikázání na základě odpovídající výchovy, což je také přáním Stvořitele, to činí stejně jako ti, kteří chtějí Stvořitele postihnout. Veškerý rozdíl je v pocitu samotného člověka. To nejdůležitější však je (neboť je to přání Stvořitele), aby se stvoření těšila Jeho blízkostí.

Proto, aby se člověk dostal z automatického plnění Přikázání a stal se samostatně jednajícím, si musí jasně uvědomit, co získal prostřednictvím vzdělání od společnosti a jaké touhy jsou jeho vlastní.

Například, když člověk získal vzdělání podle systému *Musar*, který říká, že náš svět není nic, v tomto případě se mu duchovní svět jeví jenom jako o něco větší než nic. Kabala však člověku říká, že tento svět, jak je také pociťován, je plný potěšení, ale duchovní svět, svět pociťování Stvořitele je nesrovnatelně krásnější. Tímto způsobem není duchovní jenom prostě více než nic, nýbrž více než všechna potěšení našeho světa.

Není možné se přinutit k touze potěšit Stvořitele, jak On těší nás, protože člověk žádné takové touhy nemá (*Kelim de-Hašpa'a*), ale je třeba se snažit poznat, „po Kom" by měl toužit. Toto je zkouška pravdivosti touhy po Stvořiteli. Vždyť s upřímnou touhou po Stvořiteli zmizí všechny ostatní myšlenky a touhy, neboť světlo svíčky se ztrácí ve světle pochodně.

Do té doby, než vznikne pociťování Stvořitele, každý člověk vnímá sám sebe jako jediného na světě. Jelikož je však jediný pouze Stvořitel – neboť jenom On je schopen dát potěšení celému světu a my jsme tomuto přání naprosto protikladní – pak při prvním pocítění Stvořitele člověk získá, třebaže dočasně, tytéž vlastnosti. A to se nazývá „jako svíčka před pochodní".⁵⁴

***

Vše, čeho člověk musí v tomto světě dosáhnout, je to, aby v něm žil podle zákona duchovního světa.

Neustálé propojení (*Davuk*, דבק – přilepen) se Stvořitelem zna-

---

⁵³ להקים שכינה מעפר – *Lehakim Šchina mi-Afar* – pozvednout *Šchinu* z prachu.
⁵⁴ כנר בפני אבוקה – *Ki-Ner Bifnej Avuka*.

mená věřit, že všechno zlé, co člověk pociťuje, také pochází od Stvořitele, je posíláno Stvořitelem.

Existuje Stvořitel a stvoření – člověk, který nepociťuje Stvořitele, ale je schopen pouze „věřit" v existenci a jedinečnost Stvořitele, v to, že existuje pouze Stvořitel, který vše řídí (slovo „věřit" je v uvozovkách, protože víra v kabalistickém smyslu znamená skutečné pociťování Stvořitele).

To jediné, co si člověk přeje, je přijímat potěšení. Tak ho stvořil Stvořitel. A je to Cílem stvoření, přáním Stvořitele. Ale člověk se musí těšit ve stejné formě jako Stvořitel.

Všechno, co se kdy stalo, stává se nebo se stane s každým z nás, všechno dobré, nebo špatné, je předem naplánováno a posíláno nám Stvořitelem. Na Konci nápravy (*Gmar Tikun*) všichni zjistíme, nakolik to všechno bylo nezbytné pro naše vlastní dobro.

Ale zatímco se každý z nás nachází na cestě své nápravy, tuto cestu vnímáme jako dlouhou, tisíciletou, hořkou, krvavou a neobvykle bolestivou, a bez ohledu na to, jak je člověk připraven na další ránu, jakmile na sobě pocítí nějaký nepříjemný vliv, zapomíná, že pochází ze stejné jedinečné síly ve světě, ze které vychází vše, a on – člověk – je jenom materiál v rukou Stvořitele, takže se začíná prezentovat jako nezávisle jednající individuum a považuje za příčinu nepříjemných okolností ostatní vlastního druhu, a nikoliv Stvořitele.

Proto tím nejdůležitějším, co bychom se měli v tomto světě naučit, není prostě jen to, abychom zavčas pochopili, že vše pochází pouze od Stvořitele, ale abychom nepodléhali rušivým pocitům a myšlenkám ani během nejtragičtějších událostí, abychom najednou nezačali přemýšlet „samostatně", jako by to, co se s námi v současné době děje, pocházelo od ostatních vlastního druhu, a nikoliv od Stvořitele, abychom si nezačali myslet, že výsledek situace také závisí na lidech nebo okolnostech, a nikoliv na Stvořiteli.

Člověk se to však může naučit pouze z vlastní zkušenosti. Ale během studia zapomíná na příčinu toho, co se s ním děje, na to, že všechno je kvůli tomu, aby ho to vychovalo, a když zapomene, podléhá falešnému pocitu nepřítomnosti vedení Stvořitele až do úplného ukrytí Stvořitele.

Tento proces probíhá následujícím způsobem: Stvořitel dává člověku vědomí a pocit, že pouze On, Stvořitel, řídí svět a poté člověku posílá hrozné životní podmínky, plné nepříjemných následků.

Nepříjemné pocity člověka zasáhnou natolik, že zapomíná, kdo a za jakým účelem mu tyto údery posílá. V průběhu tohoto „experimentu" člověk čas od času dostane povědomí, proč tomu tak je, ale pod vlivem zesílených nepříjemných okolností se tento pocit vytratí. I když si člověk dokonce náhle „vzpomene", Kdo a proč mu posílá takové utrpení, není schopen přesvědčit sám sebe, aby vše připsal Stvořiteli a pouze Stvořitele prosil o spásu, ale současně se znalostí toho, že to pochází od Stvořitele, hledá samostatně cestu ke spáse.

Podobné pocity mohou být spekulativně prezentovány následujícím způsobem:
1) na cestě člověka ke Stvořiteli se nachází nečistá, rozptylující, hrozící síla nebo myšlenka a člověk se skrze ni musí probíjet ke Stvořiteli, aby se s Ním spojil;
2) člověk se nachází blízko Stvořitele jako dítě v náručí matky a cizí síly-myšlenky ho chtějí od Stvořitele odtrhnout, aby přestal cítit Jeho řízení i Jeho samého;
3) Stvořitel jakoby dává člověku pokyn, aby chránil něco důležitého před svým nepřítelem, který na něho útočí, a člověk s ním zoufale bojuje.

Po ukončení boje člověka s jeho nepřítelem je člověku jasné, že bojoval pouze s překážkami, které mu poslal sám Stvořitel kvůli učení a pozvednutí. V důsledku tohoto vnitřního boje člověk získá poznatky o sobě a o vedení a také lásku ke Stvořiteli. Na konci boje vidí, za jakým účelem mu Stvořitel předtím posílal všechny překážky.

* * *

Výchova člověka by neměla spočívat v nátlaku a potlačování, nýbrž v rozvíjení dovedností potřebných k tomu, aby v sobě rozvíjel kritiku svých vnitřních stavů a přání. Správná výchova by měla zahrnovat učení se dovednosti myslit, kdežto cílem tradiční výchovy je vštípit automatické jednání a reakce v budoucnosti. Veškerý cíl vzdělání by měl spočívat ve formování návyku neustále a samostatně provádět analýzu a hodnocení vlastního nezávislého jednání, nevnuceného zvnějšku nebo výchovou.

Jakým způsobem může člověk dospět k pravdě? Vždyť pravda je egoisticky pociťována jako hořkost a bolest a kdo je schopen souhlasit s podobnými pocity?

Člověk přijímá životodárnou sílu a energii z potěšení, úcty a závisti. Například je-li oblečen do roztrhaného oblečení, stydí se za to, že druhý má lepší oblečení. Avšak když je oděv druhého také roztrhaný, zůstane jen polovina nepříjemného pocitu. Proto se říká: „společné neštěstí, polovina upokojení."[55] Pokud by člověk přijímal potěšení pouze z jednoho ze tří zdrojů, nebyl by schopen se pohybovat vpřed, duchovně se vyvíjet. Například, kdybychom měli jenom touhu po potěšení bez touhy po úctě, člověk by za teplého počasí chodil nahý, protože by necítil stud.

Touha po úctě, po vysoké pozici v očích společnosti, může být snížena, pokud své potřeby sníží celá společnost jako například během vážných útrap a válek. Avšak ve snaze se těšit nebo zmenšit utrpení není člověk tak závislý na názorech okolí. Například zuby nebolí méně, když bolí ještě někoho jiného. Proto musí být práce „pro Stvořitele" založena na potěšení, a nikoliv na úctě, jinak se člověk může uspokojit a zastavit se na půl cesty.

Říká se, že „závist vědců zvyšuje znalosti". Člověk netouží po poctách, ale řeší, proč uznávají druhého, a nikoliv jeho? Z toho důvodu vynakládá ve vědě úsilí jenom proto, aby si ostatních nevážili více než jeho. Tyto aspirace zvyšují znalosti. Také mezi začátečníky: když člověk vidí, že jiní vstanou před úsvitem, aby se věnovali studiu, také se donutí vstát, ačkoliv si ve své duši přeje, aby nevstal nikdo – a tehdy nebude muset vstát ani on.

Kdyby člověk věděl, že všechny jeho myšlenky nepatří jemu, ale přicházejí k němu od lidí z jeho okolí, mohl by s nimi bojovat, ale společnost na nás působí takovým způsobem, že myšlenky a touhy přijaté od společnosti cítíme jako naše vlastní. Proto je důležité, jakou společnost si člověk zvolí, jaké jsou cíle a ideály okruhu, ve kterém se pohybuje.

Pokud si však člověk přeje být pod určitým vlivem, přijímat myšlenky jen určité skupiny lidí, nejspolehlivějším prostředkem je být mezi nimi, a ještě lepší je jim sloužit, pomáhat jim. A jelikož přijmout může jen nižší od Vyššího, je třeba ve skupině společníků ve studiu všechny pokládat za více napravené a znalé, než je on sám.

Toto se nazývá přijetím od „autorů",[56] neboť přijímá na základě kontaktu. Přičemž, když se nachází mezi ostatními lidmi v práci

---

[55] צרת רבים חצי נשמה – *Carat Rabim, Chaci Nešama* – utrpení mnohých, polovina utěšení.

[56] מפי סופרים – *Mi-Pi Sofrim* – od autorů, slovy autorů.

i doma, je žádoucí, aby mentálně setrvával se svými společníky ze studia, a tehdy k člověku nepronikou podvodem žádné vnější myšlenky a on nezačne náhle přemýšlet jako jeho žena, soused či kolegové.

(Začátečník naprosto nemůže pochopit, kdo je v tomto světě pravý kabalista a kdo falešný, protože všichni říkají stejné pravdy o práci na sobě i o nutnosti se oddělit od egoismu. Ale tato slova jsou jako Světlo Stvořitele, které sebou vše naplňuje, jako Světlo bez nádoby. To znamená, že mluvčí může vyslovovat nejsilnější slova, ale nerozumí jejich vnitřnímu smyslu, jestliže nemá *Kelim* – pociťování tohoto Světla.)

Mnohem těžší než přímo od Učitele je získat myšlenky a vlastnosti z knih kabalistického autora, což se nazývá *mi-Sfarim* (מספרים, dosl. z knih), neboť přeje-li si obdržet myšlenky autora, je povinen věřit, že je autor velkým kabalistou. A čím vyšší bude jeho mínění o autorovi, tím více bude schopen z jeho knih pochopit.

Z tisíce kabalistů, kteří postihli Stvořitele, pouze rabi Šimon Bar Jochaj (Rašbi), rabi Jicchak Aškenazi (Ari) a rabi Jehuda Ašlag (Ba'al HaSulam) dostali povolení, aby psali o kabale jazykem srozumitelným pro nezasvěcené – to znamená pro ty, kteří dosud nedosáhli vnímání duchovní stupňů. Ostatní kabalistické knihy používají obrazy, jež jsou srozumitelné pouze těm, kteří již vstoupili do duchovních světů, a proto jsou pro začátečníky nevhodné.

S pomocí těchto dvou prostředků: společnosti, kterou si vybral, a knih, které si zvolil, člověk postupně získává nezávislé myšlení (předtím se nachází na pozici všech existujících na této zemi – chce být samostatný, ale nemůže).[57]

Je řečeno, že závist, potěšení a touha po úctě vyvádějí člověka z tohoto světa.[58] Smysl tohoto výroku spočívá v tom, že tyto tři druhy lidských přání jsou příčinou, proč člověk nutí sám sebe jednat, ačkoliv to není z dobrých pohnutek. Avšak přesto nutí člověka, aby se změnil, rostl, přál si dosáhnout stále více, dokud si neuvědomí, že skutečný zisk tkví v nabytí duchovního světa, a on nezatouží odejít z našeho světa do duchovního světa.

Proto je také řečeno, že tyto tři touhy „vyvádějí" člověka z tohoto

---

[57] רוצה ולא יכול – *Roce ve-Lo Jachol* – chce, ale nemůže.
[58] קנאה תאווה וכבוד מוציאים את האדם מן העולם – *Kina, Ta'ava ve-Kavod Moci'im Adam min ha-Olam*.

světa (do duchovního, budoucího světa). V důsledku shromažďování znalostí a rozumu člověk začíná chápat, co je na světě nejcennější a že má cenu tohoto nejcennějšího dosáhnout. Z přání „pro sebe sama" člověk dospěje k přání „pro Stvořitele".[59]

---

[59] מלא לשמה בא לשמה – *Mi-Lo Lišma ba Lišma* – od *Lo Lišma* přechází k *Lišma*.

Dosahování Vyšších světů (3)

Veškeré stvoření je touha se těšit nebo utrpení z nedostatku potěšení vycházejícího ze Stvořitele. Aby mohlo nastat potěšení, jsou nutné dvě podmínky: potěšení bylo a zmizelo, což zanechalo dojem, paměť (*Rešimo*, רשימו – ze slova *Rošem*, רשום – záznam).

Existuje několik druhů nečistých, odvádějících sil nazývaných *Klipot* (slupky, skořápky) – název, který definuje jejich účel. Tyto síly: (1) chrání duchovně čisté síly (samotný plod pod slupkou) před tím, aby do duchovního pronikli škůdci – ti, kteří dosud nejsou připraveni a kteří kdyby ovládli duchovní, mohli by ublížit sobě i druhým; (2) vytvářejí překážky těm, kteří opravdu touží získat ovoce (plody). V důsledku boje s nimi člověk nabyde potřebné znalosti a síly, aby prošel skořápkou a stal se hodným ochutnat samotný plod.

V žádném případě bychom neměli předpokládat, že myšlenky posílané člověku proti Stvořiteli, proti cestě a víře nepocházejí od Stvořitele. Pouze Stvořitel je jediná síla, která zahrnuje i člověka a působí v celém stvoření. Člověk má pouze úlohu aktivního pozorovatele: pocítit na sobě celou škálu sil a pokaždé bojovat s myšlenkami o tom, že tyto síly nepocházejí od Stvořitele. Komu Stvořitel neposílá myšlenky, které mu překážejí při studiu kabaly a při práci na sobě, není schopen postupovat vpřed.

Základní *Klipot*: (1) *Klipat Micrajim* (Egypt) bere přání jít dále duchovní cestou; (2) *Klipat Noga* předává pocit, že takto je to dobré a že nemá smysl postupovat vpřed. (Člověk pociťuje svůj stav, jako by spal, ale srdcem s ním nesouhlasí – spím, ale srdce bdí).[60]

Pravé kabalistické knihy, zejména knihy rabiho Jehudy Ašlaga (Ba'ala HaSulama), jsou napsány tak, že student, který je studuje, se

---

[60] אני ישנה וליבי ער – *Ani Jašena ve-Libi Er* – dosl. spím, ale mé srdce je vzhůru (*Šamati*, článek č. 157).

už poté, co pochopí Cíl stvoření, nemůže těšit září *Klipat Noga*.

Avšak těm jedincům, které Stvořitel vybírá, aby je k Sobě přiblížil, On posílá utrpení lásky (*Jisurej Ahava*, ישורי אהבה), utrpení v jejich stavu, aby se snažili z něho vymanit a postupovali vstříc Stvořiteli. Toto vnitřní úsilí, které člověk vnímá jako svoje vlastní, se nazývá tlak zevnitř (*Dachav Pnimi*, דחב פנימי, dosl. vnitřní impuls).

Čin (*Ma'ase*) člověka se nazývá „odkrytý" (*Nigle*), protože všem, kteří vidí, je jasné, že to udělal, a neexistuje jiný výklad. Zaměření mysli, záměr (*Kavana*) člověka se nazývá „skrytý" (*Nistar*), protože vůbec nemusí být takový, jaký se jeví vnějšímu pozorovateli, dokonce není ani takový, jak ho člověk presentuje, když o něm hovoří.

Občas ani sám člověk nemůže s jistotou vědět, co ho podněcuje k tomu nebo jinému skutku, tudíž jaké jsou jeho skutečné vnitřní záměry – záměr není skryt pouze před cizími, je skrytý dokonce i před samotným člověkem. Kabala je nazývána tajnou částí Tóry, tajnou moudrostí (*Chochmat Nistar*) proto, že to je věda o záměru – jak vytvořit záměry člověka nasměrované ke Stvořiteli. A to musí být skryto před každým, a někdy i před samotným realizátorem.

* * *

Je nutné věřit, že vše, co se ve světě děje, děje se podle vůle Stvořitele, je Jím ovládáno, posíláno a kontrolováno. Existují ti, kteří tvrdí, že naše utrpení není utrpením, ale odměnou. To je opodstatněné pouze pro spravedlivé, kteří jsou schopni připsat všechny okolnosti a jejich důsledky řízení Stvořitele. Jenom v případě, pokud je člověk schopen kráčet vírou ve spravedlnost Vyššího vedení navzdory největším zkouškám, změní se prokletí v požehnání. A ve zkouškách, v nichž člověk není schopen kráčet výše svého rozumu, duchovně padá, protože oporu je možné nalézt jenom v prosté víře. A když člověk padá z víry do svého rozumu, již musí čekat na pomoc... Ale ti, kteří jsou schopni projít těmito zkouškami, se pozvedávají, protože právě prožíváním utrpení – pomocí těchto zkoušek – zvyšují sílu své víry. Z toho důvodu se pro ně zkoušky a utrpení stávají požehnáním.

* * *

Opravdová prosba musí vycházet z veškeré hlubiny srdce, což znamená, že celé srdce musí souhlasit s tím, co chce říci Stvořiteli. Nehovořit slovy, ale pocity. Vždyť Stvořitel slyší pouze to, co se děje v srdci člověka. Stvořitel slyší dokonce ještě více, než by sám člověk chtěl říci, protože rozumí všem příčinám a všem pocitům, které On sám posílá. A ani jedno stvoření nemá kam se vyhnout vytýčenému Konečnému cíli – přání získat duchovní vlastnosti.

Co však může člověk dělat, když sám cítí, že se v dostatečné míře netouží rozloučit s potěšeními tohoto světa, a cítí, jako kdyby musel zcela opustit své příbuzné, rodinu, celý svět plný života s jeho malými radostmi, se vším, co (egoistické) touhy tak barvitě kreslí v jeho představivosti? A co může dělat, když prosí Stvořitele o pomoc a okamžitě cítí, že nechce, aby mu Stvořitel pomohl, uslyšel jeho modlitbu?

K tomu je zapotřebí speciální příprava a uvědomění si životní nevyhnutelnosti získat vlastnosti altruismu. A podobné touhy v člověku postupně dozrávají pod vlivem pocitu oddálení se od duchovních potěšení a klidu, jež ho vábí zdálky.

A to je podobné tomu, jak se ten, kdo si pozval hosty, musí postarat o to, aby měli chuť na pokrmy, které pro ně připravil. A navíc by se měl na začátku hostiny postarat i o předkrmy, které zvyšují chuť k jídlu. A až poté svým hostům může nabídnout to, co připravil. Ale bez předkrmů by hosté necítili potěšení z pohoštění nehledě na to, jak chutné a bohaté by bylo. Tím spíše, pokud jde o vytvoření chuti k nepřirozeným, neobvyklým lahůdkám – k potěšení z altruismu.

Potřeba sblížení se Stvořitelem se v člověku rodí postupně, pod vlivem úsilí, které vynaložil zejména v podmínkách extrémního oddálení od duchovní spásy, v podmínkách vlastní prázdnoty a tmy, když potřebuje Stvořitele pro osobní spásu, aby ho Stvořitel vyvedl, pomohl mu Shora z bezvýchodných situací, jež pro něho sám vytvořil. A pokud člověk skutečně potřebuje pomoc Stvořitele, je to příznak toho, že je připraven získat pomoc, vytvořil si „apetyt" právě pro to potěšení, které proň Stvořitel připravil, a v míře, ve které zakouší utrpení, je schopen prožívat potěšení.

Ale pokud člověk musí zakusit utrpení a je poté schopen vnímat potěšení v míře, ve které trpí, pak je to v první řadě cesta utrpení, a nikoliv cesta Tóry, jak bylo zmíněno výše. A za druhé, nač v tom případě Stvořitele o něco prosit? Je třeba prostě utrpením projít, dokud se jich tělo samo od sebe nebude chtít úplně zbavit natolik, že bude křičet ke Stvořiteli takovou silou, že ho Stvořitel bude nucen zachránit.

Odpověď je jednoduchá. Modlitba, dokonce, i když nepochází z hloubi srdce, stejně člověka připravuje na osvobození, protože v modlitbě jako by člověk Stvořiteli sliboval, že po obdržení duchovních sil všemi svými silami vynahradí nedostatek nutného úsilí, jež mu nyní chybí. V tom spočívá velká spása modlitby. Prosba s takovým slibem je Stvořitelem přijímána. A namísto cesty utrpení člověk postupuje vpřed cestou Tóry.

Z toho důvodu v žádném případě není nutné, aby člověk souhlasil s utrpením, dokonce ani tehdy, když si je jistý, že je mu posíláno Stvořitelem, a věří, že všechno, co je posíláno Stvořitelem, je pro blaho člověka. Stvořitel neočekává od člověka pokorné přijímání utrpení, nýbrž to, že je bude považovat za upozornění, aby nemusel být zezadu popostrkován utrpením, ale sám se snažil postupovat vpřed vírou v to, že by měl ve svůj prospěch prosit Stvořitele o postup vpřed.

A pokud cítí, že po tom ještě opravdu netouží, stejně prosí Stvořitele, aby mu dal touhu i víru v sílu modlitby – prosí o přání prosit, které mu chybí.

* * *

Naše duše, „já" každého z nás, se nachází ve svém dokonalém stavu od okamžiku, kdy Stvořitel v průběhu našeho tvoření rozhodl, jaké by „já" mělo být. Tento stav může být definován jako stav absolutního klidu (protože každé hnutí je způsobeno touhou dosáhnout dokonalejšího stavu) a absolutního potěšení (protože touhy, které v nás Stvořitel stvořil, se naprosto uspokojují).

K dosažení tohoto stavu musíme získat touhu toho dosáhnout, tudíž zatoužit změnit svá současná přání za dokonalá, altruistická. Žádná alternativa neexistuje. Toto říká Stvořitel: „Pokud ne na základě vašeho přání, pak nad vás Já postavím kruté vládce, kteří vás donutí se ke Mně vrátit násilím."

V jednom člověku, v každém z nás, současně existují dva stavy – náš současný a náš budoucí, dokonalý stav. Nyní však prožíváme pocit pouze toho přítomného. A přejít do „budoucího" stavu je možné v okamžiku – změnou naší přirozenosti z egoistické, materiální, na altruistickou, duchovní. Stvořitel může vytvořit takový zázrak v každém z nás v jakémkoliv příštím okamžiku, protože tyto dva stavy existují současně, pouze nyní vnímáme jen jeden z nich, ale dokonalý, paralelně existující necítíme (třebaže se v něm nacházíme), protože s ním nejsme v souladu vlastnostmi – přáními, jak říká Stvořitel: „Nemohu ,Já' a vy existovat na jednom místě," neboť jsme k sobě navzájem protikladní svými přáními.

A proto má každý z nás dva stavy, nebo jak se tomu říká v kabale, dvě těla. Naše fyzické tělo, ve kterém se nacházíme v současném okamžiku, je obvykle v kabale nazýváno prostě materiálním obalem a tělem jsou v kabale nazývány naše touhy a vlastnosti, protože se v nich nachází naše duše, jež je částí Stvořitele. Pokud v našem současném stavu představuje naše tělo čistě egoistické touhy a myšlenky, pak se do něho může dostat jen mikroskopicky malá část naší skutečné duše, tzv. *Ner Dakik* – jiskřička velkého Světla, která nám dává život.

Druhé, paralelně existující je naše duchovní tělo, které zatím ještě necítíme, naše budoucí altruistické touhy a vlastnosti, v nichž se nachází celá naše duše – ta část Stvořitele, kterou pocítíme v budoucnosti, na Konci nápravy.

Vlastnosti egoistického a altruistického těla a jejich životní síla se dělí na pocity a rozum, které odpovídajícím způsobem cítíme v srdci a ve vědomí. Avšak v egoistickém těle jde o touhu přijímat srdcem a pochopit myslí, a v altruistickém těle je to touha dát v srdci a věřit v mysli.

Ani jedno z těchto těl nejsme schopni změnit: duchovní je naprosto dokonalé a naše současné tělo je naprosto nenapravitelné, protože takto bylo stvořeno Stvořitelem. Existuje však ještě jedno, třetí, prostřední, střední tělo – touhy a myšlenky, jež jsou v nás neustále Shora zaměňovány, a my se je musíme pokoušet napravovat prosbou ke Stvořiteli o jejich nápravu. Tímto způsobem spojujeme naše střední tělo, nazývané *Klipat Noga*, s naším duchovním tělem.

A když s duchovním tělem sloučíme všechny jeho neustále se obnovující touhy a myšlenky, naše egoistické tělo od nás odejde a my získáme duchovní. A poté sám Stvořitel změní všechny vlastnosti egoistického těla na protikladné a veškerý původní egoismus se změní na absolutní altruismus.

* * *

Ve všech životních situacích by se člověk měl pokoušet dívat na všechno, co se děje, prostřednictvím Stvořitele: to On stojí mezi všemi a mnou, skrze Něho se dívám na všechny ve světě a také na sebe. A všechno, co vnímám, pochází od Něho a všechno, co ze mne vychází, přichází pouze k Němu, a proto je všechno kolem – On, jak je řečeno: „Vpředu i vzadu Ty se nacházíš a položil jsi na mne ruku Svoji." Všechno, co je ve mně, všechno, co si myslím a cítím, je od Tebe – je to dialog s Tebou.

* * *

Nejstrašnějším zážitkem je pocit naprosté propasti *He'arat ha-Malchut* (הארת המלכות, dosl. černé světlo *Malchut*), který překvapuje svou přímo pod nohama člověka se otevírající tmou beznaděje, strachem, absencí jakékoliv opory, zánikem Obklopujícího světla, které nám poskytuje pocit budoucnosti, zítřka, příštího okamžiku.

Z tohoto pocitu pocházejí také všechny méně děsivé negativní pocity, jež jsou jeho aspekty. Všechny jsou člověku posílány ze stejného zdroje, *Malchut*, Stvořitelem stvořené prázdné duše, a každý z nás je povinen naplnit Světlem všechny její části. Vycházejí z ní veškeré pocity tmy, které člověk zakouší. Překonat tento hrozný pocit nejistoty je možné pouze vírou ve Stvořitele, Jeho pociťováním. A Stvořitel posílá všechna utrpení právě za tímto účelem.

Král David, jakožto zosobnění všech našich duší, popisuje v každém řádku svých žalmů stav duše, její pocity ve všech stádiích vzestupu. Je podivuhodné, kolik toho musí člověk přestát, než pochopí, uvědomí si a najde správnou cestu; vždyť mu nikdo nemůže podat informaci o dalším kroku – správný čin si zvolí jenom z nevyhnutelnosti, když klopýtl na předchozím. A čím častěji nás pobízejí neštěstí, tím dříve máme možnost se duchovně vyvinout, jak je řečeno: „Šťasten, koho Stvořitel pronásleduje."

Nám nepřísluší znát svůj následující krok, svoji budoucnost. Nikoliv nadarmo je v Tóře zákaz: „Nevěštěte, neprorokujte". Duchovní růst nastává díky růstu víry, že všechno, co člověk v tuto chvíli zažívá, a vše, co se s ním stane v následujícím okamžiku – všechno přichází od Stvořitele a vše je možné překonat pouze sblížením s Ním z nevyhnutelnosti, poněvadž Ho naše přirozenost nechce uznat za našeho vládce. Znalost svého budoucího stavu nebo jistota v jeho znalost odnímá člověku možnost zavřít oči, mlčet a přijmout jakýkoliv nečekaný projev Vyššího vedení jako pravdivý a spravedlivý a to je možné pouze přimknutím se ke Stvořiteli.

* * *

Všechny naše postupně navazující stavy duchovního vzestupu jsou v Tóře popsány běžným jazykem našeho světa. Jak již víme, ve stvoření jsou pouze dvě vlastnosti – altruismus a egoismus, vlastnost Stvořitele a vlastnost Jeho stvoření. Kabala hovoří jazykem přímých pocitů o procházení duchovními stupni jako v této části knihy nebo v jazyce *Sfirot* – fyzikálně-matematickém popisu duchovních objektů.

Tento jazyk je univerzální, kompaktní a přesný. Svou vnější formou je pochopitelný pro začátečníky, je možné jím hovořit a navzájem si jeden druhému porozumět, hovoří-li se o teoretických účincích či o abstraktních duchovních objektech. Ten, kdo postihuje samotné duchovní stupně, se v tomto „vědeckém" jazyce může vyjadřovat o svých činech a pocitech, neboť samotné Světlo, které postihuje, v sobě nese informaci o činu a jménu. Avšak předat své vnímání, pocity určitého duchovního stupně může kabalista pouze někomu, kdo prošel stejnou úrovní. Jiný člověk by mu nerozuměl, stejně jako vám v našem světě není schopen porozumět ten, kdo určitý pocit nezažil a nezná jej ani podle analogie s podobným pocitem.

* * *

Existují dva po sobě jdoucí stupně nápravy egoismu: vůbec ho nepoužívat, myslet a jednat se záměrem pouze „dávat", bez jediné myšlenky na to, že je člověk zainteresován na výsledcích svých činů. Když je člověk schopen plně jednat tímto způsobem, přechází ke druhému stupni – postupně začíná svůj egoismus používat, po malých částech ho včleňuje do svých altruistických činností a myšlenek, aby ho tímto způsobem napravil.

Například člověk dává druhým vše, co má, aniž by od někoho něco přijal – to je první stupeň vývoje. Pokud takto dokáže jednat ve všem, pak aby měl možnost dát ještě více, vydělává nebo dostává od bohatých, propouští přes sebe bohatství a odevzdává je ostatním. Kolik přitom může obdržet od ostatních, závisí na tom, zda může odevzdat vše, co obdrží, aniž by se nechal zlákat příliš mnoha penězi, které procházejí jeho rukama – vždyť v takovém stavu by používal svůj egoismus. Čím více dostane, tím více může rozdat. Může však rozdat všechno? Částka, která přes něho prochází, určuje úroveň jeho nápravy.

První stupeň se nazývá náprava stvoření (egoismu) a druhý stupeň se nazývá Cílem stvoření – používání egoismu v altruistických činnostech pro altruistické účely. Celá Tóra hovoří právě o těchto dvou stupních našeho duchovního vývoje. (Ale jak touhy, tak i potěšení, o kterých se hovoří v Tóře, jsou miliardy krát větší než jakákoliv potěšení našeho světa, dokonce i kdyby byla všechna soustředěna dohromady.)

Tyto dva stupně se také nacházejí v neustálém konfliktu, poněvadž první naprosto popírá používání egoismu, jeho nápravu a druhý ho používá v malých množstvích – v souladu se silou odporu k němu, v rozsahu jeho nápravy. Činnosti v těchto dvou stavech jsou tedy opačné, ačkoli jsou oba altruistické a v souladu s Cílem. Koneckonců, i v našem světě je svým jednáním protikladný člověk, který dává vše, vůči člověku, který přijímá, i když za účelem odevzdávání.

Mnohé rozpory a sváry popsané v Tóře budou nyní pochopitelnější. Například konflikt mezi Saulem a Davidem, kde Saul představuje prodej Josefa, spor a rozpor mezi školami Šamaje a Hilela, Mesiáš ben Josef (jím byl kabalista Ari) a Mesiáš ben David a další, téměř všechny sporné otázky a války, nezasvěcenými vykládané jako střet národů, kmenů, rodin, egoistických osobností.

Po nějaké době poté, co člověk vynakládá zvýšené úsilí v práci na sobě, ve studiu, ve snaze o duchovní pocity, v něm vzniká požadavek pocítit výsledek; zdá se mu, že po práci, kterou vykonal (ve srovnání s vrstevníky v jeho okolí), si již zasloužil, aby se mu Stvořitel odhalil, aby se mu Tóra, kterou studuje, stala zjevnou a on mohl pocítit potěšení z duchovních světů.

Ve skutečnosti však vidí, že se všechno děje právě naopak: cítí, jako by se pohyboval nazpět a nepostupoval kupředu ve srovnání s těmi, kteří se vůbec nezabývají kabalou. A místo toho, aby pocítil Stvořitele a aby ho Stvořitel uslyšel, se čím dál tím více od Stvořitele vzdaluje a cítí, že toto oddálení od duchovního porozumění a snížení úsilí v duchovním je přímým důsledkem jeho studia.

Vzniká v něm opodstatněná otázka: při pohledu na ty, kteří se učí tradiční Tóru, vidí, že ve srovnání s druhými cítí svou dokonalost, a každým dnem stále více vnímá, jak se ve svých touhách a myšlenkách stává horším a stále více se vzdaluje od duchovních, dobrých přání, se kterými přišel ke kabale! Takže by bylo lepší, kdyby se vůbec nezačal kabalu učit! Takže ve skutečnosti celou tu dobu strávil zbytečně!

Ale na druhou stranu již cítí, že zde existuje jenom pravda a také řešení jeho otázek, což vytváří ještě více napětí: nemůže kabalu opustit, protože je to pravda, ale nemá s ní nic společného a vzdaluje se od ní a z hlediska svých přání je níže než všichni jeho současníci.

A zdá se mu, že kdyby na jeho místě byl jiný člověk, Stvořitel by mu již dávno odpověděl a přiblížil ho k Sobě a tento člověk by se nenamáhal zbytečně jako on. Také cítí, že mu Stvořitel křivdí, protože s ním nepočítá. A je dost možné, že Stvořitel vůbec nereaguje na jeho činy.

Faktem však je, že takové pocity prožívá jen ten, kdo se nachází v procesu skutečné duchovní práce na sobě, a nikoliv ten, kdo sedí nad Tórou pouze kvůli poznání jejího jednoduchého významu a plnění Přikázání. Protože ten, kdo se touží pozvednout, si přeje dosáhnout takového duchovního stavu, v němž veškeré jeho touhy, myšlenky a úsilí nebudou určovány jeho osobními zájmy. Proto mu Shora poskytují uvědomění, jaké jsou jeho skutečné myšlenky a co určuje všechny jeho činnosti.

A když projde utrpením a objeví v sobě veškerý tento ohromný egoismus a uvědomí si, jak daleko je i od těch nejmenších duchovních vlastností, a přesto snáší zkoušky a je schopen nehledě na všechno, co zakusil, mlčet v srdci, odhalit svou lásku ke Stvořiteli a neprosit o odměnu za svoje úsilí a za své utrpení, a pokud jsou mu tyto stavy navzdory trápení dražší než živočišná potěšení a klid, stává se hoden pocítění duchovního světa.

* * *

Ve skutečnosti, jakmile na sobě člověk opravdu začne pracovat, okamžitě začne na cestě k pocítění duchovního zakoušet obtíže a překážky v podobě nejrůznějších cizích myšlenek a přání, ve formě ztráty jistoty ve správnost zvolené cesty, poklesu nálady při pocítění svých opravdových tužeb – na rozdíl od těch, kteří prostě sedí a učí se Tóru kvůli poznání a mechanickému vyplňování.

A to proto, že člověka Shora prověřují, zda má skutečně pravou touhu po pravdě bez ohledu na to, jak nepřirozená, tudíž proti jeho egoistické přirozenosti by byla i jak bolestné by bylo se ve jménu Stvořitele vzdát navyklého osobního komfortu. Zatímco obyčejného člověka neprověřují a on se cítí ve svém obvyklém životě velmi pohodlně, a dokonce věří, že má zajištěn i budoucí svět, protože plní Přikázání Tóry. Má tedy tento i budoucí svět a již předem se raduje z budoucí odměny, předem se na ni těší, protože věří, že mu patří, neboť plní přání Stvořitele, a proto je Stvořitel povinen mu všechno zaplatit v tomto i v budoucím světě. Jeho egoismus tak mnohokrát vzrůstá – ve srovnání s egoismem nevěřícího, který od Stvořitele nevyžaduje odměnu – stejně jako jeho sebevědomí a pocit převahy ve srovnání se všemi těmi, kteří se „nepřibližují" ke Stvořiteli.

Stvořitel však neprověřuje člověka proto, aby zjistil, v jakém stavu se nachází – to Stvořitel ví i bez jakéhokoliv prověřování, protože nám On sám tyto stavy přiděluje. Je nám tím poskytováno uvědomění, kde se duchovně nacházíme. Když v nás Stvořitel vytváří touhy po pozemských potěšeních, odsune nehodné a umožňuje těm, které si k Sobě přeje přiblížit, aby překonali překážky a přiblížili se ke vchodu do duchovního světa.

Aby člověk pocítil nenávist k egoismu, Stvořitel mu postupně otevírá oči, aby spatřil, kdo je jeho pravým nepřítelem, kdo mu nedovoluje vstoupit do duchovních světů, dokud se pocit nenávisti nerozvine do takové míry, že se člověk od egoismu úplně oddělí.

* * *

Vše, co se nachází vně těla člověka, je sám Stvořitel, protože základem stvoření je pociťování vlastního „já" každým z nás. Tato iluze vlastního „já" se nazývá stvoření a je pociťována pouze námi. Avšak kromě tohoto pocitu vlastního „já" existuje pouze Stvořitel. Proto náš vztah ke světu a ke každému v našem okolí není ničím jiným než vztahem ke Stvořiteli. A pokud si člověk na takový vztah ke svému okolnímu prostředí zvykne, obnoví tím přímé spojení se Stvořitelem.

* * *

Není nikdo jiný kromě Stvořitele. Kdo jsem „já"? „Já" je pocit sebe samého, vlastní existence, která ve skutečnosti není, ale v souladu s přáním Stvořitele tímto způsobem jakási Jeho část cítí sama sebe, protože je od Stvořitele vzdálena a Stvořitel se před ní skrývá. Ale na základě stále většího pociťování Stvořitele ta část Jeho, mnou pociťované „já", začíná stále více a více vnímat, že je také částí Stvořitele, a nikoliv samostatné stvoření. Stádia postupného vnímání Stvořitele se nazývají světy nebo *Sfirot*. Když se člověk narodí, vůbec nepociťuje Stvořitele a to, co vidí kolem sebe, přijímá jako realitu. Tento stav se nazývá „náš svět".

Pokud chce Stvořitel člověka přiblížit, ten občas začíná cítit latentní přítomnost Vyšší síly. Ještě ji nevidí svým vnitřním zrakem, ale z dálky mu zevně svítí něco, co nese pocit jistoty, duchovní slavnosti a inspirace. Stvořitel se však může znovu vzdálit, opět se stát nepostřehnutelným.

Člověk to vnímá jako návrat do původního stavu – úplně zapomíná, že byl někdy přesvědčen o existenci Stvořitele a nějakým způsobem Ho vnímal. Nebo se od něho Stvořitel vzdaluje do takové míry, že člověk cítí oddálení duchovní existence a v důsledku toho nastává pád ducha – tento pocit posílá Stvořitel tomu, koho si přeje k Sobě ještě více přiblížit, protože pocit stesku, který v člověku vzniká kvůli ztrátě krásného pocitu, ho nutí, aby se tento pocit pokusil vrátit zpět.

Pokud člověk vynaloží úsilí, začne studovat kabalu a najde pravého Učitele, Stvořitel se mu střídavě ještě více odhaluje ve formě pocitu duchovního vzestupu a zase se skrývá, čímž povzbuzuje člověka k hledání cesty ven ze stavu propadu.

Dokáže-li člověk silou vůle sám překonat nepříjemný stav – ukrytí Stvořitele – obdrží Shora podporu ve formě duchovního vzestupu a inspirace. Pokud se člověk nesnaží z tohoto stavu vymanit vlastními silami, pak se k němu Stvořitel může přiblížit nebo ho může ponechat (po několika pokusech povzbudit člověka, aby sám směřoval vstříc Stvořiteli) ve stavu, kdy Ho člověk naprosto nepociťuje.

* * *

Všechno, co chceme vědět o našem světě, může být definováno jako důsledek stvoření a jeho řízení, nebo jak říkají badatelé, jako zákony přírody. Člověk se pokouší svými vynálezy zopakovat některé detaily stvoření – to, co zjistil o přírodě – to znamená, že se pokouší zopakovat činy Stvořitele na nižší úrovni a s hrubším materiálem.

Hloubka lidské znalosti přírody je omezena, a přestože se tato hranice postupně rozšiřuje, dodnes je za tělo člověka považováno jeho materiální tělo. A v tomto posuzování není mezi lidmi žádný rozdíl – vždyť veškerou opravdovou individualitu každého člověka určují výhradně jeho duchovní síly a vlastnosti, a nikoli vzhled fyzického těla.

Proto je možné říci, že všechna těla, nehledě na jejich množství, jsou z hlediska stvoření jenom jedno tělo, neboť mezi nimi není žádný individuální rozdíl, který by odlišoval jedno od druhého.

A to znamená, že na to, aby člověk pochopil vlastní druh a celý okolní svět, aby věděl, jaký má mít vztah ke všemu, co se nachází vně jeho těla, potřebuje pouze vstoupit hluboko do sebe, pochopit sám sebe. Takto jednáme, protože jsme vytvořeni přesně takovým způsobem, že chápeme, co do nás vstoupí zvenčí, nebo spíše naše reakce na vnější vliv.

Jestliže se tedy člověk ničím duchovním neliší od ostatních a veškeré rozdíly mezi lidmi jsou standardní a v rámci čistě živočišných vlastností našich hmotných těl, pak jakoby neexistoval, neboť nemá individualitu, která by se lišila od ostatních, ale nachází se jakoby uvnitř jednoho těla, které ztělesňuje všechna naše těla.

Jinak je to možné říci takto: vše, čím se lidé mohou navzájem lišit, je duše, a pokud není duše, pak daného člověka není možné pokládat za individuálně existujícího. A čím více se jedinec duchovně odlišuje, tím je důležitější a větší, a pokud se vůbec neliší, tak není, neexistuje.

Jakmile se v něm však objeví první nejmenší duchovní odlišnost, v daném okamžiku se tento duchovní stav nazývá jeho narozením, protože se v něm poprvé objevilo něco osobního, což ho odlišuje od celkové masy těl. To znamená, že zrod individuality nastává prostřednictvím individuálního duchovního oddělení od společné masy.

Je to podobné zrnu zasazenému do země, v němž následně probíhají dva protichůdné procesy – rozklad a vývoj, úplné osvobození od předchozí, původní mateřské formy. A dokud se od ní úplně neodloučí, neosvobodí se ze své fyzické formy, nemůže se z fyzického těla přeměnit na sílu. Dokud nebudou dokončeny všechny tyto stavy, které se nazývají zrodem plodu Shora dolů, nemůže v něm vzniknout první duchovní síla působící zdola Nahoru, aby mohl začít růst a dosáhnout úrovně a formy, která ho přivedla na svět.

Podobné procesy se vyskytují v neživé, rostlinné, živočišné přírodě a v člověku, třebaže v různých vnějších formách.

* * *

Kabala definuje duchovní zrod jako první projevení se nejnižší vlastnosti nejnižšího duchovního světa v člověku, jako vystoupení člověka z hranic „našeho" světa na první nejnižší duchovní stupeň. Ale na rozdíl od pozemského novorozence duchovně narozený neumírá, ale neustále se vyvíjí.

Člověk se může začít orientovat pouze od okamžiku sebeuvědomění, a nikoliv dříve. Například si sami sebe nepamatujeme v minulých stavech, v době oplodnění, narození, a tím méně ještě předtím. Chápeme pouze náš vývoj, ale předchozí formy ne.

Kabala popisuje všechna předchozí stádia stvoření, počínaje stavem existence jednoho Stvořitele, Jeho stvořením společné Duše – duchovní bytosti, postupného duchovního sestupování světů Shora dolů až do nejnižší duchovní úrovně – posledního stupně nejnižšího duchovního světa.

Kabala nepopisuje všechny po sobě následující stádia (dosažení nejnižšího stupně duchovního světa člověkem našeho světa a jeho další vzestup zdola Nahoru až k jeho Konečnému cíli – návratu k výchozímu bodu stvoření), jelikož vzestup probíhá podle stejných zákonů a stupňů, podle kterých proběhlo sestupování Duše, a každý, kdo usiluje o porozumění, je povinen před svým konečným úplným duchovním růstem všechna tato stádia duchovního zrodu samostatně pocítit na sobě.

Když však na konci růstu dosáhne naprosto napraveného stavu svých původních vlastností, všechny duše, které se vracejí ke Stvořiteli, se s Ním zásluhou úplné podobnosti sjednotí do absolutně neoddělitelného stavu do takové míry, jako kdyby neexistovaly, stejně jako před jejich stvořením. Jinými slovy, po stejných 125 stupních svého sestupu Shora dolů, od Stvořitele k nám, se duše musí pozvednout zdola Nahoru – od okamžiku našeho duchovního zrodu až do úplného sloučení se Stvořitelem.

V kabale se první stupeň zdola nazývá narození, poslední, vrchní je Konečná náprava a všechny mezistupně jsou označeny jmény míst nebo osob z Tóry či kabalistickými symboly – jmény *Sfirot* nebo světů.

Z výše uvedeného se stává jasným, že člověk není schopen plně poznat vesmír a sebe sama v něm bez úplné představy o Cíli stvoření, aktu stvoření, všech stádií vývoje až do konce stvoření. A poněvadž člověk zkoumá svět jenom zevnitř, je schopen prozkoumat pouze tu část své existence, kterou může poznat. A z toho důvodu nemá možnost plně poznat sám sebe.

Navíc je poznání člověka omezené, protože ke znalosti objektu dochází hlavně studiem negativních vlastností, a člověk v sobě není schopen vidět nedostatky. Jde o to, že je naše přirozenost automaticky, bez ohledu na naše přání, vyřazuje z našeho vědomí, stahuje je z našeho zrakového pole, protože pocit těchto nedostatků vyvolává v člověku pocit velké bolesti a naše přirozenost, naše tělo se před takovými pocity automaticky chrání, utíká od nich.

A pouze kabalisté, kteří pracují na nápravě své přirozenosti s cílem dosáhnout vlastností Stvořitele, v sobě postupně odhalují nedostatky vlastní přirozenosti do té míry, v jaké jsou schopni se napravit. Teprve tehdy jim jejich rozum, jejich přirozenost dovolí tyto nedostatky spatřit, neboť tyto charakterové rysy již procházejí nápravou, to znamená, že již nepatří k člověku.

A při zkoumání sebe sama nemůže pomoci to, že člověk v ostatních lidech v podstatě vidí jen negativní vlastnosti, poněvadž se naše přirozenost automaticky vyhýbá negativním pocitům. Člověk na sebe není schopen přenést to negativní, které nachází v druhých, neboť naše tělo nikdy nedovolí, aby v sobě člověk pocítil tytéž negativní vlastnosti.

A naopak, negativní kvality druhého pociťujeme právě z toho důvodu, že nám to poskytuje potěšení! A proto můžeme směle tvrdit, že na světě není člověka, který by znal sám sebe. Kabalista, který plně chápe pravou přirozenost člověka, jeho kořen, jej postihuje v původním objemu nazvaném duše.

* * *

Jak bylo uvedeno výše, abychom skutečně pochopili stvoření, je nutné ho zkoumat Shora dolů, od Stvořitele do našeho světa, a poté zdola Nahoru.

Cesta Shora dolů se nazývá postupné sestupování duše do našeho světa nebo zárodek duše (*Ubar*) – analogicky s naším světem, kde zárodek vzniká v těle matky ze semene otce. Dokud se člověk neocitne na svém posledním nejnižším stupni, kde se úplně odděluje od Stvořitele jako lidský plod od svých rodičů, jako zrno, které úplně ztratilo svou původní formu a nestane se fyzicky samostatným organismem.

Avšak jak v našem světě, tak i v duchovním je nadále plně závislý na svém zdroji, dokud se s jeho pomocí nestane samostatnou duchovní bytostí.

* * *

Když se člověk duchovně narodí, nachází se ve stádiu svého duchovního vývoje, které je nejvíce vzdálené od Stvořitele, a postupně začíná odhalovat stupně stoupání ke Stvořiteli. Cesta zdola Nahoru se nazývá naším vlastním porozuměním a vzestupem, stádii duchovního růstu podle zákonů duchovních světů, stejně jako se v našem světě novorozenec rozvíjí podle zákonů našeho světa. Přičemž všechny stupně jeho vývoje zdola Nahoru přesně odpovídají stupňům sestupu jeho duše od Stvořitele do našeho světa Shora dolů.

(Proto se v kabale studuje sestupování duše, avšak stupně stoupání musí každý pochopit samostatně, jinak nebude moci duchovně vyrůst. Z toho důvodu není v žádném případě přípustné studentovi jakkoliv překážet, navozovat mu duchovní činnosti – musí být diktovány jeho vlastním pochopením toho, co se děje. Pouze tehdy v sobě bude schopen prozkoumat všechny své vlastnosti a napravit je, a proto je kabalistům zakázáno, aby si navzájem předávali poznatky o svých osobních pocitech.)

Vzhledem k tomu, že jsou obě cesty – Shora dolů a zdola Nahoru – naprosto shodné, když člověk na sobě postihne jednu z nich, cestu zdola Nahoru, může pochopit i cestu Shora dolů. Tímto způsobem dospívá v průběhu vlastního vývoje k pochopení původního stavu před narozením: že program stvoření sestupuje do našeho světa Shora dolů, Vyšší úroveň vytváří nižší, až do našeho světa, kde ji v člověku našeho světa v určitém okamžiku jednoho z jeho životů vyvolá. A poté ho nutí k duchovnímu růstu, až do nejvyššího stupně.

Ten, kdo duchovně roste, však musí v míře duchovního růstu sám přidávat svoje vlastní úsilí, přivést své vlastní činy do stvoření pro jeho rozvoj a završení. A tyto činy spočívají pouze v úplném opakování procesu stvoření, poněvadž to, co není v přírodě – jak ve fyzické, tak v duchovní – člověk nemůže vymyslet. A všechno, co děláme, není nic jiného než opakování patentů a myšlenek převzatých z přírody. Celá cesta duchovního vývoje tedy spočívá pouze ve snaze plně zopakovat to, co v duchovní přírodě založil Stvořitel.

Jak již bylo uvedeno v první části této knihy, všechna stvoření našeho světa a všechno, co je obklopuje, je stvořeno v dokonalém souladu s podmínkami nezbytnými pro každý druh. Stejně jako v našem světě příroda připravila spolehlivé a vhodné místo pro vývoj plodu a s příchodem novorozence probouzí v rodičích potřebu se o něho postarat, tak i v duchovním světě, před duchovním zrozením člověka, se všechno děje bez jeho vědomí a vměšování.

Ale jakmile člověk vyroste, okamžitě se začne potýkat s obtížemi a překážkami, s nutností vynakládat úsilí na existenci. A v míře jeho dospívání se v něm postupně začne projevovat stále více negativních vlastností. Stejné je to i v duchovním světě – v míře duchovního růstu se před ním odkrývá stále více negativních vlastností jeho přirozenosti.

V přírodě obou světů bylo všechno stvořeno a připraveno Stvořitelem s cílem dovést člověka na takovou úroveň vývoje, aby si uvědomil, že pouze když bude milovat svého bližního jako sebe sama, může dosáhnout štěstí, protože bude podobný Vyšší přírodě.

Ve všem, v čem člověk odhaluje „omyly" přírody, „nedokonalosti" Stvořitele, musí právě on sám v těchto kvalitách doplnit svoji přirozenost tím, co v ní chybí, napravit svůj postoj k okolí, naučit se milovat všechny a všechno vně sebe jako sebe sama – v souladu se sestupováním duchovních stupňů Shora dolů. A pak bude v plné shodě se

Stvořitelem, čímž dosáhne Cíle stvoření – absolutního potěšení. A je to v našich silách. Stvořitel v žádném případě od svého plánu neustoupí, protože je Jím všechno pro nás stvořeno s přáním nám dát absolutní potěšení. A naším úkolem je pouze studovat vlastnosti duchovního sestupování Shora dolů a učit se dělat totéž při našem vzestupu zdola Nahoru.

Požadovaný cit lásky k ostatním našeho druhu se nám zdá nepřirozený (k „bližnímu" není vhodné slovo, poněvadž bližní, blízké, milujeme, neboť jsou nám drazí), v nás stejně jako jakákoliv jiná altruistická vlastnost, jakékoliv odmítnutí egoismu, vyvolává pocit vnitřního stlačení (*Hitkabcut*[61]) našeho „já".

Pokud je však člověk schopen obětovat své osobní zájmy, tudíž je omezit, pak může přijmout Vyšší světlo na duchovním místě, které je osvobozeno od egoismu a vytvoří v něm naplnění a rozšíření.

Těmto dvěma dějům společně se říká pohyb života nebo duše. Již jsou schopny vyvolat následující akce zkrácení a rozšíření. A pouze tímto způsobem může duchovní nádoba člověka přijmout Světlo Stvořitele neboli svoji duši a na základě jejího rozšiřování se pozvedávat.

Zkrácení může být způsobeno vnějším vlivem nebo vlivem vnitřních vlastností samotné nádoby.

V případě zkrácení v důsledku působení bolestivé, donucující, utlačující vnější síly povaha nádoby nutí člověka, aby v sobě vyvolal síly působící proti zkrácení a rozšíření, vrátil se do původního stavu a vzdálil se od tohoto vnějšího vlivu.

V případě, že je zkrácení provedeno samotnou nádobou, není schopna se sama rozšířit do původního stavu. Pokud však do ní vstoupí Světlo Stvořitele a nádobu naplní, je schopna se rozšířit do předchozího stavu. A toto Světlo se nazývá život.

Sám život tkví v jeho uvědomění a toho může být dosaženo pouze prostřednictvím předběžných zkrácení, protože člověk není schopen překročit své duchovní hranice, ve kterých byl stvořen.

A jak bylo zmíněno výše, člověk je schopen poprvé zkrátit sám sebe pouze pod vlivem vnější síly, která ho k tomu přiměje, nebo tím, že volá modlitbou ke Stvořiteli o pomoc Vyšších sil, protože před ob-

---

[61] התקבצות – shromažďování, nahromadění.

držením první pomoci, života do svojí duše, nemá člověk sílu, aby nějaký takový nepřirozený duševní čin uskutečnil sám. A dokud to neučiní sám člověk, ale „krčit" se ho nutí vnější síla, je považován za neživého, neboť živá příroda je definována tím, že je schopná samostatného pohybu.

* * *

Pomocí pojmů kabaly může být popsán srozumitelným a pochopitelným způsobem celý vesmír. Kabala vše ve vesmíru rozděluje do dvou pojmů: Světla (*Or*) a nádoby (*Kli*). Světlo je potěšení a nádoba je touha se těšit. Když potěšení (Světlo) vstoupí do touhy se těšit, přidělí této touze jednoznačnou snahu se těšit právě Jím.

Bez Světla nádoba neví, čím by se chtěla těšit, protože samotná nádoba nikdy není nezávislá a druh potěšení jí diktuje pouze Světlo, to znamená myšlenky, touhy i všechny jeho vlastnosti, a proto je důležitost a duchovní hodnota nádoby zcela určena Světlem, které ji naplňuje.

A navíc, čím větší je v nádobě touha se těšit, tím je „horší", protože více závisí na Světle, má menší samostatnost. Ale na druhou stranu, čím je „horší", tím větší je schopna přijímat potěšení. A růst, vývoj, závisí právě na velkých přáních. A tento rozpor vzniká konkrétně z protikladných vlastností Světla a nádoby. Odměnou za naše duchovní úsilí je poznání Stvořitele, je to však právě naše „já", jež před námi Stvořitele ukrývá.

* * *

Jelikož člověka definuje touha, nikoliv jeho fyziologické tělo, s příchodem každé nové touhy se rodí nový člověk. Tímto způsobem je třeba chápat *Gilgulej Nešamot* (גלגולי נשמות) – koloběh duší: že se člověk znovu rodí s každou novou myšlenkou a touhou, poněvadž je jeho touha nová.

Pokud je však touha člověka stejná jako u živočicha, pak se říká, že se jeho duše vtělila do zvířete; jestliže je jeho touha vznešená, pak se říká, že se stal mudrcem. To je jediný způsob, jak je možné pohlížet na koloběh duše. Člověk je schopen sám na sobě jasně pocítit, nakolik má v různém čase protichůdné názory a touhy, jako by to ve skutečnosti nebyl jeden člověk, nýbrž různí lidé.

Ale pokaždé, když cítí své touhy, pokud jsou tyto touhy opravdu silné, nedokáže si představit, že může existovat jiný, zcela protikladný stav. A to je proto, že duše člověka je věčná jakožto část Stvořitele. A proto si v každém svém stavu představuje, že se v něm bude nacházet navždy. Avšak Stvořitel mu Shora duši mění – a v tom spočívá koloběh duší: umírá minulý stav a „rodí se nový člověk".

A také ve svých duchovních vzestupech, nadšení a pádech, radosti a depresích si člověk není schopen představit, že může přecházet z jednoho stavu do druhého: když se nachází ve stavu duchovního zapálení, nedovede si představit, jak by ve světě mohl mít zájem o něco jiného než o duchovní porozumění. Jako si nemůže představit mrtvý, že existuje takový stav jako život, tak ani živý nepřemýšlí o smrti. A to vše je zapříčiněno naší božskou, a proto věčnou duší.

***

Celá naše realita je stvořena speciálně proto, aby nám všemožnými způsoby bránila v dosažení duchovních světů. Od Cíle nás neustále odvádí tisíce myšlenek, a čím více se člověk snaží cílevědomě jednat, tím větší jsou překážky. A proti všem překážkám existuje jen jedna pomoc – od Stvořitele. A v tom tkví příčina jejich stvoření: abychom byli při hledání cesty ke své vlastní spáse donuceni se obrátit na Stvořitele.

Jako když si přejeme, aby malé děti snědly, co jim chceme dát, odvádíme jejich pozornost od toho hlavního, jídla, říkáme jim pohádky a tak dále, tak i Stvořitel, aby nás vedl k dobru, je nucen oblékat altruistické pravdy do egoistických „oděvů", jejichž prostřednictvím můžeme zatoužit po pocítění duchovního. A poté, když ho pocítíme, již si budeme sami přát právě tuto duchovní potravu.

Celá cesta naší nápravy je založena na principu sloučení se Stvořitelem, spojení s duchovními objekty, abychom se od nich naučili jejich duchovním vlastnostem, neboť od duchovního můžeme něco převzít pouze tehdy, máme-li s ním nějaký kontakt. Proto je tak důležité mít Učitele a přátele se stejným cílem: v čistě každodenní komunikaci je možné postupně, aniž bychom si toho sami všimli, a proto bez překážek ze strany těla, začít přijímat duchovní přání. A čím více člověk usiluje o to, aby si byl bližší s těmi, kteří povyšují duchovní cíl, tím větší je pravděpodobnost, že se podrobí působení jejich myšlenek a přání.

Poněvadž se za skutečné úsilí pokládá pouze to, které je činěno proti přáním těla, je lehčí vynaložit úsilí, pokud existuje příklad a úsilí vynakládají mnozí, dokonce i přesto, že se to zdá nepřirozené. (Povědomí definuje většina: tam, kde všichni chodí nazí, například do vany nebo v „primitivní" společnosti, snadno ze sebe shodí oděv každý člověk a nemusí na to vynakládat úsilí.) Skupina společníků a Učitel jsou však pouze pomocnými prostředky. V míře duchovního vzestupu Stvořitel zařídí, aby byl člověk nucen požádat o pomoc pouze Jeho.

* * *

Proč existuje Tóra v písemné a ústní formě? Odpověď je prostá: písemná Tóra popisuje duchovní procesy, které se uskutečňují Shora dolů, hovoří pouze o tom, i když používá jazyk vypravování, jazyk historických kronik a právních dokumentů, jazyk proroctví a kabalistických znalostí.

Ale to stěžejní, proč je Tóra dána, spočívá v duchovním vzestupu člověka zdola Nahoru až k samotnému Stvořiteli a to je individuální cesta každého v závislosti na vlastnostech a osobitosti jeho duše. Proto každý člověk postihuje stoupání po stupních do duchovních světů svým vlastním způsobem. A toto individuální odhalení Tóry zdola Nahoru se nazývá ústní Tóra, protože každému není možné poskytnout její jedinou verzi a ani to není třeba – sám člověk jí musí porozumět na základě modlitby ke Stvořiteli (ústně).

Kabala vysvětluje, že *Masach* (clona) duchovního těla (*Parcufu*), pomocí kterého *Parcuf* přijímá Světlo (Tóru), se nachází na duchovní úrovni nazývané ústa – *Pe*. Odtud pochází jméno přijatého Světla – *Tora še-be-al Pe* (תורה שבעל פה) – ústní Tóra. Kabala vysvětluje, jakým způsobem se naučit tuto Tóru přijímat.

* * *

Všechna úsilí, která vynakládáme v našem studiu a v práci na sobě, jsou nutná pouze proto, abychom pocítili veškerou naši bezmocnost a obrátili se o pomoc ke Stvořiteli. Ale člověk nemůže zhodnotit svoje činy a prosit Stvořitele o pomoc, dokud nepocítí nevyhnutelnost v této pomoci. A čím více se učí a pracuje na sobě, tím větší jsou jeho požadavky ke Stvořiteli. Ačkoli pomoc od Stvořitele nakonec přichází, bez naší modlitby ji neobdržíme. Proto ten, kdo si přeje postupovat kupředu, musí vyvíjet úsilí v nejrozmanitějších činnostech, avšak o tom, kdo sedí a čeká, je řečeno: „Hlupák sedí se složenýma rukama a pojídá sám sebe."

Úsilí je všechno, co člověk dělá proti přání těla bez ohledu na to, o jaký druh činnosti se jedná. Například, pokud člověk proti přání těla spí, je to také úsilí. Hlavní problém však spočívá v tom, že člověk přemýšlí o odměně za úsilí, avšak z hlediska odmítnutí egoismu je nutné se snažit o vynakládání úsilí bez odměny a prosit, aby nám k tomu dal Stvořitel sílu, neboť naše tělo nemůže pracovat bez odměny.

A stejně jako odborník, který miluje své řemeslo, přemýšlí během práce o práci samotné, a nikoliv o odměně, tak i ten, kdo miluje Stvořitele, si přeje získat sílu, aby potlačil egoismus a byl blíže ke Stvořiteli, protože si to přeje Stvořitel, a nikoliv proto, že v důsledku blízkosti ke Stvořiteli člověk přijímá nekonečné potěšení.

Ve stejném případě, pokud člověk netouží po odměně, je neustále šťastný, protože čím více úsilí může s pomocí Stvořitele vynaložit, tím větší radost z toho bude mít on i Stvořitel. A proto jakoby dostává odměnu neustále.

A pokud člověk cítí, že je proň ještě práce na sobě těžká a nemá z ní radost, je to znamením, že ještě nevystoupil z egoismu, nepřešel z masy lidí k těm jedincům na světě, kteří pracují pro Stvořitele, a nikoliv pro sebe. Jak těžké je uskutečnit i to nejmenší úsilí, aby to nebylo pro sebe sama, cítí pouze ten, kdo se již nachází na cestě mezi masami a kabalisty.

Masám však není možné dát pravou výchovu, protože tito lidé nejsou schopni přijmout nepřirozené zákony práce bez odměny.

Z toho důvodu je výchova mas založena na odměňování egoismu. A díky tomu pro ně není obtížné plnit Přikázání v nejpřísnější podobě, dokonce ani hledat jejich další ztížení. A proto, jak píše velký Rambam[62], zprvu je třeba všechny učit jako malé děti, tudíž jim vysvětlovat, že je to ve prospěch egoismu, kvůli odměně v tomto i budoucím světě, a poté, když z nich vyrostou jednotlivci, když nashromáždí rozum a pochopí od Učitele skutečný význam stvoření, je možné je postupně učit metodice vystoupení z egoismu.

Obecně platí, že odměnou je to, co si člověk přeje vidět v důsledku svého úsilí, a úsilí může být vynakládáno ve zcela odlišných oblastech působnosti. Není možné pracovat bez odměny, je však možné změnit samotnou odměnu – egoistické potěšení na altruistické. Neexistuje například žádný rozdíl v potěšení, které dítě pociťuje ze své panenky

---

[62] Rabi Moše ben Maimon (רבי משה בן מימון), známý jako Maimonides (מיימונידס) nebo pod akronymem Rambam (RaMBaM, רמב״ם), žil v letech 1138–1204.

a dospělý z porozumění Tóře. Jediný rozdíl tkví pouze v oděvech potěšení, v jeho vnější formě. Ale aby ji bylo možné změnit, je zapotřebí stejně jako v našem světě vyrůst. A tehdy se namísto panenky objeví touha po Tóře, namísto egoistického oděvu potěšení oděv altruistický.

Proto je naprosto nesprávné tvrdit, jak můžeme často slyšet od různých „chytráků", že Tóra hlásá nutnost se zdržet pociťování potěšení. Právě naopak: podle zákona Tóry je *Nazir*[63] – člověk, který odmítá určité druhy potěšení, povinen přinést oběť – pokutu za to, že nevyužívá vše, co Stvořitel člověku dal.

Cíl stvoření spočívá výlučně v tom, aby se duše těšily absolutním potěšením, což může být pouze v altruistickém prostředí. Kabala je dána proto, abychom se s její pomocí mohli přesvědčit, že je nutné změnit vnější vzhled našeho potěšení, aby se nám pravda projevila jako sladká a nebyla hořká jako nyní, v současném okamžiku.

Ke změně vnějšího oděvu potěšení během našeho života nás nutí věk nebo společnost. V našem lexikonu není slovo, které definuje potěšení, ale pouze slova, která popisují, v jaké formě, v jakém oděvu, z čeho jsme ho získali – z jídla, z přírody, z hračky. A touhu po potěšení popisujeme podle druhu jeho oděvu na způsob: „miluji ryby".

Pro ty, kteří studují Tóru, může být druh potěšení určen otázkou, zda je pro člověka důležitá samotná Tóra, nebo zda je proň důležitý Dárce Tóry. Je-li proň důležitá Tóra, protože pochází od Stvořitele, znamená to, že je důležitý sám Stvořitel, nebo je-li tím nejdůležitějším plnění pokynů Stvořitele a odměna, která díky tomu následuje.

* * *

Veškerá složitost spočívá v tom, že k dosažení duchovního stavu existuje krátká a snadná cesta, ale náš egoismus nám touto cestou neumožňuje kráčet. Vybíráme si zpravidla obtížnou a bezvýchodnou cestu, kterou nám diktuje egoismus, takže se po mnoha utrpeních vracíme do výchozího bodu a teprve potom následujeme správnou cestu. Krátká a snadná cesta se nazývá cesta víry a těžká a dlouhá cesta je cesta utrpení. Avšak jak těžké je si vybrat cestu víry, tak snadné je ji potom následovat.

Překážka v podobě požadavku nižšího rozumu (nejprve pochopit a potom plnit) se nazývá kamenem úrazu nebo prostě kámen – *Even*.

---

[63] נזיר – mnich.

Na tomto kameni všichni klopýtnou. Celá Tóra hovoří pouze o jedné duši – o duši kohokoliv z nás a o jejím stoupání k Cíli.

V Tóře je řečeno, že když ztěžkly ruce (víra) Mojžíše (*Moše*, משה, ze slovesa *Limšoch*[64] – vymanit se z egoismu), začal prohrávat v bitvě s nepřáteli (s těmi, které považoval za nepřátele – svými egoistickými myšlenkami a touhami). Tehdy ho stařešinové (jeho moudré myšlenky) posadili (snížil svůj rozum) na kámen (nad egoismus), zvedli jeho ruce (víru) a položili pod ně kámen (povýšili víru nad požadavky egoistického zdravého rozumu), aby zvítězil Izrael (touha po duchovním pozvednutí).

Nebo se vypráví, že naši otcové byli modloslužebníci (původní lidské touhy jsou egoistické a pracují pouze pro své tělo), že byli uprchlíky (*Cion*[65] je ze slova *Jecija*[66]), a říká, že z *Jeciet* – z odchodů z egoismu – dostávají Tóru.

* * *

Ve světě začínajícího kabalisty existují pouze dva stavy – buď utrpení, nebo pociťování Stvořitele. Přičemž do té doby, dokud člověk nenapraví svůj egoismus a všechny své myšlenky a touhy nemůže zaměřit pouze na prospěch Stvořitele, vnímá svůj svět pouze jako zdroj utrpení.

Ale poté, co si zaslouží pocítění Stvořitele, vidí, že On Sebou naplňuje celý svět a celý svět tvoří napravené duchovní objekty.

Ale takový svět může spatřit pouze tehdy, když získá duchovní vidění. A pak se mu všechna minulá utrpení jeví jako nezbytná a příjemná, protože v minulosti došlo k jejich nápravě.

To nejdůležitější však spočívá v tom, že je člověk povinen vědět, že existuje Pán světa a všechno na světě se děje pouze podle Jeho přání, třebaže tělo bude na základě vůle Stvořitele neustále tvrdit, že všechno na světě je náhoda.

Ale navzdory hlasu těla je člověk povinen věřit, že budou všechny jeho činy ve světě potrestány, nebo odměněny.

Například, pokud náhle cítí touhu se duchovně pozvednout, musí si uvědomit, že to není náhoda, nýbrž odměna za jeho dobré skutky v minulosti, za to, že prosil Stvořitele o pomoc, aby se zachoval

---

[64] למשוך – přitahovat.
[65] ציון – Sion.
[66] יציאה – východ, odchod.

správně, ale zapomněl na to, protože svou minulou modlitbu nepokládal za důležitou, neboť na ni okamžitě neobdržel odpověď od Stvořitele.

Nebo když o sobě člověk říká, že nyní, když cítí duchovní pozvednutí, se nezajímá o nic jiného než o Vyššího, musí pochopit, že: (1) tento stav je mu poslán Stvořitelem jako odpověď na jeho prosby; (2) tím nyní potvrzuje, že je schopen pracovat sám a jeho duchovní pokrok závisí na jeho úsilí, a nikoli na Stvořiteli.

A také během studia, když náhle začne vnímat to, co se učí, musí pochopit, že to také není náhoda, ale že mu takové stavy dává Stvořitel. A proto musí při studiu postavit sám sebe do postavení podřízenosti vůči přání Stvořitele, aby byla posílena jeho víra ve Vyšší řízení. A takto začne Stvořitele potřebovat a vzniká jeho spojení s Ním, což v budoucnu povede ke sloučení se Stvořitelem.

A je také nutné si uvědomit, že na člověka působí dvě protichůdné síly: altruistická prohlašuje, že všechno na světě je realizování přání Stvořitele a všechno je pro Něho; egoistická tvrdí, že všechno na světě je stvořeno pro člověka a v jeho prospěch.

A přestože v každém případě vyhrává Vyšší, altruistická síla, tato cesta se nazývá dlouhou cestou utrpení. A existuje krátká cesta, která se nazývá cesta Tóry. A úsilí člověka by mělo směřovat k tomu, aby svou cestu co nejvíce zkrátil, dobrovolně zkrátil dobu nápravy, jinak chtě nechtě stejně na základě utrpení dospěje k tomu samému, protože ho Stvořitel v každém případě donutí přijmout cestu Tóry.

Nejpřirozenější pocit člověka je láska k sobě samému, kterou můžeme pozorovat v nejvíce zjevné formě u novorozenců a dětí. Ale neméně přirozený je pocit lásky k jinému stvoření, který vzniká na základě lásky k sobě a živí nekonečné variace umění, poezie a tvořivosti. Neexistuje žádné vědecké vysvětlení lásky a procesů, které ji vytvářejí.

Všichni jsme se v našem životě opakovaně setkali s takovým přirozeným procesem, jako je projev pocitů vzájemné lásky, rozkvět tohoto pocitu, a jak není neobvyklé, také s poklesem lásky, přičemž právě v případě vzájemné lásky, čím je silnější, tím rychleji přejde.

A naopak, čím méně jeden miluje, tím je občas silnější cit druhého, a pokud náhle cítí odvetný cit, jeho láska se v souladu s tím snižuje. A tento paradox je viděn na příkladech různých druhů lásky – mezi pohlavími, mezi rodiči a dětmi a podobně.

Navíc je dokonce možné říci, že pokud jeden projevuje velkou lásku, pak neponechává druhému možnost, aby o něho usiloval a více si ho zamiloval. To znamená, že projev velké lásky neumožňuje milovanému odpovědět plnou silou svých pocitů, ale postupně mění pocit lásky v nenávist. A to je proto, že když cítí jeho nekonečnou, slepou lásku, přestane se bát ztráty milujícího.

Jestliže se nám dokonce i v našem světě, egoisticky, zřídkakdy podaří někoho milovat, není těžké si představit, že altruistická láska je cit, který je pro nás absolutně neznámý a nedosažitelný.

A protože nás Stvořitel miluje právě touto láskou, skrývá Svůj cit, dokud nezískáme schopnost odpovědět plnou trvalou vzájemností.

Dokud člověk vůbec necítí lásku k sobě, souhlasí s každou láskou. Ale jakmile ji dostane a nasytí se tímto citem, začíná si v souladu s mírou nasycení vybírat a touží jen po mimořádných citech, co se síly vnímaných pocitů týče. A v tom spočívá možnost neustálého úsilí o zvýšení síly lásky ke Stvořiteli.

Trvalá, neuhasínající vzájemná láska může vzniknout pouze v případě, že nezávisí na ničem ve světě. Z toho důvodu je láska Stvořitele před námi skryta a postupně se odkrývá ve vnímání kabalisty v míře jeho osvobození se od egoismu, který je příčinou vyhasínání pocitu vzájemné lásky v našem světě.

Aby nám bylo umožněno rozšířit hranice našich pocitů, neustále vnímáme stále více se odhalující cit lásky Stvořitele. A jelikož jsme byli stvořeni jako egoisté, můžeme právě cítíce lásku Stvořitele zatoužit se s Ním spojit kvůli osvobození se od egoismu, jakožto společného nepřítele. Je možné říci, že egoismus je třetí v trojúhelníku stvoření (Stvořitel, my, egoismus) a umožňuje nám, abychom si vybrali Stvořitele.

Navíc, příčina stvoření, všechny činy Stvořitele, Konečný cíl stvoření a všechno Jeho působení bez ohledu na to, jak bychom je vnímali, jsou založeny výhradně na pocitu absolutní, stálé lásky. Světlo vycházející ze Stvořitele, které vytvořilo všechny světy a stvořilo i nás, mikrodávka kterého je v našich tělech a je naším životem a které připomíná naše duše po jejich nápravě – právě to je pocit Jeho lásky.

Příčinou našeho stvoření je přirozená touha laskavosti vytvářet dobro, přání milovat a dávat potěšení, přirozené přání altruismu (a proto námi není vnímáno), přání, abychom my – objekty lásky – cítili Jeho lásku v plné míře a těšili se jí i citem lásky k Němu, neboť pouze současné vnímání těchto protikladných pocitů v našem světě poskytuje to dokonalé potěšení, které bylo cílem Stvořitele.

* * *

Veškerou naši přirozenost označujeme jedním slovem – egoismus. Jedním z nejjasnějších projevů egoismu je pocit svého „já". Člověk může vydržet všechno kromě pocitu vlastního ponížení. Aby unikl ponížení, je připraven i zemřít. Ve všech okolnostech – v chudobě, v prohře, ve ztrátě, ve zradě a podobně – se snažíme vypátrat a vždy nacházíme vedlejší příčiny a podmínky, které nezávisí na nás a které nás „postavily" do této situace.

Protože jinak se nemůžeme ospravedlnit ani ve svých očích, ani před ostatními, což nedovolí naše přirozenost. Nedovolí, abychom se ponížili, poněvadž se tímto ničí, odstraňuje ze světa samotné stvoření – „já", které cítíme. Proto není možné překonat egoismus přirozeným způsobem bez pomoci Stvořitele. A dobrovolně může být nahrazen pouze tehdy, jestliže v našich očích povýšíme Cíl stvoření nad všechno ve světě.

* * *

Skutečnost, že člověk prosí Stvořitele o duchovní porozumění, ale neprosí Ho o řešení všech možných druhů životních problémů, hovoří o slabosti víry v sílu a všudypřítomnost Stvořitele, nepochopení toho, že jsou nám všechny životní problémy dávány s jediným cílem: abychom se je pokoušeli vyřešit sami, ale současně prosili o jejich řešení Stvořitele v plné víře, že tyto problémy dostáváme od Něho proto, abychom v sobě rozvinuli víru v Jeho jednotu.

Pokud si je člověk jistý, že všechno závisí pouze na Stvořiteli, je povinen Stvořitele prosit. Avšak nikoliv proto, aby se zbavil řešení problémů, nýbrž aby to využil jako příležitost být závislým na Stvořiteli. Z toho důvodu, aby neoklamal sám sebe, kvůli čemu to dělá, je povinen současně s problémy bojovat také sám jako všichni v jeho okolí.

* * *

Duchovní pád je dán Shora kvůli následnému duchovnímu růstu, a protože je dán Shora, přichází k člověku v mžiku, projevuje se v jediném okamžiku a téměř vždycky zastihne člověka nepřipraveného. A východ z něho, duchovní vzestup, probíhá pomalu jako zotavení, protože člověk musí tento stav pádu procítit a pokusit se jej sám překonat.

Pokud je člověk schopen ve chvílích duchovního vzestupu analyzovat své špatné kvality, připojit levou linii k pravé, pak se tím vyhne mnoha duchovním pádům, jako by je přeskočil. Ale to nemůže udělat každý, nýbrž pouze ti, kteří již jsou schopni následovat pravou linii – ospravedlňovat skutky Stvořitele, nehledě na egoistické utrpení.

A je to podobné pravidlu o povinné válce (*Milchemet Micva*)[67] a dobrovolné válce (*Milchemet Rešut*)[68] uvedenému v Tóře: povinná válka je proti egoismu a dobrovolná, pokud je člověk schopen a sám si přeje vynaložit své úsilí.

* * *

Vnitřní práce na sobě, na překonání egoismu, na povznesení Stvořitele, na víře v Jeho vládu by měla být tajemstvím člověka, stejně jako všechny stavy, kterými prochází. A nikdo nikomu nemůže ukazovat, jak má jednat. A když u druhých vidí projevy egoismu, je povinen jej vzít na sebe. Vždyť na světě není nikdo jiný kromě Stvořitele. To znamená, že to, co člověk vidí a cítí, je Vyšší přání, aby takto viděl a cítil.

Vše kolem člověka je stvořeno proto, aby ho to neustále podněcovalo k nutnosti přemýšlet o Stvořiteli a on prosil Stvořitele o změnu materiálního, fyzického, společenského a dalších stavů stvoření. Je řečeno, že Tóra je dána pouze těm, kteří jedí manu,[69] tedy těm, kdož jsou schopni prosit Stvořitele (v kabale se modlitba nazývá *MaN*), a ti také dostávají Tóru – Vyšší světlo.

* * *

V člověku je nekonečné množství nedostatků, jejichž zdroj je jeden – náš egoismus, touha požívat, těšit se, touha najít pohodlí v jakémkoli stavu. Sbírka ustanovení (*Musar*) hovoří o tom, jak se vypořádat s každým nedostatkem člověka, a vědecky své metody zdůvodňuje.

Kabala přivádí dokonce i začátečníka do sféry působení Vyšších duchovních sil a člověk na sobě cítí, jak je odlišný od duchovních objektů. Tímto způsobem se učí sám na sobě, kdo je a jaký by měl být.

---

[67] מלחמת מצווה – válka jako Přikázání.
[68] מלחמת רשות – válka vlády, moci (proti zlému počátku).
[69] לא נתנה תורה אלא לאוכלי מן – *Lo Natna Tora Ele le-Ochlej Man* – Tóra je daná pouze těm, kdož jedí manu (těm, kdož jsou schopni prosit Stvořitele).

Odpadává veškerá nutnost světské výchovy, která neposkytuje očekávané výsledky, jak jasně vidíme.

Když člověk sám na sobě sleduje boj dvou základních pramenů – egoistického a duchovního, postupně tím přivádí svoje tělo k touze změnit svou přirozenost na duchovní, svoje vlastnosti na vlastnosti Stvořitele, bez vnějšího tlaku vychovatelů. Namísto toho, abychom napravili každý náš nedostatek, jak doporučuje systém *Musar*, kabala člověku nabízí, aby napravil pouze svůj egoismus jakožto základ veškerého zla.

* * *

Minulost, přítomnost a budoucnost cítí člověk v přítomnosti. V našem světě všechno vnímáme v jednom přítomném čase, avšak ve třech odlišných vjemech, na které je podle své vnitřní časové osy rozkládá náš rozum a na základě toho nám předkládá představu.

V jazyce kabaly je to definováno jako různé působení Světla, potěšení. Potěšení, které cítíme v daném okamžiku, nazýváme přítomností. Pokud jeho vnitřní, přímý dopad na nás uplynul, potěšení se vytratilo a již nám svítí zdálky, pociťujeme ho zdálky – což v nás vytváří pocit minulosti.

Pokud skončí záření radosti, nevnímáme ho, naprosto zapomeneme, že existuje. Ale když nám znovu zdálky zasvítí, bude to jako zapomenutá minulost, na kterou jsme si vzpomněli.

Pokud jsme Světlo potěšení nikdy nevnímali a najednou do našich senzorických orgánů svítí zdálky, vnímáme to jako budoucnost, Světlo příslibu.

Takže je přítomnost vnímána jako vnitřní přijetí, pociťování Světla, informace, potěšení a minulost a budoucnost vnímáme z vnějšího vzdáleného záření potěšení. Ale v žádném případě člověk nežije ani v minulosti, ani v budoucnosti, ale v přítomném okamžiku, v němž cítí různé druhy vlivu Světla, a proto ho vnímá jakoby v různých časech.

Člověk, který nemá potěšení v přítomnosti, hledá, odkud může získat potěšení v budoucnu, a netrpělivě čeká na příští okamžik, který přinese jiný pocit. Avšak naše práce na sobě spočívá právě v tom, abychom přitáhli vnější, vzdálenou záři do našich pocitů v přítomnosti.

Působí na nás dvě síly: utrpení nás pobízejí zezadu a potěšení nás usměrňují, táhnou vpřed. Zpravidla nestačí jen jedna síla, jedna předtucha budoucího potěšení, protože pokud je kvůli tomu potřeba vynaložit úsilí, pak je možné, že nám nedovolí se pohybovat vpřed buď lenost našeho těla, nebo strach, že ztratíme i to, co máme, a nezbyde nám ani to, co máme dnes. Proto je ještě nutná síla, která pobízí zezadu – pociťování utrpení v současném stavu.

* * *

V kořenu všech přestupků je v pouze jeden přestupek – snaha o získání sebepotěšení. Ten, kdo se ho dopustil, se většinou nechvástá tím, že nedokázal odolat, že vyšlo najevo, že je slabší než vnější vábení. A člověk se otevřeně pyšní jenom potěšením z hněvu, protože tím potvrzuje, že má pravdu, jinak by se nemohl pyšnit. A tato pýcha ho okamžitě srazí dolů. Proto je hněv nejsilnějším projevem egoismu.

* * *

Když člověk zakouší materiální, fyzické nebo duševní utrpení, měl by litovat, že mu dal Stvořitel takový trest. A pokud nebude litovat, pak to není trest, neboť trest je pocit bolesti a lítosti ze svého stavu, který nemůže snést – utrpení z každodenních životních naléhavostí, co se zdraví týče a podobně. A pokud bolest ze svého stavu necítí, znamená to, že dosud nedostal trest, který mu Stvořitel posílá. A jelikož trest je nápravou duše, pak když trest nepocítí, není využita možnost nápravy.

Ale ten, kdo trest cítí – pokud je schopen požádat Stvořitele, aby ho těchto utrpení zbavil – v sobě uskutečňuje ještě větší nápravu, než kdyby prožíval utrpení bez modlitby.

Protože nám Stvořitel nedává tresty tak, jak jsou za naše chování dávány tresty v našem světě, to znamená, že to není za to, že jsme Ho neposlouchali, nýbrž kvůli tomu, abychom potřebovali spojení s Ním, obraceli se k Němu, sblížili se s Ním.

Z toho důvodu, pokud se člověk modlí ke Stvořiteli, aby ho osvobodil od trestu, neznamená to, že Stvořitele prosí, aby ho zachránil před možností se napravit, protože modlitba, spojení se Stvořitelem, je nesrovnatelně silnější náprava než pocit utrpení.

* * *

„… Ze své vůle ses nenarodil, nežiješ z vlastní vůle, neumíráš z vlastní vůle." Vidíme, že se to v našem světě děje právě takto. Avšak všechno, co se děje v našem světě, je důsledkem toho, co se děje ve světě duchovním. Mezi těmito světy neexistuje přímá analogie – podobnost.

Proto: nikoliv z vlastní vůle (proti přání těla) se rodíš (duchovně – dostáváš první duchovní pocity), protože se přitom odděluješ od vlastního „já", s čímž naše tělo nikdy nebude dobrovolně souhlasit. Když člověk Shora obdrží duchovní orgány jednání a vnímání (*Kelim*), začíná duchovně žít, pociťovat svůj nový svět. Ale i v tomto stavu jde proti přáním těla – aby se samo těšilo z duchovních potěšení, a proto „žiješ proti své vlastní vůli". „Neumíráš z vlastní vůle" – znamená, že když se člověk proti své vůli účastní našeho každodenního života, cítí jej jako duchovní smrt.

* * *

V každé generaci kabalisté svými spisy a knihami o kabale vytvářejí stále lepší podmínky pro dosažení Cíle – sblížení se Stvořitelem. Pokud před velkým Ba'alem Šem Tovem mohli na světě dosáhnout cíle pouze jednotlivci, pak po něm pod vlivem jeho práce již mohli velcí učenci Tóry dosáhnout Vyššího cíle jednoduše. A Ba'al HaSulam, rabi Jehuda Ašlag, vykonal v našem světě takovou práci, že dnes může dosáhnout Cíle stvoření každý.

* * *

Cesta Tóry a cesta utrpení se liší tím, že člověk kráčí cestou utrpení tak dlouho, dokud si neuvědomí, že je rychlejší a snadnější následovat cestu Tóry. A cesta Tóry spočívá v tom, že si předem, ještě před pocitem utrpení, člověk představí to utrpení, které zažil a které se na něho může sesypat, a tak již nemusí prožívat nové, protože se mu minulá utrpení jeví dostatečná k tomu, aby si uvědomil, jak správně jednat.

Moudrost tkví v analýze všeho, co se stane, v uvědomění si toho, že zdrojem našich neštěstí je egoismus, a v jednání takovým způsobem, abychom se znovu nevydali na cestu utrpení zpoza egoismu, nýbrž se jeho používání dobrovolně zřekli a přijali na sebe cestu Tóry.

Kabalista cítí, že byl celý svět stvořen pouze pro něho, aby mu sloužil k dosažení Cíle. Všechna přání, která kabalista přijímá od ostatních, mu pomáhají postupovat vpřed, protože okamžitě odmítá jejich použití pro osobní prospěch. Vidí-li člověk negativní v jiných, věří, že to tak vidí, protože on sám ještě není prost nedostatků, a v důsledku toho ví, co je ještě třeba napravit. Celý svět, jenž ho obklopuje, je stvořen tak, aby sloužil pokroku člověka, protože mu pomáhá vidět jeho nedostatky.

Pouze na základě pociťování hlubin svého duchovního pádu a pocitu nekonečné vzdálenosti od toho, co vášnivě požaduje, může člověk pocítit ten zázrak, který s ním uskuteční Stvořitel, jenž ho z našeho světa pozvedne k Sobě do duchovního světa. Jaký ohromný dar od Stvořitele obdržel! Pouze z nízkosti svého stavu může člověk posoudit to, co dostává, a reagovat s opravdovou láskou a touhou po spojení.

* * *

Existuje otevřená část Tóry, která popisuje plnění duchovních zákonů jazykem větví. A existuje tajná část Tóry, jež je skryta před ostatními. Jsou to cíle, které člověk sleduje při plnění Tóry, jeho myšlenky a touhy. V písemné Tóře nemůže být nic přidáno, nýbrž se musí vykonávat tak, jak je uvedeno, ale ústní Tóra umožňuje v plnění neustále zlepšovat záměry a každý ji píše sám ve svém srdci a pokaždé znovu...

* * *

Žádné znalosti není možné získat bez předchozího úsilí, jež má pro člověka dva důsledky: pochopení nezbytnosti poznání je úměrné vynaloženému úsilí a uvědomění si toho, co přesně musí poznat. Úsilí tudíž v člověku vytváří dvě nezbytné podmínky: touhu v srdci a uvažování, mentální připravenost poznat a pochopit v mysli nové, a proto je nutné vyvíjet úsilí.

Od člověka se vyžaduje pouze vynaložení úsilí a pouze to na něm závisí. Avšak samotné poznání je dáno Shora a jeho sestoupení Shora člověk nemůže ovlivnit, přičemž přijímá Shora jen to pochopení duchovního vědění a pocitů, o které prosí – to, k čemu je vnitřně připraven. Není však prosba o obdržení čehokoliv od Stvořitele používáním svých přání, svého ega? Stvořitel přece na takové touhy nemůže reagovat duchovním pozvednutím člověka! A kromě toho, jak může člověk prosit o něco, co nikdy necítil?

Pokud člověk prosí o osvobození od egoismu – zdroje svého utrpení – žádá o duchovní vlastnosti, ačkoli do jejich obdržení neví, co to je, Stvořitel mu tento dar dává.

* * *

Pokud kabala hovoří pouze o duchovní práci člověka v jeho mysli a v srdci, tvrdíc, že náš duchovní pokrok závisí jenom na nich, pak jaký vztah má k Cíli stvoření plnění náboženských rituálů?

Vzhledem k tomu, že jsou všechna přikázání Tóry popisem duchovních činností kabalisty ve Vyšších světech, když je fyzicky vykonává v našem světě, ačkoli to v žádném případě neovlivňuje duchovní světy, kabalista fyzicky plní vůli Stvořitele. Přáním Stvořitele samozřejmě je, aby duchovně pozvedl stvoření na Svou úroveň. Ale přenos učení z generace na generaci, příprava půdy, z níž mohou vyrůst jednotlivci velicí duchem, lze uskutečnit pouze tehdy, když určitou práci vykonají masy.

Také i v našem světě jsou nezbytní všichni ostatní, aby vyrostl jeden veliký učenec. Neboť pro předání poznatků z generace na generaci je nutné vytvořit určité podmínky, vytvořit vzdělávací instituce, kde bude budoucí velký vědec vychováván. Na jeho úspěchu se tak podílí každý a pak si všichni mohou užívat plody jeho práce.

Podobně pokračuje ve svém duchovním růstu také kabalista, i když obdržel výchovu stejně jako jeho vrstevníci v příslušných podmínkách mechanického plnění Přikázání a prosté víry ve Stvořitele. Zatímco jeho vrstevníci zůstávají na dětské úrovni duchovního vývoje, avšak i oni, stejně jako celé lidstvo, se nevědomky podílejí na jeho práci, a proto mimoděk přijímají část jeho duchovních odhalení a nevědomě se napravují v nevědomé části svých duchovních vlastností, aby později, snad během několika generací nebo koloběhů života, sami dospěli k vědomému duchovnímu pozvednutí.

A dokonce i o žácích, kteří přišli studovat kabalu – někdo pro všeobecné poznání, někdo ve jménu duchovního pozvednutí – je řečeno: „Moudrost kabaly se začne učit tisíc, ale jen jeden dospěje ke Světlu." Úspěchu jednoho se však účastní všichni a také z této účasti obdrží svůj díl nápravy.

Když kabalista vchází do duchovního světa poté, co napravil své vlastní egoistické vlastnosti, opět potřebuje ostatní: jak pobývá v našem světě, přijímá egoistické touhy od lidí ve svém okolí a napravuje je, pomáhá všem ostatním, aby v budoucnosti také dospěli k vědomé duchovní práci. Přičemž, pokud obyčejný člověk nějakým způsobem pomůže kabalistovi, a to dokonce i mechanickým obsluhováním, tím též kabalistovi umožňuje, aby zahrnul jeho osobní touhy do náprav, které kabalista uskutečňuje.

Proto je v Tóře řečeno, že služba mudrci je pro studenta přínosnější než studium, neboť studium zahrnuje egoismus a používá náš pozemský rozum, služba však vychází z pocitu víry ve velikost kabalisty, kterou student nemůže postihnout, a proto je jeho služba blíže k duchovním vlastnostem – to znamená, že je pro studenta produktivnější.

Z toho důvodu má ten, kdo byl blíže ke svému Učiteli a sloužil mu více než jiní, větší pravděpodobnost duchovního pozvednutí. Proto je v Tóře řečeno, že ji není možné zdědit, nýbrž je předávána pouze od Učitele k žákovi.

Tak to bylo ve všech generacích až do poslední, která duchovně spadla tak nízko, že dokonce i její vůdci předávali své poznatky jako dědictví, protože jejich znalosti byly na tělesné úrovni. Ale ten, kdo žije v duchovním spojení se Stvořitelem a s žáky, předává své dědictví pouze tomu, kdo jej může přijmout, tudíž svému nejbližšímu žákovi.

* * *

Když člověk ve svém směřování ke Stvořiteli cítí překážky, měl by Stvořitele prosit:
1) o to, aby Stvořitel odstranit tyto překážky, jež On sám posílá, a pak je bude moci překonat sám člověk a nebude potřebovat více duchovních sil, než má;
2) o to, aby mu dal Stvořitel silnější touhu po duchovním porozumění, uvědomění si důležitosti duchovního pozvednutí, a pak ho překážky nebudou moci na cestě ke Stvořiteli zastavit.

Člověk je připraven dát všechno na světě za svůj život, pokud je mu drahý. Proto musí požádat Stvořitele, aby mu dal chuť k duchovnímu životu, a pak se nebude bát žádných překážek.

Duchovní znamená touhu dávat a využívat touhu po potěšení jenom tam, kde s její pomocí může potěšit druhé. V duchovních objektech neexistuje touha po sebeuspokojení. Materiální je polárním opakem duchovního.

Pokud však neexistuje žádný kontakt, to znamená společné vlastnosti mezi duchovním – altruismem a materiálním – egoismem, jak potom může být egoismus napraven? Vždyť duchovní Světlo, které egoismu může dodat vlastnosti altruismu, nemůže vstoupit do egoistické touhy. Náš svět nepociťuje Stvořitele právě z toho důvodu, že

Světlo Stvořitele do objektu vstupuje pouze v míře, ve které se shodují vlastnosti Světla a objektu. A jedině Světlo Stvořitele, které vstoupí do egoistické nádoby, ji dokáže změnit na duchovní. Žádná jiná cesta není.

A proto je člověk stvořen tak, že se zpočátku nachází pod nadvládou egoistických sil a přijímá od nich vlastnosti, které ho oddělují od duchovního. Ale pak se ocitne pod vlivem duchovních sil, postupně pracuje na duchovním bodu v srdci a s pomocí kabaly napravuje touhy, které získal od egoistických sil.

* * *

Jméno Stvořitele *HaVaJaH*[70] označuje Jeho světlo ještě předtím, než bylo přijato člověkem, tedy Světlo samo o sobě, a proto se nazývá písemnou Tórou – Tórou v podobě, ve které vyšla ze Stvořitele. Jméno Stvořitele *ADNI* (*Adonaj*, אדני) znamená Světlo, které postihuje člověk, a nazývá se ústní Tórou, protože prochází cestami duchovního vnímání: zrak (čtení), sluch a porozumění.

* * *

V Tóře se vypráví, že Abrahám řekl, že Sára je jeho sestra, a ne jeho žena, protože se bál, že ho zabijí, aby se jí zmocnili. Vzhledem k tomu, že kabala považuje celý svět za jednoho člověka, protože duše byla rozdělena na 600 tisíc částí jenom pro usnadnění dosažení Konečného cíle, Abrahám je ztělesněním víry v nás. Žena představuje to, co patří pouze jejímu muži, na rozdíl od sestry, která je zapovězena pouze bratru, ale nikoliv všem ostatním. Když Abrahám viděl, že si jiné vlastnosti člověka kromě něho, kromě víry, nejsou schopny vzít Sáru – Tóru, Cíl stvoření – jako základ svého života, a tím uchváceni kouzelnou krásou Cíle stvoření zabíjejí i víru, neboť do svých egoistických pocitů touží přijmout věčnou blaženost, řekl, že Cíl stvoření může být vnímán i jinými vlastnostmi člověka – tudíž, že je povolen všem lidem, protože je to jeho sestra – a před nápravou může být Tóra používána ve svůj prospěch.

* * *

---

[70] *HaVaJaH* [čti: havaja] se používá namísto Jména Stvořitele (יהוה), které se nevyslovuje.

Všechny duchovní světy se liší od našeho světa tím, že vše, co se nachází v duchovních světech, je součástí Stvořitele a vše získalo podobu duchovního žebříku, aby bylo člověku usnadněno duchovní stoupání. Avšak náš egoistický svět nikdy součástí Stvořitele nebyl, je vytvořen z neexistence a po pozvednutí poslední duše z našeho světa do duchovního světa náš svět zmizí. Proto jsou všechny druhy lidské činnosti, které se přenášejí z generace na generaci, vše, co je vyrobeno z materiálu našeho světa, odsouzeno k zániku.

* * *

Otázka: první stvoření přijímalo veškeré Světlo a zřeklo se ho, aby nezakoušelo pocit hanby. Jak může být takový stav považován za blízký Stvořiteli? Vždyť nepříjemný pocit znamená vzdálení se od Stvořitele.

Odpověď: jelikož se v takovém duchovním stavu minulost, současnost a budoucnost spojují do jednoho celku, stvoření nepociťovalo hanbu, protože se na základě svých přání rozhodlo dosáhnout stavu spojení se Stvořitelem a rozhodnutí a jeho výsledek jsou pociťovány najednou.

* * *

Jistota a pocit bezpečí jsou důsledkem působení Obklopujícího světla (*Or Makif*), důsledkem pociťování Stvořitele v přítomnosti. Ale protože člověk dosud nevytvořil vhodné napravené vlastnosti, Stvořitel není pociťován jako Vnitřní světlo (*Or Pnimi*), ale jako Obklopující světlo.

Jistota a víra jsou podobné pojmy. Víra je psychologická připravenost k utrpení. Vždyť pro touhu neexistuje překážka s výjimkou nedostatečné trpělivosti při vynakládání úsilí a únavy. Proto je silný ten, kdo cítí jistotu, trpělivost a sílu trpět, a slabý cítí, že nemá na utrpení trpělivost, a tlaku utrpení podlehne již na samém počátku.

K dosažení pociťování Stvořitele je nezbytný rozum a síla. Je známo, že pro dosažení vysoce ceněného je zapotřebí vynaložit velké úsilí a prožít mnoho utrpení. Hodnotu toho, co si přejeme získat, určuje v našich očích souhrn úsilí. Míra trpělivosti svědčí o životní síle člověka. Do věku 40 let má člověk sílu, a poté v míře snižování jeho životní síly klesá jeho schopnost si věřit, dokud jistota a víra v sebe sama úplně nezmizí v okamžiku odchodu z tohoto života.

Protože je kabala Vyšší moudrost a její nabytí je věčné na rozdíl od všeho, co získáváme z tohoto světa, je přirozené, že vyžaduje největší úsilí, protože je „kupován" svět, a nikoliv něco dočasného. Když člověk pochopí kabalu, pochopí zdroj všech věd v jejich pravdivé, plně odhalené formě. Již toto samo o sobě může poskytnout představu o rozsahu požadovaného úsilí, protože víme, kolik úsilí vyžaduje zvládnutí jedné vědy v našem nepatrném rámci jejího pochopení.

Skutečně nadpřirozenou sílu k osvojení si kabaly člověk dostává Shora a s její pomocí získává dostatečnou sílu trpělivosti k utrpení na cestě k osvojení si kabaly. A rozvíjí se v něm sebevědomí a životní síly k tomu, aby se mohl sám na sobě snažit postihnout kabalu. Avšak překonání všech překážek bez zjevné (skrytě Stvořitel udržuje život v každém) pomoci Stvořitele není možné; člověk se bez pomoci Stvořitele neobejde.

Síla, která určuje připravenost člověka k jednání, se nazývá víra. Přestože člověk na počátku cesty není schopen pocítit Stvořitele kvůli tomu, že mu chybí altruistické vlastnosti, začíná však pociťovat přítomnost Vyššího všemohoucího světa, ke kterému se někdy v okamžiku absolutní bezmocnosti instinktivně obrací navzdory náboženské výchově a světovému názoru.

Tato zvláštní vlastnost našeho těla je poskytována Stvořitelem proto, abychom Ho mohli z našeho stavu absolutního ukrytí Stvořitele postupně začít objevovat.

Vidíme, jak nám generace vědců odhalují tajemství přírody. Pokud by lidstvo vynaložilo stejné úsilí v odhalování Stvořitele, On by se nám ukázal v míře, která by nebyla menší než tajemství přírody, protože všechny cesty hledání lidstva vedou přes ovládnutí tajemství podstaty světa. Ale o vědcích, kteří zkoumají smysl Cíle stvoření, neslyšíme, neboť vědci naopak zpravidla Vyšší vedení popírají.

Příčina tkví v tom, že do nich Stvořitel vložil sílu rozumu a způsobilost pouze k materiálnímu hledání a vynalézání. Právě z tohoto důvodu je v nás na druhé straně Stvořitelem vytvořena instinktivní víra navzdory všem vědám. Příroda a vesmír se před námi objevují tak, že popírají existenci Vyššího řízení, a proto vědec nemá přirozenou sílu víry.

Dalším důvodem je, že společnost od vědce očekává materiální výsledky jeho práce a on tomu instinktivně podléhá. A protože se nejcennější věci na světě nacházejí v minimálním množství a je obtížné je nalézt, je odhalení Stvořitele nejsložitější ze všech objevů a vědec se automaticky vyhýbá neúspěchu.

Jediný způsob, jak se přiblížit k pociťování Stvořitele, proto spočívá v tom, aby v sobě člověk navzdory názoru většiny vypěstoval pocit víry. Síla víry není ničím více než jiné síly lidské přirozenosti, protože jsou všechny důsledkem Světla Stvořitele. Zvláštnost této síly však tkví v tom, že je schopna přivést člověka k pocítění Stvořitele.

Porozumění Stvořiteli je stejné jako získání poznání: zpočátku člověk studuje a snaží se o pochopení a poté, když pochopí, poznání uplatňuje. A jako vždy jsou začátky těžké a ovoce sklízí ten, kdo dosáhl Cíle a vstoupil do duchovního světa: s neomezeným potěšením na základě pociťování Stvořitele dosahuje absolutní znalosti všech světů a objektů, které se tam nacházejí, koloběhů duší ve všech časech a stavech od začátku stvoření až do jeho konce.

* * *

Altruistické jednání je podmíněno odmítnutím osobního potěšení kvůli uvědomění si velikosti Cíle stvoření – vystoupením z egoismu. Spočívá v tom, že člověk na přicházející potěšení ve formě duchovního Světla vytváří omezení, clonu (*Masach*), která odráží potěšení zpět ke Zdroji. Tímto člověk dobrovolně omezuje možnost potěšení, a proto je připraven sám určit příčinu jeho přijetí: nikoliv pro obšťastnění egoismu, ale kvůli Cíli stvoření, protože si Stvořitel přeje jeho potěšení, a když se člověk těší, poskytuje radost Stvořiteli a těší se jenom z tohoto důvodu.

Přičemž míru potěšení určuje člověk v souladu se silou své vůle odolávat přímému potěšení ze Světla a těší se tím, že poskytuje potěšení Stvořiteli. V tomto případě je jednání člověka v souladu s působením Stvořitele a člověk dodatečně cítí nesmírnou radost ze shody svých vlastností s vlastnostmi Stvořitele, z velikosti, síly, moci, absolutního poznání a neomezené existence.

Stupeň duchovní zralosti závisí na velikosti clony, kterou člověk může postavit do cesty egoistickému potěšení: čím větší je síla působení proti osobním zájmům, tím vyšší je stupeň a Světlo přijaté „ve prospěch Stvořitele".

Všechny naše smyslové orgány jsou vytvořeny podobným způsobem: pocit a vnímání vzniká pouze na základě kontaktu příchozích zvukových, zrakových, čichových a dalších informací s našimi smyslovými orgány. Bez styku signálu s omezením na cestě jeho šíření nemůže vzniknout jejich pociťování, vnímání. Je samozřejmé, že všechny měřicí přístroje fungují na stejném principu, protože zákony našeho světa nejsou nic jiného než důsledky duchovních zákonů.

Z toho důvodu závisí jak projev nového fenoménu v našem světě, tak i první odhalení Stvořitele a každé další Jeho pociťování pouze na velikosti hranice, kterou člověk dokáže vytvořit. Tato hranice v duchovním světě se nazývá nádoba, *Kli*. A není pociťováno samotné Světlo, ale jeho interakce s hranicí jeho šíření, jež je odvozena z jeho vlivu na duchovní *Kli* člověka, stejně jako v našem světě nepostihujeme samotný fenomén, nýbrž výsledek jeho interakce s našimi smyslovými orgány nebo našimi přístroji.

* * *

Stvořitel přidělil určité části Sebe sama egoistickou touhu po potěšení, kterou stvořil. V důsledku toho tato část přestala vnímat Stvořitele a pociťuje pouze sama sebe, svůj stav, svoji touhu. Této části se říká Duše. Tato egoistická část se nachází v samotném Stvořiteli, protože existuje jenom On a není místo, které by Jím nebylo vyplněno, ale protože egoismus vnímá pouze své touhy, nepociťuje Stvořitele. Cíl stvoření spočívá v tom, aby tato část svými vlastními silami a na základě vlastní volby dala přednost návratu ke Stvořiteli, aby se Mu opět stala podobnou svými vlastnostmi.

Stvořitel plně řídí dovedení této egoistické části ke sloučení s Ním. Toto řízení je však zvnějšku nepostřehnutelné. Přáním Stvořitele je, aby se projevila (s Jeho skrytou pomocí) touha se s Ním sblížit zevnitř samotného egoismu. Aby Stvořitel tento úkol usnadnil, rozdělil egoismus na 600 tisíc částí, přičemž každá z nich pozvolna řeší úkol odmítnutí egoismu postupným uvědomováním si egoismu jako zla v procesu opakovaného získávání egoistických vlastností a utrpení z nich.

Každá z 600 tisíc částí Duše se nazývá duší člověka. Období spojení s egoismem se nazývá lidským životem. Dočasné přerušení spojení s egoismem se nazývá existence ve Vyšších duchovních světech. Okamžik, kdy duše přijímá své egoistické vlastnosti, se nazývá narození člověka v našem světě. Každá z 600 tisíc částí společné Duše je povinna v důsledku opakujících se spojení s egoismem dát přednost Stvořiteli před svými vlastnostmi a spojit se s Ním navzdory tomu, že je v ní přítomen egoismus, to znamená v době, kdy se ještě nachází v lidském těle.

Postupná shoda vlastností, postupné přiblížení vlastností duše ke

Stvořiteli, se nazývá duchovní vzestup. Duchovní vzestup probíhá po stupních nazývaných *Sfirot* (j. č. *Sfira*). Od původního, nejvíce egoistického stavu až do posledního stupně podobnosti se Stvořitelem se duchovní žebřík skládá ze 125 stupňů – *Sfirot*. Každých 25 *Sfirot* tvoří kompletní etapu nazvanou „svět". Celkem (včetně našeho stavu, jenž je nazvaný „náš svět") existuje pět světů. Vidíme tedy, že cílem egoistické části je, abychom v tomto světě dosáhli vlastností Stvořitele, který je v nás, abychom v tomto světě navzdory našemu egoismu pociťovali Stvořitele ve všem i v sobě.

* * *

Touha po sloučení je přirozená, původně stvořená, to znamená, že nevyžaduje žádné předpoklady ani závěry vyvozené z poznatků o nezbytnosti sloučení se Stvořitelem. To, co je ve Stvořiteli svobodným přáním, působí v Jeho stvoření jako přírodní závazný zákon, protože On stvořil přírodu podle Svého záměru a každý zákon přírody je Jeho přáním vidět takový řád.

Proto všechny naše „přirozené" instinkty a touhy přicházejí bezprostředně od Stvořitele a všechny závěry, které vyžadují výpočet a vědomosti, jsou výsledkem naší činnosti. Pokud chce člověk dosáhnout úplného sloučení se Stvořitelem, musí toto přání sám přivést k instinktivnímu poznání, jako kdyby jím bylo přijato jako jeho přirozenost od Stvořitele.

Zákony duchovních tužeb jsou takové, že zde není místo pro neúplné, částečné touhy, ve kterých existují pochybnosti, ani místo pro cizí touhy. Proto Stvořitel slyší pouze takovou prosbu, která pochází z hloubky pocitů člověka a odpovídá plné touze duchovní nádoby na úrovni, na které se člověk nachází. Ale proces vytváření takové prosby v lidském srdci je pomalý a shromažďuje se výše jeho chápání tak, že jej člověk vůbec nepostřehne. Stvořitel spojuje všechny malé modlitby člověka do jedné, a když obdrží plnou nezbytnou sílu prosby o pomoc, pomáhá člověku.

Stejně tak člověk, který se dostane do sféry působení Světla Stvořitele (*Hejchal*, היכל – dosl. sídlo panovníka, palác), okamžitě přijímá vše, protože Dávající je věčný a nekalkuluje v závislosti na čase a na kolobězích života. Z toho důvodu i ten nejmenší duchovní stupeň poskytuje plné pocítění věčnosti. Ale protože člověk ještě později prožívá duchovní vzestupy a pády, nachází se v podmínkách nazvaných

„svět, rok, duše", protože duše, která nedokončila svou nápravu, potřebuje místo k pohybu, jež se nazývá „svět", a součet jejích pohybů je pociťován jako čas nazvaný „rok".

Dokonce i nejnižší duchovní stupeň již poskytuje pocit úplné dokonalosti natolik, že člověk pouhou vírou výše rozumu postihuje, že jeho stav je pouze „duchovní odpad" Vyššího duchovního stupně. A pouze tehdy, když tomu uvěří, může se pozvednout ještě výše na tu duchovní úroveň, ve kterou uvěřil a kterou povýšil ve svých očích více než svoje vnímání dokonalosti.

* * *

Naše tělo se tak automaticky řídí zákony své egoistické přirozenosti a návyky, že pokud si člověk neustále říká, že si přeje jenom duchovní pozvednutí, nakonec po tom také zatouží, protože tělo přijme prostřednictvím takových cvičení tuto touhu za přirozenou (zvyk – druhá přirozenost).

Ve stavu duchovního pádu by člověk měl věřit v to, co bylo řečeno: „Izrael ve vyhnanství, Stvořitel s nimi."[71] Když je člověk apatický a cítí beznaděj, zdá se mu, že v duchovním není nic přitažlivého, že se všechno nachází na úrovni, v níž nyní je. A je třeba věřit, že má tento osobní pocit kvůli tomu, že je v duchovním vyhnanství (*Galut*), a proto v pocitu člověka Stvořitel také sestoupí do vyhnanství a není pociťován.

Světlo, které se šíří od Stvořitele, prochází před vytvořením egoismu čtyřmi stádii. A pouze poslední, páté stádium (*Malchut*) se nazývá stvoření, protože pociťuje své egoistické touhy se těšit Světlem Stvořitele. První čtyři stádia jsou vlastnosti samotného Světla, kterými nás vytváří. Nejvyšší vlastnost, vlastnost prvního stádia – přání těšit budoucí stvoření – je námi považována za vlastnost Stvořitele.

Egoistické stvoření (páté stádium vývoje) si přeje čelit své egoistické přirozenosti a být jako první stádium. Snaží se o to, ale uspěje jen částečně.

Egoismus schopný alespoň v určité svojí části vzdorovat sobě samému a být jednáním podobný prvnímu stádiu se nazývá *Olam* (svět) *Adam Kadmon*.

Egoismus, který může být podobný druhému stádiu, se nazývá

---

[71] ישראל שגלו שכינה אימהם – *Jisra'el še-Galu, Šchina Imahem* – když je *Jisra'el* ve vyhnanství, *Šchina* je tam s ním.

Olam (svět) *Acilut*.
Egoismus (část 5. stádia), který už nemůže být podobný ani prvnímu, ani druhému, ale jenom třetímu stádiu, je nazýván *Olam* (svět) *Bri'a*.
Egoismus (část 5. stádia), který nemá sílu vzdorovat sám sobě, aby byl podobný buď prvnímu, nebo druhému, nebo třetímu stádiu, a může být podobný pouze čtvrtému stádiu vývoje Světla, se nazývá *Olam* (svět) *Jecira*.
Zbývající část pátého stádia, která nemá sílu být podobná žádnému z předchozích stádií, ale může se bránit egoismu pouze pasivně, chránit se před přijetím potěšení, a ne více (jednání protikladné pátému stádiu), se nazývá *Olam* (svět) *Asija*.
V každém světě existuje pět podstupňů nazývaných *Parcufim*: *Keter, Chochma, Bina, Ze'ir Ampin* a *Malchut*. *Ze'ir Ampin* se skládá ze šesti pod-*Sfirot*: *Chesed, Gvura, Tif'eret, Necach, Hod, Jesod*.
Po vytvoření pěti světů byl vytvořen náš hmotný svět, který se nachází pod světem *Asija*, a v něm člověk. Do člověka je vložena malá část egoistické vlastnosti pátého stádia. Pokud člověk ve svém duchovním vývoji uvnitř světů stoupá zdola Nahoru, pak část egoismu, která je v něm, a také všechny části světů, které použil pro svůj vzestup, se stávají podobné prvnímu stádiu, vlastnosti Stvořitele. Když se celé páté stádium stane podobné prvnímu, všechny světy dospějí do Cíle stvoření (*Gmar Tikun*).
Duchovním kořenem času a místa je absence Světla ve společné Duši, kde duchovní vzestupy a sestupy poskytují pocit času a místo budoucího naplnění Světlem Stvořitele poskytuje pocit prostoru v našem světě.
Náš svět neustále ovlivňují duchovní síly a ty poskytují pocit času kvůli změně svého vlivu. Jelikož dva duchovní objekty nemohou být jako jeden, liší-li se svými vlastnostmi, působí jeden za druhým, nejprve Vyšší a poté nižší atd., což v našem světě vytváří pocit času.
Pro úspěšnou práci na nápravě egoismu v nás byly vytvořeny tři nástroje: pocity, rozum a představivost.
Duchovní materiál a forma: materiálem je egoismus a jeho forma je určena silami, které mu čelí, podle analogie s naším světem.

***

Potěšení a utrpení definujeme jako dobré, nebo špatné. Duchovní utrpení jsou však jediným zdrojem rozvoje a pokroku člověka. Duchovní spása je dokonalost získaná na základě silných negativních pocitů, které jsou vnímány jako sladké, poněvadž se levá linie vrací k pravé, a tímto se neštěstí, utrpení a tlak mění v radost, potěšení a duchovní prostor. Příčina spočívá v tom, že v každém objektu existují dva protikladné principy – egoismus a altruismus – vnímané jako oddálení, nebo sblížení se Stvořitelem. V Tóře je k tomu uvedeno mnoho příkladů: obětování Izáka, obětování v Chrámu apod. (Oběti jsou *Kurbanot*, קורבנות, ze slova *Karov*, קרוב – sblížení, blízko.)

* * *

Pravá linie reprezentuje samotnou podstatu duchovního objektu, zatímco levá linie je jen ta část egoismu, kterou může používat s tím, že ji připojí ke svým altruistickým záměrům.

* * *

Filosofové spotřebovali mnoho inkoustu v diskusích o nepoznatelnosti Stvořitele. Kabala jakožto věda založená na osobním experimentu kabalistů vysvětluje: jak můžeme hovořit o nepoznatelnosti Stvořitele, pokud Ho neznáme? Vždyť již tato definice vypovídá o nějaké míře znalostí. Proto je třeba si nejprve ujasnit, co je míněno pojmem nepoznatelnost nebo pojmem nekonečno – jakým způsobem můžeme tvrdit, že těmto kategoriím rozumíme.

Je zřejmé, že pokud hovoříme dokonce o poznání Stvořitele, máme tím na mysli pouze vnímání zkoumaného našimi smyslovými orgány a rozumem, podobně tomu, jako když zkoumáme náš svět. Kromě toho musí být tyto pojmy v našem světě všem přístupné stejně jako jakékoli jiné znalosti, a proto v tomto poznání musí být něco zcela pochopitelného a reálného, co můžeme vnímat našimi smysly.

Rozdíl mezi poznáním duchovních objektů a samotného Stvořitele a poznáním objektů našeho světa je v posunu hranic pocitu. Nejbližší hranice vnímání je v orgánech hmatových pocitů, když jsme v přímém kontaktu s vnější hranicí studovaného objektu. Ve sluchovém vjemu již nepřicházíme do styku se samotným předmětem, ale s prostředníkem, s třetím předávajícím objektem, například vzduchem, který se dotýkal vnější hranice studovaného objektu, hlasivek člověka nebo vibrujícího povrchu, který nám přenáší zvukovou vlnu.

Podobně se duchovní smysly přizpůsobují k pociťování Stvořitele.

Pocit kontaktu s vnější hranicí – podobný hmatovému – se nazývá prorocké vidění a pocit zprostředkovaný určitým prostředím, které se stýká s vnější hranicí chápaného podobně jako sluchový pocit, se nazývá prorocké slyšení.

Prorocké vidění je považováno za jasné poznání (jako si přejeme spatřit v našem světě a považujeme to za nejkompletnější pochopení objektu), protože máme přímý kontakt se Světlem vyzařovaným ze Stvořitele.

Prorocká slyšení (hlas Stvořitele) jsou na rozdíl od prorockého vidění kabalisty definována jako nepochopitelná, což je podobné tomu, jako když slyšíme zvukové vlny, protože vnímáme zprostředkované signály duchovním objektem na základě jeho kontaktu s vnější hranicí Stvořitele. I v případě prorockého vidění jsou vlny vnímány uvnitř našeho vědomí jako zvukové.

Kabalista, který se stal hoden prorockého postihnutí Stvořitele, Ho zpočátku vnímá svým fyzickým zrakem nebo sluchem a uvědoměním, přičemž pochopení viděného poskytuje plné poznání a vnímané prostřednictvím sluchu poskytuje vědomí nepoznatelnosti.

Ale stejně jako v našem světě stačí dokonce jen jedno zaslechnutí, aby byly vnímány vlastnosti objektu poznání (dokonce i člověk od narození slepý dobře vnímá mnohé vlastnosti lidí kolem sebe), jsou duchovní znalosti prostřednictvím sluchu dostačující. Protože uvnitř přicházející sluchové duchovní informace se nacházejí všechny skryté ostatní vlastnosti...

Přikázání poznat Stvořitele se omezuje na Jeho vnímání na základě duchovního zraku a sluchu v takovém rozsahu, aby bylo člověku absolutně jasné, že je v plném zrakovém a sluchovém vědomém kontaktu se Stvořitelem, což se nazývá tváří v tvář (*Panim be-Panim*).

Stvoření a vedení probíhají zásluhou dvou protikladných jevů: ukrytí moci Stvořitele a Jeho postupného odhalování v míře, ve které Ho stvoření mohou cítit ve svých napravených vlastnostech. Proto se v hebrejštině Stvořitel jmenuje *Ma'acil* (מאציל), dosl. Tvůrce, ze slova *Cel*, צל – stín) a *Bore* (בורא) ze slov *Bo Re*, בו רא – přijď a viz). Podle těchto slov vznikla jména světů *Acilut* (אצילות) a *Bri'a* (בריאה).

* * *

Nejsme schopni si uvědomit pravý obraz stvoření, nýbrž jenom ten, který můžeme vnímat našimi smysly – jak hmotnými, tak i duchovními. Všechno existující se v našem pojetí dělí na prázdnotu a existenci, ačkoliv vědci tvrdí, že neexistuje vůbec nic takového, jako je prázdnota. A skutečně je tento koncept výše našeho chápání, protože dokonce i nepřítomnost něčeho musíme vnímat našimi pocity. Ale můžeme cítit prázdnotu nebo nepřítomnost čehokoliv, pokud si představíme vztah existujícího v našem světě k nám po naší smrti. Stejný obraz cítíme dokonce i během našeho života na tomto světě – že všechno, co je vně našeho těla, jakoby chybělo a vůbec neexistuje.

Pravda tkví v tom, že je to právě naopak – to, co je vně nás, je věčné a existující a jen my sami nejsme nic a staneme se ničím.

Tyto dvě koncepce jsou pro nás naprosto nepřirozené, protože nám náš pocit říká, že vše, co existuje, je s námi spojeno a existuje pouze v tomto rámci – s námi a v nás – a všechno vně nás nemá žádnou hodnotu. Ale objektivní rozum tvrdí opak: že jsme nicotní a všechno kolem nás je věčné.

* * *

Nekonečně malá část Vyššího světla, která se nachází ve všech objektech neživé a živé přírody a která definuje jejich existenci, se nazývá malá svíčka (*Ner Dakik*).

Zákaz odhalovat tajemství Tóry vychází z toho, aby se neobjevilo opovržení ke kabale. Protože nepoznatelné vyvolává respekt a představuje hodnotu. Vždyť přirozenost člověka je taková, že si chudák cení centu, ale v očích majitele milionu tato suma ztrácí hodnotu a oceňují se jen dva milióny atd.

Podobně i ve vědě vyvolává respekt a jeví se cenným všechno, co je ještě nepochopitelné, ale jakmile je to pochopeno, okamžitě se hodnota pochopeného vytratí a člověk se honí za tím, co dosud nebylo poznáno. Proto není možné odhalovat tajemství Tóry masám: začnou jimi pohrdat. Ale kabalistům je možné je odkrývat, protože se snaží dozvědět víc a více jako vědci našeho světa, i když svými znalostmi opovrhují – právě to v nich vyvolává touhu pochopit ještě nepochopené. A proto byl celý svět stvořen pro ty, kdož touží pochopit tajemství Stvořitele.

* * *

Ti, kteří cítí a postihují Vyšší světlo života (*Or Chochma*) vyzařující ze Stvořitele, přitom v žádném případě nepostihují samotného Stvořitele, Jeho podstatu. Člověk by se neměl zmýlit v tom, že by ti, kdož dosáhli duchovních stupňů a jejich Světla, postihovali pouze Světlo, jelikož není možné porozumět ani nejmenšímu duchovnímu stupni, pokud kabalista v odpovídajícím stupni nepostihl Stvořitele a jeho vlastnosti, jež se k nám vztahují.

V našem světě chápeme lidi v našem okolí podle jejich činů a projevů ve vztahu k nám a ostatním. Poté, co jsme se seznámili s jednáním člověka, s projevy jeho laskavosti, závisti, vzteku, poddajnosti a podobně vzhledem k různým osobám, můžeme říci, že ho známe.

Stejně tak se i kabalistovi odhaluje Stvořitel v naprosto srozumitelné podobě prostřednictvím Světla poté, co pochopí všechny činy a projevy Stvořitele v nich.

Pokud stupně a Světlo jimi vyzařované v sobě nenesou možnost postihnout „samého" Stvořitele, pak je nazýváme nečistými (*Klipa, Sitra Achra*). („Samého" znamená, že stejně jako v našem světě získáváme představu o někom podle jeho činů a necítíme přitom potřebu znát ještě něco jiného, neboť něco, co vůbec nechápeme, v nás nevyvolává zájem a potřebu pochopení.)

Nečisté síly (*Klipa, Sitra Achra*) jsou síly, které vládnou člověku, aby mu nedovolily si plně užít každého přicházejícího potěšení, aby se člověk neuspokojil málem: aby si neřekl, že je pro něho dostatečné to, že ví, jak z ovoce odříznout vrchní část – slupku – a ponechat si to nejdůležitější. Rozum člověka nemůže kvůli působení těchto nečistých sil pochopit smysl práce pro Stvořitele, jež nedovolí pochopit skrytý smysl v Tóře.

* * *

V duchovním objektu se Světlo, které vyplňuje horní polovinu (do *Taburu*), nazývá minulost; vyplnění spodní části (*Sijum*) se nazývá přítomnost; Obklopující světlo (*Or Makif*), které dosud nevstoupilo dovnitř, ale čeká na svoje odkrytí, se nazývá budoucnost.

* * *

Pokud se člověk ocitl v duchovním pádu, zvětšily se jeho egoistické touhy a poklesla v jeho očích důležitost duchovního. Avšak duchovní pád dostává Shora speciálně proto, aby pochopil, že se stále ještě nachází v duchovním vyhnanství, které ho přiměje k modlitbě o spásu.

Vyhnanství (*Galut*, גלות) je duchovní pojem. Z materiálního hlediska se člověk obvykle cítí v *Galutu* lépe než v Izraeli, a to natolik, že se chce do *Galutu* opět vrátit. Neboť z fyzického *Galutu* bez duchovního neexistuje žádné osvobození, žádný návrat (*Ge'ula*, גאלה). Proto se také dnes nacházíme v *Galutu*, jak dokládají naše ústupky sousedům, útěk mladých lidí z naší země a naše touha kopírovat celý svět. Avšak nenajdeme klid, dokud nad vše nepovýšíme náš osud – duchovní osvobození jak nás samých, celého národa, tak i všeho lidstva.

Galut není fyzické otroctví, které zažily během své historie všechny národy. *Galut* je zotročení každého z nás tím nejhorším nepřítelem – egoismem, přičemž je zotročení tak propracované, že člověk nevnímá, že neustále pracuje na tohoto pána, vnější sílu, která se v nás usídlila a diktuje mu svá přání. A my si to jako nepříčetní neuvědomujeme a snažíme se ze všech sil splnit všechny jeho požadavky. Náš stav je opravdu podobný stavu choromyslného, který vnímá hlasy, jež pouze jemu vydávají rozkazy, které zdánlivě vypadají jako jeho pravá přání, a on je plní.

Náš opravdový *Galut* je vyhnanství z duchovního, nemožnost být v kontaktu se Stvořitelem, vnímat Ho a pracovat pro Něho. Právě pociťování tohoto *Galutu* musí být podmínkou odchodu, osvobození se z něho.

Nejprve tělo souhlasí se studiem kabaly a s vynakládáním úsilí pro osvojení si duchovního, protože v duchovních vědomostech vidí určité výhody. Ale když si začne trochu uvědomovat, co znamená skutečná práce „pro Stvořitele", a má požádat o své osvobození, člověk takovou spásu odsunuje a přesvědčuje sám sebe, že v takové práci nemůže uspět. A opět se stává otrokem svého rozumu – to znamená, že se vrací k ideálům materiálního života. Spása z takového stavu může nastat pouze tehdy, když postupuje cestou víry výše rozumu.[72]

Duchovní pád však neznamená, že je víra ztracena. Dalším odhalením egoismu Stvořitel umožňuje vynaložit doplňující úsilí, a tím zvýšit víru. Dosavadní úroveň jeho víry nezmizela, ale ve vztahu k nové práci ji člověk vnímá jako pád.

***

Náš svět je vytvořen podobně jako duchovní, pouze z egoistického materiálu. Ze světa kolem nás se můžeme hodně naučit, pokud ne o vlastnostech duchovních objektů, tak o vzájemném vztahu duchovních objektů podle analogie s naším světem.

---

[72] אמונה למעלה מדעת – *Emuna le-Ma'ala mi-Da'at*.

V duchovním světě existují pojmy: svět, poušť, osídlení, země, Izrael. Všechny duchovní činy (Přikázání) mohou být vykonávány na jakékoliv úrovni ještě před dosažením úrovně Izraele s výjimkou Přikázání lásky a strachu. Tato přikázání jsou odhalena pouze těm, kteří dosáhli úrovně *Erec Jisra'el*.

Uvnitř úrovně *Erec Jisra'el* (dosl. země Izraele) je podúroveň nazývaná Jeruzalém (*Jerušalajim*, ירושלים) ze slov *Jir'a* (יראה, strach) a *Šalem* (שלם, úplný, dokonalý) – touha pociťovat chvění před Stvořitelem, což napomáhá osvobození z egoismu.

* * *

Člověk chtě nechtě jedná v zájmu udržení života těla. Například když je nemocný a nemá touhu jíst, nutí sám sebe, protože ví, že se bez toho neuzdraví. Je to zásluhou toho, že v našem světě všichni jasně vidí odměnu a trest, a proto všichni plní zákony přírody.

Avšak nehledě na to, že je naše duše nemocná a může se zotavit pouze přijetím, vykonáváním altruistických úsilí, člověk, který jasně nevidí odměny a tresty, není schopen se donutit, aby se věnoval léčení. Z toho důvodu uzdravení duše zcela závisí na víře člověka.

* * *

Dolní polovina Vyššího duchovního objektu se nachází uvnitř horní poloviny nižšího (*AChaP de-Eljon* jsou uvnitř *GE de-Tachton*). V nižším objektu se clona nachází v jeho „očích" (*Masach v Nikvej Ejnajim*). To se nazývá duchovní slepota (*Stimat Ejnajim*, סתימת עיניים – dosl. zavírat oči), protože v tomto stavu vidí, že Vyšší má pouze polovinu – *AChaP*. Ukazuje se, že před ním Vyšší objekt skrývá clona nižšího.

Pokud Vyšší objekt předá svou clonu nižšímu, pak tím sám sebe otevírá nižšímu, jenž začíná Vyššího vidět stejně, jako vidí sebe samého. Na základě toho získá nižší „plný" stav (*Gadlut*). Nižší vidí, že se vyšší nachází ve „velkém" stavu, a uvědomí si, že to, že Vyšší předtím skrýval sebe sama (aby byl viděn jako „malý", *Katnut*), Vyšší realizoval speciálně ve prospěch nižšího – to znamená, že nižší získává pocit důležitosti Vyššího.

* * *

Všechny po sobě následující stavy, které člověk na své cestě prožívá, jsou podobné tomu, jako kdyby Stvořitel vyvolal nemoc, kterou Sám následně uzdravuje. Ale to, co člověk vnímá jako nemoc, beznaděj, bezmocnost a zoufalství, se změní ve stádia nápravy a přiblížení se ke sloučení se Stvořitelem, pokud tyto stavy přijme jako vůli Stvořitele.

* * *

Jakmile Světlo Stvořitele vstoupí do egoistické touhy, ta se okamžitě skloní před Světlem a je připravena se přeměnit na altruismus. (Nejednou bylo řečeno, že Světlo nemůže vstoupit do egoistické touhy. Existují však dva druhy Světla – Světlo, které přichází kvůli nápravě přání, a Světlo, které přináší potěšení. V tomto případě se hovoří o Světle, které napravuje.) A když Světlo vstoupí do tužeb, ty se změní na protikladné. Takto se naše největší hříchy mění na zásluhy. Avšak to se děje pouze za podmínky návratu z lásky ke Stvořiteli (*Tšuva mi-Ahava*), když jsme schopni přijmout veškeré Světlo Stvořitele, avšak nikoliv pro náš vlastní prospěch (*GaR*[73] *de-Chochma*). Teprve tehdy se všechny naše dřívější skutky (touhy) stanou nádobami pro přijímání Světla.

Takový stav však nemůže nastat před Konečnou nápravou (*Gmar Tikun*). Předtím je možné přijmout pouze část Světla Stvořitele nikoliv pro sebe sama (*VaK*[74] *de-Chochma*) podle principu střední linie (*Kav Emca'i*).

* * *

Existuje několik druhů přijímání: přijímání milodarů, darů, přijímání násilím (požadavky, které pro sebe člověk považuje za nezbytné). Když člověk přijímá milodar, stydí se, ale prosí. O dar se neprosí, dává se tomu, koho milujeme. Násilím něco vyžaduje ten, kdo nevěří, že dostává ve formě milodaru nebo ve formě daru.

Takto sami sebe ve svých požadavcích cítí spravedliví a požadují je od Stvořitele jako závazek, který je jim přislíben, je jim určen již v Myšlence stvoření, a proto je řečeno: „Spravedliví berou násilím."

* * *

Abrahám (pravá linie, víra výše rozumu) svázal a byl připraven obě-

---

[73] *GaR* (ג"ר) – akronym pro *Gimel Rišonot* (ג' ראשונות), dosl. první tři, míní se první tři *Sfirot* v *Parcufu*.

[74] *VaK* (ו"ק) – akronym pro *Vav Kcavot* (ו' קצוות), dosl. šest konců, míní se šest spodních *Sfirot* v *Parcufu*.

tovat Izáka (levou linii, rozum, kontrolu nad svým duchovním stavem), aby neustále kráčel jenom v pravé linii. V důsledku toho se pozvedl na střední linii, která zahrnuje obě. Protože když člověk kráčí pouze vírou výše rozumu, je v tom velký rozdíl. Prostá víra je nekontrolovaná víra a obvykle se nazývá vírou níže rozumu. Víra prověřovaná rozumem se nazývá vírou uvnitř rozumu. Víra nad rozumem je však možná pouze tehdy, když člověk zanalyzuje svůj stav. A pokud člověk, který vidí, že ničeho nedosáhl, stále upřednostňuje víru, jako by měl všechno, a takto pokračuje až do nejkritičtějšího stavu (*Mesirut Nefeš*, מסירות נפש – dosl. oddanost), pak se to nazývá víra výše rozumu, protože člověk naprosto ignoruje svůj rozum – a tehdy se stává hoden střední linie.

* * *

Existují tři linie duchovního chování – pravá, levá a jejich spojení – střední. Je-li však v člověku pouze jedna linie, nemůže být nazývána ani pravou, ani levou, protože pouze přítomnost dvou protikladných linií odhaluje, která z nich je pravá a která levá.

A existuje prostá přímá linie, nazývaná smyslem pro dokonalost, po které postupuje celá masa věřících. Je to jediná cesta, podle jejíchž zákonů je člověk vychováván, a pak podle toho jedná po celý svůj život. A každý v souladu se svým výpočtem přesně ví, kolik úsilí musí vynaložit, aby pocítil, co v Tóře učinil a co ještě musí učinit, aby splnil svou povinnost. A proto se všichni se svou prací v Tóře cítí spokojeni. A kromě toho člověk cítí, že mu každý uplynulý den přidává další zásluhy a výhody, protože splnil několik dalších Přikázání. Tato linie chování se nazývá přímá, protože na ní člověk nemůže zabloudit, jelikož je od dětství naučen, aby jednal právě takto – bez kontroly a bez sebekritiky. A proto jde celý život přímo a každý den něco přidává ke svým zásluhám.

Ten, kdo kráčí po pravé linii, by měl dělat totéž jako ti, kteří kráčí po přímé linii. S jediným rozdílem, že ti, kteří jdou po přímé linii, postrádají sebekritiku svého duchovního stavu. Ti, kdož jdou po pravé linii, s námahou překonávají každý krok, poněvadž levá linie neutralizuje pravdu, když probouzí žízeň po duchovním, a proto nemají uspokojení ze svého duchovního stavu.

Ten, kdo kráčí po přímé linii, nepodrobuje svůj stav kritice, ale neustále přidává k minulým zásluhám nové, protože se má o co opřít v době, kdy levá linie vymaže veškeré minulé úsilí.

***

To nejdůležitější pro pocit potěšení je touha po radosti, což se v kabale nazývá nádoba. Velikost této nádoby se měří podle stupně pocitu chybějícího potěšení. Je-li tedy stejné potěšení ve dvou nádobách (lidech), jeden se jím může cítit naprosto nasycený a druhý může cítit, že nemá vůbec nic, a být hluboce sklíčen.

***

V knize *Adir ba-Marom* (s. 133) píše velký kabalista Lucato (Ramchal): „... Tóra představuje vnitřní naplnění (Světlo Tóry je *Pnimjut*) práce člověka pro Stvořitele, která je proň vnější nádobou (*Avodat HaŠem – Kli le-Or Tora*). A znalosti mudrců patří k vnější části (*Chochmot Chiconiet*, חוכמות חיצוניות – dosl. vnější vědy) a naprosto se netýkají Tóry."

Člověk se musí snažit žít v tomto okamžiku, uchopit znalosti z minulých stavů a jít vírou výše rozumu v přítomnosti, a pak nemá zapotřebí budoucnost.

***

Pochopení země izraelské (*Erec Jisra'el*) a v důsledku toho odhalení Stvořitele (*Hašra'at ha-Šchina*, השראת השכינה) je dáno tomu, kdo dosáhl duchovní úrovně, která se nazývá *Erec Jisra'el*. Kvůli tomu je třeba od sebe odtrhnout tři nečisté síly, *Klipot* (*Šaloš Klipot Tme'ot*, שלוש קליפות טמאות, což odpovídá duchovní obřízce svého egoismu) a dobrovolně na sebe přijmout podmínku zkrácení (*Cimcum*), jež zajistí, že Světlo nevstoupí do egoismu.

***

Tam, kde se v kabale říká „nelze", je tím míněno „není možné, i když si to přeje". Ale cíl tkví v tom, aby si nepřál.

***

Pracuje-li člověk v jakékoli práci hodinu denně a nezná tam pracovníky, kteří již za svou práci obdrželi odměnu, obává se, že mu nebude vyplacena mzda. Ale obává se mnohem méně než ten, který pracuje 10 hodin. Ten musí mnohem více věřit pánovi a také více trpí, když nevidí, jak jsou odměňováni jiní.

A pokud chce pracovat ve dne i v noci, pak utajení pána a odměny cítí ještě více, protože má velkou potřebu vědět, zda dostane odměnu, jak mu bylo slíbeno.

Ale ti, kdo kráčí vírou výše rozumu, v sobě rozvíjejí velkou potřebu odhalení Stvořitele a úměrně tomu i schopnost odolávat odhalení – a tehdy před nimi Stvořitel odkrývá celý vesmír.

＊＊

Jediná možnost, jak nepoužívat egoistické touhy, je kráčet cestou víry. Pouze jestli člověk odmítá vidět a vědět ze strachu, že při přijímání silných pocitů a vědomostí ztratí možnost pracovat altruisticky, může je začít přijímat, a to v míře, v jaké mu nebrání nadále kráčet cestou víry.

Je tedy jasné, že podstata práce, která není ve vlastní prospěch, je spojena s nutností se vymanit z omezených egoistických možností potěšení, aby bylo možné získat neomezené možnosti se těšit vně úzkého rámce těla. A takový duchovní „orgán" pociťování se nazývá víra výše rozumu.

A ten, kdo dosáhl takové úrovně duchovního vývoje, že je schopen vykonávat práci bez jakékoli odměny pro egoismus, získá shodu vlastností se Stvořitelem (a tedy sblížení, protože v duchovních světech odděluje objekty pouze rozdíl ve vlastnostech a neexistují žádné jiné pojmy místa a vzdálenosti) a cítí bezmezné potěšení, neomezené pocitem studu za almužnu.

Pocit neviditelného „oblaku" Vyššího rozumu, který naplňuje veškerý vesmírný prostor, skrz naskrz vším proniká a všechno ovládá a dává člověku opravdový pocit podpory a jistoty. Proto je víra jedinou opozicí vůči egoismu. Ale víra nezachraňuje jenom před vnitřním egoismem, ale také před vnějším, protože cizinci mohou poškodit pouze vnější, ale nikoliv vnitřní porozumění.

＊＊

Přirozenost člověka je taková, že má sílu dělat jenom to, co si uvědomuje a cítí. A to se nazývá „uvnitř rozumu". Vírou se nazývá Vyšší, nadpřirozená síla, protože umožňuje jednat i v případě, kdy člověk ještě necítí a nerozumí celé podstatě svých činů, tudíž je to síla, která není závislá na osobním zájmu, na egoismu.

＊＊

Je řečeno: tam, kde stojí navracející se (*Ba'al Tšuva*), nemůže stát absolutní spravedlivý. Když se člověk učí, nazývá se absolutní spravedlivý. Když se nedokáže učit, nazývá se hříšníkem. Pokud však překoná sám sebe, nazývá se „navracejícím se". A protože celá naše cesta vede vstříc Cíli stvoření, je každý nový stav vyšší než předchozí. A proto je nový stav „navracejícího se" výše než minulý stav „spravedlivého".

***

Existují dva typy návratu – v činnosti a v myšlenkách. Návrat v činnosti je, když se člověk, který ještě v plném rozsahu nesplnil všechny požadavky, sice snaží vše splnit (studium, modlitba, Přikázání), ale pouze v činnosti (*Ma'ase*), a nikoliv v myšlenkách o tom, proč to dělá (*Kavana*).

Návrat v myšlenkách nastává, pokud člověk předtím udělal všechno, ale pouze za účelem získání výhody pro sebe sama, a nyní napravuje svůj záměr na protikladný, aby jeho činy měly altruistické důsledky. Na základě toho můžeme vidět, že je práce v činnosti, kterou mohou vidět všichni, a je práce v myšlenkách, která není zjevná nikomu. Tyto dva druhy práce se nazývají práce odkrytá (*Nigle*) a skrytá (*Nistar*).

***

Stvořitel je námi vnímán jako Světlo potěšení. V závislosti na vlastnostech a čistotě naší altruistické nádoby, orgánu vnímání duchovního Světla, vnímáme Světlo Stvořitele různě. Z toho důvodu, ačkoli je Světlo jen jedno, nazýváme ho v závislosti na našem pocitu různými jmény podle jeho vlivu na nás.

Existují dva druhy Světla Stvořitele: Světlo poznání, rozumu, moudrosti (*Or Chochma*) a světlo milosrdenství, víry, sloučení (*Or Chasadim*). Or Chochma je rozlišováno ve dvou druzích podle jeho vlivu na člověka: nejprve (když přichází) si člověk uvědomí své zlo, a pak (když si člověk uvědomí své zlo a ví, že svůj egoismus nemůže používat) poskytuje totéž Světlo do stejných egoistických tužeb sílu, aby s nimi bylo možné pracovat (těšit se) nikoliv ve svůj prospěch. A poté, když už je síla na přeměnu egoismu, umožňuje toto Světlo napraveným, bývalým egoistickým touhám, aby se těšily altruisticky.[75]

Or Chasadim nám dává jiná přání – „dávat" namísto „přijímat" potěšení, proto z 320 nenapravených tužeb duše (postupně je člověk

---

[75] לקבל ע"מ להשפיע – *Lekabel al Menat Lehašpi'a* – přijímat kvůli odevzdávání.

cítí v míře duchovního vzestupu, protože postupně postihuje celou hloubku svého zla a je otřesený při pochopení toho, kdo vlastně je) se pod vlivem *Or Chochmy* odděluje 32 částí *Malchut* – touhy po sebepotěšení, protože člověk zjistí, že egoismus je jeho nejhorším nepřítelem.

Zbývajících 288 tužeb nemá žádnou egoistickou nebo altruistickou orientaci; jsou to prostě pocity (jako je sluch, zrak a podobně), které mohou být použity libovolně v závislosti na provedené volbě: pro sebe, nebo pro druhé.

Tehdy v člověku pod vlivem *Or Chasadim* vzniká touha pracovat altruisticky se všemi 288 pocity. To je způsobeno výměnou 32 egoistických tužeb na 32 altruistických tužeb.

Náprava působením Světla (neboli Tóry, což je totéž, protože Tóra je Vyšší světlo Stvořitele) nastává bez pocitu radosti z ní. Člověk vnímá pouze rozdíl vlastností mezi svým egoismem a velikostí Světla. To samo o sobě stačí, aby vznikla snaha uniknout z tělesných přání. Proto je řečeno: „Stvořil jsem ve vás egoistické pohnutky, a proto jsem vytvořil Tóru."

Ale poté, co člověk napraví své touhy, začne přijímat Světlo kvůli potěšení Stvořitele. Toto Světlo – to jest tato Tóra – se nazývá jmény Stvořitele, protože člověk do sebe, do své duše, obdrží část Stvořitele a v souladu se svými potěšeními ze Světla dává jména Stvořiteli.

Do duchovního světa (*Olam Tikun*) je možné vstoupit pouze nabytím vlastnosti všechno odevzdávat (*Or Chasadim, Chafec Chesed*). Toto je minimální a nezbytná podmínka, aby už člověka nemohly uchvátit žádné egoistické touhy, a tím mu ublížit, neboť nechce nic pro sebe.

Bez toho, že by altruistické vlastnosti ochraňovala vlastnost *Or Chasadim*, by člověk, který pociťuje nekonečné potěšení od Vyššího (ze Světla), určitě zatoužil po sebepotěšení, a tím by se zahubil – nikdy by se nemohl dostat z egoismu do altruismu. Celá jeho existence by byla snahou o tato potěšení, která pro jeho egoistické touhy po potěšení nejsou dostupná.

Ale *Or Chasadim*, jež dává člověku touhu po altruismu, do egoistických tužeb (nádoby, *Kli*) svítit nemůže. Egoistické touhy se živí mikro dávkou, jiskrou Světla, která se v nich nachází a je tam násilně vložena Stvořitelem kvůli udržení života, protože člověk bez přijímání potěšení nemůže žít. Kdyby tato jiskra Vyššího světla zmizela, člověk by okamžitě ukončil svůj život, aby se odtrhl od egoismu, od nenaplněné touhy získat potěšení, jen aby nezakoušel pocity absolutní tmy a beznaděje.

Proč *Or Chasadim* nemůže vstoupit do egoismu? Jak bylo zmíněno výše, ve Světle samotném se *Or Chochma* a *Or Chasadim* mezi sebou navzájem neliší; rozdíl určuje sám člověk. Egoistická touha se může začít těšit Světlem bez ohledu na jeho původ, tudíž se těšit *Or Chasadim* ve svůj prospěch. Pouze přání, které již je připraveno na altruistické činnosti, může přijímat Světlo a pocítit radost z altruismu, to znamená, pocítit Světlo jako *Or Chasadim*.

Člověk má radost ze tří druhů pocitů: minulosti, přítomnosti a budoucnosti. Největší potěšení je z budoucnosti, protože se již předem těší v přítomnosti, to znamená, že se těší v současnosti. A proto je předvídání a myšlenky o nežádoucích činech horší než tyto činy samy o sobě, neboť protahují egoistické potěšení a na dlouhou dobu zabírají myšlenky.

Potěšení v přítomnosti je zpravidla krátké vzhledem k našim mělkým přáním, které se rychle nasytí. Potěšení z minulosti může člověk v myšlenkách vyvolávat znovu a znovu a těšit se jím.

Proto je nutné před učiněním dobrého skutku (*Kavana Lehašpi'a*, כוונה להשפיע – dosl. záměr pro odevzdávání) o něm hodně přemýšlet a připravit se, abychom mohli okusit co nejvíce nejrůznějších pocitů a mohli si na ně poté vzpomenout a oživovat své úsilí o duchovní.

***

Poněvadž je naší přirozeností egoismus, člověk si přeje mít ze života potěšení. Ale pokud člověku dají Shora do jeho tužeb malý zárodek duše, který se chce na základě své přirozenosti živit antiegoistickými potěšeními, pak egoismus nemůže na takové činy vynakládat sílu a z původního způsobu života více není možné mít potěšení, protože mu duše nedá pokoje a každý okamžik ho podněcuje k pochopení, že toto není život, ale živočišná existence.

V důsledku toho se člověku začíná zdát život nesnesitelný, plný utrpení, protože ať by dělal cokoliv, není schopen přijmout potěšení nebo alespoň mít z něčeho uspokojení, protože mu uspokojení neposkytuje duše. A to pokračuje, dokud sám egoismus nerozhodne, že neexistuje žádná jiná cesta, že není jiné východisko než poslouchat hlas duše a řídit se jeho pokyny, jinak člověk nebude mít klid. A to znamená, že nás Stvořitel chtě nechtě přivádí nazpět k Sobě.

* * *

Nelze pociťovat ani jedno sebemenší potěšení, pokud člověk předtím nezakusí jeho nedostatek, který je definován jako utrpení z toho, že člověk nemá potěšení, které si přeje. Pro přijetí Vyššího světla je také nezbytné předcházející přání. Proto během studia a dalších činností musí člověk prosit o to, aby cítil potřebu Vyššího světla.

* * *

„Není nikoho jiného kromě Něho" – všechno, co se děje, jsou Jeho přání, která plní všechna stvoření. Jediný rozdíl tkví v tom, že existují jedinci, kteří plní Jeho vůli na základě svého přání (*mi-Da'ato*, מדעותו – dosl. Jeho znalosti). Pocit sloučení stvoření s jeho Stvořitelem je ovšem možný jenom při shodě přání.[76]

* * *

Požehnáním se nazývá projevení se Světla milosrdenství (*Or Chasadim*), což je možné pouze na základě altruistických činů člověka zdola.

* * *

V Tóře je řečeno: „Potřeby národa Tvého jsou veliké, ale moudrost je krátká," právě proto, že je málo moudrosti, avšak veliké potřeby.

* * *

Rabi Jehuda Ašlag (Ba'al HaSulam) řekl: „Náš stav je podobný stavu královského syna, kterého otec umístil do paláce plného všeho, ale nedal mu Světlo, aby to mohl vidět. A syn nyní sedí ve tmě a k tomu, aby získal všechno bohatství, postrádá jenom Světlo. Dokonce má svíčku (Stvořitel mu posílá možnosti se s Ním začít sbližovat), jak je napsáno: ,Duše člověka je svíčkou Stvořitele.' Člověk ji musí jenom zapálit svou touhou."

* * *

Rabi Jehuda Ašlag řekl: „Ačkoli je řečeno, že Cíl stvoření je nepoznatelný, je však obrovský rozdíl mezi jeho nepoznatelností mudrcem a neznalostí tohoto Cíle nevědomým."

---

[76] ברצון הלובש וברצון המלביש – *Be-Racon ha-Loveš u-be-Racon ha-Malbiš* – přání oblékajícího se a přání oblékajícího.

* * *

Rabi Jehuda Ašlag řekl: „Zákon kořene a větve znamená, že nižší musí dosáhnout stupně Vyššího, ale Vyšší není povinen být jako nižší."

* * *

Veškerá naše práce spočívá v přípravě na přijetí Světla. Jak řekl rabi Jehuda Ašlag: „To hlavní je nádoba (*Kli*), ačkoli *Kli* bez Světla je bez života jako tělo bez duše. A my musíme naše *Kli* předem připravit tak, aby při přijetí Světla správně pracovalo. Je to podobné práci stroje, který vyrobil člověk a který je poháněn elektřinou. Práce není možná bez připojení elektrického proudu, ale výsledek jeho práce závisí na tom, jak je vyroben člověkem."

* * *

V duchovním světě jsou zákony a touhy naprosto protikladné k našemu světu, našemu stavu: nakolik je v našem světě nemožné jít proti poznání, porozumění, natolik je v duchovním světě těžké postupovat v rámci poznání. Jak řekl rabi Jehuda Ašlag: „Je řečeno, že když v Chrámu stáli ve službě, bylo těsno, ale když padali dolů k zemi, začalo být volně. Stát (ve službě) označuje velký stav *Parcufu*, přijímání Světla, a ležet znamená malý stav, nepřítomnost Světla. V malém stavu bylo více prostoru – cítili se svobodněji, protože právě v utajení Stvořitele duchovně stoupající cítí možnost jít proti svému rozumu, a v tom spočívá jejich radost v práci."

* * *

Jak vyprávěl rabi Jehuda Ašlag, rabi Pinchas z Hořice, velký kabalista minulého století, neměl peníze ani na nákup knihy Strom života, kterou napsal Ari, a byl nucen půl roku vyučovat děti, aby si vydělal na nákup této knihy.

* * *

Zdá se, že nám naše tělo jenom brání duchovním stoupání, ale to se nám zdá jen z nedostatku pochopení funkcí, které tělu svěřil Stvořitel. Jak řekl rabi Jehuda Ašlag: „Naše tělo je jako kotva setrvačníku v hodinách – kotva sice hodiny zastavuje, bez ní by však hodiny nefungovaly, nepohybovaly by se kupředu." V jiné době řekl: „V hlavni zbraně s dlouhým dostřelem je spirálový závit, který znesnadňuje postup projektilu ven, ale právě kvůli tomuto pozastavení letí projektil dále a s větší přesností." Takový stav se v kabale nazývá *Kišuj*[77].

* * *

Jak řekl rabi Jehuda Ašlag: „Všichni si natolik vysvětlují Tóru z hlediska našeho světa, že dokonce i tam, kde je v Tóře jasně uvedeno: ‚Opatrujte svoje duše,' stejně říkají, že je tím míněno zdraví těla."

* * *

Jak řekl rabi Jehuda Ašlag: „Člověk se v duchovním nachází natolik, nakolik cítí, že jsou jeho egoistické touhy nečistou silou."

* * *

Jak řekl rabi Jehuda Ašlag: „Nejmenší duchovní stupeň je, když je duchovní důležitější a přednější než materiální."

* * *

Jak řekl rabi Jehuda Ašlag: „Pouze v jednom je dovoleno, aby byl člověk domýšlivý – v tom, že nikdo nemůže poskytnout větší potěšení Stvořiteli než on."

* * *

Je řečeno: „Odměnou za Přikázání je poznání Přikazujícího."

* * *

Jak řekl rabi Jehuda Ašlag: „Duchovně rostoucí naprosto nemají starosti o tento svět, jako se vážně nemocný pacient nestará o mzdu, nýbrž jen o to, jak přežít."

* * *

Jak řekl rabi Jehuda Ašlag: „V duchovním stejně jako v našem hmotném světě není spása zapříčiněna násilnými okolnostmi. Pokud například někdo neúmyslně spadl do propasti, cožpak ho od smrti zachraňuje ta okolnost, že spadl nechtěně? Stejné to je i v duchovním."

* * *

Když byl rabi Jehuda Ašlag nemocný, zavolali k němu doktora. Lékař doporučil odpočinek, řekl, že je nutné uklidnit nervy, a pokud už tedy

---

[77] קישוי – tvrdnutí (míní se silná, vášnivá touha před *Zivugem*).

musí studovat, pak něco snadného, například číst *Tehilim* (Žalmy). Když doktor odešel, Rabi Jehuda řekl: „Je vidět, že si lékař myslí, že je možné číst *Tehilim* bez proniknutí do hloubky."

* * *

Jak řekl rabi Jehuda Ašlag: „Není žádné místo ve středu mezi duchovním, čistým, altruistickým – ‚odevzdávat' – a materiálním, egoistickým, nečistým – ‚přijímat'. A pokud člověk není každý okamžik spojen s duchovním, pak na duchovní nejenže prostě zapomene, ale nachází se v nečistém, materiálním."

* * *

V knize Kuzari je řečeno, že když král Kuzari hledal víru pro svůj národ (Chazary), obrátil se ke křesťanovi, muslimovi a teprve poté k Židovi. Když naslouchal Židovi, řekl, že mu křesťan a muslim slibují věčný rajský život a veliké odměny na onom světě po jeho smrti, avšak Tóra hovoří o odměně za splnění Přikázání a trestu za jejich neplnění v tomto světě. Ale vždyť je důležitější, co člověk získá po své smrti, ve věčném světě, než jak prožívá svá léta v tomto světě. Žid na to odpověděl, že oni slibují odměnu na onom světě, protože ten, kdo říká nepravdy, oddaluje odhalení svých slov, aby skryl lež. Jak vysvětlil rabi Jehuda Ašlag slova HaGru[78], smysl toho, co řekl Žid, spočívá v tom, že člověk musí pocítit všechno duchovní, celý budoucí svět, ještě v tomto světě, a to nám jako odměnu slibuje Tóra. A člověk musí obdržet všechny odměny Tóry v tomto světě, právě ještě v době, kdy se nachází v těle, aby vše pocítil celým svým tělem.

* * *

Jak řekl rabi Jehuda Ašlag: „Když člověk cítí, že ho utlačují nečisté síly (egoistické touhy), je to začátek jeho duchovního osvobození."

* * *

Jak řekl rabi Jehuda Ašlag na slova Tóry, že „všechno je v rukou nebes kromě strachu před nebesy": „V odpovědi na požadavky člověka se

---

[78] Rabi Elijahu ben Šlomo Zalman (רבי אליהו בן שלמה זלמן), známý jako Vilna Gaon (génius z Vilniusu) nebo pod svým akronymem HaGra (HaGRA, הגר"א) ze slov **HaGaon Rabenu Elijahu** (הגאון רבנו אליהו) – génius rabi Elijahu, žil v letech 1720–1797.

Stvořitel může rozhodnout, zda mu dá, co žádá, nebo ne. Stvořitel nedává odpověď pouze na prosbu o strach před nebesy: není v rukou nebes dát strach z nebes. A pokud člověk prosí o strach z nebes, bezpodmínečně jej obdrží."

* * *

Životem se nazývá stav pociťování touhy se těšit z přijímání nebo z odevzdávání. Pokud tato touha po potěšení zmizí, pak se tento stav nazývá ztráta pocitů, bezvědomí nebo smrt.

Pokud se člověk nachází v takovém stavu, kdy jasně vidí a cítí, že není možné přijmout potěšení – například proto, že se musí stydět za všechny své minulé činy, cítí jenom utrpení, které neutralizuje i to malé potěšení, které měl z tohoto života – chce spáchat sebevraždu.

V tomto případě je člověk povinen vynaložit veškerou svou sílu, aby získal potěšení z toho, že vykonává činy, které jsou dobré v očích Stvořitele, a že tím Stvořiteli poskytuje potěšení. V podobných myšlenkách a činech je tak velké potěšení, že může neutralizovat i ta největší utrpení na světě. Z toho důvodu se prostřednictvím toho, co duchovně stoupajícího obklopuje – nepřátelé, bankrot, neúspěchy v práci – předávají pocity beznaděje, zoufalství a naprosté nepřítomnosti smyslu jeho existence.

* * *

Pokud již je člověk schopen vykonávat altruistické činy – to znamená, že ať již dělá cokoliv, vždy naprosto vyřadí jakýkoli prospěch pro sebe sama, myslí pouze na dobro toho, pro koho to činí, tedy na Stvořitele, ale stále ještě nemá ze svých činů potěšení – to je nazýváno čistým odevzdáváním (*Mašpi'a al Menat Lehašpi'a*).[79] Například, když plní Přikázání kvůli Stvořiteli, ještě přitom nepřijímá Světlo Tóry, potěšení, které odpovídá každému Přikázání. Příčina spočívá v tom, že se ještě úplně nenapravil, a pokud přijme potěšení z odhaleného Světla Tóry, povstane egoismus a toto potěšení každopádně bude chtít přijmout pro sebepotěšení a nebude schopen se ho zříci a chtě nechtě ho na základě síly přitažlivosti potěšení, která je větší než jeho touha být vyhovujícím v očích Stvořitele, přijme pro sebe sama.

Kelim, kterými člověk vykonává altruistické činy (*Mašpi'a al Menat Lehašpi'a*), se nazývají *Kelim de-Hašpa'a*. Duchovní objekt má

---

[79] משפיע ע"מ להשפיע – odevzdává kvůli odevzdání.

strukturu (soulad duchovních sil je podobný fyzické struktuře našeho těla), která je podobná našemu tělu, jež je složeno z TaRJaG (תרי"ג, číslo 613) *Micvot* neboli 613 orgánů.

Proto jsou *RaMaCh* (רמ"ח, číslo 248) *Kelim de-Hašpa'a* definovány jako nacházející se nad hrudníkem (*Chaze*) duchovního těla a odpovídají výkonným Přikázáním, k jejichž splnění Tóra zavazuje každého.

Světlo, které člověk přijímá při plnění těchto činností, se nazývá *Or Chasadim* nebo *Chasadim Mechusim* – skryté *Chasadim*, skryté před světlem *Or Chochma*.

Jestliže má člověk sílu vůle a natolik napravené pocity, že je schopen nejen vykonávat altruistické činy, ale také z nich přijímat potěšení kvůli Stvořiteli, tudíž přijímat do minulých egoistických přání (*Kelim*), pak se to nazývá *Kabala al Menat Lehašpi'a*.[80] Tehdy může přijímat Světlo, které se nachází v každém Přikázání, to jest v každém duchovním skutku.

Počáteční stádium člověka, který touží dosáhnout Cíle stvoření, spočívá v tom, že na sobě pracuje ve svůj vlastní prospěch (*Lo Lišma*), protože zde existuje mnoho způsobů, jak pocítit potěšení, například z jídla, her, poct, slávy atd.

Tyto metody však umožňují, aby byla pociťována pouze poměrně nevýznamná potěšení, která rychle pominou. Takové záměry se nazývají „pro sebe" – *Lo Lišma*. Zatímco s pomocí víry ve Stvořitele (v Jeho všemohoucnost, v Jeho jedinečnost v řízení veškerého světa, včetně všeho, co se s námi děje, v Jeho řízení všeho, na čem člověk závisí, v Jeho ochotu pomoci, když slyší modlitbu) může člověk dosáhnout mnohem větších potěšení.

A teprve poté, co člověk plně postihne tento přípravný stupeň práce, obdrží zvláštní, zcela odlišné pocity Vyššího stavu, spočívající v tom, že se náhle stane zcela lhostejným k osobnímu prospěchu a zajímá se pouze o to, zda jsou všechny jeho propočty a myšlenky duchovně pravdivé, konkrétně: zda jsou všechny jeho myšlenky a záměry zaměřeny pouze na to, aby se naprosto spoléhal a věřil v existenci pravých zákonů vesmíru, aby pocítil, že je povinen plnit pouze vůli Stvořitele, a vycházel z vnímání Jeho velikosti a síly.

A tehdy zapomíná na své minulé záměry a cítí, že nemá vůbec žádnou touhu přemýšlet o sobě a starat se o sebe, že se zcela podrobuje

---

[80] קבלה ע"מ להשפיע – přijímání kvůli odevzdávání.

velikosti všeprostupujícího Vyššího rozumu a naprosto necítí hlas svého vlastního rozumu a znepokojuje se pouze o to, jakým způsobem je možné učinit něco příjemného a přijatelného Stvořiteli. A tento stav se nazývá „nikoliv ve svůj vlastní prospěch" – *Lišma, Mašpi'a al Menat Lehašpi'a*.

Důvodem víry je to, že neexistuje větší potěšení než pociťovat Stvořitele a naplnit se Jím. Aby však člověk získal toto potěšení nikoliv pro sebe sama, je zde stav ukrytí Stvořitele, aby bylo člověku umožněno plnit Přikázání, ačkoliv necítí žádné potěšení, a to se nazývá „nikoliv kvůli odměně".[81]

A když člověk tohoto stavu dosáhne, vytvoří příslušnou duchovní nádobu, okamžitě se mu otevřou oči a celou svou bytostí pociťuje a vidí Stvořitele. A to, co ho dříve nutilo a hovořilo o tom, že je výhodné pracovat pro Stvořitele kvůli sobě – tato příčina zmizí a je nyní vnímána jako smrt, protože byla předtím spojena se životem, a tohoto dosáhl prostřednictvím víry.

Pokud však ve svém napraveném stavu začne zase pracovat na víře výše rozumu, získá zpět svou duši, Světlo Stvořitele.

* * *

Jména v kabale, třebaže jsou vzata z našeho světa, v duchovním světě znamenají zcela jiné předměty a činnosti, jež jim vůbec nejsou podobné, ačkoliv jsou tyto duchovní objekty jejich přímými kořeny. Z této protikladnosti a odlišnosti kořene a jeho důsledků v našem světě je opět vidět, jak dalece jsou duchovní objekty vzdáleny od našich egoistických představ.

V duchovním světě znamená jméno osobitost odhalení Světla Stvořitele člověku pomocí činnosti, která je nazvána daným jménem. Stejně jako v našem světě nevypovídá jakékoliv slovo o samotném objektu, nýbrž o tom, jak ho vnímáme.

* * *

Sám fenomén nebo objekt mimo naše pocity je věc sama o sobě, která je pro nás nepochopitelná. Má samozřejmě naprosto jinou podobu a vlastnosti, než jsou ty, které jsou vnímány našimi přístroji nebo smysly. Potvrzení toho můžeme vidět třeba na příkladu, že je obraz

---

[81] ע"מ שלא לקבל פרס – *Al Menat še-Lo Lekabel Pras.*

objektu v paprscích viditelné části spektra naprosto odlišný od obrazu pozorovaného pomocí přístrojů ve spektru rentgenových paprsků nebo tepelných frekvencí.

Avšak v každém případě je objekt a je to, jak jej vnímá postihující na základě svých vlastností. A to proto, že spojení samotného objektu, skutečných vlastností tohoto objektu a vlastností postihujícího společně vytvářejí třetí formu: v pocitech postihujícího vzniká obraz objektu zrozený z obecných vlastností samotného objektu a postihujícího.

V práci s duchovním Světlem existují dva různé stavy člověka, jenž si Světlo přeje a přijímá ho: pocity a vlastnosti člověka před a po přijetí Světla.

Existují také dva stavy samotného Světla naplňujícího nádobu (přání člověka): stav předtím, než vstoupilo do styku s pocity, touhami člověka, a stav poté, co vstoupilo do kontaktu s člověkem, který ho vnímá. V prvním stavu se Světlo nazývá Jednoduché (*Or Pašut*), protože není spojeno s vlastnostmi objektů vnímání. A jelikož všechny objekty, kromě Světla Stvořitele, si přejí přijímat, to znamená se těšit Světlem, nemáme žádnou možnost pochopit, prozkoumat, pocítit, nebo si dokonce jenom představit, co znamená samotné Světlo vně nás.

Pokud tedy nazýváme Stvořitele silným, je to právě proto, že v tomto okamžiku cítíme (ten, kdo cítí!) Jeho sílu, avšak bez odhalení nějaké vlastnosti Ho není možné žádným způsobem pojmenovat: dokonce i slovo „Stvořitel" poukazuje na to, co člověk postihl ve Světle, které vnímal. Pokud člověk dává jména Stvořiteli (čili pojmenovává Jeho vlastnosti), aniž by je odhalil ve svých pocitech, pak se jedná o ekvivalentní dávání jmen Jednoduchému světlu ještě předtím, než ho cítí sám v sobě, což se nazývá lež, protože Jednoduché světlo nemá žádné jméno...

***

Člověk, který si přeje duchovně stoupat, se musí vyhýbat vnějším vlivům, chránit své dosud nepříliš pevné přesvědčení, dokud Shora sám neobdrží nezbytné pocity, které mu pak budou sloužit jako opora. A hlavní ochrana a oddálení se není zapotřebí od lidí, kteří mají daleko k Tóře, protože ti mohou být pouze lhostejní, nebo ji extrémně popírat, tudíž jsou od jeho stavu vzdáleni, nýbrž právě od lidí zdánlivě blízkých k Tóře, nebo dokonce ke kabale. Neboť zvenku může člověk vypadat, jako kdyby se nacházel v samém centru pravdy, odevzdával Stvořiteli sebe celého, přesně plnil Jeho přikázání a vroucně se modlil, ale příčiny jeho „spravedlnosti" nejsou nikomu patrné a ve skutečnosti jsou všechny jeho úmysly zaměřeny na to, aby v jakékoliv podobě vytěžil prospěch pro sebe.

Tento druh osobnosti nebo skupiny lidí představuje nebezpečí pro ty, kteří usilují o duchovní růst, protože začátečník vidí obraz oddané služby Stvořiteli, ale nemůže prověřit, zda vychází z touhy poznat Stvořitele, nebo zda je toto lidské chování důsledkem vzdělání a možná i úvah o prestiži apod.

Zároveň vidí obrovské síly, které si tito lidé mohou přivolat na pomoc, aniž by si uvědomili, že tyto síly mohou být použity pouze proto, že jim nestojí v cestě žádná překážka ze strany egoismu, ale naopak, právě egoismus a snaha dokázat svoji pravdu jim poskytuje sílu, jelikož skutečná Tóra síly člověka oslabuje, aby potřeboval Stvořitele.[82]

A pokud člověk cítí ve vnějších činnostech takového „spravedlivého" přitažlivou sílu, dostane se do otroctví Faraona, neboť je v Tóře řečeno, že otroctví u Faraona bylo pro *Jisra'el* příjemné (*Jisra'el*, ישראל, je ten, kdo si přeje kráčet *Jašar El* [čti: kel], יש ראל – přímo ke Stvořiteli). A protože Tóra hovoří jenom o osobních duchovních stavech každého z nás, je tím míněno právě duchovní otroctví, do kterého se může začátečník dostat – natolik, že bude litovat sil, které v boji s egoismem promrhal.

Lidí, kteří jsou od Tóry vzdáleni, se začátečníci nemusí bát, jelikož předem vědí, že se od nich nemají co naučit, a proto pro ně nepředstavují nebezpečí duchovního zotročení.

* * *

Náš egoismus nám dovoluje se pohybovat jen tehdy, když cítí strach. A pobízí nás k jakémukoliv jednání proto, aby byl tento pocit neutralizován. Z tohoto důvodu, pokud by člověk mohl cítit strach před Stvořitelem, měl by sílu a touhu pracovat.

Jsou dva druhy strachu: strach z porušování Přikázání a strach před Stvořitelem. Existuje strach, který člověku nedovolí hřešit, jinak by zhřešil. Pokud si však již je jistý, že nehřeší a dělá všechny skutky pouze pro Stvořitele, stále plní všechna Přikázání – avšak nikoliv ze

---

[82] תורה מתשת כחו של אדם – *Tora Matešet Kocho Šel Adam* – Tóra vyčerpává sílu člověka.

strachu, ale proto, že je to přání Stvořitele.

Strach z přestupku (hříchu) je egoistický strach, protože se člověk bojí ublížit sám sobě. Strach před Stvořitelem se nazývá altruistickým strachem, protože se bojí neudělat to, co je příjemné Stvořiteli z pocitu lásky. Ale i s veškerou touhou plnit to, co je pro Stvořitele přijatelné, je stejně pro člověka obtížné plnit Přikázání Stvořitele (skutky, které jsou příjemné Stvořiteli), protože v nich nevidí nevyhnutelnost.

Strach z pocitu lásky nesmí být menší než egoistický strach. Člověk se například bojí, že když ho uvidí v okamžiku páchání trestného činu nebo jen prostého přestupku, zažije utrpení a hanbu. Kabalista v sobě postupně rozvíjí pocit rozechvění, že pro Stvořitele dělá málo, a tento pocit je trvalý a stejně velký jako strach egoisty z trestu za velké očividné zločiny.

* * *

„Člověk se učí jen to, co se chce naučit."[83] Vycházíme-li z toho, je zřejmé, že se člověk nikdy nenaučí plnit jakákoliv pravidla a předpisy, pokud nechce. Který člověk by však chtěl poslouchat mravní ponaučení, když zpravidla necítí své vlastní nedostatky? Jak se tedy vůbec může napravit ten, kdo o to usiluje?

Člověk je stvořen tak, že chce potěšit jenom sám sebe. Proto se všechno, co se učí, učí pouze proto, aby našel způsob, jak uspokojit své potřeby, a nezačne se učit něco, co nepotřebuje, jelikož taková je jeho přirozenost.

Aby se ten, kdo se chce přiblížit ke Stvořiteli, byl schopen naučit, jakým způsobem je možné jednat „pro Stvořitele", musí požádat Stvořitele, aby mu dal jiné srdce, v němž by se místo egoismu objevila altruistická touha. Pokud Stvořitel tuto prosbu splní, pak člověk chtě nechtě ve všem, co se učí, uvidí způsoby, jak učinit to, co je příhodné pro Stvořitele.

Ale člověk nikdy neuvidí to, co je proti touze srdce (buď egoistické, nebo altruistické). A nikdy se nebude cítit povinen něco udělat, po-

---

[83] אין אדם לומד אלא במקום שליבו חפץ – *Ejn Adam Lomed, Ele be-Makom še-Libo Chafec* – člověk se učí pouze tam, kam ho táhne jeho srdce.

kud to neposkytuje radost srdci. Jakmile však Stvořitel změní egoistické srdce (*Lev ha-Even*)[84] na altruistické (*Lev Basar*),[85] okamžitě pocítí svou povinnost, že by se pomocí nově nalezených možností mohl napravit, a shledává, že ve světě není nic důležitějšího než přinášet radost Stvořiteli.

* * *

A to, co vidí jako své nedostatky, se proměňuje ve výhody, protože tím, že je napravuje, přináší radost Stvořiteli. Ale ten, kdo se ještě nemůže napravit, nikdy neuvidí své nedostatky, protože je člověku odhalují pouze v tom rozsahu, v jakém se dokáže napravit.

* * *

Všechny činy člověka, které vedou k uspokojení osobních potřeb, a veškerá jeho práce ve stavu „pro sebe sama" (*Lo Lišma*) zanikne s jeho odchodem z našeho světa. A všechno, o co se tak strachoval a co vytrpěl, v okamžiku zmizí.

Je-li však člověk schopen provést výpočet, zda má cenu pracovat v tomto světě a všechno ztratit v posledním okamžiku svého života, může dospět k závěru, že je vhodnější pracovat „pro Stvořitele" (*Lišma*). V tomto případě ho toto rozhodnutí přivede k potřebě požádat Stvořitele o pomoc, zejména pokud vložil mnoho práce do plnění Přikázání se záměrem získat osobní prospěch.

Ten, kdo málo pracoval v Tóře, má menší touhu převést své skutky na skutky „pro Stvořitele" (*Lišma*), protože málo ztrácí a práce na změnu záměrů vyžaduje ještě mnoho úsilí.

Člověk se proto všemi prostředky musí snažit, aby zvýšil své úsilí v práci „nikoliv pro Stvořitele", poněvadž to je příčinou toho, že v něm poté vznikne přání se vrátit ke Stvořiteli (*Lachzor be-Tšuva*)[86] a pracovat v *Lišma*.

* * *

Člověk dostává všechny své pocity Shora. A pokud člověk cítí touhu, lásku, přitahování ke Stvořiteli, je to jistý příznak toho, že také Stvořitel prožívá stejné pocity vůči němu (podle zákona: „člověk je stínem

---

[84] לב האבן – kamenné srdce.
[85] לב בשר – srdce z krve.
[86] לחזור בתשובה – dát se na pokání.

Stvořitele"). To, co člověk cítí ke Stvořiteli, cítí i Stvořitel k člověku a naopak.

* * *

Po pádu do hříchu „prvního člověka Adama" (duchovní sestup společné Duše ze světa *Acilut* na úroveň zvanou „tento svět" nebo „náš svět") se jeho Duše rozdělila na 600 tisíc částí a tyto části se odívají do lidských těl, jež se rodí v našem světě. Každá část společné Duše se odívá do lidských těl tolikrát, kolikrát potřebuje do úplné osobní nápravy. A když se všechny části jednotlivě, každá sama sebe, napraví, znovu se spojí do společné napravené Duše zvané *Adam*. Pro střídání generací existuje příčina zvaná „otcové" a jejím důsledkem jsou „děti". Příčina pro zrození dětí spočívá pouze v tom, aby pokračovala náprava toho, co nenapravili otcové, to jest duše v předchozím koloběhu.

* * *

Stvořitel k Sobě člověka nepřibližuje kvůli jeho dobrým vlastnostem, ale kvůli jeho pocitu nicotnosti a touhy se očistit od své vlastní „špíny". Pokud člověk cítí potěšení z duchovního nadšení, pak se v něm pozvolna vytváří mínění, že kvůli podobným pocitům stojí za to být otrokem Stvořitele. V takových případech zpravidla Stvořitel z jeho stavu potěšení stáhne, aby tím člověku ukázal, co je skutečnou příčinou jeho nadšení z duchovního pocitu: že to není víra ve Stvořitele, ale osobní potěšení, které je příčinou jeho touhy stát se otrokem Stvořitele. Tím dává člověku příležitost k jednání, které by nebylo kvůli sebepotěšení.

Odebrání potěšení z jakéhokoliv duchovního stavu člověka okamžitě uvrhne do stavu úpadku a beznaděje a on v duchovní práci necítí žádnou chuť. Avšak díky tomu má člověk příležitost, aby se právě z tohoto stavu přiblížil ke Stvořiteli pomocí víry výše rozumu (pociťováním), že to, že v daném okamžiku vnímá nepřitažlivost duchovního, je jeho subjektivní pocit, a ve skutečnosti není nic velkolepějšího než Stvořitel.

Na základě toho můžeme vidět, že proň byl duchovní pád připraven Stvořitelem speciálně pro jeho okamžitý duchovní vzestup na ještě Vyšší stupeň tím, že mu byla dána možnost pracovat na zvýšení víry. Jak je řečeno: „Stvořitel předchází nemoc lékem" a „tímtéž, čím Stvořitel bije, On uzdravuje."

Navzdory tomu, že pokaždé, když odejmutí životní síly a zájmu otřese celým organismem člověka, člověk, jenž se chce skutečně duchovně povznést, se raduje z možnosti pozvednout víru výše rozumu na ještě větší úroveň, a tím potvrzuje, že chce být opravdu nezávislý na osobních potěšeních.

* * *

Člověk je obvykle zaujat pouze sám sebou, svými pocity a myšlenkami, svým utrpením nebo potěšením. Pokud však usiluje o duchovní vnímání, musí se snažit přenést centrum svých zájmů jakoby do vnějšího prostoru, který je naplněn Stvořitelem, žít existencí a přáními Stvořitele, spojit s Jeho plánem vše, co se děje, a celý se Mu odevzdat, aby zůstal v živočišném rámci jenom tělesný obal, ale vnitřní pocity, podstata člověka, jeho „já", vše, co se nazývá duše, se v představách a pocitech přeneslo z těla „ven", a pak bude cítit dobrotivou sílu pronikající celým vesmírem.

Takový pocit je podobný víře výše rozumu, protože se člověk snaží přenést všechny své pocity zevnitř sebe ven, mimo své tělo. Po uvědomění si víry ve Stvořitele člověk, který se nadále snaží se udržet v tomto stavu navzdory překážkám, které mu Stvořitel posílá, zvyšuje svou víru a postupně do ní začíná přijímat Světlo Stvořitele.

* * *

Poněvadž je celé stvoření postaveno na interakci dvou protikladných sil: egoismu (touhy po sebepotěšení) a altruismu (touhy těšit), cesta postupné nápravy – převádění egoistických sil na protikladné – je založena na jejich spojení: postupně a po malých částech se egoistické touhy začleňují do altruistických, čímž se napravují.

Tato metoda transformace naší přirozenosti se nazývá práce ve třech liniích. Pravá linie (*Kav Jamin*, *Chesed*, *Abrahám*) se nazývá bílá linie (*Lavan*), protože v ní nejsou žádné nedostatky, vady.

Poté, co ji člověk ovládne, absorbuje do sebe největší část levé linie (*Kav Smol*, *Gvura*), jež se nazývá červená (*Adom*), protože obsahuje náš egoismus, který je v duchovních činech zakázáno používat, protože je možné se dostat pod jeho moc, vládu nečistých sil – tužeb (*Klipat Smol*, *Klipat Izák*, *Ezau*), kteří se snaží Světlo (*Or Chochma*) přijmout pro sebe, pocítit Stvořitele a tímto pocitem potěšit sebe samé ve svých egoistických touhách.

Pokud člověk silou víry výše rozumu – to znamená snahou nepřijímat do svých vlastních egoistických přání – odmítá možnost postihnutí Stvořitele, Jeho činů, řízení, potěšení z Jeho Světla a upřednostňuje postup nad svými přirozenými touhami vše poznat a pocítit, vědět předem, jakou dostane odměnu za své činy, pak na něho již nepůsobí síly zákazu používat levou linii. Takové rozhodnutí se nazývá „vytvoření stínu", neboť sám sebe odděluje od Světla Stvořitele. V tomto případě má člověk možnost vzít určitou část ze svých levých přání a spojit je s pravými. Výsledné spojení sil, přání, se nazývá střední linie (*Kav Emca'i, Jisra'el*). Právě v ní se odhaluje Stvořitel. A pak se všechny výše uvedené kroky opakují na dalším, Vyšším stupni – a tak dále až do konce cesty.

* * *

Rozdíl mezi nájemným pracovníkem a otrokem spočívá v tom, že nájemný pracovník během práce přemýšlí o odměně, zná její velikost a to je cílem jeho práce. Otrok nedostává žádnou odměnu, jen to nezbytné pro svou existenci. Všechno patří jeho pánovi; on sám nic nemá. Pokud tedy otrok tvrdě pracuje, je to jasné znamení, že chce potěšit svého pána, dělat pro něho něco příjemného.

Naším úkolem je, abychom si k naší duchovní práci osvojili takový vztah, který by byl podobný věrnému otroku, jenž pracuje zcela zdarma. Aby náš vztah k práci na sobě nebyl ovlivněn žádným pocitem strachu z trestu nebo pravděpodobností obdržení odměny, nýbrž to byla pouze touha nezištně udělat to, co si přeje Stvořitel, přičemž je třeba, abychom Ho dokonce ani necítili, protože tento pocit je také odměnou. A aby to dokonce bylo i bez toho, že by On věděl, že jsem to pro Něho udělal právě já, a aby nevěděl ani to, zda jsem opravdu něco udělal – to znamená, aby člověk neviděl ani výsledky své práce, ale pouze věřil, že je s ním Stvořitel spokojen.

Ale musí-li být naše práce opravdu taková, pak se tím vylučuje podmínka odměny a trestu. Abychom tomu porozuměli, je třeba vědět, co je v Tóře míněno pod pojmy odměna a trest.

Odměna má místo tam, kde člověk vynakládá určité úsilí, aby získal to, co si přeje, a v důsledku své práce dostává nebo nachází požadované. Ale to, čeho je hojnost, co je v našem světě všem dostupné, nemůže být odměnou. Prací se nazývá úsilí člověka na získání určité odměny, kterou bez vynaložení tohoto úsilí nelze získat.

Člověk například nemůže tvrdit, že vykonal práci tím, že našel kámen, jestliže se kolem něho kameny nacházejí hojně. V tomto případě není ani práce, ani odměna. Zatímco k tomu, aby se zmocnil malého drahokamu, je nutné vynaložit velké úsilí, protože je těžké ho najít. V tomto případě existuje jak úsilí, tak i odměna. Světlo Stvořitele zaplňuje celé stvoření. Jako kdybychom v něm plavali, ale nemůžeme to pocítit. Potěšení, které cítíme, je jen nekonečně malé záření, které k nám proniká díky milosrdenství Stvořitele, protože bez potěšení bychom ukončili svoji existenci. Tato záře je vnímána jako síla, která nás přitahuje k objektům, do nichž se odívá. Objekty samy o sobě nemají žádný význam, jak pociťujeme i my sami, když se náhle přestaneme zajímat o to, co nás dříve tolik přitahovalo.

Příčina toho, že vnímáme pouze malou záři (*Ner Dakik*), a ne celé Světlo Stvořitele, spočívá v tom, že náš egoismus vykonává roli clony. Tam, kde dominují naše egoistické touhy, není pociťováno Světlo podle zákona o shodě vlastností, zákona podobnosti: dva objekty se mohou navzájem cítit pouze v rozsahu, v jakém se shodují jejich touhy, vlastnosti těchto objektů. Dokonce i v našem světě vidíme, že když se dva lidé nacházejí na různých úrovních myšlení, tužeb, pak se navzájem prostě nedokážou pochopit.

Kdyby však člověk měl vlastnosti Stvořitele, jednoduše by se vznášel v pocitu nekonečného oceánu rozkoše a absolutního poznání. Jestliže však Stvořitel vše zaplňuje Sebou samým, znamená to, že Ho není třeba hledat jako vzácnou věc – je tudíž zjevné, že v Něm není obsažen koncept odměny. A na hledání Jeho pociťování nelze uplatnit ani koncept práce, protože On je v nás a kolem nás, pouze zatím není v našich pocitech, nýbrž jenom v naší víře. Ale když jsme Ho pociťovali a těšili se Jím, nelze říci, že jsme obdrželi odměnu, protože pokud není práce a přijatá věc se na světě vyskytuje hojně, nemůže být odměnou.

V tomto případě však zůstává otázkou, co je potom odměnou za naše úsilí kráčet proti přirozenosti egoismu.

Nejdříve je třeba pochopit, proč Stvořitel vytvořil zákon podobnosti, kvůli kterému Ho nejsme schopni pocítit, ačkoliv všechno zaplňuje. V důsledku tohoto zákona se před námi skrývá. Odpověď zní: Stvořitel stvořil zákon podobnosti, na základě kterého cítíme jen to, co je na naší duchovní úrovni, kvůli tomu, abychom tím, že se Jím těšíme, nezakoušeli nejhroznější pocit ve stvoření (čili v egoismu) – pocit hanby a ponížení. Tento pocit není egoismus schopen vydržet.

Není-li člověk v žádném případě schopen ospravedlnit své špatné činy ani před sebou samým, ani před ostatními, nemůže najít žádné důvody, které ho údajně proti jeho přání přinutily udělat to, co udělal, dává přednost jinému trestu, jen aby se vyhnul tomuto pocitu ponížení svého „já", protože toto „já" je základní podstatou jeho bytí, a jakmile se poníží, samotné jeho „já" duchovně zmizí a on sám jako by zmizel ze světa.

Když však člověk dosáhne takové úrovně vědomí, že se jeho touhou stává všechno odevzdat Stvořiteli a on se neustále zabývá přemýšlením o tom, co ještě může pro Stvořitele udělat, pak odhalí, že ho Stvořitel stvořil, aby od Stvořitele přijímal potěšení, a Stvořitel si už nic více nepřeje. A tehdy člověk obdrží všechna potěšení, která je schopen pocítit, aby vyplnil přání Stvořitele.

V tomto případě není absolutně žádné místo pro pocit hanby, jelikož dostává potěšení proto, že mu Stvořitel ukazuje, že si přeje, aby člověk tato potěšení přijímal. A člověk tím naplňuje touhu Stvořitele, a nikoliv své egoistické touhy. A proto se stává podobným Stvořiteli vlastnostmi a clona egoismu zmizí. A to nastává v důsledku ovládnutí duchovní úrovně, na které již je schopen poskytovat potěšení stejně jako Stvořitel.

Vycházíme-li z výše uvedeného, odměna, o kterou by měl člověk požádat za své úsilí, musí spočívat v obdržení nových, altruistických vlastností, tj. přání „odevzdávat", touhy těšit, která jsou podobná přáním Stvořitele vůči nám. Tato duchovní úroveň, tyto vlastnosti, se nazývají strachem před Stvořitelem.

Duchovní, altruistický strach a všechny ostatní antiegoistické vlastnosti duchovních objektů absolutně nejsou podobné našim vlastnostem a pocitům. Strach před Stvořitelem spočívá v tom, že se člověk bojí, že bude vzdálen od Stvořitele, ale nebojí se ze zištných důvodů ani ze strachu, že zůstane ve svém egoismu a nestane se podobným Stvořiteli, neboť všechny tyto propočty jsou založeny na osobních zájmech, zohledňují vlastní stav.

Strach před Stvořitelem spočívá v nezištné obavě, že člověk neučiní to, co by pro Stvořitele ještě mohl učinit. Takový strach je altruistická vlastnost duchovního objektu – jako protiklad k našemu egoistickému strachu, že nedokážeme uspokojit naše potřeby.

Dosažení vlastnosti strachu před Stvořitelem, síly odevzdávat, by mělo být příčinou a cílem úsilí člověka. A poté s pomocí dosažených vlastností člověk kvůli Stvořiteli přijímá všechna potěšení, která jsou pro něho připravena, a tento stav se nazývá Konečná náprava (*Gmar Tikun*).

* * *

Strach před Stvořitelem musí předcházet lásce ke Stvořiteli. Příčina spočívá v tom, že člověk kvůli tomu, aby byl schopen vykonávat požadované z pocitu lásky, aby pocítil potěšení obsažené v duchovních činnostech zvaných Přikázání, aby v něm tato potěšení vyvolala pocit lásky (jako v našem světě: co nám poskytuje potěšení, to máme rádi, a to, z čeho trpíme, nenávidíme), musí nejprve postihnout strach před Stvořitelem.

Pokud člověk Přikázání neplní z lásky a pro potěšení z nich, nýbrž z pocitu strachu, stává se to proto, že necítí potěšení, které je v nich ukryto, a plní vůli Stvořitele ze strachu z trestu. Tělo takové práci neklade odpor, protože se bojí trestu, ale neustále se ho ptá na důvod této práce, což člověku poskytuje podnět, aby dále zvyšoval strach a víru v trest a odměnu, v řízení Stvořitelem, dokud se nestane hoden pocítit přítomnost Stvořitele.

Když člověk pocítí přítomnost Stvořitele, což znamená, že získal víru ve Stvořitele, může začít naplňovat touhy Stvořitele již z pocitu lásky, cítit v Přikázáních chuť a potěšení, zatímco pokud by mu Stvořitel dal možnost okamžitě a beze strachu plnit Přikázání z pocitu lásky, tudíž z pociťování potěšení v nich, pak by člověk nepotřeboval věřit ve Stvořitele. A je to podobné těm, kteří tráví svůj život v honbě za pozemskými potěšeními a kteří nepotřebují víru ve Stvořitele k tomu, aby plnili zákony své přirozenosti, neboť ta je k tomu zavazuje slibováním potěšení.

Kdyby kabalista v Přikázáních Stvořitele okamžitě pocítil potěšení, pak by je plnil chtě nechtě a všichni by spěchali plnit vůli Stvořitele kvůli obdržení těch ohromných potěšení, která se skrývají v Tóře. A člověk by se nikdy nemohl sblížit se Stvořitelem.

Proto je stvořeno ukrytí potěšení, která jsou obsažena v Přikázáních a Tóře jakožto celku (Tóra je souhrn všech potěšení obsažených v každém Přikázání; Světlo Tóry je souhrn všech Přikázání), a tato potěšení jsou odkrývána až po dosažení trvalé víry ve Stvořitele.

* * *

Jak člověk, jenž je stvořen s vlastnostmi absolutního egoismu a necítí žádné jiné touhy kromě těch, které diktuje jeho tělo, a dokonce ani nemá možnost si představit něco jiného než své pocity, může vystoupit z přání svého těla a pocítit to, co není schopen pocítit svými přirozenými smysly?

Člověk je stvořen s touhou naplnit potěšením svá egoistická přání a v takových podmínkách nemá žádnou možnost změnit sám sebe, svoje vlastnosti na protikladné.

Kvůli tomu, aby vytvořil takovou možnost přechodu od egoismu k altruismu, Stvořitel, když vytvořil egoismus, umístil do něho zrnko altruismu, které je člověk schopen zkultivovat pomocí kabaly, studiem a činnostmi podle její metodiky.

Když na sobě člověk cítí, že mu jeho tělo diktuje požadavky, nemá sílu jim čelit a všechny jeho myšlenky směřují pouze k jejich naplnění. V tomto stavu nemá žádnou svobodnou vůli nejen v jednání, ale také co se týče přemýšlení o něčem jiném než o vlastní spokojenosti.

Když člověk pociťuje příliv duchovního vzestupu, vznikají touhy po duchovním růstu a odpoutání se od tužeb těla, které ho stahují dolů – touhy těla jednoduše necítí a nepotřebuje právo na volbu mezi hmotným a duchovním.

Člověk, který se nachází v egoismu, nemá sílu si zvolit altruismus, cítí-li však velikost duchovního, není již postaven před volbu, protože si to sám přeje. Veškerá svobodná vůle proto spočívá ve výběru, kdo jej bude ovládat: egoismus, nebo altruismus. Kdy však nastává takový neutrální stav, ve kterém člověk může přijmout nezávislé rozhodnutí?

Člověk nemá jinou cestu než se spojit s Učitelem, zahloubat se do kabalistických knih, připojit se ke skupině, která směřuje ke stejnému cíli, nechat se ovlivnit myšlenkami o altruismu duchovních sil, z čehož se v něm probudí altruistické zrnko, které Stvořitel vložil do každého z nás a které se v průběhu mnoha koloběhů lidského života nachází ve stavu spánku. A v tom tkví jeho svobodná volba. A jakmile cítí oživené altruistické touhy, již k odhalení duchovního směřuje bez úsilí.

* * *

Člověk, který směřuje k duchovním myšlenkám a činům, ale ještě není dostatečně pevný ve svých přesvědčeních, se musí vyvarovat spojení s lidmi, jejichž myšlenky jsou neustále v jejich egoismu. Obzvlášť ti, kteří si přejí kráčet vírou výše rozumu, se musí chránit před kontakty s názory těch, kdož vedou život v rámci svého rozumu, protože jsou od základu svým myšlením protikladní. Jak se říká: „Rozum nevědomých je protikladný rozumu Tóry."[87] Myšlení v rámci svého rozumu znamená, že člověk ze svých činů především vypočítává výhodu. Kdežto rozum Tóry, tudíž víra, která je postavena výše rozumu člověka, dává přednost skutkům, jež naprosto nejsou spojeny s egoistickými názory rozumu a možnostmi získanými v důsledku svých činů.

* * *

Člověk, který potřebuje pomoc druhých lidí, se nazývá chudý. Ten, kdo je v životě spokojený s existujícím, se nazývá boháč. Pokud člověk cítí, že jsou všechny jeho činy důsledkem egoistických tužeb (*Liba*, dosl. srdce) a myšlenek (*Mocha*, dosl. mozek), a sám sebe vnímá jako chudého, pak dospěje k porozumění své skutečné duchovní úrovně, k uvědomění si svého egoismu, zla, které se v něm nachází. Pocit hořkosti z uvědomění si svého pravého stavu rodí v člověku touhu po nápravě. Pokud tato touha dosáhla určité velikosti, Stvořitel do tohoto *Kli* posílá Světlo nápravy. A tímto způsobem člověk začíná stoupat po stupních duchovního žebříku.

* * *

Masy jsou vychovávány v souladu s jejich egoistickou přirozeností včetně vykonávání Přikázání Tóry. A poté automaticky plní to, co získali v procesu výchovy. A toto je jistá záruka toho, že tuto úroveň spojení se Stvořitelem neopustí. A pokud se tělo člověka zeptá, kvůli čemu plní Přikázání, odpoví si, že je tak vychován, a to je obraz jeho života i života jeho společnosti.

Je to nejspolehlivější základ, z něhož člověk nemůže spadnout, protože se zvyk stal přirozeností a k vykonávání přirozených činů již není zapotřebí žádné úsilí, jelikož je diktuje samotné tělo a mysl. A takový člověk nebude v nebezpečí, že se naruší to, na co je zvyklý a co je proň přirozené, například se nezatouží v sobotu projet autem.

Pokud však chce člověk dělat něco, co mu není dáno výchovou, to,

---

[87] דעת בעלי בתים הפוכה מדעת תורה – *Da'at Ba'alej Batim Hafucha mi-Da'at Tora* – názor obyvatelů je protikladný vůči názoru Tóry.

co do něho neproniklo jako přirozená potřeba těla, pak každá i ta nejméně významná činnost bude doprovázena předběžnou otázkou těla, proč to dělá, kdo a co ho nutí vybočit z (relativního) stavu klidu.

V tomto případě je člověk postaven před zkoušku a volbu, protože ani on, ani jeho společnost nedělají to, co zamýšlí, a kolem něho není nikdo, z koho by si mohl vzít příklad a u koho by našel podporu pro své záměry, nebo aby věděl, že si druzí myslí totéž co on, a tak získal oporu pro své myšlenky.

A jelikož nemůže nalézt žádný příklad ani ve své výchově, ani ve své společnosti, je povinen si říci, že ho nutí jednat a přemýšlet novým způsobem jenom strach před Stvořitelem. A proto není kromě Stvořitele nikdo, na koho by se mohl spolehnout.

A protože je Stvořitel Jediný a je jeho jedinou oporou, takový člověk je nazýván jedinečným (*Jachid Sgula*)[88] a nepatří k masám, mezi nimiž se narodil, vyrostl a byl vychován, a cítí, že nemůže získat podporu od mas, nýbrž je naprosto závislý na milosti Stvořitele, a proto se stává hoden přijmout Tóru – Světlo Stvořitele, které mu slouží jako průvodce na jeho cestě.

* * *

Každý začátečník má tuto otázku: kdo určuje volbu cesty člověka – sám člověk, nebo Stvořitel? Jinými slovy, kdo si vybírá koho: člověk Stvořitele, nebo Stvořitel člověka?

Jde o to, že na jedné straně je člověk povinen říci, že si Stvořitel vybral právě jeho, což se nazývá Osobní vedení (*Hašgacha Pratit*, השגח הפרטית, dosl. soukromá Prozřetelnost), a měl by za to Stvořiteli děkovat – za to, že mu poskytl příležitost pro svého Stvořitele něco udělat.

Ale pak by se měl člověk zamyslet: proč si ho Stvořitel vybral a dal mu takovou příležitost, proč by měl plnit Přikázání, k jakému cíli, k čemu by ho to mělo dovést? A dospěje k závěru, že je mu všechno dáno, aby vykonával skutky pro Stvořitele, že odměnou je práce sama o sobě a vzdálení se od ní je trest. A tuto práci pro Stvořitele si volí člověk, který je připraven Stvořitele požádat, aby mu dal záměr Mu svými činy přinášet radost. A je to právě člověk, jenž činí tuto volbu.

* * *

---

[88] יחיד סגולה – vybraná, vyvolená osobnost.

Masy jsou v Tóře nazývány majitel domu (*Ba'al Bajit*), protože jejich touha – postavit svůj dům – je egoistická nádoba (*Kli*), jež je naplňuje potěšením. Ten, kdo se pozvedne, se v Tóře nazývá synem Tóry (*Ben Tora*), protože jeho touhy jsou výplodem Světla Tóry a spočívají v tom, aby ve svém srdci postavil dům Stvořitele kvůli jeho naplnění Světlem Stvořitele.

* * *

Všechny pojmy, všechny jevy rozeznáváme na základě našich pocitů. V souladu s reakcí našich smyslů dáváme jméno tomu, co se děje. Pokud tedy člověk hovoří o nějakém objektu nebo události, vyjadřuje svůj pocit. A v míře, v jaké mu tento objekt brání v přijetí potěšení, určuje pro sebe míru jeho zla až do takového stupně, že nemůže vydržet v jeho blízkosti, není schopen snést blízkost s ním.

Proto člověk v míře, v jaké chápe důležitost Tóry a Přikázání, definuje zlo obsažené v objektech, jež mu brání v plnění Přikázání. Z toho důvodu, pokud si člověk přeje dospět k nenávisti ke zlu, musí pracovat na povýšení Tóry, Přikázání a Stvořitele ve svém vědomí. A ve stejné míře, v jaké se v člověku zrodí láska ke Stvořiteli, pocítí i nenávist k egoismu.

* * *

V paschálním příběhu se vypráví o čtyřech synech, kteří kladou otázky o duchovní práci člověka. A přestože jsou všechny tyto čtyři vlastnosti v každém z nás, kabala jako obvykle hovoří pouze o jednom souhrnném obrazu člověka, co se Stvořitele týče, avšak na tyto čtyři obrazy můžeme pohlížet jako na různé typy lidí.

Tóra je dána pro boj s egoismem. Proto, pokud člověk nemá žádné otázky (*Eino Edeja Lišol*),[89] znamená to, že si ještě neuvědomil své zlo a nemá Tóru zapotřebí. V tomto případě, pokud věří v odměnu a trest, může být probuzen tím, že existuje odměna za splnění Přikázání. A toto se nazývá: „Ty mu otevři" (*Ptach Lo*).[90]

A ten, kdo již plní Přikázání kvůli obdržení odměny, ale necítí svůj egoismus, nemůže napravit sám sebe, protože necítí své nedostatky. Toho je třeba naučit, jak plnit Přikázání nezištně. Pak přichází jeho egoismus (špatný syn, *Raša'*, רשע, dosl. bezbožný, zlý) a ptá se: „Co je

---

[89] אינו יודע לשאול – neumí se zeptat.
[90] פתח לו – otevři mu.

to za práci a nač?⁹¹ Co z toho budu mít já? Vždyť je to proti mému přání." A člověk začne k práci proti svému egoismu potřebovat pomoc Tóry, protože v sobě pocítil zlo.

Existuje zvláštní duchovní síla, která se nazývá anděl (*Mal'ach*), která dává člověku utrpení, aby si uvědomil, že se nemůže nasytit, jestliže těší svůj egoismus. A toto utrpení nutí člověka, aby se z rámce egoismu vymanil, jinak by zůstal otrokem egoismu navždy.

* * *

Říká se, že Stvořitel předtím, než svěřil Tóru Izraeli, nabízel ji všem národům, ale byl odmítnut. Člověk, jakožto malý svět, se skládá z mnoha tužeb, zvaných národy. Člověk by měl vědět, že ani jedna jeho touha není vhodná pro duchovní vzestup kromě touhy směřovat ke Stvořiteli, jež se nazývá *Jisra'el* (ישראל), *Jašar El* [čti: kel] (לשר אל). Tóru může obdržet pouze tehdy, když si mezi všemi ostatními touhami vybere jenom tuto.

* * *

Utajení své duchovní úrovně je jednou z nepostradatelných podmínek úspěchu v duchovním vzestupu. Pod utajením tohoto druhu se má na mysli uskutečňování činů, které jsou pro cizince nepostřehnutelné. Nejdůležitější požadavek se však vztahuje na utajení myšlenek člověka, jeho úsilí, a pokud je od kabalisty požadováno, aby vyjádřil své názory, musí je zakrýt a vyjádřit je obecně tak, aby se neodhalily jeho skutečné záměry.

Člověk například věnuje velký dobročinný dar na podporu lekce Tóry s podmínkou, že jeho jméno bude vytištěno v novinách. To znamená, že dává peníze, aby se stal slavným a potěšil se. I když však jasně ukazuje, že je pro něho tím hlavním přijímat pocty, je možné, že skutečným důvodem je, že nechce ukázat, že to dělá kvůli šíření Tóry. Utajení se tudíž obvykle odehrává v záměrech, a nikoli v činech.

* * *

Pokud Stvořitel musí dát kabalistovi pocit duchovního pádu, pak mu především posíláním špatných pocitů odejme víru ve velké kabalisty, jinak by od nich mohl získat umocnění sil a nepocítil by duchovní pád.

Masy, které plní Přikázání, se starají jen o činy, ale ne o záměry,

---

91 מה העבודה הזאת לכם – *Ma ha-Avoda Hazot Lachem* – co vám dá tato práce?

protože je jim jasné, že to dělají kvůli odměně v tomto nebo v budoucím světě, vždy své činy dokáží ospravedlnit a cítí se spravedlivými.

Kabalista, který pracuje na svém egoismu, při plnění Přikázání prověřuje zejména své záměry, neboť si přeje plnit přání Stvořitele nezištně, pociťuje odpor těla a neustálé rušivé myšlenky a cítí se jako hříšník.

A takto je to učiněno Stvořitelem záměrně, aby měl kabalista neustále možnost korigovat své myšlenky a záměry, aby nezůstal otrokem svého egoismu a nepracoval ve svůj prospěch jako masy, nýbrž pocítil, že nemá jinou možnost, jak vykonávat přání Stvořitele, než pouze kvůli Němu (*Lišma*).

Právě na základě toho má kabalista neustálý pronikavý pocit, že je mnohem horší než masy. Vždyť nepřítomnost pravého duchovního stavu mezi masami je základna pro fyzické provádění Přikázání. Kabalista je však nucen přetvořit své záměry z egoistických na altruistické, jinak by vůbec nebyl schopen plnit Přikázání. Proto se ve svém vnímání cítí horším než masy.

* * *

Člověk se neustále nachází ve stavu války za vyplnění požadavků svých tužeb. Ale existuje i válka opačného druhu, v níž člověk bojuje proti sobě samému, za to, aby odevzdal celé své srdce Stvořiteli a zaplnil srdce svým přirozeným nepřítelem – altruismem, aby Stvořitel zaujímal celý prostor nejen ze Své vůle, ale také v souladu s přáním člověka, aby nám vládl na základě naší prosby, řídil nás zjevně.

V takové válce se člověk musí především přestat identifikovat se svým tělem a začít pohlížet na své tělo, rozum, myšlenky, pocity jako na přicházející zvenku, posílané Stvořitelem kvůli tomu, aby byl člověk donucen k potřebě pomoci od Stvořitele, aby prosil Stvořitele, aby je porazil, aby v něm Stvořitel posílil myšlenku na Svoji jedinečnost, na to, že právě On posílá tyto myšlenky, aby mu Stvořitel dal víru – pociťování Své přítomnosti a řízení a on mohl čelit myšlenkám, že něco záleží na samotném člověku a že je na světě kromě Stvořitele ještě jiná vůle a síla.

Například, i když člověk dobře ví, že Stvořitel všechno stvořil a všechno řídí (pravá linie), ale zároveň nemůže zapudit myšlenku, že mu někdo „N" něco udělal nebo může udělat (levá linie). A přestože si je na jedné straně jistý, že všechny tyto vlivy pocházejí z jednoho zdroje, Stvořitele (pravá linie), není schopen potlačit myšlenku, že ho kromě Stvořitele ovlivňuje někdo jiný, že výsledek čehokoliv nezávisí pouze na Stvořiteli (levá linie).

Takové vnitřní střety mezi protichůdnými pocity se vyskytují při všech možných příležitostech v závislosti na společenských vztazích člověka do té doby, dokud nedosáhne bodu, kdy mu Stvořitel pomáhá najít střední linii.

Válka probíhá díky tomu, že člověk pociťuje jedinečnost Stvořitele a rušivé myšlenky jsou mu posílány záměrně proto, aby s nimi bojoval, s pomocí Stvořitele nad nimi zvítězil a vybojoval si tak větší pociťování Jeho vedení, to znamená, aby v sobě zvýšil víru. Pokud je přirozená válka člověka vedena za naplnění jeho egoismu, kvůli většímu ziskům jako všechny války v našem světě, pak nepřirozená válka, válka proti vlastní přirozenosti, je vedena s cílem dát moc nad svým vědomím „nepříteli", Stvořiteli, aby celé území své mysli a srdce odevzdal působení Stvořitele a naplnil se Stvořitelem tak, aby Stvořitel zvítězil nad celým světem a osobní malý svět člověka a celý velký svět obdařil Svými vlastnostmi v souladu s jejich přáními.

Stav, ve kterém přání, vlastnosti Stvořitele zabírají všechny myšlenky a touhy člověka, se nazývá altruistickým, stavem „odevzdání" (*Mašpi'a al Menat Lehašpi'a*) nebo stavem odevzdání živočišné duše (*Mesirut Nefeš*) Stvořiteli nebo návratem (*Tšuva*, dosl. pokání). Nastává to pod vlivem Světla milosrdenství (*Or Chasadim*), jež je přijato od Stvořitele a předává sílu čelit rušivým myšlenkám těla.

Takový stav může být také přechodný: člověk může překonat určité pomyslné překážky, ale na základě nového útoku myšlenek, které vyvracejí jedinečnost Stvořitele, může opět podlehnout jejich vlivu, poté s nimi znovu bojuje, znovu pocítí potřebu pomoci od Stvořitele, znovu obdrží Světlo, porazí tyto myšlenky a odevzdá je do moci Stvořitele.

Stav, ve kterém člověk přijímá potěšení kvůli Stvořiteli, to znamená, že se nejen vzdá svému „protivníkovi" – Stvořiteli, ale také přejde na Jeho stranu, se nazývá přijímání pro Stvořitele (*Lekabel al Menat Lehašpi'a*). Přirozená volba skutků a myšlenek člověka je taková, že si podvědomě nebo vědomě volí cestu, na které může získat větší potěšení. To znamená, že opovrhuje malými potěšeními a dává přednost velkým. V těchto skutcích není žádná svoboda volby, právo si zvolit.

Ten, kdo si za svůj cíl klade volbu rozhodnutí na základě kritéria pravdy, a nikoliv potěšení, získá právo volby, svobodu rozhodování, protože souhlasí, že bude postupovat cestou pravdy, i když přináší utrpení. Ale přirozenou touhou těla je vyhnout se utrpení a hledat potěšení jakýmkoliv způsobem. Proto tělo nedovolí, aby se člověk ve svém jednání řídil kategorií „pravda". Ti, kdo plní Přikázání na základě víry v odměnu a trest, také nesledují cíl pocítit velikost Stvořitele, protože jejich cílem je získat odměnu v našem nebo v budoucím světě a to je příčina jejich plnění Tóry a Přikázání. Z toho důvodu nemají žádné spojení se Stvořitelem, protože Ho nepotřebují natolik, že kdyby Stvořitel vůbec neexistoval a odměna pocházela z jakéhokoliv jiného zdroje, jeho přání by plnili také.

Ten, kdo usiluje o plnění přání Stvořitele, musí klást své touhy níže vůle Stvořitele, je povinen se neustále starat o to, aby pociťoval velikost Stvořitele, což mu dává sílu plnit vůli Stvořitele, a nikoliv svou vlastní. Člověk může plnit přání Stvořitele v míře, ve které věří v Jeho velikost a sílu. Proto by měl veškeré úsilí soustředit na prohloubení pociťování velikosti Stvořitele.

Protože si Stvořitel přeje, abychom cítili potěšení, On v nás stvořil touhu se těšit. Kromě této touhy v nás žádná jiná vlastnost není a tato vlastnost nám diktuje všechny naše myšlenky a činy a programuje naši existenci.

Egoismus se nazývá zlým andělem, zlou silou, protože nám Shora vládne, posílá nám potěšení a my se nevědomky stáváme jeho otroky. Stav bezpodmínečné podřízenosti této síle, která si nás kupuje potěšeními, se nazývá otroctví nebo vyhnanství (*Galut*) z duchovního světa.

Kdyby tento anděl neměl co dát, nemohl by člověku vládnout. A kdyby člověk mohl odmítnout potěšení, která nabízí egoismus, nebyl by jím zotročen.

Člověk se tedy není schopen dostat z otroctví, pokud se o to však pokouší – což je považováno za jeho volbu – pak mu Stvořitel Shora pomáhá tím, že stáhne potěšení, s nimiž egoismus zotročuje člověka, a on je pak schopen se z moci egoismu vymanit a stát se svobodným, a když ho začnou ovlivňovat duchovně čisté síly, pocítí potěšení v altruistických činech a stane se otrokem altruismu.

Závěr: člověk je otrokem potěšení. Pokud potěšení člověka pocházejí z přijímání, pak se nazývá otrokem egoismu (Faraona, zlého anděla atd.). Pokud potěšení pocházejí z dávání, nazývá se otrokem Stvořitele (altruismu). Bez přijímání požitku však člověk není schopen existovat – taková je jeho podstata, tímto způsobem ho stvořil

Stvořitel a to nelze změnit. Vše, co člověk musí udělat, je prosit Stvořitele, aby mu dal touhu po altruismu. V tom spočívá volba člověka a jeho modlitba (*Alijat MaN, Itaruta de-Letata*).

* * *

Správná (účinná) prosba ke Stvořiteli se skládá ze dvou fází. Zpočátku si člověk musí uvědomit, že je Stvořitel ke všem bez výjimky absolutně dobrý a všechny Jeho činy jsou milosrdné bez ohledu na to, jak nepříjemně by byly pociťovány. Proto i jemu Stvořitel posílá jen to nejlepší, naplňuje ho vším, co nezbytně potřebuje, a on nemá Stvořitele o co žádat.

Ve stejné míře, v jaké je člověk spokojen s tím, co od Stvořitele přijímá, ať by se nacházel v jakkoliv hrozném stavu, může poděkovat Stvořiteli a velebit Ho natolik, že k jeho stavu již není co přidat, neboť je spokojen s existujícím (*Sameach be-Chelko*).[92]

Nejdříve je člověk vždy povinen poděkovat Stvořiteli za minulost a poté prosit za budoucnost. Pokud však člověk v něčem cítí nedostatek, pak je ve stejné míře, v jaké pociťuje nedostatek, od Stvořitele oddálen, protože Stvořitel je naprosto dokonalý a člověk se cítí nešťastný. Když však dospěje k vnímání, že vše, co má, je to nejlepší, protože mu Stvořitel poslal právě tento stav, a nikoliv jiný, začíná se ke Stvořiteli přibližovat a již může prosit za budoucnost.

Do stavu „spokojen s existujícím" (*Sameach be-Chelko*) může dospět člověk, který si uvědomil, že to nebyl on, nýbrž Stvořitel, který mu dal takové okolnosti: a právě teď čte knihu, která hovoří o Stvořiteli, nesmrtelnosti, Vyšším cíli života, dobrém Cíli stvoření, jak požádat Stvořitele, aby změnil jeho osud – čehož se nestaly hodny miliony lidí na světě.

A ti, kteří si přejí pocítit Stvořitele, i když se toho dosud nestali hodni, jsou spokojeni s existujícím, protože to pochází od Stvořitele, a jsou šťastni ze svého údělu (*Sameach be-Chelko*). A poněvadž (přestože jsou spokojeni, že Stvořitel považuje za potřebné jim dávat, a proto jsou Stvořiteli blízcí) v nich stále zůstávají nenaplněné touhy, zaslouží si obdržet Světlo Stvořitele, které přináší absolutní poznání, porozumění a potěšení.

* * *

---

[92] שמח בחלקו – spokojen se svým osudem.

Aby se člověk mohl duchovně oddělit od egoismu, musí pocítit svou vlastní bezvýznamnost, nízkost svých zájmů, tužeb a potěšení, pocítit, nakolik je připraven k jakýmkoliv činům ve jménu dosažení osobního blahobytu a ve všech myšlenkách sleduje pouze svůj vlastní prospěch.

To nejdůležitější v pocitu vlastní bezvýznamnosti je uvědomění si pravdy, že osobní uspokojení je důležitější než Stvořitel, a pokud člověk ve svých činech nevidí žádný přínos, nemůže je uskutečnit ani v myšlenkách, ani v činnosti.

* * *

Stvořitele těší, když člověku dává potěšení. Pokud má člověk radost z toho, že Stvořiteli poskytuje možnost, aby ho potěšil, pak jsou si Stvořitel a člověk navzájem podobní vlastnostmi a přáními, protože každý je spokojen s tím, co dává: Stvořitel dává potěšení a člověk vytváří podmínky pro jejich přijetí; každý přemýšlí o druhém, a nikoliv o sobě, a to určuje jejich činy.

Ale poněvadž se člověk narodil jako egoista, nemůže přemýšlet o druhých, ale pouze o sobě a může dávat pouze v případě, když v tom vidí přímý prospěch – větší než to, co dává (jako například proces směny, nákupu). Pak je touto vlastností člověk polárně vzdálen od Stvořitele a nepociťuje Ho.

Tato absolutní oddálenost člověka od Stvořitele, zdroje všech potěšení, v podobě našeho egoismu, je zdrojem všech našich utrpení. Uvědomění si toho je nazýváno uvědoměním zla (*Hakarat ha-Ra*, הכרת הרע), jelikož proto, aby člověk mohl odmítnout egoismus kvůli nenávisti vůči němu, musí plně pocítit, že všechno toto jeho zlo je jeho jediný smrtelný nepřítel, který mu neumožňuje dosáhnout dokonalých potěšení a nesmrtelnosti.

Ve všech činnostech, při studiu Tóry, při plnění Přikázání, si proto člověk musí klást za svůj cíl odtržení se od egoismu a sblížení se Stvořitelem na základě shody vlastností, aby se mohl z uskutečňování altruistických činů těšit ve stejné míře, v jaké se nyní těší z egoismu. Pokud se člověk s pomocí Shora začne těšit tím, že uskutečňuje altruistické činy, má z toho radost a je to jeho největší odměna, pak se tento stav nazývá „odevzdávání pro odevzdání" bez jakékoli odměny (*Mašpia al Menat Lehašpi'a*). Potěšení člověka spočívá pouze v tom, že může něco udělat pro Stvořitele.

Poté, co se pozvedl na tuto duchovní úroveň a přeje si dát Stvořiteli cokoliv, vidí, že si Stvořitel přeje jenom jedno: aby od Něho člověk přijímal potěšení. Pak je člověk připraven přijímat potěšení proto, že právě to je touha Stvořitele. Takové činy se nazývají „přijímání kvůli odevzdání" (*Mekabel al Menat Lehašpi'a*).[93]

* * *

V duchovních stavech mysl (inteligence, moudrost) člověka odpovídá Světlu moudrosti (*Or Chochma*) a srdce (touhy, pocity člověka) odpovídají Světlu milosrdenství (*Or Chasadim*). Pouze když má člověk srdce připravené na vnímání, může mu vládnout rozum. (*Or Chochma* může svítit jen tam, kde již je *Or Chasadim*. Pokud není *Or Chasadim*, pak nesvítí *Or Chochma* a tento stav se nazývá tma, temnota.)

Ale v našem světě – to znamená v člověku, který je ještě zotročen egoismem – nemůže nikdy rozum vládnout nad srdcem, protože srdce je zdrojem tužeb. Srdce je skutečným pánem člověka a rozum nemá důvod vzdorovat touhám srdce.

Pokud si například člověk přeje krást, požádá svou mysl o radu, jak to udělat, a mysl je vykonavatelem tužeb srdce. A pokud chce udělat něco dobrého, pak mu stejná mysl pomáhá stejně jako jiné orgány těla. Neexistuje tedy žádný jiná cesta než očištění svého srdce od egoistických tužeb.

* * *

Stvořitel člověku záměrně ukazuje, že Jeho touhou je přijímání potěšení – aby byl člověk osvobozen od hanby přijímání. V člověku se vytváří plné pociťování toho, že když přijímá potěšení „kvůli Stvořiteli", opravdu Ho tím těší, to znamená, že člověk dává potěšení Stvořiteli a nepřijímá potěšení od Stvořitele.

* * *

V Tóře a Přikázáních existují tři druhy práce člověka a v každé z nich jsou dobré a zlé touhy:
1) Učí se a plní Přikázání kvůli sobě, například, aby se stal slavným – aby mu neplatil odměnu za jeho úsilí Stvořitel, ale odměnu nebo peníze mu platili lidé v jeho okolí. A proto se Tórou zabývá všem na očích, jinak by nedostal odměnu.

---

[93] מקבל ע"מ להשפיע – přijímá kvůli odevzdávání.

2) Učí se a plní Přikázání kvůli Stvořiteli, aby mu Stvořitel zaplatil v tomto i v budoucím světě. V tomto případě se již Tórou nezabývá všem na očích, pracuje tak, aby lidé jeho práci neviděli a nezačali ho za jeho práci odměňovat, protože chce dostávat veškerou odměnu pouze od Stvořitele, a pokud ho začnou odměňovat lidé kolem něho, může ztratit své záměry a namísto odměny od Stvořitele začne přijímat odměnu od lidí.

Takové záměry člověka v jeho práci se nazývají „pro Stvořitele", protože pracuje pro Stvořitele, plní Přikázání Stvořitele, aby ho za to odměnil pouze Stvořitel, zatímco v prvním případě pracuje pro lidi a plní to, co v jeho práci chtějí vidět oni, a za to vyžaduje odměnu.

3) Po předcházejících dvou etapách člověk vstupuje do stavu vědomí egoistického otroctví; jeho tělo se začíná ptát: „Co je to za práci bez odměny?" A na tuto otázku nemá co odpovědět.

Ve stavu 1 egoismus nepokládá otázky, protože vidí odměnu za práci od ostatních. Ve stavu 2 člověk může egoismu odpovědět, že chce větší odměnu, než mu mohou dát lidé v okolí – to znamená, že si přeje věčné duchovní potěšení v tomto i v budoucím světě. Ve stavu 3 však člověk nemá svému tělu co odpovědět, a proto teprve tehdy začne pociťovat své otroctví, nadvládu egoismu nad sebou, kdežto Stvořitel si přeje jen dávat, a člověk si nyní přeje, aby byla jeho jedinou odměnou možnost také odevzdávat.

* * *

Odměna je to, co si člověk přeje dostat za svou práci. Obecně to nazýváme slovem potěšení a prací rozumíme jakékoliv duševní, fyzické, morální a další úsilí těla. Potěšení může být také ve formě peněz, vyznamenání, slávy atd.

Když člověk cítí, že není v jeho silách bojovat s tělem, že nemá energii pro uskutečnění ani nepatrného činu, poněvadž tělo, které nevidí odměnu, není schopno vynaložit žádné úsilí, nemá žádnou jinou možnost než požádat Stvořitele, aby mu dal nadpřirozené síly k práci proti své přirozenosti a rozumu. Pak bude schopen pracovat vně jakéhokoliv spojení se svým tělem a s argumenty rozumu.

Hlavním problémem je proto uvěřit v to, že mu Stvořitel může pomoci proti přirozenosti a jenom čeká, až Ho o to člověk požádá. Avšak člověk může toto rozhodnutí přijmout až poté, když se absolutně zklame ve svých silách. Stvořitel si přeje, aby si sám člověk vybral dobro a distancoval se od špatného. Jinak by Stvořitel vytvořil člověka se svými vlastnostmi, nebo když by již egoismus vytvořil, sám by ho nahradil altruismem bez hořkého stavu vyhnanství z Vyšší dokonalosti.

Volba spočívá ve svobodném osobním rozhodnutí samotného člověka, aby mu místo Faraona vládl Stvořitel. Síla Faraona tkví v tom, že člověku otevírá oči a on vidí odměny, které slibuje. Člověk jasně vidí odměnu za své egoistické činy, chápe je svým rozumem a vidí je očima. Výsledek je obvyklý, předem známý, schválený společností, rodinou, rodiči a dětmi.

Proto tělo zadává Faraonovu otázku: „Kdo je Stvořitel, že bych Ho měl poslouchat? K čemu mi je taková práce?"

Z toho důvodu má člověk pravdu, když říká, že není v jeho silách jít proti přírodě. To se od něho však nevyžaduje. Je požadováno pouze to, aby věřil, že ho Stvořitel může změnit.

* * *

Světlo Stvořitele, Jeho odhalení člověku se nazývá život. Okamžik prvního stálého pociťování Stvořitele se nazývá duchovním zrozením člověka. V našem světě má člověk přirozenou touhu žít, touhu po existenci. Stejnou touhu duchovně žít v sobě však člověk musí vypěstovat, pokud si přeje, aby se duchovně zrodil, a to podle zákona: „utrpení z touhy po potěšení definuje přijímané potěšení".

Proto se člověk musí učit Tóru kvůli Tóře, to jest kvůli odhalení Světla, tváře Stvořitele. A pokud toho nedosáhne, cítí velké utrpení a hořkost. Tento stav se nazývá „žít v hořkosti" (*Cha'ej Ca'ar Tichje*).[94] Ale přesto musí pokračovat ve svém úsilí (*be-Tora Ata Amel*),[95] úměrně čemuž zesilují jeho utrpení z toho, že nepřijímá odhalení, až na určitou úroveň, kdy se mu odkryje Stvořitel.

Vidíme, že je to právě utrpení, které postupně v člověku vyvolává skutečnou touhu dosáhnout odhalení Stvořitele. Takové utrpení se nazývá utrpení z lásky (*Jisurej Ahava*).[96] A taková utrpení mu může každý závidět! Dokud není naplněn celý kalich tohoto utrpení v nezbytné míře – a tehdy se Stvořitel kabalistovi odkryje.

---

[94] חיי צער תחיה – budeš žít v utrpení.
[95] בתורה אתה עמל – usilovně pracuj v Tóře (usilovně studuj Tóru).
[96] ייסורי אהבה

* * *

Pro uzavření obchodu je často nezbytný zprostředkovatel, který dává kupujícímu jasně najevo, že věc, o kterou má zájem, má vyšší hodnotu, než je cena, za kterou se prodává, což znamená dokazování, že prodávající nepřehání cenu. Na tomto principu je postavena celá metoda „přijímání" (*Musar*, dosl. morálka), která člověka přesvědčuje, aby ve jménu duchovního zavrhl materiální blahobyt. A knihy systému *Musar* učí, že všechna potěšení našeho světa jsou vykonstruovaná potěšení, která nemají žádnou hodnotu. A člověk již tak mnoho neztrácí, když se jich zřekne kvůli získání duchovních potěšení.

Metoda rabiho Ba'ala Šem Tova je poněkud odlišná: základní těžiště přesvědčování je v nabízeném nákupu. Člověku je umožněno pochopit nekonečnou hodnotu a velikost nabytí duchovního, přestože je hodnota i v potěšeních světa. Je však vhodnější se jich vzdát, protože duchovní jsou nesrovnatelně větší.

* * *

Kdyby člověk i nadále setrvával v egoismu a mohl by současně s materiálními přijímat i duchovní potěšení, pak by stejně jako v našem světě stále víc a více zvyšoval své touhy a pokaždé by se dál a dále vzdaloval od Stvořitele na základě rozdílu ve vlastnostech a v jejich velikosti. V tomto případě by člověk necítil Stvořitele, takže by necítil pocit hanby z přijímání potěšení. Tento stav je však podobný stavu společné Duše v okamžiku jejího vzniku (*Malchut de-Ejnsof*).

* * *

Člověk se může těšit Stvořitelem pouze tak, že se k Němu přiblíží vlastnostmi, proti čemuž okamžitě povstane jeho tělo, egoismus, což člověk cítí ve formě otázek, které v něm náhle vznikají: co mám z této práce pro dnešní den, nehledě na to, že jsem již vydal tak mnoho sil; proč bych si měl být jistý, že někdo dosáhl duchovního světa; nač je třeba po nocích tak tvrdě studovat; je vůbec možné skutečně dosáhnout pociťování duchovního a Stvořitele v té míře, jak o tom píší kabalisté; může to vůbec obyčejný člověk unést na ramenou...?

Vše, co říká náš egoismus, je pravda: dosažení nejnižší duchovní úrovně bez pomoci Stvořitele není v silách člověka. Ale nejtěžší je věřit v pomoc Stvořitele předtím, než ji obdrží. Tato pomoc k překonávání egoismu přichází ve formě odhalení velikosti a síly Stvořitele.

Kdyby byla velikost Stvořitele v našem světě odhalena každému, pak by se každý snažil potěšit Stvořitele i bez jakékoliv odměny, protože by byla odměnou samotná možnost sloužit. A nikdo by nepožadoval a ani by neodmítal žádnou jinou či dodatečnou odměnu (*Mašpi'a al Menat Lehašpi'a*).

Ale jelikož je velikost Stvořitele před našima očima i pocity skryta (*Šchina de-Galut, Šchina be-Afar*, dosl. *Šchina* ve vyhnanství, v prachu), člověk není schopen pro Stvořitele cokoliv vykonat. Vždyť tělo (náš rozum) se domnívá, že je důležitější než Stvořitel, protože cítí pouze sebe, a proto právem namítá: pokud je tělo důležitější než Stvořitel, pak pracuj pro tělo a získej odměnu. Ale tam, kde nevidíš výhody, nepracuj. Vidíme, že jsou v našem světě připraveni pracovat bez vědomí odměny jenom duševně nemocní a děti ve svých hrách. (Ale to také jenom proto, že jsou k tomu jedni i druzí automaticky nuceni přírodou: děti kvůli svému vývoji, duševně nemocní kvůli nápravě svých duší.)

Potěšení je derivací touhy, která mu předchází: chuti, utrpení, vášně, hladu. Člověk, který má všechno, je nešťastný, protože není schopen se potěšit a je v depresi. Pokud změříte majetek člověka jeho pocitem štěstí, pak jsou chudí lidé nejbohatší, protože mají radost ze získání drobných věcí.

Stvořitel se neodkrývá naráz právě proto, aby si člověk mohl vytvořit nezbytný pocit touhy po Stvořiteli. Když se člověk rozhodne jít Stvořiteli naproti, namísto pocitu uspokojení ze své volby a potěšení z procesu duchovního odhalení se ocitá v podmínkách plných utrpení. A to je záměrně proto, aby v sobě vypěstoval nad svými pocity a myšlenkami víru v laskavost Stvořitele. Navzdory náhle bolestivě bodajícímu utrpení musí úsilím a vnitřním vypětím překonat myšlenku na toto utrpení a přinutit se myslet na Cíl stvoření a svou cestu k němu, třebaže na to nemá místo ani v mysli, ani v srdci.

Není možné si však lhát a říkat, že to není utrpení, ale zároveň by člověk měl navzdory svým pocitům věřit a pokoušet se neusilovat o pocítění Stvořitele, Jeho odhalení a jasné poznání Jeho úmyslů, působení a plánů v posílaném utrpení, protože to je podobné úplatku, odměně za pocit utrpení. Všechny jeho činy a myšlenky by neměly být o sobě, uvnitř sebe samého, neměly by být nasměrovány na pociťování svého utrpení a na pokusy se jim vyhnout, nýbrž by měly být za hranicemi vlastního těla, jako kdyby byly přeneseny zevnitř ven. Je třeba se snažit pocítit Stvořitele a Jeho úmysly, ale ne ve svém srdci, nikoliv podle svých pocitů, ale zvnějšku, izolovaně od sebe, postavit sebe sama na místo Stvořitele a přijímat toto utrpení jako nezbytnou podmínku pro zvyšování víry v Jeho vedení, aby vše bylo pro Stvořitele.

V tomto případě si člověk může zasloužit odhalení Stvořitele, pocítění Světla Stvořitele, Jeho pravého vedení. Protože se Stvořitel odhaluje pouze v altruistických touhách, myšlenkách, které nejsou o sobě a o vlastních problémech, ale ve „vnější" starostlivosti, neboť teprve tehdy je dosažena shoda vlastností mezi Stvořitelem a člověkem. A pokud člověk ve svém srdci prosí, aby byl vysvobozen ze svého utrpení, je ve stavu žadatele, egoisty. Proto musí najít pozitivní pocity, za které může Stvořiteli děkovat, a pak může obdržet osobní odhalení Stvořitele.

Je třeba mít na paměti, že skrývání Stvořitele a utrpení je důsledkem působení našeho egoistického oděvu a ze strany Stvořitele přichází jen potěšení a jasnost, ale pouze pod podmínkou, že se v člověku vytvoří altruistická přání a úplně odmítne egoismus (*Kelim Lemala mi-Da'at*)[97] cestou vystoupení ze své přirozenosti, z pociťování svého „já". A všechen hřích člověka spočívá v tom, že nechce kráčet vírou výše rozumu, a proto cítí neustálé utrpení, neboť se mu pod nohama ztrácí opora (*Tole Erec al Blima*).[98]

Přičemž když člověk vynaložil velké úsilí na studium a na práci na sobě, přirozeně očekává dobrou odměnu, ale získá jen bolestivé pocity z beznadějných a kritických stavů. Vždyť je těžší se zdržet potěšení ze svých altruistických činů než z egoistických potěšení, protože samotná radost je nesrovnatelně větší. Je nesmírně obtížné, dokonce byť i na okamžik, úsilím rozumu souhlasit s tím, že právě to je pomoc Stvořitele. Tělo navzdory všem úvahám křičí, že je nutné se podobných stavů zbavit.

Pouze pomoc Stvořitele může člověka zachránit před neočekávaně vznikajícími životními problémy, ale ne žádostí o řešení, ale modlitbou za možnost – bez ohledu na požadavky těla – prosit Stvořitele o víru výše rozumu, o možnost souhlasit s působením Stvořitele: vždyť pouze On vše řídí a tyto situace vytváří záměrně pro naše Vyšší duchovní blaho.

Všechna pozemská trápení, duševní utrpení, hanba, odsouzení –

---

[97] כלים למעלה מדעת – *Kelim* výše rozumu.
[98] תולה ארץ על בלימה – nad nicotou zavěsil zemi (Jób 26, 7).

to všechno jsou kabalisté nuceni vydržet na cestě duchovního splynutí se Stvořitelem: historie kabaly je plná takových příkladů (Rašbi, Rambam, Ramchal, Ari atd.).

Ale jakmile bude člověk schopen věřit výše rozumu, to znamená navzdory svým pocitům, že toto utrpení není nic jiného než absolutní laskavost a přání Stvořitele přitáhnout člověka k Sobě, bude s tímto stavem souhlasit a nebude ho chtít nahradit pocity příjemnými pro egoismus, Stvořitel se mu odhalí v celé Své velikosti.

* * *

Říká se, že naše tělo není ničím jiným než dočasným oděvem věčné duše sestupující Shora, že proces smrti a nového zrození je jako změna oděvu člověka v našem světě: jak snadno vyměníme jednu košili za druhou, z hlediska duchovního světa stejně snadno mění duše jedno tělo za druhé.

Ne, že by tyto události ve srovnání s duchovními nic neznamenaly: vždyť člověk – Cíl stvoření v sobě samém cítí sebemenší radost nebo bolest. Avšak na tomto příkladu si člověk může představit velkolepost duchovních procesů, kterých se musíme účastnit (jsme povinni, když jsme ještě v našem těle), veškerou velikost sil, potěšení, na které nás Stvořitel připravuje.

* * *

Nezištně plnit přání Stvořitele, být altruistou v myšlení a jednání, znamená, že navzdory nepříjemným událostem, pocitům či příhodám, které jsou záměrně posílány Stvořitelem proto, aby se člověk mohl naučit sám zhodnotit svůj pravý nízký stav, přesto stále myslí na plnění přání Stvořitele a usiluje o vyplnění přímých a spravedlivých zákonů duchovního světa, nehledě na „osobní" blaho.

Touha být podobný vlastnostem Stvořitele může vycházet z utrpení a soužení člověka, ale může také vycházet z pochopení velikosti Stvořitele, a pak volba člověka spočívá v tom, aby prosil o možnost postupovat cestou Tóry. Člověk by měl vykonávat všechny své činnosti se záměrem postihnout velikost Stvořitele, aby mu tento pocit a pochopení pomohly se stát čistším a duchovnějším.

Aby člověk mohl duchovně postupovat kupředu, musí se na každé duchovní úrovni starat, aby v něm vzrůstalo uvědomění velikosti Stvořitele a neustále cítil, že pro cestu k duchovní dokonalosti, a dokonce i proto, aby se udržel na stupni, kde se v daném okamžiku nachází, nutně potřebuje stále hlubší povědomí o velikosti Stvořitele.

* * *

Hodnota daru je dána důležitostí dárce natolik, že často mnohokrát překrývá nominální hodnotu samotného daru. Vždyť věc, která patřila slavnému a v očích společnosti důležitému člověku, občas stojí miliony.

Hodnota Tóry je také určena souhlasem s velikostí toho, kdo nám Tóru dává: pokud člověk nevěří ve Stvořitele, pak pro něho Tóra neznamená nic více než historický nebo literární dokument, ale pokud věří v sílu Tóry a v to, že mu přináší prospěch, poněvadž věří ve Vyšší sílu, která Tóru předala, hodnota Tóry se v jeho očích nevýslovně zvyšuje.

Čím více člověk věří ve Stvořitele, tím je pro něho Tóra cennější. A vždy, když na sebe přijímá dobrovolné podrobení se Stvořiteli v souladu s velikostí víry v Něho, uvědomuje si hodnotu Tóry a její vnitřní smysl. Tímto způsobem pokaždé přijímá novou Tóru, jelikož ji vždy dostává jakoby od nového Stvořitele, na Vyšším duchovním stupni.

To se však týká pouze toho, kdo během stoupání po duchovních stupních pokaždé obdrží nové odhalení Světla Stvořitele. Proto se říká: „Spravedlivý žije vírou." Hodnota víry určuje míru Světla, kterou vnímá. „Každý den je předání Tóry" a pro kabalistu je každý „den" (když svítí Světlo Stvořitele) novou Tórou.

* * *

Když si člověk přeje dodržovat duchovní pravidla, ale cítí, že jsou jeho touhy a myšlenky proti tomu a neustále mažou jeho myšlenky o Stvořitelově jedinečnosti, o tom, že je Stvořitel posílá záměrně pro vytlačení „člověka z egoismu deptajícími podmínkami a utrpením", znamená to, že jeho tělo (tělem se v kabale míní egoistické touhy a myšlenky) nechce splnit požadavky altruistických zákonů duchovního života a příčina toho spočívá v nepřítomnosti strachu před Stvořitelem.

* * *

Člověka je možné vychovat takovým způsobem, že bude plnit náboženské předpisy, které jsou v našem světě nazývány Přikázáními, ale není možné v něm vychovat potřebu přidávat ke svým činům určité altruistické záměry, neboť to nemůže vstoupit do egoistické přirozenosti člověka, aby je mohl plnit automaticky jako potřeby těla.

* * *

Pokud je člověk naplněn pocitem, že jeho válka proti egoismu je válkou proti temným silám, proti vlastnostem, které jsou protikladné Stvořiteli, pak od sebe tímto způsobem tyto síly odděluje, neidentifikuje se s nimi, mentálně je odstraňuje, jakoby vychází z tužeb svého těla. Když je i nadále cítí, začne jimi opovrhovat, jako pohrdají nepřítelem, a tímto způsobem může egoismus porazit a těšit se utrpením egoismu. Takový nástroj se nazývá válka pro pomstu za Stvořitele, *Nekamat hašem*. Člověk si postupně může zvyknout pociťovat potřebné cíle, myšlenky a záměry nezávisle na touhách, egoistických požadavcích svého těla.

1) Pokud člověk během studia a plnění Přikázání nevidí žádný prospěch pro sebe sama a trpí, nazývá se to „zlý počátek" (sklon ke zlu, *Jecer ha-Ra*, יצר הרע).
2) Míra zla je určena mírou pocitu zla, lítostí nad tím, že není přitahován k duchovnímu, pokud nevidí osobní prospěch. Čím více kvůli tak nízkému stavu trpí, tím větší je stupeň uvědomění zla.
3) Pokud člověk rozumem chápe, že dosud není úspěšný v duchovním pokroku, ale „netrápí" ho to, pak takový člověk ještě nedosáhl stavu „zlý počátek" (*Jecer ha-Ra*), protože ještě netrpí kvůli zlu.
4) Jestliže v sobě člověk necítí zlo, měl by se zabývat Tórou. Pokud v sobě pocítil zlo, musí se ho prostřednictvím víry výše rozumu a modlitby postupně zbavit.

* * *

Výše uvedené definice vyžadují vyjasnění. V Tóře je napsáno: „Já jsem stvořil zlý počátek (sklon, sílu, touhu) a Já jsem k němu stvořil Tóru jako doplněk (pro jeho změnu)."[99] *Tavlin* znamená koření, doplněk, přísady, které činí jídlo chutným, vhodným pro konzumování.

Vidíme, že základem stvoření je zlo, egoismus. A Tóra je pouze doplněk, to znamená prostředek, který umožňuje jíst, používat zlo. Je to o to víc podivné, protože je také řečeno, že Přikázání jsou dána pouze

---

[99] בראתי יצר רע, בראתי תורה תבלין – *Barati Jecer Ra, Barati Tora Tavlin* – Já jsem stvořil zlý počátek a dal jsem Tóru jako přísadu (koření) pro jeho nápravu.

kvůli tomu, aby se s jejich pomocí očistil Izrael.[100] Z toho vyplývá, že po očištění člověk již nepotřebuje Tóru a *Micvot*.

Cíl stvoření – těšit stvoření. Proto je ve stvořeních stvořena touha se těšit, touha získat potěšení. Aby při přijímání potěšení stvoření nepociťovala stud, který by zastínil potěšení, byla vytvořena možnost napravit pocit hanby: jestliže stvoření nechce nic pro sebe, nýbrž si přeje poskytnout radost Stvořiteli, pak z přijímání radosti stud necítí, protože přijímá kvůli Stvořiteli, a nikoliv pro své potěšení.

Co však je možné dát Stvořiteli, aby se On potěšil? Za tímto účelem nám Stvořitel dal Tóru a Přikázání, abychom je mohli plnit „pro Něho", a pak nám bude moci dát potěšení, aniž by bylo zastíněno hanbou, pocitem almužny. Kdyby nebyla Přikázání, nevěděli bychom, co si Stvořitel přeje.

Pokud člověk plní Tóru a Přikázání, aby činil pro Stvořitele jen to příjemné, pak se svým jednáním podobá Stvořiteli, který člověku dává potěšení. Člověk se sbližuje se Stvořitelem v míře podobnosti přání, činů a vlastností. Stvořitel si přeje, abychom Mu dávali stejně tak, jak On dává nám, aby naše potěšení nebyla zastíněna hanbou a my je nepociťovali jako almužnu.

Duchovní touha, to jest touha, která má všechny podmínky pro přijímání Světla, určuje velikost a podobu potěšení, kterou člověk přijímá. Jelikož v sobě Světlo Stvořitele zahrnuje všechno, každá naše touha po něčem specifickém odhaluje to, po čem toužíme z obecného Světla. Velikost touhy, která je měřena utrpením z nepřítomnosti potěšení, určuje hodnotu potěšení. Stvořitel ustanovil přesně 613 Přikázání k nápravě zla (v nás) a jeho proměnění v dobro (pro nás), protože přesně z 613 částí On stvořil naši touhu po potěšení a každé Přikázání napravuje určitou vlastnost. A proto se říká: „Já jsem stvořil zlo a Tóru k jeho nápravě."

Ale proč po nápravě zla plnit Tóru a Přikázání? Přikázání jsou nám dána pro následující:

1) Když se člověk ještě nachází v otroctví své přirozenosti a není schopen nic dělat pro Stvořitele – a proto je od Stvořitele oddálen v důsledku rozdílu vlastností – pak mu 613 Přikázání dává sílu opustit otroctví egoismu, o čemž Stvořitel říká: „Já jsem stvořil zlo a Tóru k jeho nápravě."

---

[100] לא נתנו מצוות אלא לצרף בהם ישראל – *Lo Natno Micvot, Ela Lecaref ba-Hem Jisra'el* – Tóra a Přikázání nebyly dány pro nic jiného než pro očištění (spojení) Izraele.

2) Na konci nápravy, když člověk splyne se Stvořitelem díky podobnosti vlastností a přání, stává se hoden Světla Tóry: 613 Přikázání se stává jeho duchovním tělem, nádobou jeho duše, a do každého z 613 přání přijímá Světlo potěšení. Jak vidíme, v této fázi se Přikázání stávají z metody nápravy „místem" přijímání potěšení (nádobou, *Kli*).

Pravá linie (*Kav Jamin*) se nazývá malý duchovní stav, *Katnut* („spokojený s existujícím" – *Chafec Chesed*), kdy Tóra není zapotřebí, protože člověk necítí zlo, egoismus, a bez potřeby se napravit nepotřebuje Tóru.

Proto potřebuje levou linii (*Kav Smol*), kritiku svého stavu (*Chešbon Nefeš*), objasnění toho, co si od Stvořitele a od sebe přeje, zda chápe Tóru a přibližuje se k Cíli stvoření. A zde vidí svůj skutečný stav a je povinen ho zahrnout do své pravé linie, tudíž být spokojen se stávajícím a radovat se ze svého stavu, jako by měl všechno, co si přeje.

Levá linie, která předává utrpení z nedostatku požadovaného, právě tímto vyvolává potřebu pomoci od Stvořitele, která přichází v podobě Světla duše.

V pravé linii, ve stavu, kdy si člověk nepřeje nic pro sebe, je pouze Světlo milosrdenství (*Or Chasadim*), potěšení z podobnosti duchovním vlastnostem. Tento stav však není dokonalý, protože v něm není žádné poznání, žádné odhalení Stvořitele.

V levé linii není dokonalost, protože Světlo rozumu může svítit jen tehdy, pokud existuje podobnost mezi duchovními vlastnostmi Světla a přijímajícího. Podobnost poskytuje *Or Chasadim*, které se nachází v pravé linii. Duchovní porozumění je možné získat pouze tehdy, když si to člověk přeje. Avšak pravá linie si nic nepřeje. Touhy jsou soustředěny v levé linii. Požadované však není možné získat do egoistických přání.

Proto je nutné tyto dvě vlastnosti spojit a pak Světlo poznání a potěšení levé linie vstoupí do Světla altruistických vlastností pravé linie a osvítí stvoření střední linií. Bez Světla pravé linie se neprojevuje Světlo levé a je pociťováno jako temnota.

* * *

Dokonce i době, kdy se člověk ještě nachází v otroctví svého egoismu, i zde má místo práce v pravé a levé linii, avšak on ještě neřídí své touhy. Touhy mu diktují jeho myšlenky a chování a on se nemůže naplnit Světlem podobnosti se Stvořitelem (*Or Chasadim*) a Světem Vyššího porozumění (*Or Chochma*) a pouze vyslovuje jména světů, *Sfirot*, *Kelim*.

V tomto stavu člověku umožňuje pouze studium struktury duchovních světů a jejich působení, tudíž studium kabaly, aby v sobě rozvinul touhu se dostat blíže ke Stvořiteli, protože se v procesu učení naplňuje přáními duchovních objektů, které studuje, a vyvolává na sebe jejich vliv, jenž nepociťuje kvůli nedostatku duchovních smyslů.

Duchovní síly však ovlivňují člověka za předpokladu, že se učí ve prospěch sblížení (vlastnostmi) s duchovním. Pouze v tomto případě na sebe člověk vyvolává očistné působení Obklopujícího světla (*Or Makif*). Jak je možné pozorovat na příkladu mnohých, kteří studují kabalu bez řádné instruktáže, člověk může znát, co je napsáno v kabalistických knihách, chytře a se znalostí díla argumentovat a debatovat, ale takto nikdy pocitově nepostihne podstatu předmětu. Jeho suché poznání však obvykle předstihne poznání těch, kteří se již nacházejí v duchovních světech.

Ten, kdo dosahuje duchovních stupňů, dokonce i těch nepatrných – sám, svou prací, sebou samotným – již opustil ulitu našeho světa, již dělá to, kvůli čemu sestoupil do našeho světa. Znalosti a paměť chytráků jen zvyšují jejich egoismus a sebevědomí a ještě více je oddalují od cíle, protože Tóra může být jak životodárným lékem (*Sam Chajim*, סם חיים, dosl. droga života), tak jedem (*Sam Mavet*, סם מות, dosl. droga smrti). A začátečník není schopen rozlišit postihujícího kabalistu od toho, kdo studuje kabalu jako jednu ze světských věd.

Pro začátečníka práce ve třech liniích nespočívá v přijímání Vyššího světla jako pro toho, kdo již dosáhl určitého odhalení, nýbrž v analýze svého stavu. V pravé linii zvané „odevzdání", *Chesed*, je člověk vírou výše rozumu a nad pocitem nelibosti spokojený se svým údělem, se svým osudem a s tím, co mu dává Stvořitel, a myslí si, že je to pro něho největší dar.

Tento stav však ještě není nazýván pravou linií, protože chybí levá. O jednom z nich můžeme hovořit jako o pravé linii, pouze když se projeví protikladný stav. Teprve poté, co se v člověku projeví kritika jeho stavu, když si spočítá své úspěchy, uvědomí si, jaký je skutečný cíl jeho života, a určuje tím požadavky na výsledky svého úsilí, pouze tehdy se v něm zrodí levá linie.

Tím nejdůležitějším je zde pochopení Cíle stvoření. Člověk se učí, že spočívá v přijímání potěšení od Stvořitele. Ale vnímá, že to ještě nikdy nepocítil. V procesu studia si uvědomuje, že je to možné pouze tehdy, když se jeho vlastnosti shodují s vlastnostmi Stvořitele. Proto je povinen studovat své záměry a touhy, co nejobjektivněji je hodnotit, kontrolovat a analyzovat, aby pocítil, zda se skutečně přibližuje k odmítnutí egoismu a k lásce k bližnímu.

Pokud žák vidí, že se stále nachází v egoistických přáních a neposunul se k lepšímu, často je naplněn pocitem beznaděje a apatie. Navíc často odhaluje, že nejenže zůstal ve svých egoistických přáních, ale ještě je zvýšil, protože se objevily touhy po potěšeních, které dříve považoval za nízké, povrchní, přechodné, nedůstojné, a nyní touží po jejich dosažení.

V tomto stavu je přirozeně obtížné, aby plnil Přikázání a nadále se učil v radosti jako dříve. Člověk padá do zoufalství, zklamání, lituje ztráty času, úsilí, postaví se proti Cíli stvoření.

Tento stav se nazývá levá linie (*Kav Smol*), protože potřebuje nápravu. Člověk cítí svou prázdnotu a v tomto případě musí přejít na pravou linii, k pocitu dokonalosti, prosperity, plné spokojenosti s existujícím.

Dříve, když se člověk nacházel v takovém stavu, nebyl považován za nacházejícího se v pravé linii, nýbrž v jedné (první), protože ještě neměl druhou linii – kritiku svého stavu. Pokud se však po skutečném uvědomění si nedokonalosti svého stavu v druhé linii vrátí k pocitu dokonalosti (navzdory svému současnému stavu a pocitům) v první linii, míní se tím, že již jedná ve dvou liniích – nejen prostě v první a druhé, nýbrž ve dvou protikladných: pravé a levé.

Celá cesta zřeknutí se egoismu, vymanění se z kruhu svých zájmů, je založena na pravé linii. Když je řečeno, že se člověk musí odpoutat od „svých" zájmů, jsou tím míněny dočasné, povrchní, přechodné zájmy našeho těla, které jsou nám Shora dány pouze proto, abychom je nepřijímali jako cíl života, nýbrž se jich zřekli kvůli získání věčných, vyšších, absolutních pocitů, duchovních potěšení, splynutí s tím nejvyšším, co je ve vesmíru – se Stvořitelem.

Odpoutat se od svých myšlenek a tužeb je však nemožné, protože kromě sebe nic necítíme. Jediné, co je v našem stavu možné, je věřit v existenci Stvořitele, v jeho úplnou kontrolu nad vším, věřit v Cíl Jeho stvoření, v nutnost tohoto Cíle dosáhnout navzdory ujišťování těla. Taková víra v nepocítěné, víra v to, co je výše našeho chápání, se nazývá víra výše rozumu.[101]

Přechod k takovému přijetí reality přichází na řadu právě po projevení levé linie. Člověk je šťastný, že si zasloužil plnit vůli Stvořitele, ačkoli z toho vzhledem k egoistickým touhám necítí žádnou radost. Navzdory svým pocitům však věří, že od Stvořitele obdržel zvláštní dar tím, že i tímto způsobem může plnit Jeho vůli – právě takto, a nikoliv jako všichni ostatní kvůli potěšení nebo na základě výchovy, aniž by si uvědomovali automatizaci svých činů. Uvědomuje si však, že všechno vykonává navzdory svému tělu. To znamená, že již je vnitřně na straně Stvořitele, a nikoliv na straně svého těla. Věří, že k němu vše přichází Shora, od Stvořitele, na základě Jeho osobního vztahu právě k němu. Proto si tohoto daru Stvořitele váží a to ho povzbuzuje, jako by se stal hoden získat nejvyšší duchovní porozumění.

Pouze v tomto případě se první linie nazývá pravou, dokonalostí, protože člověk nemá radost ze svého stavu, nýbrž ze vztahu, který k němu má Stvořitel, jenž mu umožnil něco uskutečnit vně osobních egoistických tužeb. A v takovém stavu, ačkoli se člověk ještě nevymanil z otroctví egoismu, může Shora obdržet duchovní záři.

Ačkoliv do něho tato Vyšší záře ještě nevchází, protože Světlo nemůže vstoupit do egoistických přání, obepíná ho ve formě Obklopujícího světla (*Or Makif*), čímž člověku poskytuje spojení s duchovním a uvědomění toho, že i nepatrné spojení se Stvořitelem je velkou odměnou a potěšením. A co se týče pociťování záře, musí si říci, že není v jeho silách ocenit skutečnou hodnotu Světla.

Pravá linie se také nazývá pravdivá, protože člověk realisticky chápe, že ještě nedosáhl duchovní úrovně, neklame sám sebe, ale říká, že to, co obdržel, pochází od Stvořitele, dokonce i jeho nejhorší stav, a proto vírou výše rozumu, na základě svého přesvědčení a navzdory svým pocitům ví, že je to velmi cenné, protože má kontakt s duchovním.

Vidíme, že pravá linie je postavena na jasném uvědomování si nedostatku duchovního porozumění, hořkém pocitu vlastní bezvýznamnosti a následného odchodu z egoistických propočtů, který se zakládá na: „nikoliv to, co mám já, ale to, co si přeje Stvořitel" – natolik, jako kdyby již přijal vše, co si přeje.

Nehledě na to, že jsou argumenty člověka rozumné, když říká, že

---

[101] אמונה למעלה מדעת – *Emuna Lemala mi-Da'at*.

k němu má Stvořitel zvláštní vztah, že on má zvláštní vztah k Tóře a k Přikázáním, zatímco druzí se zabývají malichernými propočty svých přechodných starostí, přesto jsou tyto kalkulace v rozumu, a nikoliv výše, avšak je třeba si říci, že spokojenost se svým stavem je velmi důležitá věc a on kvůli tomu musí kráčet vírou výše rozumu, aby byla jeho radost postavena na víře.

Levá linie je postavena na prověřování, nakolik upřímná je jeho láska k bližnímu, zda je schopen altruistických činů, nezištných skutků a nepřeje si za svou práci získat žádnou odměnu. A pokud po takových propočtech člověk vidí, že se stále nemůže vzdát svých zájmů, a to ani těch nejmenších, nemá jiné východisko než se modlit ke Stvořiteli o spásu. Levá linie tedy vede člověka ke Stvořiteli.

Pravá linie dává člověku příležitost děkovat Stvořiteli za pociťování dokonalosti Tóry. Ale nedává mu pocit jeho pravého stavu, stavu nevědomosti, nepřítomnosti spojení s duchovním. A proto člověka nepřivádí k modlitbě, bez které není možné postihnout Světlo Tóry.

V levé linii, když se člověk pokouší překonat svůj pravý stav silou vůle, cítí, že na to nemá žádnou sílu. A pak začíná mít potřebu pomoci Shora, protože vidí, že mu mohou pomoci pouze nadpřirozené síly. A člověk dosáhne toho, co si přál, pouze pomocí levé linie.

Je však nutné vědět, že tyto dvě linie musí být vyváženy tak, aby byly používány rovným dílem. A teprve tehdy vzniká střední linie, jež spojuje pravou a levou do jediné. A pokud je jedna z nich větší než druhá, pak větší z nich nedovolí, aby nastalo sloučení s menší – jelikož je v dané situaci užitečnější. Proto musí být naprosto rovnocenné.

Výhoda takové tvrdé práce na rovnocenném zvýšení dvou linií spočívá v tom, že na jejich základě člověk přijímá Shora střední linii, Vyšší světlo, které se odhaluje a je vnímáno výhradně v pociťování dvou linií.

Pravá dává dokonalost, protože člověk věří v dokonalost Stvořitele. A protože jenom Stvořitel ovládá svět, a nikdo více, pak pokud se nebere v úvahu egoismus, je všechno dokonalé. Levá linie dává kritiku jeho stavu a pocit nedokonalosti. A musíte se postarat o to, aby v žádném případě nebyla větší než pravá. (Prakticky se člověk musí nacházet v pravé linii 23,5 hodiny denně a jen na půl hodiny si smí dovolit zapojit egoistický záměr.)

Pravá linie musí být vyjádřena natolik, aby nevznikaly žádné další potřeby pocitu úplného štěstí. Je to kontrola oddělení se od vlastních egoistických záměrů. A nazývá se dokonalostí proto, že člověk nic nevyžaduje k pociťování radosti. Protože všechny jeho propočty nejsou uvnitř jeho těla, nýbrž vně těla, na straně Stvořitele.

Když přejde na levou linii (přechod z pravé linie do levé a naopak musí člověk provést vědomě v čase, kdy si pro sebe předem uloží podmínky, a nikoliv v souladu se svou náladou), zjistí, že nejenže vůbec nepokročil v porozumění a pociťování duchovního, ale navíc se ve svém běžném životě stal ještě horším, než byl dříve. To znamená, že se místo postupu vpřed vrací ještě více do svého egoismu.

Z takového stavu musí člověk okamžitě přistoupit k modlitbě za nápravu. O tom je v Tóře řečeno, že odchod z Egypta (egoismu) se odehrává ve stavu, kdy se člověk nachází na úplně posledním, 49. stupni přání nečistých sil. Pouze když si člověk plně uvědomuje veškerou hloubku a škodlivost svého egoismu a volá o pomoc, Stvořitel jej pozvedne, dá mu střední linii tím, že mu dá duši, a Shora mu začne svítit Světlo Stvořitele, které dává sílu přejít do altruismu, narodit se v duchovním světě.

K dosažení Cíle stvoření je zapotřebí „hlad", bez něhož není možné ochutnat plnou hloubku potěšení, které posílá Stvořitel, bez kterých bychom Stvořiteli neposkytli radost. Z toho důvodu je nutný napravený egoismus, který umožňuje se těšit kvůli Stvořiteli.

＊＊＊

Ve chvíli, kdy člověk cítí strach, je nutné, aby si uvědomil, proč mu Stvořitel posílá takové pocity. Vždyť ve světě není kromě Stvořitele žádná jiná síla a moc – ani nepřátelé, ani temné síly – a takový zjevný pocit v člověku vytváří sám Stvořitel, aby se zamyslel, proč ho náhle cítí, a v důsledku svého hledání mohl na základě úsilí ve víře říci, že mu ho posílá sám Stvořitel.

A pokud ho po všem jeho úsilí neopustí strach, měl by to brát jako příklad, v jaké míře by měl mít bázeň z moci a autority Stvořitele. To znamená, že ve stejné míře, v jaké se jeho tělo nyní třese před vykonstruovaným zdrojem strachu v našem světě, by se mělo třást ze strachu před Stvořitelem.

＊＊＊

Jak může člověk přesně určit, v jakém duchovním stavu se nachází? Vždyť když se cítí jistě a spokojeně, je to možná proto, že věří ve své síly, a proto nepotřebuje Stvořitele – to znamená, že se ve skutečnosti nachází v hlubině svého egoismu a je od Stvořitele maximálně vzdálený – zatímco když se cítí úplně ztracený a bezmocný, pociťuje pronikavou potřebu podpory Stvořitele, a proto se právě v této době nachází ve stavu, který je pro něho nejlepší.

Pokud člověk, který vynaložil úsilí, dosáhl ve svých očích nějaké dobré věci a cítil ze „svého" činu uspokojení, okamžitě spadne do svého egoismu a neuvědomuje si, že je to Stvořitel, který mu dal možnost vykonat něco dobrého, a tím pouze posiluje svůj egoismus.

Jestliže neustále ze dne na den člověk vynakládá úsilí ve studiu a vrací se v myšlenkách k cíli Stvoření, a přesto stále cítí, že ničemu nerozumí a nenapravuje se, tak pozvolna začne svým pocitem v srdci za svůj stav obviňovat Stvořitele a ještě více se vzdaluje od pravdy.

Jakmile se člověk začne pokoušet o přechod k altruismu, jeho tělo a mysl se okamžitě proti těmto myšlenkám vzbouří a snaží se ho z této cesty odvést jakýmkoliv způsobem, okamžitě se objeví stovky myšlenek, naléhavých záležitostí a výmluv, protože tělo nenávidí altruismus – to znamená všechno, co není spojeno s nějakým přínosem pro tělo – a náš rozum není schopen takové pokusy vydržet ani na okamžik a ihned je potlačí.

A proto se nám myšlenky na odmítnutí egoismu zdají být nesmírně těžké, nad naše síly. A pokud je takto ještě nepociťujeme, znamená to, že se v nich někde skrývá vlastní prospěch pro tělo, a právě ten nám umožňuje takto jednat a uvažovat, neboť nás klame a dokazuje nám, že jsou naše myšlenky a činy altruistické.

Nejjistějším testem toho, zda je daná myšlenka nebo činnost diktována starostí o sebe, nebo zda je altruistická, je prověření, jestli srdce a mysl člověku nějakým způsobem umožňují, aby souhlasil a této myšlenky se držel či aby uskutečnil sebemenší pohyb. Pokud souhlasí, pak je to sebeklam, a nikoliv pravý altruismus.

Jakmile se člověk zastaví u myšlenek, které jsou odpoutány od potřeb těla, okamžitě se v něm objeví otázky typu: „A nač to potřebuji?" a „Kdo z toho má prospěch?"

V těchto stavech je nejdůležitější si uvědomit, že to není naše tělo, které se nás ptá a nedává nám žádnou možnost udělat cokoli, co by přesahovalo jeho zájmy, nýbrž je to působení samotného Stvořitele, jenž v nás tyto myšlenky a touhy osobně vytváří a nedovoluje nám, abychom se vymanili z tužeb těla, protože není nikoho jiného kromě Něho; On nás takto přitahuje k Sobě a klade nám po cestě k Sobě překážky, abychom se naučili rozpoznávat naši přirozenost a byli schopni reagovat na každou myšlenku a touhu našeho těla při pokusech se z něho vymanit.

Není pochyb o tom, že takové stavy mohou mít pouze ti, kdo se snaží dosáhnout vlastností Stvořitele, „prorazit" do duchovního světa. Těm Stvořitel posílá různé překážky, myšlenky a přání těla, které jsou vnímány jako odpuzující od duchovního.

A to je proto, aby si člověk uvědomil svůj pravý duchovní stav a postoj ke Stvořiteli: nakolik ospravedlňuje jednání Stvořitele navzdory námitkám rozumu, natolik nenávidí Stvořitele, který mu odebírá všechna potěšení z tohoto života, který se náhle jeví jako překrásný, protože tělo není schopno najít v altruistických stavech ani jedinou kapku potěšení.

Člověku se zdá, že oponuje jeho tělo, a ne že na jeho pocity a rozum působí sám Stvořitel tím, že mu posílá kladně nebo záporně vnímané myšlenky a emoce. Samotný Stvořitel na nich vytváří určitou reakci srdce a rozumu, aby člověka učil, seznámil ho se Sebou samým. Stejně jako když matka učí dítě, vše mu ukazuje, všechno ho nechá vyzkoušet a okamžitě mu vše vysvětluje, tak i Stvořitel ukazuje a vysvětluje člověku jeho pravý vztah k duchovnímu a jeho neschopnost jednat nezávisle.

Při postupování vpřed je nejtěžší to, že se v člověku neustále střetávají dva názory, dvě síly, dva cíle, dvě touhy. Dokonce i v uvědomění si Cíle stvoření: na jedné straně musí člověk dosáhnout spojení se Stvořitelem na základě totožnosti vlastností, aby na druhé straně bylo jeho jedinou touhou se kvůli Stvořiteli vzdát všeho.

Ale vždyť je Stvořitel naprosto altruistický, nic nepotřebuje, přeje si pouze to, abychom pocítili absolutní potěšení – to je Jeho cílem ve stvoření. Avšak jde o dva zcela opačné cíle: člověk musí všechno odevzdat Stvořiteli a na druhé straně se sám těšit.

Jedná se pouze o to, že jeden z nich není Cílem, ale pouze prostředkem k dosažení Cíle: nejprve musí člověk dosáhnout stavu, kdy všechny jeho myšlenky, touhy a činy budou pouze mimo rámec jeho egoismu, naprosto altruistické, „pro Stvořitele". A protože kromě člověka a Stvořitele ve vesmíru nic není, pak vše, co přesahuje hranice našeho těla, je Stvořitel.

A poté, co člověk dosáhne nápravy stvoření – shody svých vlastností s vlastnostmi Stvořitele, začne chápat Cíl stvoření – přijímání nekonečného potěšení od Stvořitele, které není omezeno rámcem egoismu.

Před nápravou má člověk pouze touhu po sebepotěšení. V míře nápravy upřednostňuje touhu všechno odevzdat před touhou po sebepotěšení, a proto také není schopen přijímat od Stvořitele potěšení. A teprve po dokončení nápravy je schopen začít přijímat nekonečné potěšení, ne však kvůli svému egoismu, nýbrž kvůli Cíli stvoření.

Takové potěšení je nezištné a nevede k pocitu hanby, protože když přijímá, chápe a pociťuje Stvořitele, raduje se z radosti, kterou svými činy poskytl Stvořiteli. A proto čím více přijímá, čím více se těší, tím více se raduje z potěšení, které z toho cítí Stvořitel.

* * *

Analogicky se světlem a tmou v našem světě je v duchovních pocitech Světlo a tma (nebo den a noc), pocit existence, nebo nepřítomnosti Stvořitele, řízení Stvořitele, nebo absence tohoto vedení – čili „přítomnost či nepřítomnost Stvořitele" v nás.

Jinými slovy, pokud někdo o něco prosí Stvořitele a okamžitě obdrží to, o co požádal, je to nazýváno Světlem nebo dnem. A pokud má pochybnosti o existenci Stvořitele a Jeho vedení, nazývá se to tmou nebo nocí. Přesněji: ukrytí Stvořitele se nazývá tmou, protože způsobuje, že má člověk pochybnosti a špatné myšlenky, které vnímá jako tmu v noci.

Skutečnou touhou člověka by však nemělo být pocítění Stvořitele a znalost Jeho činů, neboť to jsou také čistě egoistické touhy, protože člověk se nemůže zdržet potěšení z těchto pocitů a spadne do egoistických potěšení.

Skutečnou touhou by měla být touha přijímat od Stvořitele sílu kráčet proti touhám svého těla a rozumu, to znamená získat sílu víry větší než jeho rozum a tělesné touhy, sílu víry natolik účinnou, jako kdyby skutečně viděl a cítil Stvořitele a Jeho absolutně dobré vedení, Jeho vládu nad celým stvořením, avšak raději Stvořitele a Jeho moc nad celým stvořením jasně nevidí, protože to je proti víře, a přeje si jen s pomocí síly víry postupovat proti přáním těla a rozumu. A veškerá jeho touha spočívá v tom, aby mu Stvořitel dal sílu, jako by viděl Jeho i celé řízení světů. Disponování takovou možností člověk nazývá Světlem nebo dnem, protože se nebojí začít se těšit, neboť může svobodně jednat nezávisle na přáních těla a již není otrokem svého těla a rozumu.

Když již člověk dosáhl nové přirozenosti, to znamená, že již je schopen vykonávat činy nezávisle na přáních těla, dává mu Stvořitel potěšení Svým světlem.

* * *

Jestliže na člověka padla tma a on cítí, že nemá chuť pracovat pro duchovní postup a není v jeho silách pocítit zvláštní vztah ke Stvořiteli a nemá ani strach, ani lásku k vznešenému, zbývá jen jediné: pláčem duše uprosit Stvořitele, aby se nad ním slitoval a odstranil tento černý mrak, který zatemnil všechny jeho pocity a myšlenky a skrývá Stvořitele před jeho očima a srdcem.

A je to proto, že pláč duše je nejsilnější modlitbou. Takže tam, kde již nic nemůže pomoci, to znamená poté, co se člověk přesvědčí, že ani jeho úsilí, ani jeho znalosti a zkušenosti, žádné jeho fyzické činy ani opatření mu nepomohou vstoupit do Vyššího světa, když celou svou bytostí cítí, že využil všech svých schopností a sil – teprve tehdy dospěje k uvědomění, že mu může pomoci jenom Stvořitel, a teprve pak k němu přichází stav vnitřního pláče a modlitby ke Stvořiteli za spásu.

A do té doby nepomohou žádné vnější pokusy člověka o upřímné volání ke Stvořiteli z hloubi srdce. A jsou-li již před ním uzavřeny všechny cesty, jak cítí, tehdy se otevřou „brány slz" a on vstoupí do Vyššího světa – do paláců Stvořitele.

Když tedy člověk prověřil všechny své možnosti k samostatnému dosažení duchovního vzestupu a snáší se na něho stav úplné temnoty, jediné východisko spočívá v pomoci samotného Stvořitele.

Avšak dokud ještě nedosáhl pocitu, že existuje síla, která ho řídí, nezakusil tuto pravdu a nedosáhl tohoto stavu, zatímco ruší vládu svého egoistického „já", jeho tělo mu nedovolí volat ke Stvořiteli. A proto je nutné, aby učinil vše, co jen je v jeho moci, a nečekal na zázrak Shora.

A není to proto, že by se Stvořitel nad člověkem nechtěl slitovat a čekal, až se sám „zlomí", nýbrž proto, že člověk pochopí svou přirozenost jenom poté, když již vyzkoušel všechny své schopnosti a nashromáždí potřebné zkušenosti a pocity. Tyto pocity jsou pro něho nezbytné, protože právě v nich přijímá, právě jejich prostřednictvím pak vnímá Světlo odhalení Stvořitele a Vyšší rozum.

Další knihy v češtině

Kabala. Základní principy
Michael Laitman

Kniha jednoho z nejvýznamnějších učitelů kabaly z kabalistického hlediska napoví začátečníkům odpovědi na základní otázky, které trápí každého přemýšlivého člověka odnepaměti: Kdo jsem? Proč existuji? Odkud jsem přišel? Co je zde mým úkolem? Byl jsem zde již dříve? Proč existuje utrpení? Opakovaným čtením této knihy si člověk rozvíjí vnitřní vnímavost, smysly a jiný, hlubší přístup k životu. Tyto nově získané schopnosti vás naučí vnímat dimenzi, která je skryta našim běžným smyslům. Čtenář se naučí nově získaným vnitřním zrakem odhalovat duchovní strukturu, jež nás obklopuje, téměř jako by se zvedala mlha.

Kniha *Zohar*
Michael Laitman

Kniha *Zohar* je považována za stěžejní kabalistickou práci. Kniha je napsána ve formě alegorických příběhů, jejichž prostřednictvím je však sdělován mnohem hlubší význam. Svým zvláštním jazykem *Zohar* popisuje uspořádání světa, koloběh duší, tajemství písmen a budoucnost lidstva. Kniha je unikátní svou silou duchovního působení na člověka a tím, že může mít kladný vliv na čtenářův osud. Michael Laitman ve svém komentáři, který integruje a dále rozvíjejí komentář velkého kabalisty 20. století Jehudy Ašlaga (Ba'ala HaSulama), srozumitelně vysvětluje jazyk kabaly, a tak každému čtenáři otevírá přístup k této knize, jež je právem považována za bránu do duchovního světa.

Od chaosu k harmonii
Michael Laitman

Kniha kombinuje základy starobylé moudrosti kabaly s nejnovějšími poznatky vědy, takže představuje jakýsi kompletní vzorec života. Kabala je moudrost, jež podporuje jednotu a celistvost a umožňuje správným způsobem využít rostoucí egoismus každého člověka. Kabala je dnes uznávána jako funkční, časem ověřená vědecká metoda, jež nás vede ke zlepšení našeho života. Její principy nám nabízejí řešení globální krize a vysvětlují, jak dosáhnout míru a naplnění. Kabala učarovala mnoha významným lidem v dějinách; například takovým osobnostem, jako je Newton, Leibnitz a Goethe.

Kniha je založena na esejích a seminářích vedených Michaelem Laitmanem. Zaměřuje se na osobní úroveň lidského vývoje – vysvětluje kořeny každé krize i peripetie, jež v životě zakoušíme, a popisuje, jak je můžeme vyřešit.

Sobectví, nebo altruismus?
Michael Laitman

Michael Laitman zasvětil svůj život výuce kabaly a srozumitelnému výkladu tohoto duchovního učení co nejširšímu okruhu lidí. Předkládá základní ideje kabaly tak, aby jim porozuměl každý čtenář a aby ukázal, jaké základní pohnutky a touhy hýbou lidskou psychikou a veškerým stvořením. Poutavě, a přitom v pouhých několika bodech popisuje, jak vznikl vesmír i naše Země se svými rozmanitými formami života. Vše směřuje k přesvědčivým důkazům, že vyšším projevem lidské bytosti je touha dávat a že nesobecká, laskavá koexistence je přirozeným cílem, k němuž má lidstvo směřovat. V tom také Michael Laitman vidí řešení současných problémů a nabízí praktická východiska, jak věci pozvolna zlepšovat.

Odhalená kabala
Michael Laitman

Kabala se zabývá zkoumáním světa a přírody. První průkopníci, kteří se pokoušeli analyzovat přírodu a její zákony, chtěli vědět, zda má naše existence nějaký smysl, a pokud ano, jaká je v tomto mistrovském plánu role lidstva. Ti, kdo dosáhli nejvyšší úrovně poznání, byli nazváni kabalisté. Prvním z nich byl Abrahám, jenž založil dynastii učitelů kabaly.

Kniha předního kabalisty Michaela Laitmana toto duchovní učení srozumitelně vysvětluje tak, aby běžnému modernímu člověku přineslo praktickou moudrost, jež nás může přivést ke klidnému prožívání světa a k životní harmonii.

Kabala pro začátečníky. První díl

Nabízíme vám nový učební materiál, který vznikal pod vedením vědce, kabalisty a doktora (Ph.D.), vedoucího Mezinárodní akademie kabaly Michaela Laitmana, pokračovatele klasické kabalistické školy, která je starší více než jedno tisíciletí. Michael Laitman zároveň vede moderní výzkum v oblasti tohoto učení, který obdržel mezinárodní uznání, je členem Mezinárodní rady mudrců (*World Wisdom Council*) a mnoha dalších mezinárodních organizací.

Při vytváření této učebnice byl poprvé učiněn pokus systematicky vyložit základní oblasti klasické kabaly pomocí současného vědeckého jazyka. Učebnice je sestavena na základě materiálů, knih a lekcí Michaela Laitmana, jakožto předmětu daného učení v Mezinárodní akademii kabaly. Učebnice obsahuje náčrtky, základní informace, odkazy na audio a videomateriály z lekcí i publikované klasické kabalistické zdroje.

Využívání studijních materiálů se doporučuje pro samostatné studium i jako učební materiál pro posluchače Mezinárodní akademie kabaly, otevírá možnost hlubšího studia originálních děl velkých kabalistů – Knihy *Zohar*, Učení deseti *Sfirot* (*Talmud Eser Sfirot*) a dalších.

Proč máme studovat tuto vědu?

Člověk cítí v průběhu celého života neustálou potřebu změn. Je však v jeho moci změny uskutečnit? Nebo se mohou realizovat pouze pod vlivem zvláštní vnější síly, která se nachází výše, než je náš svět?

Veškerá historie lidstva je nepřetržité hledání způsobu, jak změnit okolní přírodu, sebe a společnost s cílem dosáhnout lepšího stavu. Občas není toto hledání zbytečné a bez ušlechtilého cíle. Pokud však můžeme sledovat, doposud se nikomu nepodařilo v této oblasti uspět a učinit jakýkoli významný pokrok v realizaci svých úmyslů.

Příčina spočívá v tom, že náš svět je ovládán ohromným systémem sil, který nazýváme „Vyšší svět". Bez důkladného prostudování zákonů, na jejichž základě působí, do něho není možné zasahovat. Kabala nám poskytuje představu o uspořádání tohoto systému, o tom, jak ovlivňuje náš svět a jakým způsobem se můžeme do tohoto procesu správně zapojit a spatřit, jak s její pomocí změnit osud – svůj vlastní i celého lidstva.

Vždy se mnou / O mém Učiteli Rabašovi
Michael Laitman

V této knize Michaela Laitmana nejsou jenom vzpomínky na svého Učitele. Je vyjádřením praktické duchovní cesty zároveň s intimním příběhem o velkém kabalistovi, o tom, jak byly postaveny vztahy a společné studium (tudíž celý život) Učitele a žáka.

Nejhlubší spojení a konflikty, pomoc a odstrkování, oddanost a protest – prostřednictvím vzestupů a propadů předával Učitel moudrost kabaly svému nejbližšímu žáku, ve kterém spatřil možnost spojení, poslední spojovací článek k předání tajných znalostí z řetězce dávných mudrců současnému lidstvu.

Metodika integrální výchovy
(Besedy Michaela Laitmana s Anatolijem Uljanovem)

Svět se ocitl před těžkým rozhodnutím: buď absolutní zkáza, nebo všenárodní rozsáhlá budovatelská práce na nové úrovni. Budovatelská práce znamená, že přes všechny naše vzájemné rozepře a protiklady musíme vytvořit komfortní podmínky pro život každého z nás i našich rodin a na základě toho vybudovat stejné podmínky pro život celého lidstva.

Je to naprosto reálné, nejsou proto zapotřebí žádné revoluce ani nekonečná jednání – je to zkrátka běžná výchovná práce...

Principy práce ve skupině
Baruch Ašlag (Rabaš) – Michael Laitman

Kabalisté přikládají skupině velký význam a celá otázka dosažení duchovního poznání je spojena právě s touto koncepcí. Protože skupina je prostředek, nástroj pro odhalení Světla, jeho studnice, zdroj Světla v našem světě. A Světlo je to jediné, jež činí všechno a probouzí všechny touhy.

V první části knihy jsou uvedeny vybrané články Barucha Ašlaga (Rabaše), věnované principům práce ve skupině.

Ve druhé části knihy Michael Laitman komentuje Rabašovy články a odpovídá na otázky studentů.

Slyšel jsem (Šamati)
Jehuda Ašlag (Ba'al HaSulam)

Je to zápisník Barucha Ašlaga (Rabaše), staršího syna velkého kabalisty – Jehudy Ašlaga (Ba'ala HaSulama), který napsal již v době, kdy se učil cestám duchovní práce a metodice přiblížení ke Stvořiteli, odhalení Vyšší síly – což je ve skutečnosti podstatou kabaly. Sepsal je podle slov svého otce a Učitele, Ba'ala HaSulama. Nikdy se s tímto zápisníkem nerozloučil a neustále jej četl.

Kniha je určena pro duchovní vzestup člověka a odhaluje duchovní pojmy vně veškerého spojení s předměty a jevy materiálního světa. Dozvídáme se, že například Tóra popisuje Vyšší svět, který člověk přitahuje, když studuje kabalistické texty a přeje si změnit sebe sama, aby se pozvedl na jejich úroveň. Pojmem „Přikázání" se nemíní plnění mechanických skutků, ale jsou to duchovní činy, které plníme prostřednictvím clony (antiegoistické síly). „Izrael" i „národy světa" jsou vlastnosti – přání člověka: „Izrael" – směřování k duchovnímu odhalení Stvořitele a „národy světa" – egoistická přání.

Tato neobyčejná kniha k člověku přitahuje Vyšší světlo, jež působí na čtenáře, a on se neustále mění, otevírá své srdce. Toto Světlo září na člověka, vyvolává v něm nové myšlenky a touhy, rozvíjí jeho „šestý smysl", bez něhož není možný vstup do duchovního světa.

V článcích Šamati jsou postupně a metodicky vysvětleny všechny stavy, kterými člověk musí projít, aby dosáhl vnímání duchovního světa. Kniha tyto stavy vysvětluje a poskytuje čtenáři drahocenné rady.

Vydáme-li se cestou, kterou nám popsali velcí kabalisté, můžeme během života na tomto světě rozkrýt Vyšší sílu, jež naplňuje vše. Pak odhalíme pravdivý obraz okolní reality, nekonečný a věčný tok života, a plně porozumíme tomu, co se děje a proč a na jakém základě funguje celá příroda. Ale především tím naplníme vyšší osud člověka – dosažení Myšlenky stvoření – vzestup na nejvyšší úroveň existence.

Při čtení pocítíte, že se dotýkáte věčné pravdy. Postupně se naučíte pronikat stále hlouběji skrze písmena a fráze, dokud se před vámi neotevře Nekonečno...

Sjednocující hry
Konstantin Kalčenko – Dmitrij Samsonnikov – Julia Čemerinskaja

Hra je klíčovým prostředkem rozvoje člověka i přírody. Na základě pocitové i racionální osobní zkušenosti nám umožňuje studovat svět a naše vzájemné vztahy. Procesy, které vznikají během hry, nás nutí jednat způsobem, který se nám zdá neobvyklý. Tím v nás podněcuje nové schopnosti. Kromě toho pro nás hravá forma vytváří spolehlivé teritorium pro zkoušení a prověřování nového. Koneckonců je to jen hra a ve hře je povoleno téměř vše. Pomáhá tak utvářet náš následující stav, na který si hrajeme.

Naše vzdělávací metodika klade na sjednocující hry zvláštní důraz, protože člověk může být šťastný pouze tam, kde se vytvářejí správné vztahy mezi lidmi. Sjednocující hry podporují vztahy založené na uvědomění si vzájemné závislosti a na rozvoji spolupráce mezi účastníky, protože jsou navrženy tak, že je v nich možné uspět pouze za podmínky, že každý vnáší svůj vklad do společného díla. Hry slouží jako vynikající nástroj, který umožňuje seznámit účastníky s modelem budoucího sjednoceného stavu, o který všichni usilujeme. Když se do nich účastníci zapojí, bez obtíží reagují, energicky a radostně plní jakýkoliv úkol, mění se atmosféra: od vážné nálady k uvolněné, od rozptýlenosti ke stmelení, od únavy k čilosti, od chladu k srdečnosti a nadšení. Hlavní poselství her spočívá v tom, že pokud se sjednotíme, pokud vzájemně spolupracujeme a vážíme si jeden druhého, vzájemně si nasloucháme, prožíváme radost a dosahujeme úspěchu, což se pak projeví i v dalších oblastech našeho života.

Připravujeme

Tajemství Věčné knihy
Michael Laitman

– Bereme do rukou Tóru a co v ní nacházíme? Sbírku historických příběhů. Okamžitě vyvstává otázka, jak se mohlo stát, že tato kniha příběhů přežila a zdá se, že přežije vše, co bylo kdy napsáno a publikováno. Stala se základem mnoha filozofických učení. Je nevyčerpatelným zdrojem inspirace pro umělce, hudebníky, básníky. Jak je to možné? Jak kniha příběhů mohla překonat čas a stát se prakticky věčnou?

– Tóra není kniha příběhů. Ale myslím, že to lidé příliš nechápou. Napsal ji Mojžíš. Popsal, jak se mu odhalil Stvořitel. Toto je, samozřejmě, jedinečná událost v historii lidstva. Třebaže i před Mojžíšem byli lidé, kteří odhalili Stvořitele a svoje odhalení popsali. Prvním člověkem, který odhalil Stvořitele – skrytou Vyšší sílu, byl Adam.

– V této knize – v Tóře – se hovoří o odhalení tajné Vyšší síly?

– Ano. Vypovídá pouze o tom. Všechno, co napsali kabalisté, kteří odhalili Stvořitele, všechny tyto knihy, se nazývají svaté, protože vyprávějí o tom, co je ukryto v nás. Svatost (*hebr. Kadoš*) je ze slova oddělený, osamocený, jako by se nacházela v části vesmíru, která je před námi skryta. Mnozí kabalisté, kteří tuto skrytou část odhalili, ji popsali ve svých knihách. To, co popsali, se nachází vně vnímání našich smyslů.

– Proč je Tóra zaznamenána Mojžíšem ve formě příběhů? Proč bylo zapotřebí mást lidi? Člověk ji začíná číst a vnímá ji jako historické příběhy.

– Tóra je postupné kauzální odhalování duchovního světa člověkem. Je to také příběh. Nejedná se však o příběh národa, který bloudí pouští, jak je v ní popisováno. Je to alegorický příběh o odhalení Vyšší síly člověkem, o cestě, kterou v naší době může projít každý. Pokud člověk opravdu zatouží odkrýt to, co se nachází za hranicemi našeho světa, pak projde stejnými stavy, jaké popsal Mojžíš.

Kabala pro začátečníky. Druhý díl

V druhém dílu učebnice kabaly máte možnost si rozšířit základní znalosti o systému vyššího řízení našeho světa a dozvědět se, jak se člověk k němu může organicky připojit jako aktivní integrální prvek, který bude schopen změnit nejen svoji existenci, ale i budoucnost celého lidstva.

Učebnice kabaly byla zpracována pod vedením vědce-kabalisty Dr. Michaela Laitmana, ředitele Mezinárodní akademie kabaly. Autoři do ní zařadili následující vědecko-informativní materiál: historie rozvoje kabaly, kabala a náboženství, srovnávací analýza kabaly a filozofie, kabala jako integrální věda a kabalistická antropologie.

Smyslem této učební pomůcky je umožnit nalézt odpovědi na všechny otázky, které studujícího v souvislosti s uvedenými tématy zajímají a které osvětluje kabala, i rozšířit obzory čtenáře v oblasti interakce mezi kabalou a jinými vědami, jež se týkají společenských a přírodních aspektů různých systémů znalostí.

Učení deseti *Sfirot* (*Talmud Eser Sfirot*)
Jehuda Ašlag (Ba'al HaSulam) – Michael Laitman

Učení deseti *Sfirot* je stěžejní dílo, které spojuje hluboké poznání dvou velikých kabalistů – Ariho (16. století) a Ba'ala HaSulama (20. století). Je to základní učebnice vědy kabaly, která studentům odhaluje úplný obraz vesmíru. Materiál dané knihy je založen na kurzu, vedeném vědcem a kabalistou Michaelem Laitmanem, Ph.D., vedoucím Mezinárodní akademie kabaly, podle uvedeného kabalistického zdroje. Setkáte se zde s úplným překladem originálního textu prvních čtyř částí Učení deseti *Sfirot*, včetně přesných definic kabalistických termínů vysvětlených Ba'alem HaSulamem a jeho všestranných analýz zkoumaného materiálu v částech „Vnitřní vhled" (*Histaklut Pnimit*) ve formě, která je srozumitelná pro současného studenta. Kniha popisuje zrození duše, její strukturu a cesty dosažení věčnosti a dokonalosti. Text doplňují náčrty a odpovědi na otázky.

Úvod do vědy kabaly (*Pticha*)
Jehuda Ašlag (Ba'al HaSulam) – Michael Laitman

Cílem stvoření je touha Stvořitele poskytnout svou štědrou rukou potěšení stvořením. Za tímto účelem stvořil v duších velkou touhu přijmout toto potěšení, jež spočívá v hojnosti (*Šefa* – to, čím si nás Stvořitel přeje těšit). Touha přijímat je nádobou pro přijetí potěšení, které je obsaženo v hojnosti (*Šefa*).

„Úvod do vědy kabaly" (v hebrejštině známý pod názvem *Pticha*) je stěžejní práce, s jejíž pomocí člověk vstupuje do Vyššího světa. Největší kabalista minulého století, Jehuda Leib HaLevi Ašlag (zvaný Ba'al HaSulam), napsal tento článek jako jeden z úvodů ke Knize *Zohar*. Bez zvládnutí materiálu, který je vysvětlen v tomto článku, není možné správně porozumět jedinému slovu v Knize *Zohar*.

V připravované publikaci Michael Laitman komentuje *Pticha* a uvádí čtenáře do speciálního jazyka a terminologie kabaly. Odhaluje autentickou kabalu způsobem, který je současně racionální a vyzrálý. Čtenář tak má možnost uchopit logickou strukturu celého univerza a svého života v něm. Tato práce nemá sobě rovné z hlediska jasnosti, hloubky a přitažlivosti pro intelektově zaměřené čtenáře, kteří chtějí proniknout k jádru základních otázek o smyslu života.

Bez této knihy není možné v kabale pokročit. Je to klíč k veškeré kabalistické literatuře: k Učení deseti *Sfirot* (*Talmud Eser Sfirot*) – základní současné kabalistické učebnici, ke Knize *Zohar* i ke knihám Ariho. Je to klíč ke dveřím, které vedou z našeho do duchovního světa.

O organizaci *Bnei Baruch*

Bnei Baruch je nezisková organizace, která šíří moudrost kabaly, aby se urychlil duchovní růst lidstva. Kabalista Michael Laitman, Ph.D., žák a osobní asistent rabiho Barucha Šaloma HaLeviho Ašlaga (Rabaše), syna rabiho Jehudy Leiba HaLeviho Ašlaga (Ba'ala HaSulama, dosl. Pána žebříku, protože napsal tzv. „Žebřík", hebr. *Sulam*, jak se nazývá jeho „Komentář ke Knize *Zohar*"), kráčí ve šlépějích svého Učitele a vede skupinu k cíli mise. Jméno organizace – na počest Rabaše – v překladu znamená „Synové Barucha".

Laitmanova vědecká metoda poskytuje jedincům všech věr, náboženství a kultur přesné nástroje nutné k nastoupení fascinující cesty sebeobjevování a duchovního vzestupu. Organizace *Bnei Baruch* se soustřeďuje především na vnitřní procesy, jimiž každý prochází vlastním tempem, a vítá lidi každého věku a všech životních stylů, kteří se chtějí podílet na tomto prospěšném procesu.

V posledních letech probíhá masivní celosvětové hledání odpovědí na otázky života. Společnost ztratila schopnost vidět realitu takovou, jaká skutečně je, a na jejím místě se objevily povrchní a často zavádějící koncepty. *Bnei Baruch* oslovuje všechny, kdo usilují o více než o běžné povědomí. Oslovuje lidi, kteří chtějí pochopit skutečný smysl své existence.

Bnei Baruch nabízí praktické vedení a spolehlivou metodu pro pochopení světového fenoménu. Autentická výuková metoda Ba'ala HaSulama nejen pomáhá překonávat zkoušky a strasti každodenního života, ale spouští procesy, díky nimž jednotlivci překonávají aktuální hranice a omezení.

Ba'al HaSulam zanechal pro tuto generaci studijní metodu, která v podstatě trénuje jednotlivce, aby se chovali, jako by již dosáhli dokonalosti Vyššího světa, byť zůstávají zde, na nižší úrovni. Slovy Ba'ala HaSulama: „Tato metoda je praktický způsob k proniknutí do

Vyššího světa, zdroje naší existence, zatímco stále žijeme v našem světě."

Kabalista je badatel, který studuje vlastní povahu pomocí této prokázané, časem otestované a přesné metody. Jejím prostřednictvím dosahuje dokonalosti a kontroly nad vlastním životem a plní skutečné životní cíle. Stejně jako člověk nemůže řádně fungovat v našem světě, aniž by o něm něco věděl, nemůže duše fungovat ve Vyšším světě, když o něm nic neví. Moudrost kabaly tyto znalosti poskytuje.

Kontakt

Bezplatné online kurzy kabaly a další možnosti studia,
knihy autentické kabaly v češtině a kontakt na *Bnei Baruch*
www.kabacademy.eu/cz/

Blog Michaela Laitmana
https://www.laitman.cz

Michael Laitman na Twitteru
https://twitter.com/laitmanczsk

Největší celosvětový mediální archiv kabaly
https://kabbalahmedia.info

www.ingramcontent.com/pod-product-compliance
Lightning Source LLC
Chambersburg PA
CBHW020902080526
44589CB00011B/400